शिक्षा के सिद्धान्त एवम् शिक्षण विधियाँ

Rs. 595; US$ 30

ISBN: 978-81-8364-070-1

Published in 2010

शिक्षा के सिद्धान्त एवम् शिक्षण विधियाँ

Published by:
Anshah Publishing House
LG, Pankaj Central Market, I.P. Ext.,
Patparganj, Delhi-110092, Tel: 22235152, 9810522367
Br.Off.115, Munish Plaza, 20, Ansari Road, Darya Ganj,
New Delhi-110002, Tel: 65946453

शिक्षा के सिद्धान्त एवं शिक्षण विधियाँ

जगदीश चन्द
सुमन गुप्ता

ANSHAH
Anshah Publishing House

प्राक्कथन
(Preface)

शिक्षा के आधार पुस्तक सर्वप्रथम शिप्रा पब्लिकेशन द्वारा 2008 में प्रकाशित की गई और यह पुस्तक तीन खण्डों में विभाजित है। विद्यार्थी वर्ग की आवश्यकता के मध्य नजर तीन खण्डों पर पृथक-पृथक पाठ्य-पुस्तक छापने का निर्णय लिया गया। आशा है इस प्रयत्न का लाभ उठाया जा सकेगा।

प्रस्तुत पुस्तक में सभी प्रकरणों से सम्बन्धित आधारभूत तथा महत्वपूर्ण सामग्री जो प्राय: मूल स्रोतों तथा दस्तावेजों से ली गई है, को सरल एवम् व्यवहारिक विधि से प्रस्तुत करने का प्रयास किया है। आशा है कि यह विद्यार्थियों की आवश्यकताओं की पूर्ति करेगी।

लेखक उन सभी लेखकों एवम् प्रकाशकों के आभारी हैं जिनके प्रकाशनों ने इस पुस्तक को और उपयोगी बनाने में सहायता की।

विषय-सूची
(Contents)

प्राक्कथन

1. शिक्षा का अर्थ एवं अवधारणाएँ 1
(Meaning and Concept of Education)

2. शिक्षा के प्रकार तथा इससे संबंधित अन्य प्रत्यय 22
(Types of Education and its Related Concepts)

3. शिक्षा के उद्देश्य (Aims of Education) 33

4. वर्तमान भारतीय समाज तथा शिक्षा के उद्देश्य 49
(Present Indian Society and Aims of Education)

5. वर्तमान शिक्षा प्रणाली के दोष एवं सुधार के उपाय 63
(Defects in the Present System of Education and Measures to Improve them)

6. मूल्यांकन तथा परीक्षा (Evaluation and Examination) 87

7. मूल्यांकन तथा परीक्षा उपकरणों का निर्माण 105
(Construction of Tools of Evaluation and Examination)

8. शिक्षण सहायक साधन/सामग्री/उपकरण/अथवा श्रव्य-दृश्य सहायक साधन 116
(Teaching Aids or Audio-Visual Aids)

9. प्रक्षेपित शिक्षण सहायक साधन-शिक्षण में हार्डवेयर 139
(Projected Teaching Aids—Hardware)

10. शिक्षण में नए शिक्षण सहायक साधन 150
(New Teaching Aids in Education)

11. शिक्षण प्रक्रिया तथा पाठ योजना 173
(Teaching Procedure and Lesson Planning)

12. कला तथा क्राफ्ट की शिक्षण विधियाँ 200
(Methods of Teaching Arts and Crafts)

13. व्यक्तिगत तथा सामूहिक शिक्षण विधियाँ 220
(Individual and Collective Teaching Methods)

1

शिक्षा का अर्थ एवं अवधारणाएँ
(Meaning and Concept of Education)

शिक्षा का महत्त्व: वेदों तथा अन्य शास्त्रों में
(Significance of Education in the Vedas and Other Scriptures)

शिक्षा के महत्त्व को शास्त्रों ने निम्न प्रकार से दर्शाया है:

1. शिक्षा अपूर्व धान (Education as Unique Wealth)

न ता नशन्ति न दभाति तस्करो नासामामित्रो व्यथिरो दधर्षति।
देवांश्च याभिर्यजते ददाति च ज्योगित्ताभि: सचते गोपति: सह।।

—अ० 4/21/3

विद्याएँ कभी नष्ट नहीं होती हैं, ये अनश्वर धन हैं। विद्या-धन को तस्कर चुरा नहीं सकते, दु:खदायी शत्रु भी इसका तिरस्कार नहीं कर सकते। विद्या धन वह धन है जिसके द्वारा देवयज्ञादि पञ्चयज्ञ किये जाते हैं और जिसका दान सर्वोत्तम है तथा इन्द्रियों के स्वामी जीवात्मा गोपति का निरन्तर इस विद्या के साथ सम्बन्ध रहता है अर्थात् मरने पर जीवात्मा के साथ केवल विद्या-धन ही जाता है, अन्य सारे सांसारिक ऐश्वर्य यहीं रह जाते हैं।

2. मन की शुद्धता शिक्षा द्वारा (Purification of Mind through Education)

अद्भिर्गात्राणि शुद्ध्यन्ति मन: सत्येन शुद्ध्यति।
विद्यातपोभ्यां भूतात्मा बुद्धिर्ज्ञानेन शुद्ध्यति।। —मनु० 5/109

जल से शरीर की शुद्धि होती है, मन सत्य से शुद्ध होता है, विद्या और तप से आत्मा की शुद्धि होती है और बुद्धि ज्ञान से शुद्ध होती है।

3. शिक्षा कामधोनुनू के रूप में (Education as an Instrument of Providing Everything)

कामधेनुगुणा विद्या ह्यकाले फलदायिनी।
प्रवासे मातृसदृशी विद्या गुप्तं धनं स्मृतम्।। —चा० 4/5

विद्या में कामधेनु के समान गुण हैं, यह असमय में भी फल देनेवाली है, यह विदेश में माता के समान रक्षक और हितकारिणी होती है, इसलिए विद्या को गुप्त-छिपा हुआ धन कहा गया है।

4. शिक्षा सबसे उत्तम मित्र (Education as the Best Friend)

विद्या मित्रं प्रवासेषु भार्या मित्रं गृहेषु च।
व्याधितस्यौषधं मित्रं धर्मो मित्रं मृतस्य च।। —चा० 5/15

विदेशों में विद्या मनुष्य का सच्चा मित्र होता है। घर में शील-गुण-युक्त नारी मनुष्य की वास्तविक मित्र होती है। रोगी के लिए औषध मित्र होता है और मरे हुए मनुष्य का मित्र उसका धर्म होता है।

5. शिक्षा सबसे मूल्यवान जेवर (Education as the Most Valuable Ornament)

नक्षत्रभूषणं चन्द्रो नारीणां भूषणं पतिः।
पृथिवी भूषणं राजा विद्या सर्वस्य भूषणम्।।

आकाश का आभूषण चन्द्रमा है, नारी का आभूषण पति है, पृथिवी का आभूषण राजा है, परन्तु विद्या सभी का आभूषण है।

6. शिक्षा आदर का स्रोत (Education as Source of Honour)

विद्वान् प्रशस्यते लोके विद्वान् गच्छति गौरवम्।
विद्यया लभ्यते सर्वं विद्या सर्वत्र पूज्यते।। —चा० 8/20

संसार में विद्वान् ही प्रशंसित होता है, विद्वान् ही सर्वत्र आदर पाता है। विद्या से धन-धान्य, मान-प्रतिष्ठा आदि सब कुछ मिलता है। विद्या का सर्वत्र आदर होता है।

7. शिक्षा गौरव का साधान (Education as an Instrument of Prestige)

रूपयौवनसम्पन्नाः विशालकुलसम्भवाः।
विद्याहीना न शोभन्ते निर्गन्धा इव किंशुकाः।। —चा० 3/8

रूप और यौवन से सम्पन्न तथा ऊँचे कुल में जन्म लेने पर भी विद्याविहीन मनुष्य ऐसे ही सुशोभित नहीं होता, जैसे गन्धरहित ढाक के फूल।

8. शिक्षा से जीवन की सार्थकता (Education Provides Purpose to Life)–

शुनः पुच्छमिव व्यर्थं जीवितं विद्यया विना।
न गुह्यगोपने शक्तं न च दंशनिवारणे।। —चा० 7/19

जैसे कुत्ते की पूँछ न तो गुप्तेन्द्रियों को ढाँपने में ही समर्थ है और न ही मच्छर आदि को उड़ाने में। इसी प्रकार विद्याहीन व्यक्ति का जीना व्यर्थ होता है।

9. शिक्षा से आनन्द प्राप्ति (Bliss through Education)

विद्यया विन्दतेऽमृतम्। —केन० 2/2/4

विद्या से परम आनन्द की प्राप्ति होती है।

10. शिक्षा देव लोक का साधान (Education as a means of Dev Lok)

विद्यया देवलोकः देवलोको वै लोकानां श्रेष्ठस्तस्माद्विद्यां प्रशसन्ति।।
—बृहदा० *1/5/16*

विद्या से देवलोक की प्राप्ति होती है। देवलोक सारे लोकों में श्रेष्ठ है, इसलिए विद्या की प्रशंसा की जाती है।

11. शिक्षा द्वारा ब्रह्म लोक की प्राप्ति (God Realisation through Education)

केन ब्रह्मत्वं क्रियते? त्रय्यीविद्ययेति।। —एतरेय 5/5/8

ब्रह्मत्व की प्राप्ति कैसे होती है? त्रयीविद्या के अध्ययन से मनुष्य को ब्रह्मत्व की प्राप्ति होती है।

12. शिक्षा से प्रसिद्धि (Fame through Education)

विद्यया ख्यापिता ख्यातिः।। —चा०सू० 297

विद्या से शीघ्र ख्याति मिल जाती है।

13. शिक्षा की सुरक्षा (No Danger of Theft to Education)

विद्या चौरैरपि न ग्राह्या।। —चा०सू० 296

विद्या को चोर भी नहीं चुरा सकते।

14. शिक्षा द्वारा क्रोध पर विजय (Controlling Anger through Education)

शक्यं विद्याविनीतेन लोके संजीवनं शुभम्।
आत्मानं विद्यया तस्मात् पूर्वकृत्वा तु भाजनम्।।
वश्येन्द्रियो जितक्रोधो भूतात्मानं तु भावयेत्।।

—महा० अनु० अ० 145 पृ० 5956

विद्या से विनीत हुआ पुरुष संसार में शुभ जीवन बिता सकता है, अत: अपने-आपको पहले विद्या द्वारा पुरुषार्थ का भाजन बनाकर क्रोध विजयी एवं जितेन्द्रिय पुरुष सम्पूर्ण भूतों के आत्मा-परमात्मा का चिन्तन करे।

15. शिक्षा द्वारा सभी कामनाओं की पूर्ति (Fulfilment of all Desires through Education)

विद्यया स्फीयते ज्ञानं ज्ञानात् तत्त्वनिदर्शनम्।
दृष्टतत्त्वो विनीतात्मा सर्वार्थस्य च भाजनम्।।

—महा० अनु० अ० 145 पृ० 5956

विद्या से ज्ञान बढ़ता है, ज्ञान से तत्त्व का दर्शन होता है और तत्त्व का दर्शन कर लेने के पश्चात् मनुष्य विनीतचित्त होकर समस्त पुरुषार्थों का भाजन हो जाता है।

उपसंहार

एक समय था जब ज्ञान तथा शिक्षा के क्षेत्र में भारत को 'जगत गुरु' माना जाता था। उस समय भारत आर्थिक दृष्टि से भी सम्पन्न था। 'सोने की चिड़िया' माना जाता था। आज जब हम संसार के विकासशील तथा विकसित देशों की तुलना करते हैं तो हम पाते हैं कि विकसित देशों के विकास तथा समृद्धि का कारण वहाँ का शिक्षा स्तर है। विकसित देशों में लगभग शत-प्रतिशत साक्षरता तो है ही, साथ ही इन देशों ने विज्ञान तथा प्रौद्योगिकी में भी बहुत उन्नति की है।

शिक्षा के महत्त्व पर कुछ पाश्चात्य विद्वानों के विचार (Views of Some Great Western Scholars on the Significance of Education)

एडिसन जोसफ (*Addison Josephs* 1672-1719 A.D.): "संगमरमर के साथ जो सम्बन्ध मूर्तिकला का है, वही सम्बन्ध आत्मा के साथ शिक्षा का है।"

अरस्तु (*Aristotle*) (384-322 BC): "जिस प्रकार जीवित व्यक्ति मृतक व्यक्ति से श्रेष्ठ होता है, उसी प्रकार शिक्षित व्यक्ति अशिक्षित व्यक्ति से।"

ऐपीसीटस (*Epicetus*) (*1st-2nd Century BC*): "शिक्षित व्यक्ति ही केवल स्वतन्त्र है।"

डायोजिनस (*Diagenes*) (412-323 BC): "शिक्षा युवकों के लिए अनुशासन की शान, वृद्धों के लिए ढांढस, निर्धन के लिए धन तथा धनियों के लिए आभूषण है।"

लॉके (*Locke, 1632-1740*): "पौधे का विकास जुताई से तथा मनुष्य का विकास शिक्षा से होता है।"

इयूवी, जॉन (*Dewey, John* 1859-1962)–"शारीरिक जीवन के लिए जिस प्रकार आहार तथा प्रजनन हैं, उसी प्रकार सामाजिक जीवन के लिए शिक्षा।"

शिक्षा का अर्थ (Meaning of Education)

शिक्षा के अर्थ को स्पष्ट करने से पूर्व यह जान लेना बहुत आवश्यक है कि विभिन्न विचारकों, चिन्तकों, विद्वानों, दार्शनिकों आदि ने अपने-अपने दर्शन तथा समाज की स्थिति के संदर्भ में अपने विचार रखे हैं। अतः स्वाभाविक है कि शिक्षा के अर्थ के सम्बन्ध में विभिन्न मत हों। शिक्षा शब्द की उत्पत्ति संस्कृत के शब्द 'शिक्ष्' धातु से हुई है। इसका अर्थ है 'सीखना' तथा 'ज्ञान प्राप्त करना' अथवा अध्ययन करना।

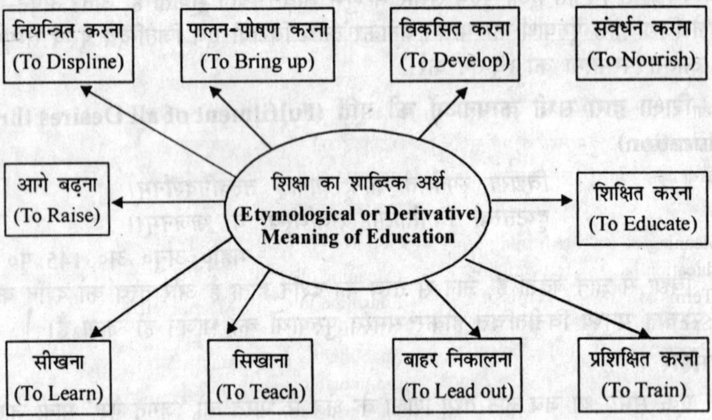

चित्र 1.1: शिक्षा का शाब्दिक अर्थ
(Etymological Meaning of Education)

भारतीय भाषा के सन्दर्भ में शिक्षा का शाब्दिक अर्थ (Meaning of Education in Context of an Indian Language): शिक्षा के अनुरूप अथवा समान अर्थ वाला एक और शब्द 'विद्या' है जो संस्कृत के 'विद्' धातु से बना है जिसका अर्थ है 'जानना' या 'ज्ञान प्राप्त करना'।

अतः शिक्षा से अभिप्रायः ज्ञान प्राप्त करना है। चूँकि ज्ञान भी अनेक प्रकार का होता है और ज्ञान प्राप्ति के लक्ष्य तथा साधन भी अनेक प्रकार के, इस कारण शिक्षा का अर्थ एवं परिभाषा भी भिन्न हो जाती है।

संस्कृत के अन्य धातुः *शिक्षा शब्दः* शिक्ष से निकला है, जिसका अर्थ है सिखाना अथवा शिक्षा देना।

संस्कृत में और धातु 'शास' है जिसका अर्थ 'अनुशासन में रखना', 'नियन्त्रण में रखना', 'निर्देश देना' (To discipline, to control, and to instruct or to teach)

पश्चिमी भाषा के सन्दर्भ में शिक्षा का शाब्दिक अर्थ (Literal Meaning of Education in the Context of Foreign Language): अंग्रेजी भाषा में शिक्षा को एजूकेशन (Education) कहते हैं। विद्वानों के अनुसार इस शब्द की उत्पत्ति लैटिन (Latin) भाषा के निम्न शब्दों से हुई है।

शब्द *(Word)*	अर्थ *(Meaning)*
Educare (एडूकेयर)	संवर्द्धन करना (To nourish), पालन पोषण करना (To bring up)
Educere (एडूकीयर)	विकसित करना (to develop), बाहर निकालना (To lead out)
Educatus (एडूकेटस)	पढ़ाना (To teach), प्रशिक्षित करना (To train)
Educo (एडूको)	अन्दर से निकालना (To lead out), अन्दर का विकास करना (To develop from withen), आगे बढ़ना (To move forward)

पांच प्रकार की परिभाषाओं के संदर्भ में शिक्षा का अर्थ
(Meaning of Education in the Context of Five Types of Definitions)

(1)	(2)	(3)	(4)	(5)
शिक्षा का अर्थ आध्यात्मिक प्रक्रिया के रूप में (Meaning of Education in Terms of Spiritual Process)	शिक्षा का अर्थ जन्मजात शक्तियों के विकास के रूप में (Meaning of Education in Terms of Development of Innate Powers)	शिक्षा का अर्थ व्यक्ति को वातावरण तथा समाज के अनुरूप बनाने के रूप में (Meaning of Education in Terms of Enabling the Individual to adjust with the Environment and Society)	शिक्षा का अर्थ व्यक्ति को समाज की संस्कृति से परिचित कराने के रूप में (Meaning of Education in Enabling the Indi-vidual to Acquaint himself with the Culture of the Society)	शिक्षा का अर्थ व्यक्ति तथा समाज दोनों के सामंजस्यपूर्ण विकास के लिए (Meaning of Education to Bring about the Harmonious Development both of the Individual and Society)

I. शिक्षा का अर्थ आध्यात्मिक प्रक्रिया के रूप में: निम्नलिखित विद्वानों ने शिक्षा का अर्थ एक आध्यात्मिक प्रक्रिया के रूप में माना है:

(1) *अरस्तु (Aristotle)*: शिक्षा ऐसी प्रक्रिया है जो मनुष्य को परम सत्य, शिवं एवम् सुन्दरम का चिन्तन करने योग्य बना सके।

(2) *कणाद (Kanad)*: मुनि के अनुसार 'शिक्षा का मुख्य उद्देश्य मानव के भीतर आत्मसन्तोष उत्पन्न करना है।

(3) *स्वामी शंकराचार्य* (Swami Sankaracharya)–स्वामी शंकराचार्य के शब्दों में "विद्या वही है जो मुक्ति प्रदान करे।"

(4) *श्री अरविन्द घोष* (Sri Aurobindo Ghosh): शिक्षा ऐसी प्रक्रिया है जो अन्तर्निहित ज्योति की उपलब्धि के लिए विकासशील आत्मा को प्रेरणादायिनी शक्ति दे सके।

(5) *फ्रोबेल* (Froebel): शिक्षा ऐसी प्रक्रिया है जो बालक में दैवी तत्त्व का विकास करती है।

समीक्षा

सीमाएँ: 1. *एकाकी अर्थ:* शिक्षा का यह अर्थ एकांकी है। मनुष्य सामाजिक प्राणी है। उसे केवल अपनी मुक्ति में ही सन्तुष्ट नहीं रहना चाहिए। 2. *अव्यवहारिक अर्थ:* शिक्षा का

यह अर्थ व्यवहारिक प्रतीत नहीं होता है। इसमें व्यक्ति की स्वार्थता का आभास होता है।

पक्ष में तर्क: इस अर्थ के समर्थकों का मानना है कि यह अर्थ इस बात का संकेत देता है कि व्यक्ति को त्याग की भावना अपनानी चाहिए। इसका यह अर्थ कभी यह नहीं लेना चाहिए कि इसका सम्बन्ध सन्यासियों के लिए ही है।

शिक्षा के इस अर्थ का यदि गहन रूप से मूल्यांकन किया जाए तो यह बहुत ही उच्च कोटि का है। मनुष्य जीवन का लक्ष्य परमात्मा के साथ आत्मसात करना है।

उपसंहार: आज का युग भौतिकवाद का युग कहलाता है इसमें रुपये-पैसे को ही सर्वोत्तम स्थान देने की प्रवृत्ति है। अत: आवश्यक है कि शिक्षा का अर्थ आध्यात्मिक विकास में भी लिया जाए।

II. शिक्षा का अर्थ जन्मजात शक्तियों के विकास के रूप में (Meaning of Education as Development of Innate Powers of the Individual): जन्म के समय बालक निर्बल एवं असहाय होता है परन्तु उसमें अनेक प्रकार की शक्तियां विद्यमान होती हैं। शिक्षा द्वारा इन शक्तियों का विकास किया जाता है। विकास शून्य में नहीं होता। उसके लिए उपयुक्त वातावरण की आवश्यकता होती है। सभी शक्तियों का विकास अलग-अलग नहीं होता। वातावरण में विकसित होने वाले तत्त्व साथ-साथ कार्य करते हैं। जैसे मस्तिष्क के साथ पेशियाँ भी कार्यरत रहती हैं। शरीर विकसित होता है तो साथ ही साथ मानसिक विकास भी होता है। सभी पक्षों एवं अंगों का विकास एक तालमेल के साथ किया जाना आवश्यक है ताकि ये शक्तियाँ एक-दूसरे से सुसम्बद्ध होकर पुष्ट एवं प्रभावशाली व्यक्तित्व के रूप में प्रकट हों।

1. *एडिसन* (*Addison*): शिक्षा ऐसी प्रक्रिया है जिसके द्वारा मानव के अन्तर में निहित सभी शक्तियों तथा गुणों का विकास करना है।

2. *पेस्टालाजी* (*Pestalozzi*): शिक्षा का अर्थ मनुष्य की जन्मजात शक्तियों का स्वाभाविक, समरूप तथा प्रगतिशील विकास है।

3. *रॉस* (*Ross*): शिक्षा ऐसी प्रक्रिया है जो स्वाभाविक प्रवृत्तियों को समुचित दिशा में मोड़ कर, उनमें एकरसता लाकर तथा सामंजस्य उत्पन्न करके उनका उन्नयन करती है।

4. *गांधी जी* (*Gandhiji*): शिक्षा से मेरा अभिप्राय बालक और मनुष्य के शरीर, मन और आत्मा के सर्वोत्तम गुणों को व्यक्त करना है अथवा बाहर निकालना है।

जन्मजात शक्तियों के विकास पक्ष में तर्क: 1. *मनोवैज्ञानिक दृष्टिकोण*: शिक्षा का यह अर्थ मनोवैज्ञानिक है। यह बालक की जन्मजात क्षमताओं के सम्यक् विकास पर बल देता है।

2. *विस्तृत पाठ्यक्रम*: इस अर्थ को मान्यता प्रदान करने से पाठ्यक्रम विस्तृत और आकर्षक हो जायेगा।

3. *सन्तुलित नागरिक*: इस अर्थ को मानने से समाज को संतुलित एवं आकर्षक व्यक्तित्व के नागरिक मिलेंगे, जो समाज की प्रगति में योगदान देंगे।

4. *समान विकास का अवसर*: अगर बालक की सभी शक्तियों का समान विकास न करके एक-दो का ही विकास किया गया तो व्यक्तित्व एकांगी हो जायेगा।

5. *सामाजिक कुशलता का विकास*: इसके कारण सामाजिक कुशलता एवं नागरिक गुणों का विकास होगा।

6. *प्रभावी व्यक्ति*: यह अर्थ बालकों को ऐसा बना देता है कि वे विभिन्न परिस्थितियों का सामना करने तथा उनसे समझौता करने में समर्थ होते हैं।

7. *मानसिक तथा शारीरिक संरक्षण*: इसके कारण व्यक्ति मानसिक या शारीरिक रोगों से बच सकता है।

8. *गहन तथा विस्तृत अर्थ*: यह एक ऐसा अर्थ है, जिसमें शिक्षा के सभी अर्थ तथा उद्देश्य एक साथ सम्मिलित हैं।

9. *सेवा-भाव का बोध*: इस अर्थ से मानव में सेवा भाव का बोधा होता है। वह समाज का सच्चा नागरिक बनता है।

10. *पाठ्यान्तर क्रियाओं पर बल*: इसमें पाठ्यान्तर प्रक्रियाओं का भी सहारा लिया जाता है जिससे बालकों की विभिन्न प्रकार की क्षमताओं का विकास होता है।

11. *उपचारिक तथा अनौपचारिक शिक्षा का प्रावधान*: इसमें शिक्षा के औपचारिक एवं अनौपचारिक दोनों ही प्रकार के साधन आ जाते हैं। इस कारण शिक्षा का रूप व्यापक हो जाता है।

शिक्षा के जन्मजात शक्तियों के अर्थ के विपक्ष में तर्क: 1. *अव्यवहारिक अर्थ*: यह अर्थ व्यावहारिक नहीं है। सिद्धान्त रूप से यह आकर्षक अवश्य है। पर इसे व्यवहार में परिणित करना एक कठिन कार्य है।

2. *समविकास का अर्थ अस्पष्ट*: समविकास का अर्थ स्पष्ट नहीं है। कैसे जानकारी होगी कि बालक का समविकास हुआ या नहीं? इसका कोई मापदण्ड नहीं है।

3. *व्यक्तिगत विभिन्नता पर ध्यान देना कठिन कार्य*: सभी बालकों की जन्मजात शक्तियों का समविकास करना एक कठिन कार्य है। व्यक्तिगत विभिन्नता के आधार पर शिक्षा देना सरल कार्य नहीं है।

4. *समान विकास सम्भव नहीं*: व्यक्तिगत विभिन्नता के रहते हुए यह कैसे सम्भव है कि सभी बालकों का समान विकास किया जाए? इस कारण यह अमनोवैज्ञानिक है।

5. *विशिष्टीकरण में अव्यवहारिक:* आज का युग विशिष्टीकरण का है। विशिष्टीकरण के युग में समविकास स्वीकार करना सम्भव नहीं है।

6. *निर्देशन में कठिनाइयाँ*: समविकास के उद्देश्य की पूर्ति के लिए निर्देशन करने का कार्य कठिन है। ऐसे निर्देशकों की बड़ी कमी है।

शिक्षा का अर्थ व्यक्ति को वातावरण तथा समाज के अनुरूप बनाने के रूप में: 1. *स्टुअर्ट मिल* (Mill): "शिक्षा एक संस्कृति है जिसे एक पीढ़ी अपनी आगामी सन्तति को संदेश देती है, ताकि वह अपने को इस योग्य बना सके कि प्राप्त की हुई संस्कृति को ज्यों-का-त्यों बनाये रखे और यदि सम्भव हो सके तो उसके उस उन्नत स्तर को ऊँचा उठायें जो उस समय तक संरक्षित है।"

2. *एनसाइक्लोपीडिया ब्रिटेनिका* (*Encyclopaedia Britanica*): "शिक्षा मानव-समाज के प्रौढ़ व्यक्तियों के ऐसे प्रयत्न को कहते हैं जो अपने समुदायगत आदर्शों के अनुसार ही अपनी आगामी पीढ़ी के विकास को एक आकार प्रदान करता है।"

3. *रेमाण्ट* (Raymont): "शिक्षा मानव जीवन के विकास की वह प्रक्रिया है जो शैशवावस्था से प्रौढ़ावस्था तक चलती रहती है–शिक्षा विकास का वह क्रम है जिससे मानव अपने आपको आवश्कतानुसार भौतिक, सामाजिक तथा आध्यात्मिक वातावरण के अनूकूल बना लेता है।"

समीक्षा: जर्मनी, इटली तथा रूस में उक्त अर्थ पर बल देने से व्यक्ति को समाज का एक प्रकार से दास बना दिया। व्यक्ति का व्यक्तित्व लगभग समाप्त कर दिया। शिक्षा का अर्थ उस प्रक्रिया से लिया जाने लगा जिससे कि व्यक्ति में इस प्रकार के गुणों का निर्माण हो सके जिनसे वह केवल सरकार को सब कुछ समझे। व्यक्ति की स्वतन्त्रता पर कुठारागात हुआ। व्यक्ति केवल 'मशीन' बन कर रह गया। उसके व्यक्तित्व का कोई अर्थ न रहा। 'व्यक्ति पूजा

अर्थात् नेता पूजा' के लिए ही शिक्षा का अर्थ लिया जाने लगा। यह अर्थ अधूरा है। शिक्षा का कार्य बालक को केवल संस्कृति से परिचित कराना ही नहीं है, अपितु उसे इस योग्य भी बनाना है कि वह संस्कृति के गुण-दोषों को परख सके तथा गुणों को धारण करें।

समाज का उपयोगी सदस्य बनाने का गलत अर्थ लिया जाने लगा।

शिक्षा का अर्थ केवल उस प्रक्रिया से लिया जाने लगा जिससे व्यक्ति का विकास हो या न, परन्तु समाज का विकास ही सर्वोत्तम है। यह अर्थ बहुत संकीर्ण बन गया।

इस अर्थ को भली-भाँति समझने के लिए आवश्यक है कि व्यक्ति तथा समाज के सम्बन्ध को भली-भाँति जान लिया जाए।

समाज का उपयोगी सदस्य बनाने में तथा समाज के लिए ही शिक्षा–इन दोनों में बहुत अन्तर है।

IV. शिक्षा का अर्थ बालक को समाज की संस्कृति से परिचित कराना: बालक की शिक्षा 'शून्य' में और 'शून्य' के लिए नहीं है। बालक एक सामाजिक प्राणी है, उसे समाज की संस्कृति से परिचित कराना आवश्यक है। अत: शिक्षा का अर्थ उसी अवधारणा पर आधारित है। यह बालक पर निर्भर है कि वह उस संस्कृति के कौन-से तत्त्व अपनाता है।

V. शिक्षा व्यक्ति तथा समाज दोनों के विकास के रूप में: अनेक विद्वानों का मानना है कि शिक्षा का अर्थ व्यक्ति को केवल समाज के लिए ही तैयार नहीं करना है अपितु उसके अपने व्यक्तित्व का भी विकास कराना है। शिक्षा का अर्थ समाज के हितों तथा व्यक्ति के हितों में उपयुक्त तालमेल स्थापित कराना है। व्यक्ति मशीन के समान नहीं है। उसका अपना अस्तित्व भी है। यदि व्यक्ति ही नहीं होगा तो समाज कैसे बन सकता है। इस बात की पुष्टि में कुछ विद्वानों के विचार नीचे दिए गए हैं:

1. *हैंडरसन* (*Henderson*) का कथन है: "यदि शिक्षा केवल सामाजिक विरासत को एक पीढ़ी से दूसरी पीढ़ी को हस्तांतरित करती है, तो वह केवल अतीत की पुनरावृत्ति करती है। यदि शिक्षा केवल बच्चों की अभिवृद्धि और विकास करती है, तो वह सामाजिक विरासत की अवहेलना करती है। पर यदि शिक्षा अभिवृद्धि और विकास की प्रक्रिया अर्थात् एक ऐसी प्रक्रिया है जिसमें सामाजिक वातावरण के रूप में सामाजिक विरासत को उत्तम और बुद्धिमान पुरुषों एवं स्त्रियों के विकास के लिए प्रयोग किया जा सके तो यह शिक्षा की वही प्रक्रिया है, जिसका समर्थन दार्शनिकों और शिक्षा-सुधारकों ने किया है। यही शिक्षा की सत्य धारणा है।"

2. *बॉसिंग* (*Bossing*): "शिक्षा का कार्य व्यक्ति को वातावरण के साथ उस सीमा तक अनुकूलन कराना है जिससे व्यक्ति तथा समाज दोनों के लिए स्थायी सन्तोष प्राप्त हो सके।"

3. *ब्राउन* (*Brown*): "शिक्षा चैतन्य रूप में एक नियन्त्रित प्रक्रिया है जिसके द्वारा व्यक्ति के व्यवहार में परिवर्तन किये जाते हैं तथा व्यक्ति के द्वारा समाज में।"

4. *कौटिल्य* (*Kautilya*): शिक्षा मानव को एक सुयोग्य नागरिक बनाना सिखाती है तथा उसका व्यक्तिगत विकास करती है।

ड्यूवी (Dewey) ने इस बात पर बल दिया है कि "वातावरण से पूर्ण अनुकूलन करने का अर्थ है–मृत्यु। आवश्यकता इस बात की है कि वातावरण पर नियन्त्रण रखा जाए।"

ड्यूवी ने सामाजिक वातावरण का अर्थ इस प्रकार बताया, "सामाजिक वातावरण में उसके किसी भी सदस्य की सभी क्रियाएँ आ जाती हैं। उनका प्रभाव उतनी ही मात्रा में वास्तविक रूप से शिक्षाप्रद होता है जितनी मात्रा में एक व्यक्ति समाज की सहयोगी क्रियाओं में भाग लेता है।"

समीक्षा: शिक्षा का यह अर्थ सर्वमान्य प्रतीत होता है। इसमें व्यक्ति तथा समाज दोनों पर बल दिया गया है। प्रजातन्त्र में व्यक्ति का विशेष स्थान है अत: शिक्षा का अर्थ समाज तथा व्यक्ति के हितों के संदर्भ में देखा जाना चाहिए।

गांधी जी के अनुसार शिक्षा की परिभाषा तथा अर्थ (Definition and Meaning of Education according to Gandhiji)

गांधी जी के अनुसार, ''शिक्षा से मेरा अभिप्राय: बालक तथा मनुष्य के शरीर, मन और आत्मा के अर्न्तीनहित सर्वोत्तम शक्तियों के सर्वांगीण विकास (प्राक्ट्रय) से है।''

ऊपर दी गई शिक्षा की परिभाषा में निम्नलिखित तत्त्वों पर विशेष ध्यान देने की आवश्यकता है–1. बालक तथा मनुष्य की अर्न्तनिहित अथवा आन्तरिक शक्तियाँ, 2. सर्वांगीण विकास, 3. शारीरिक, मानसिक तथा आत्मिक (शरीर, मन तथा आत्मा)

शिक्षा एक ऐसी प्रक्रिया है जो बालक तथा मनुष्य के अन्दर छिपी हुई शक्तियों का सर्वोमुखी विकास करती है। यह विकास किस प्रकार का हो, इस की रूपरेखा भी गांधीजी ने बतलाई है। यह विकास शरीर का है, मन का है तथा आत्मा का है। विकास किस प्रकार का हो सकता है तथा किस प्रकार से किया जा सकता है इनका उत्तर है–यह विकास एक विशेष प्रकार के वातावरण में हो सकता है। स्कूल द्वारा यह वातावरण उपलब्ध कराया जाता है। शिक्षक इस प्रकार से प्रयत्न करता है कि बालक को ऐसा वातावरण प्रदान किया जाए जो उसकी आन्तरिक शक्तियों का इस प्रकार विकास करने में सहायक हो जिससे बालक समाज का उपयोगी सदस्य बन सके।

शिक्षा के अर्थ की व्याख्या करते हुए गांधी जी ने स्पष्ट किया कि शिक्षा का अर्थ अक्षर-ज्ञान नहीं है, शिक्षा एक साधान मात्र है। हम मनुष्य बनें। मात्र पुस्तकीय ज्ञान से मनुष्यत्व नहीं आता। ज्ञान के साथ-साथ शरीर तथा आत्मा का विकास अत्यन्त आवश्यक है।

बालक के सर्वोमुखी विकास के लिए गांधी जी ने बुनियादी शिक्षा पद्धति पर बल दिया क्योंकि यह पद्धति मस्तिष्क, शरीर और आत्मा तीनों का विकास करती है। साधारण शिक्षा पद्धति केवल मस्तिष्क के विकास पर बल देती है। दूसरे शब्दों में यह शिक्षा अधूरी है। इसमें बालक की सभी आन्तरिक शक्तियों का सामंजस्य एंव विकास नहीं होता है। शिक्षक का कार्य है कि वह छात्र के भीतर विद्यमान प्रतिभा को विकसित करे और उसे प्रकाश में लाये।

सर्वांगीण शिक्षा का विकास इस प्रकार से हो कि बालक में विद्यमान शक्तियों को ऐसा मोड़ दिया जाए कि वह एक आदर्श नागरिक बन सके। आदर्श नागरिक वही होगा जो जीविका उपार्जन भी कर सके। इसके लिए गांधी जी ने दस्तकारी पर बल दिया।

सर्वांगीण विकास में संगीत तथा कला का विकास भी आ जाता है। प्रत्येक व्यक्ति में इस प्रकार के गुणों का बीज जन्मजात होता है। उसे बाहर निकालने के अवसर मिलने चाहिए।

शुद्ध आचरण तथा नैतिक शिक्षा आदि सर्वांगीण शिक्षा के अभिन्न अंग हैं।

गांधी जी का मत है कि बुद्धि की सच्ची शिक्षा हाथ, पैर, आँख, कान, नाक आदि शरीर के अंगों के ठीक अभ्यास और शिक्षण से हो सकती है। दूसरे शब्दों में, इन्द्रियों के बुद्धिपूर्वक उपयोग से बालक की बुद्धि को विकास का उत्तम और लघुत्तम मार्ग मिलता है। परन्तु जब तक मस्तिष्क और शरीर का विकास साथ-साथ न हो और उसी मात्रा में आत्मा की जागृति न होती रहे, तब तक केवल बुद्धि के एकाकी विकास से कुछ विशेष लाभ नहीं होगा। अत: शरीर, मन और आत्मा की विविध शक्तियों के विकास में उचित तालमेल और एकरसता लाने की अत्यन्त आवश्यकता है।

गांधी जी के विचारों के संदर्भ में कुछ महान शिक्षाविदों की चर्चा करना उपयुक्त प्रतीत होता है।

पेस्टालॉजी (Pestalozzi) ने लिखा है, ''शिक्षा मनुष्य की आन्तरिक शक्तियों का प्राकृतिक समन्वित एवं प्रगतिशील विकास है।''

रूसो (Rousseau) का विचार है, ''शिक्षा आभ्यान्तर की छिपी हुई शक्तियों का विकास है।''

फ्रोबेल (Froebel) के विचार में, ''शिक्षा एक प्रक्रिया है जिससे बालक की अन्तर्निहित शक्तियों को बाहर लाना है।''

यदि ऊपर दी गई शिक्षा की परिभाषाओं की गांधी जी द्वारा दी गई परिभाषा से तुलना की जाए तो यह ज्ञात हो जाता है कि गांधी जी की परिभाषा शिक्षा के अर्थ को विस्तृत रूप से स्पष्ट करती है। यह परिभाषा 'सर्वांगीण' तथा 'सर्वोत्तम' शब्दों पर उचित बल देती है।

शिक्षा के अर्थ को स्पष्ट करने वाली डॉ. राधाकृष्णन तथा स्पेंसर की परिभाषाएँ (Definitions given by Dr. Radha Krishnan and Spencer)

डॉ॰ राधाकृष्णन ने शिक्षा पर गहन चिन्तन किया और सभी पक्षों को ध्यान में रखते हुए शिक्षा के प्रति एक संतुलित तथा व्यापक दृष्टिकोण अपनाया। उन्होंने कहा, ''अब यह बात अधिकाधिक स्वीकार की जाने लगी है कि शिक्षा के प्रति सन्तुलित दृष्टिकोण का विकास किया जाना चाहिए। मानसिक प्रशिक्षण के साथ-साथ, कल्पना-शक्ति और मनोभावों को निर्मल बनाया जाना चाहिए। जिज्ञासु मस्तिष्क, अन्तर्ज्ञानी हृदय, चेतनशील आत्मा और छानबीन करने वाले विवेक का विकास किया जाना चाहिए। विज्ञान और प्रौद्योगिकी के इस युग में हमें यह याद रखना चाहिए कि जीवन का वृक्ष लोहे के ढाँचे से बिल्कुल भिन्न है। यदि हम विज्ञान और प्रौद्योगिकी का प्रयोग करके निर्धनता को दूर करना चाहते हैं तो ललित कलाओं द्वारा मस्तिष्क की हीनता को भी दूर किया जाना चाहिए। केवल भौतिक दरिद्रता ही दुःख का कारण नहीं है। हमें समाज के हितों को नहीं, वरन् मानव-हितों को भी सन्तुष्ट करना चाहिए। सौन्दर्यात्मक और आध्यात्मिक उत्कर्ष, पूर्ण मानव के निर्माण में योग देता है। मानव के निर्माणकारी पहलू का विकास कला द्वारा होता है। सारांश में, शिक्षा को मनुष्य और समाज का निर्माण करना चाहिए।''

इसी प्रकार शिक्षा के उद्देश्य को स्पष्ट करते हुए स्पेंसर ने लिखा है, ''शिक्षा हमें ज्ञान कराये कि हम अपने शरीर, मस्तिष्क और आत्मा के साथ कैसा व्यवहार करें; अपने कार्यों का प्रबन्ध किस प्रकार करें, अपने परिवार में किस प्रकार व्यवहार करें और प्रकृति द्वारा दिये जाने वाले सुख के साधनों का किस प्रकार उपयोग करें; अपने और दूसरों के अधिकतम लाभ के लिए सब शक्तियों का प्रयोग किस प्रकार करें।''

उपसंहार: शिक्षा की सर्वोत्तम परिभाषा किसे कहा जाए, यह एक विवादास्पद प्रश्न है। शिक्षा की विभिन्न परिभाषाओं के अध्ययन से पता चलता है कि कहीं न कहीं कोई कमी रह गई है, फिर भी इन सब परिभाषाओं में ऊपर दी गई दो परिभाषाएँ सबसे उत्तम प्रतीत होती हैं क्योंकि वह शिक्षा के प्रति एक सन्तुलित दृष्टिकोण रखती हैं।

इन परिभाषाओं में मनुष्य के सर्वांगीण विकास की परिकल्पना की गई है। ये परिभाषाएँ विज्ञान तथा प्रौद्योगिकी के विकास को आत्मा के विकास के साथ जोड़ती हैं। साथ ही व्यक्ति तथा समाज दोनों के कल्याण की चिंता करती हैं। यथार्थवाद, प्रकृतिवाद, आदर्शवाद तथा प्रयोगात्मकवाद के सिद्धान्तों में सामंजस्य स्थापित करती हैं।

शिक्षा का अर्थ: चार एच (4 H's) के समायोजित विकास के लिए (Meaning of Education in terms of 4 H's—Head, Hand, Health and Heart)

शिक्षा का अर्थ व्यक्ति के चार पक्षों का समायोजित विकास माना जाता है जो चित्र 1.2 द्वारा दर्शाया गया है।

1. *मस्तिष्क* (*Head*): शिक्षा के व्यक्ति के विकास का एक पक्ष मस्तिष्क है। मस्तिष्क अथवा मानसिक विकास में ये तत्त्व सम्मिलित हैं—ज्ञान प्राप्त करना, सोचने, दूरदर्शिता से आभास करने, समझने, कल्पना करने, तर्क करने, समीक्षा करने, समस्या समाधान से निर्णय लेने की योग्यताओं के गुण।

2. *हृदय* (*Heart*): आधुनिक शिक्षा में व्यक्ति के भावात्मक पक्ष पर विशेष बल दिया जाता है।

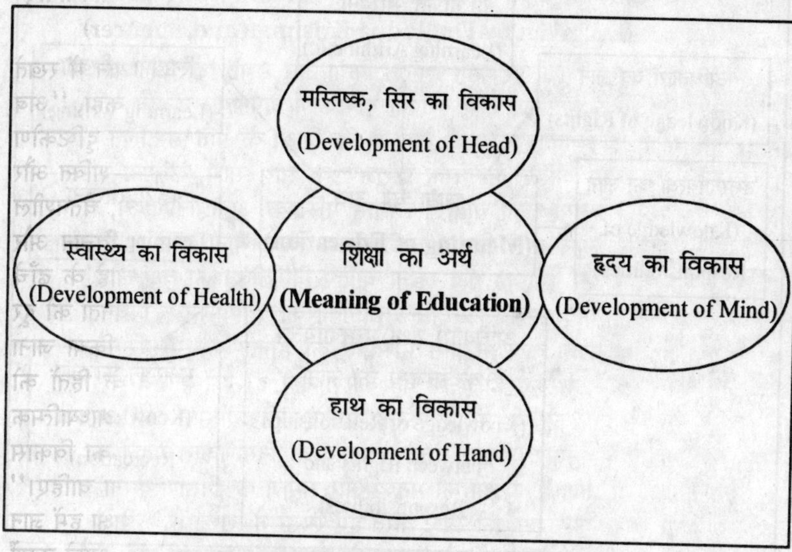

चित्र 1.2: शिक्षा का अर्थ 4 'एच' के रूप में
(Meaning of Education in Terms of Development of 4 H's)

3. *हाथ* (*Hand*): हाथ यहाँ पर व्यावसायिक क्षमता का प्रतीक है। गांधीजी ने हस्तकला की शिक्षा पर बल दिया।

4. *स्वास्थ्य* (*Health*): उचित स्वास्थ्य निर्माण के बिना शिक्षा अधूरी है। स्वास्थ्य के दुर्बल होने से मस्तिष्क, हृदय तथा हाथ उचित विकास नहीं हो सकता है।

जनतन्त्र में शिक्षा का विशेष अर्थ (Special Meaning of Education in a Democracy)

शिक्षा 7 R's के सन्दर्भ में—Reading, Writing, Arithmetic, Rights, Responsibilities, Relationship and Recreation (चित्र 1.3)

परम्परागत शिक्षा व्यवस्था में 3 R's. जो कि विषयों के ज्ञान के प्रतीक में, उन पर

बल दिया जाता था। दूसरे शब्दों में केवल 'ज्ञान' पक्ष की प्रधानता थी। छात्र के जीवन के अन्य पक्षों पर उचित ध्यान नहीं दिया जाता था। परन्तु जनतन्त्र में इस बात को प्राथमिकता दी जा रही है कि छात्र अपने अधिकारों तथा उत्तरदायित्वों में समन्वय स्थापित करें। साथ ही मनोरंजन के साधनों पर भी उचित ध्यान दें।

अब शैक्षिक संस्थाओं में विषयों के साथ-साथ 'जीवन में रहने की कला' (Art of Living) में प्रशिक्षण का प्रावधान किया जा रहा है।

उपसंहार: शिक्षा का अर्थ उस प्रक्रिया से है जिस के द्वारा छात्रों में निहित क्षमताओं तथा योग्यताओं का इस प्रकार प्रयोग करना है कि उनका अधिकतम विकास हो ताकि छात्र अपना तथा समाज का सर्वांगीण विकास कर सकें। शिक्षा छात्रों को इस योग्य बनाती है कि वे समाज के उत्तरदायी घटक के नाते अपना कर्त्तव्य भली प्रकार निभा सकें।

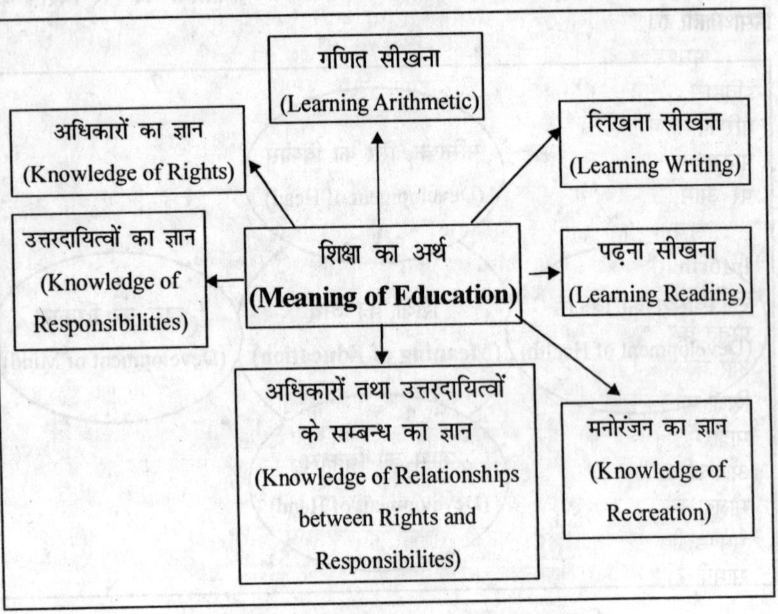

चित्र 1.3: शिक्षा का अर्थ 7 R's का विकास
(Meaning of Education in Terms of 7 R's)

भूमण्डलीकरण के सन्दर्भ में शिक्षा
(Education in the Context of Globalization)

इक्कीसवीं शताब्दी की विशेष चुनौतियाँ हैं जिनमें से एक चुनौती आर्थिक वित्तीय क्षेत्रों के विश्वव्यापी समाकलन के कारण बहुत बड़े भाग में होने वाले भूमण्डलीकरण का परिणाम है। भूमण्डलीकरण त्वरित और महत्त्वपूर्ण प्रौद्योगिकीय बदलावों, भू-राजनैतिक विकास तथा बाजार द्वारा विनियमन की एक प्रभावी विचारधारा का परिणाम है। भूमण्डलीकरण के कारण अधिक समस्याएँ किसी एक देश की सीमा पर समाप्त नहीं हो जातीं बल्कि वे विश्वव्यापी समाधानों के लिए आवाह्न करती हैं। इन अर्थों में अब हम 'भूमण्डलीय गति' के सच्चे सदस्य बन गए हैं अथवा ऐसा कह सकते हैं कि प्राचीन भारतीय परम्परा में हमने

अपने आपको वसुधैव कुटुम्बकम् (पूरी दुनिया ही एक कुटुम्ब) के सिद्धान्त के प्रति सच्चे अर्थों में पुनः समर्पित कर दिया है।

भूमण्डलीकरण के परिणाम सूचना तथा संचार के स्रोतों में विविधता से प्रतिफलित अधिगम समाजों के उदय, कार्य की प्रकृति के रूपांतरण, जिससे अधिक लचीलेपन की आवश्यकता उत्पन्न होगी, टीम के रूप में कार्य करने की जरूरत और नयी प्रौद्योगिकियों के इस्तेमाल के रूप में सामने आएंगे। शैक्षिक प्रक्रियाओं के सन्दर्भ में भूमण्डलीकरण द्वारा उत्पन्न चुनौतियों का अर्थ यह होगा कि इन बातों के सम्बन्ध में पुनर्विचार किया जाए: शैक्षिक अन्तर्वस्तु का संप्रेषण, सूचना के नए स्रोतों का एकीकरण, ज्ञान के साथ-साथ क्षमता विकसित करना और साथ ही विभिन्न सामाजिक-सांस्कृतिक समूहों की आवश्यकताओं के अनुरूप पाठ्यचर्या को अनुकूलित करना और देश की राष्ट्रीय तथा सामाजिक संशक्ति को बनाए रखना है। भूमण्डलीकरण के संदर्भ में मिलकर रहना सीखने का सिद्धान्त और साथ ही इसे विकसित करने के तौर-तरीके अधिक महत्त्वपूर्ण बन जाते हैं।

भूमण्डलीकरण के घटनाक्रम के सन्दर्भ में हमें इन बातों पर विचार करना होगा: इतिहास, भूगोल, विदेशी भाषाओं आदि जैसे पुराने विषयों की नई संभावनाओं को परिभाषित करना, सक्रिय नागरिकता और मानव अधिकारों, पर्यावरण संबंधी मुद्दों के नए पाठ्यचर्या संबंधी सरोकारों को लागू करना तथा सार्वभौमिक मूल्यों के एक सामान्य केंद्रिक पर आम सहमति को प्रोत्साहित करना।

सूचना और संचार प्रौद्योगिकियों की चुनौतियों का सामना (Challenges of Information and Communication Technology (ICT)): नई प्रौद्योगिकियों में जो क्रान्ति आई है, उसने सूचना समाज को एक ज्ञान समाज में बदल कर एक बुनियादी चुनौती प्रस्तुत कर दी है। सूचना और संचार प्रौद्योगिकियों (आईसीटी) को संक्षेप में दूरसंचार, दूरदर्शन और कम्प्यूटरों का अभिसरण कहा जा सकता है। नई प्रौद्योगिकियों में नाटकीय परिवर्तन लाकर शिक्षा को बिल्कुल नया रूप दे देने की संभावना है। आशा है कि, चूंकि विद्यालयों से बाहर बहुत मात्रा में शैक्षिक ज्ञान और अनुभवों की उपलब्धि हो जाएगी, इसलिए औपचारिक शिक्षा और औपचारिक विद्यालयों का एकाधिकार कम हो जाएगा। सूचना और संचार प्रौद्योगिकियाँ अनिवार्यतः मौजूदा शैक्षिक व्यवस्थाओं को प्रभावित करे रही हैं और उनमें बदलाव ला रही हैं, शिक्षा के भूमण्डलीकरण को प्रभावित करेंगी, मौजूदा पाठ्यचर्या में बदलाव लाएंगी, नए दौर की अधिगम सामग्री लाएंगी और विद्यालयों के नेटवर्क निर्माण को प्रोत्साहित करेंगी।

शिक्षा का व्यापक तथा संकुचित अर्थ
(Wider and Narrow Meaning of Education)

शिक्षा का व्यापक अर्थ: शिक्षा के व्यापक अर्थ के अनुसार यह सारा संसार शिक्षा क्षेत्र है। प्रत्येक व्यक्ति–बाल, युवा, वृद्ध, स्त्री-पुरुष सभी शिक्षार्थी हैं। वे सब जीवनपर्यन्त कुछ न कुछ सीखते हैं। अतः व्यक्ति का सारा जीवन उसका शिक्षा काल है। साथ ही प्रत्येक व्यक्ति जहाँ स्वयं दूसरों से कुछ सीखता है वह दूसरों को भी कुछ न कुछ शिक्षा देता है। जीवन की छोटी-छोटी घटनाएँ भी हमको शिक्षा देती रहती हैं। इसी प्रकार शिक्षा प्राप्त करने तथा प्रदान करने का कोई निश्चित स्थान नहीं है। शिक्षा व्यापक अर्थ में घर, बाजार, स्कूल तथा खेल-कूद के मैदान आदि समस्त स्थानों पर प्राप्त होती रहती है। जड़ प्रकृति भी मानव को शिक्षा प्रदान करती है।

शिक्षा के व्यापक अर्थ का स्पष्टीकरण निम्नांकित परिभाषाओं से किया जा सकता है:

जे. एस. मेकेन्जी (*J. S. Mackenzie*): "व्यापक अर्थ में शिक्षा एक ऐसी प्रक्रिया है, जो आजीवन चलती रहती है और जीवन के प्राय: प्रत्येक अनुभव से उसके भंडार में वृद्धि होती है। शिक्षा को जीवन का मुख्य साध्य भी कहा जा सकता है।"

मार्क हॉपकिन्स (*Mark Hopkins*) के शब्दों में, ''अपने अति व्यापक अर्थ में शिक्षा में वे सभी बातें आ जाती हैं, जो निर्माणकारी प्रभाव डालती हैं।''

प्रो. डम्विल (*Prof. Dumville*) के विचार में, ''शिक्षा के व्यापक अर्थ में सभी प्रभाव आते हैं, जो व्यक्ति को जन्म से लेकर मृत्यु तक प्रभावित करते हैं।''

जॉन स्टुअर्ट मिल (*Mill*) ने लिखा है, ''जो कोई बात मानव के निर्माण में सहायता देती है अथवा रुकावट डालती है, वह उसकी शिक्षा का भाग है।''

इस सम्बन्ध में *टी. रेमॉण्ट* (*T. Raymont*) का यह कथन उल्लेखनीय है–''शिक्षा, विकास का वह क्रम है, जिससे व्यक्ति अपने को धीरे-धीरे विभिन्न प्रकार से अपने भौतिक, सामाजिक और आध्यात्मिक वातावरण के अनुकूल बना लेता है। जीवन ही वास्तव में शिक्षित करता है। एक व्यक्ति अपने व्यवसाय, पारिवारिक जीवन, मित्रता, विवाह, पितृत्व, मनोरंजन यात्रा आदि के द्वारा शिक्षित किया जाता है।''

अपने विचार व्यक्त करते हुए *स्वामी विवेकानन्द* ने लिखा है–''यदि कोई मनुष्य केवल कुछ परीक्षाएँ पास कर सकता है और अच्छे व्याख्यान दे सकता है, तो क्या आप उसको शिक्षित समझते हैं ? क्या वह शिक्षा शिक्षा कहलाने योग्य है, जो सामान्य जन-समूह को जीवन के संघर्ष के लिए अपने आप को तैयार करने में सहायता नहीं देती है, और उनमें शेर का-सा साहस उत्पन्न नहीं करती है!''

लॉज (*Lodge*) ने लिखा है–''बच्चा अपने माता-पिता को, और छात्र अपने शिक्षकों को शिक्षित करता है। प्रत्येक बात, जो हम सोचते या करते हैं, हमें किसी प्रकार भी दूसरे व्यक्तियों के द्वारा कही, सोची या की गई बात से कम शिक्षित नहीं करती है। इस व्यापक अर्थ में जीवन शिक्षा है और शिक्षा जीवन है।''

शिक्षा के व्यापक अर्थ में नीचे लिखे शिक्षा के सभी रूपों का समावेश होता है: 1. नियमित या औपचारिक शिक्षा (Formal Education), 2.अनियमित शिक्षा (Informal Education), 3. औपचारिकेत्तर शिक्षा (Non-Formal Education), 4. प्रत्यक्ष शिक्षा (Direct Education), 5. परोक्ष शिक्षा (Indirect Education), 6. वैयक्तिक शिक्षा (Individual Education), 7. सामूहिक शिक्षा (Collective Education), 8. सामान्य शिक्षा (General Education), 9. विशिष्ट शिक्षा (Specific or Specialised Education) 10. सतत् शिक्षा (Continuous Education)

सूचना प्रौद्योगिकी तथा शिक्षा (Information Technology and Education): आज मानवीय प्रयास का कोई क्षेत्र सूचना प्रौद्योगिकी के प्रभाव से अछूता नहीं है। इन्टरनेट की दुनिया में ज्ञान एक बड़ी शक्ति है। शिक्षा के क्षेत्र में प्रौद्योगिकी असीमित बल तथा आयामों के अवसर उपलब्ध करा सकती है। संसार भर में शैक्षिक रुझान बदल रहे हैं। हम वर्तमान में एक तकनीकी रूप में विकसित 'हाई-टैक संसार' में रह रहे हैं। उच्च तकनीकी युक्त इस विश्व में शिक्षा का क्षेत्र भी बहुत विस्तृत हो गया है। शिक्षा के क्षेत्र में प्रौद्योगिकी का प्रयोग विलासिता न रह कर एक महत्त्वपूर्ण आवश्यकता बन चुका है। शिक्षा में सीखने-सिखाने की प्रक्रिया में यह महत्त्वपूर्ण सुधार कर दिखाने की क्षमता रखती है। इसका प्रभावी उपयोग शिक्षक केन्द्रित प्रथा से दूर हट कर विशेष लचीले छात्र केन्द्रित वातावरण के रूप में उभर कर सामने आया है और इसके फलस्वरूप शिक्षा का क्षेत्र बहुत

विशाल बनता जा रहा है। अब तो घर बैठे-बिठाए उच्च शिक्षा भी प्राप्त की जा रही है। वास्तव में अब शिक्षा के संकुचित क्षेत्र का कोई अर्थ नहीं रह गया है।

शिक्षा का संकुचित अर्थ (Narrow Meaning of Education): कुछ विद्वानों का विचार है कि शिक्षा केवल शिक्षा संस्थाओं में ही दी जाती है। यह शिक्षा एक निश्चित समय या उम्र से प्रारम्भ होती है और एक निश्चित उम्र पर जाकर समाप्त हो जाती है। शिक्षा का एक विशेष प्रकार का पाठ्यक्रम होता है। इस संदर्भ में विद्वानों के मत इस प्रकार हैं:

1. *जे. एस. मेकेन्जी (J. S. Mackenzie)* ने शिक्षा के संकुचित अर्थ को इस प्रकार स्पष्ट किया है–"संकुचित अर्थ में शिक्षा का अभिप्राय हमारी शक्तियों के विकास और उन्नति के लिए चेतनापूर्वक किए गए किसी भी प्रयास से हो सकता है।"

2. *टी. रेमॉण्ट* (T. Raymont) के अनुसार–"संकुचित शिक्षा के जिस अर्थ में शिक्षा का प्रयोग बोलचाल की भाषा और कानून में किया जाता है, उसमें शिक्षा व्यक्ति के आत्म-विकास और वातावरण के सामान्य प्रभावों को अपने में कोई स्थान नहीं देती है। इसके विपरीत, यह केवल उन विशेष प्रभावों को अपने में स्थान देती है, जो समाज के अधिक आयु के व्यक्ति जानबूझकर और नियोजित रूप में अपने से छोटों पर डालते हैं, भले ही ये प्रभाव परिवार, धर्म या राज्य द्वारा डाले जायें।"

3. *प्रो. ड्रीवर (Prof. Drewer)*: "शिक्षा एक प्रक्रिया है जिसमें तथा जिसके द्वारा बालक के ज्ञान, चरित्र तथा व्यवहार को एक विशेष ढाँचे में डाला जाता है।"

4. *जी. एच. थॉम्सन (G. H. Thomson)* का कहना है, "शिक्षा एक विशेष प्रकार का वातावरण है जिसका प्रभाव बालक के चिन्तन, दृष्टिकोण तथा व्यवहार करने की आदतों पर स्थायी रूप परिवर्तन करने के लिए डाला जाता है।"

उपसंहार: वर्तमान में शिक्षा के विस्तृत अर्थ को स्वीकार किया जा रहा है। जैसा कि ऊपर लिखा जा चुका है कि सूचना तथा प्रौद्योगिकी के विस्फोट के कारण सारा संसार शिक्षा क्षेत्र बनता जा रहा है।

शिक्षा की प्रकृति (Nature of Education)

1. *शिक्षा आजीवन चलने वाली प्रक्रिया है*: शिक्षा जन्म से आरम्भ होती है तथा मृत्यु-पर्यन्त चलती है।

2. *शिक्षा एक विकासात्मक प्रक्रिया है*: पेस्टालॉजी का कहना है कि, "शिक्षा मनुष्य की जन्मजात शक्तियों का स्वाभाविक, समरूप एवं प्रगतिशील विकास है।"

ऐसा ही विचार रूसो का भी था। उसने कहा कि "शिक्षा अन्दर के विकास को कहते हैं न कि बाहर के विकास को...।"

इसी प्रकार गाँधी जी ने कहा है कि "शिक्षा से मेरा अभिप्राय बालक तथा मनुष्य के शरीर, मन और आत्मा में अन्तर्निहित सर्वोत्तम शक्तियों के सर्वांगीण विकास (प्राकट्य) से है।"

3. *शिक्षा एक संश्लिष्ट-प्रक्रिया (Synthesis Process) है*: शिक्षा की प्रक्रिया में जो विकास होता है, वह संश्लिष्ट होता है, अलग-अलग नहीं। इसमें विकसित होने वाले अंग साथ-साथ कार्य करते हैं, जैसे मस्तिष्क के साथ पेशियाँ भी कार्यरत रहती हैं। शरीर विकसित होता है, तो साथ ही साथ मानसिक विकास भी होता है।

4. *शिक्षा एक द्विमुखी प्रक्रिया (Two-way Process) है*: एडम्स का मत है कि शिक्षा एक द्विमुखी प्रक्रिया है। इसके एक ओर विद्यार्थी और दूसरी ओर शिक्षक रहता है। रॉस महोदय ने भी एडम्स के इस मत का समर्थन किया है और कहा है कि 'चुम्बक की तरह शिक्षा के भी दो ध्रुव हैं। यह एक द्विमुखी प्रक्रिया है।'

इस प्रक्रिया में एक सिरे पर अध्यापक रहता है और दूसरे सिरे पर छात्र रहता है। एक कहता है, दूसरा सुनता है, एक पढ़ाता है, दूसरा पढ़ता है। अध्यापक अपने व्यक्तित्व एवं ज्ञान से छात्र को प्रभावित करता है। परन्तु छात्र की महत्ता अध्यापक से कम नहीं है। आज की शिक्षा तो छात्र को अध्यापक से भी अधिाक महत्त्वपूर्ण मानती है।

द्विमुखी क्रिया एक दूसरे रूप में भी मानी जा सकती है। शिक्षा में व्यक्तिगत एवं सामाजिक दोनों ही भावनाएँ होती हैं। शिक्षा का उद्देश्य दोनों ही प्रकार के विकास की पूर्ति है। ड्यूवी ने शिक्षा को इसी कारण समाजीकरण की प्रक्रिया कहा है।

5. *शिक्षा एक त्रिमुखी प्रक्रिया (Three-way Process) है:* एडम्स की बात को ड्यूवी ने भी माना है, किन्तु एक और तथ्य जोड़कर। उसने शिक्षा को द्विमुखी के बदले त्रिमुखी कहा है। इसमें शिक्षक एवं छात्र के अलावा सामाजिक तत्वों का भी भरपूर प्रभाव है, और इसका महत्त्व उन दोनों से कम नहीं है।

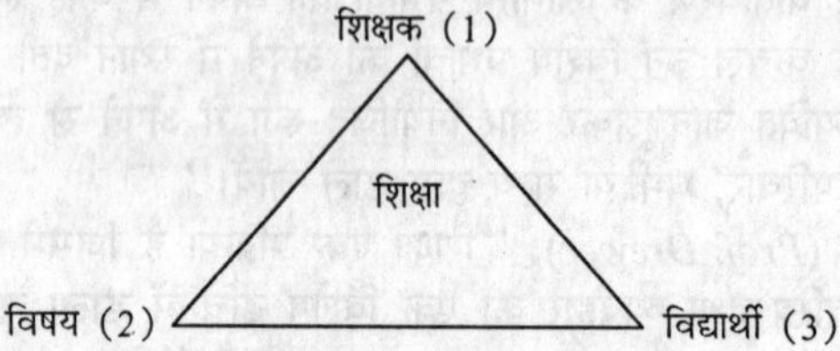

चित्र 1.4: शिक्षा एक त्रिमुखी प्रक्रिया

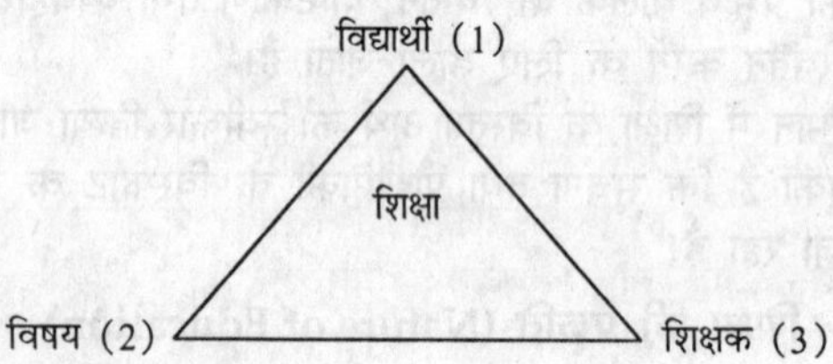

चित्र 1.5: प्राथमिकता के आधार पर शिक्षा की प्रकृति

6. *शिक्षा एक पंचमुखी प्रक्रिया है:* 20वीं शताब्दी के अंत और 21वीं शताब्दी के आरंभ में प्राथमिकताएँ

(1) विद्यार्थी, (2) वर्तमान तथा भविष्य की माँगें, (3) विषय तथा पाठान्तर क्रियाएँ, (4) जनसंचार के साधन, (5) शिक्षक।

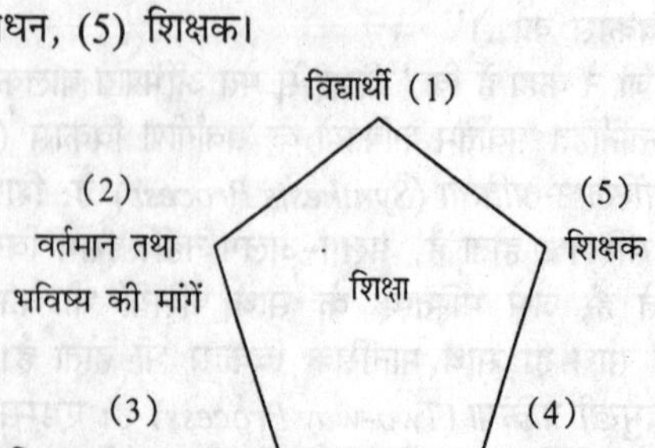

चित्र 1.6: वर्तमान के सम्बन्ध में शिक्षा की प्रकृति

7. *शिक्षा एक सचेतन एवं प्रयोजनशील प्रक्रिया है*: एडम्स ने लिखा है कि ''शिक्षा एक सचेतन एवं विचारपूर्ण प्रक्रिया है, जिसमें एक व्यक्ति दूसरे पर इसलिए प्रभाव डालता है कि दूसरे का विकास और परिवर्तन हो सके।'' इसलिए शिक्षा प्रयोजनहीन नहीं हो सकती। शिक्षा व्यक्तित्व के निर्माण एवं लाभ के लिए है। इससे व्यक्ति चेतना पाता है और अपना प्रयोजन सिद्ध करता है। *बासिंग* ने लिखा है कि ''शिक्षा का कार्य व्यक्ति को उसके वातावरण से समायोजित करना है, जिससे कि व्यक्ति तथा समाज दोनों को अत्यधिक तथा दीर्घकालीन संतुष्टि हो सके।''

इसी प्रकार *ब्राउन* का मत है कि ''शिक्षा सचेतन रूप में नियन्त्रित प्रक्रिया है, जिससे व्यक्ति के व्यवहार में परिवर्तन लाये जाते हैं और व्यक्ति के द्वारा समाज में परिवर्तन लाये जाते हैं।''

इस प्रकार एडम्स की यह उक्ति शत-प्रतिशत सही है कि 'शिक्षा एक चैतन्यशील एवं विचारपूर्ण प्रक्रिया है, जिसमें एक व्यक्ति दूसरे पर इसलिए प्रभाव डालता है कि दूसरे का विकास एवं परिवर्तन हो सके।'

8. *शिक्षा एक गतिशील प्रक्रिया है*: शिक्षा स्थिर नहीं, विकासोन्मुख है। इसमें परिवर्तन होता है। शिक्षा के गतिशील स्वरूप को सभी शिक्षाशास्त्री स्वीकार करते हैं। शिक्षा जीवन के लिए है। शिक्षा स्वयं जीवन है। जीवन विकास है। जीवन का अर्थ गति है। इस प्रकार शिक्षा गतिशील है। इसीलिए *रेमण्ट* ने लिखा है कि "शिक्षा विकास का यह क्रम है, जिसमें व्यक्ति के शैशवावस्था से प्रौढ़ावस्था तक की वे क्रियाएँ निहित हैं, जिनके द्वारा वह अपने को धीरे-धीरे विभिन्न विधियों से अपने भौतिक, सामाजिक एवं आध्यात्मिक वातावरण के अनुकूल बनाता है।''

ड्यूवी ने भी लिखा है कि ''शिक्षा व्यक्ति की उन सभी क्षमताओं का विकास है, जिससे व्यक्ति वातावरण पर नियन्त्रण करने योग्य बने।''

9. *शिक्षा एक परिवर्तन है*: शिक्षा-शास्त्रियों का विचार है कि शिक्षा एक परिवर्तन है। यह व्यक्ति के व्यवहार एवं आचार-विचार में परिवर्तन लाती है। जन्म के समय बालक असहाय, अव्यावहारिक एवं अशिक्षित होता है। शिक्षा ही उसे व्यावहारिक, शिक्षित, सभ्य, सुसंस्कृत एवं परिष्कृत बनाती है। *कनिंघम* ने लिखा है कि ''व्यक्ति एवं समाज दोनों ही दृष्टिकोणों से शिक्षा परिवर्तन लाती है।''

शिक्षा क्षमता में परिवर्तन लाती है और बालक को क्षमताशील बनाती है, अज्ञान के बदले ज्ञान का भंडार भरती है तथा विचारों, आदर्शों एवं अभिप्रेरणाओं में परिवर्तन लाती है। संसार के सभी परिवर्तन शिक्षा के माध्यम से ही आते हैं।

9. *शिक्षा व्यक्ति को प्रशिक्षित करने की प्रक्रिया है*: कुछ विचारकों के मतानुसार शिक्षा व्यक्ति को प्रत्येक क्षेत्र के लिए प्रशिक्षण देती है। शिक्षा व्यक्ति को भौतिक एवं मानसिक क्षेत्रों में प्रशिक्षण प्रदान करती है। भौतिक क्षेत्र में प्रशिक्षण प्रदान करके शिक्षा व्यक्ति को रोजी-रोटी के लिए तैयार करती है तथा आर्थिक दृष्टि से सुदृढ़ करती है।

10. *शिक्षा सामाजिक प्रक्रिया है*: शिक्षा प्रक्रिया व्यक्ति को शून्य (Vacuum) में प्रशिक्षित नहीं करती है। अपितु सामाजिक वातावरण में।

11. *शिक्षा उद्देश्य प्रक्रिया है*: शिक्षा प्रक्रिया केवल शिक्षा के लिए नहीं है। इसका प्रयोजन होता है।

12. *शिक्षा मनोवैज्ञानिक प्रक्रिया है*: शिक्षा में छात्रों की रुचियों, अभिरुचियों, क्षमताओं तथा आवश्यकताओं पर ध्यान दिया जाता है।

13. *शिक्षा गतिशील प्रक्रिया है:* शिक्षा के उद्देश्यों, पाठ्यक्रम, शिक्षण विधियों आदि में समय के अनुसार परिवर्तन किए जाते हैं।

14. *शिक्षा सर्वोत्तम विकास की प्रक्रिया है: गांधी* जी ने शिक्षा का अर्थ मनुष्य के शरीर, मस्तिष्क तथा आत्मा का उत्कृष्ट विकास माना है।

15. *शिक्षा प्रक्रिया वैज्ञानिक तथा कलात्मक है:* शिक्षा को विज्ञान तथा कला दोनों की संज्ञा दी जाती है।

16. *शिक्षा व्यक्तिगत तथा सामाजिक समंजन (Adjustment) की प्रक्रिया है:* शिक्षा ऐसी प्रक्रिया है जो व्यक्ति तथा समाज में समंजन स्थापित करने में अहम भूमिका निभाती है।

17. *शिक्षा ज्ञानात्मक (Cognitive)* क्रियात्मक (Conative) अथवा कौशलात्मक (Skillful) तथा भावात्मक (Affective) प्रक्रिया है–शिक्षा में विषयों का ज्ञान दिया जाता है। कौशलों तथा मूल्यों के धारण में प्रशिक्षण दिया जाता है।

शिक्षा का क्षेत्र (Scope of Education)

शिक्षा का क्षेत्र अति विस्तृत हैं। शिक्षा का अर्थ व्यक्ति का सर्वांगीण विकास है अतः शिक्षा का सम्बन्ध मौटे तौर पर जीवन के प्रत्येक पक्ष से होता है।

शिक्षा का क्षेत्र निम्न चार्ट में दिया गया है।

शिक्षा का क्षेत्र: शिक्षा प्रक्रिया के प्रमुख तत्त्व
(Scope of Education: Important Elements of Education Process)

(1)	(2)	(3)	(4)	(5)	(6)	(7)	(8)	(9)	(10)
शिक्षा क्यों दी जाती है?	शिक्षा लेने वाला कौन है?	शिक्षा किसने देनी है?	शिक्षा कहाँ देनी है?	शिक्षा में किन तत्त्वों का समावेश किया जाना है?	शिक्षा कैसे दी जानी है?	शिक्षा किस समय दी जाए?	शिक्षा के कौन-कौन से साधन हैं?	शिक्ष के लिए कैसा वातावरण हो?	शिक्षा प्रक्रिया कितनी सफल रहती है?

1. *शिक्षा क्यों दी जाए अथवा शिक्षा के उद्देश्य:* शिक्षा दर्शन/शिक्षा मनोविज्ञान व्यक्ति तथा समाज की प्रगति के लिए।
2. *शिक्षा लेने वाला कौन:* छात्र को। अतः छात्र को समझना अत्यन्त आवश्यक है।
3. *शिक्षा किसने देनी है:* अध्यापक ने। अतः उसे अपने आप को, छात्र को तथा अन्य प्रक्रियाओं को समझ लेना चाहिए।
4. *शिक्षा कहाँ देनी है:* स्कूल तथा स्कूल से बाहर।
5. *शिक्षा में किन तत्त्वों का समावेश किया जाना है:* पाठ्यक्रम तथा अन्य क्रियाएँ।
6. *शिक्षा कैसे दी जाती है:* शिक्षण विधियों से।
7. *शिक्षा किस समय दी जाए:* छात्र जब अभिप्रेरित हो जाएँ।
8. *शिक्षा के कौन-कौन से साधन हैं:* श्रवण-दृश्य सामग्री तथा अन्य साधन।
9. *शिक्षा के समय कैसा वातावरण हो:* उत्साहवर्धक, प्रेरणादायक।
10. *शिक्षा के समय अनुशासन कैसा हो:* आन्तरिक तथा सामाजिक।
11. *शिक्षा प्रक्रिया कितनी सफल रही:* शिक्षा में मूल्यांकन।

शिक्षा के सामान्य कार्य (General Functions of Education)

शिक्षा के सामान्य कार्य नीचे दिए जा रहे हैं:

1. *अनुभवों का पुनर्गठन एवं पुनर्रचना* (*Reorganisation and Reconstruction of Experience*): जॉन ड्यूवी के शब्दों में–''जीवन का मुख्य कार्य है प्रत्येक पग पर अपने अनुभव द्वारा जीवन को समृद्ध बनाना।''

2. *आवश्यकता की पूर्ति* (*Satisfaction of Need*): शिक्षा के इस कार्य पर प्रकाश डालते हुए स्वामी विवेकानन्द ने लिखा है–"शिक्षा का कार्य यह पता लगाना है कि जीवन की समस्याओं को कैसे सुलझाया जाय, और इसी बात की ओर संसार के आधुनिक सभ्य समाज का गंभीर ध्यान पूर्णतया लगा हुआ है।"

3. *आत्मनिर्भरता की प्राप्ति* (*Achievement of Self-sufficiency*): स्वामी विवेकानन्द के शब्दों में, ''केवल पुस्तकीय ज्ञान से काम नहीं चलेगा। हमें उस शिक्षा की आवश्यकता है, जिससे व्यक्ति अपने पैरों पर स्वयं खड़ा हो जाए।''

4. *उत्तम नागरिकता का निर्माण* (*Development of Good Citizenship*): माध्यमिक शिक्षा आयोग (Secondary Education Commission) के अनुसार–"शिक्षा को ऐसे चारित्रिक गुणों, आदतों तथा दृष्टिकोणों को विकसित करना चाहिए जिससे नागरिक अपनी प्रजातांत्रिक नागरिकता के उत्तरदायित्वों को पूरा कर सकें तथा उन प्रवृत्तियों को नष्ट कर सकें जो व्यापक राष्ट्रीय तथा धर्मनिरपेक्ष दृष्टिकोण के विकसित होने में बाधक हों।"

5. *प्रौढ़ जीवन के लिए तैयारी* (*Preparation for Adult Life*): शिक्षा के कार्य पर बल देते हुए प्रसिद्ध कवि मिल्टन ने लिखा है, ''मैं उसको पूर्ण शिक्षा कहता हूँ जो मनुष्य को शान्ति तथा युद्ध के समय व्यक्तिगत तथा सार्वजनिक दोनों प्रकार के सभी कार्यों को उचित रूप से करने के योग्य बनाती है।''

6. *भावात्मक एकता* (*Emotional Integration*): स्वामी दयानन्द का मत है कि–''भाषा-सम्बन्ध विभिन्नताओं, सांस्कृतिक कठोरताओं और रीति-रिवाजों तथा व्यवहारों के कारण अलगावों को दूर करना बहुत कठिन है। जब तक शिक्षा के द्वारा यह नहीं किया जायेगा, तब तक पूर्णतम लाभ और निर्दिष्ट ध्येय को प्राप्त करना कठिन है।''

7. *भावी जीवन की तैयारी* (*Preparation for Life*): शिक्षा के इस कार्य पर प्रकाश डालते हुए स्वामी विवेकानन्द ने लिखा है–"यदि कोई मनुष्य कुछ परीक्षायें पास कर सकता है तथा अच्छे व्याख्यान दे सकता है तो आप उसको शिक्षित समझते हैं। क्या वह शिक्षा, शिक्षा कहलाने योग्य है, जो सामान्य जनसमूह को जीवन के संघर्ष के लिए अपने आप को तैयार करने में सहायता नहीं देती और उनमें शेर का सा साहस उत्पन्न नहीं करती है।"

8. *भौतिक सम्पन्नता की प्राप्ति* (*Achievement of Material Prosperity*): जॉन रस्किन का विचार है कि–''माता-पिता कहते हैं कि शिक्षा का प्रमुख कार्य उनके बालकों को जीवन में उच्च-स्थान प्राप्त करने, बड़े और धनी व्यक्तियों के समाज में महत्त्वपूर्ण बनने तथा आराम और ऐश्वर्य का जीवन व्यतीत करने के लिए तैयार करना है।''

9. *मानव प्रकृति एवं चरित्र का प्रशिक्षण* (*Training of Human Nature and Character*): प्रसिद्ध शिक्षाशास्त्री प्लेटो ने भी बल देते हुए लिखा है–''शिक्षा का अन्तिम उद्देश्य तथा कार्य मानव की प्रकृति तथा चरित्र को प्रशिक्षित करना है।''

10. *नागरिक तथा सामाजिक कर्त्तव्यों की भावना का समावेश* (*Inculcation of Civic and Moral Duties*): भारत के तीसरे राष्ट्रपति डॉ॰ जाकीर हुसैन ने लिखा है–''प्रजातांत्रिक

समाज में यह आवश्यक है कि व्यक्ति समाज के जीवन को उत्तम बनाने के लिए नैतिक और भौतिक दोनों प्रकार के सम्मिलित उत्तरदायित्व को प्रसन्नतापूर्वक स्वीकार करे।''

11. *नैतिकता का विकास* (*Development of Morality*): हरबर्ट का विश्वास है कि शिक्षा बालक के आचरण को सुधार कर उसका नैतिक विकास कर सकती है। अत: उसके अनुसार–''शिक्षा के सम्पूर्ण कार्य को एक ही शब्द में प्रकट किया जा सकता है और वह शब्द है–नैतिकता।''

12. *राष्ट्रीय एकता* (*National Integration*)–शिक्षा के इस कार्य पर बल देते हुए भारत के दूसरे राष्ट्रपति डॉ० राधाकृष्णन ने लिखा है–''भारत में प्रजातंत्र का भविष्य अनुशासन में रहने की इच्छा तथा व्यक्तिगत बलिदान पर आधारित है। यदि भारत को स्वतंत्र, संयुक्त तथा प्रजातांत्रिक रहना है, तो शिक्षक को चाहिए कि वह लोगों को एकता के लिए न कि प्रादेशिकता के लिए, प्रजातंत्र के लिए न कि तानाशाही के लिए प्रशिक्षित करे।''

13. *राष्ट्रीय सुरक्षा* (*National Security*): *एच. मान* (*H. Mann*) के अनुसार–''केवल शिक्षा से ही हमारी राजनीतिक सुरक्षा सम्भव है।''

14. *जन्मजात शक्तियों का विकास* (*Development of Innate Powers*): प्रसिद्ध शिक्षा शास्त्री फ्रॉबेल के अनुसार, ''शिक्षा वह प्रक्रिया है जिसके द्वारा बालक की जन्मजात शक्तियाँ बाहर की ओर प्रकट होती हैं।''

15. *वातावरण के अनुकलन* (*Adaptation to Environment*): टामसन (*Thomson*) ने ठीक ही लिखा है–''वातावरण शिक्षक है और शिक्षक का कार्य है–बालक को उस वातावरण के अनुकूल बनाना ताकि वह जीवित रह सके तथा अपनी मूल-प्रवृत्तियों को संतुष्ट करने के लिए अधिक से अधिक सम्भव अवसर प्राप्त कर सके।''

16. *वातावरण पर नियन्त्रण* (*Control over Environment*): जॉन ड्यूवी ने लिखा है, ''वातावरण से अनुकूल करने का अर्थ है–मृत्यु। आवश्यकता इस बात की है कि वातावरण पर नियंत्रण रखा जाए।''

17. *व्यक्तित्व का सर्वांग विकास* (*All Round Development of Personality*): शिक्षा के इस कार्य पर डेनियल वेबस्टर (Daniel Webster) ने बल देते हुए लिखा है–''शिक्षा के द्वारा भावनाओं को अनुशासित, आवेगों को नियन्त्रित और अच्छी प्रेरणा को प्रोत्साहित किया जाना चाहिए।''

18. *सामाजिक भावना का विकास* (*Inculcation of Social Feeling*): एच. गार्डन के शब्दों में, ''शिक्षक के लिए यह जानना आवश्यक है कि वह सामाजिक प्रक्रिया को उन व्यक्तियों को समझाने की दिशा में कार्य करे, जो उसे समझने में असमर्थ है।''

19. *सामाजिक सुधार* (*Social Reform*): शिक्षा के इस महत्त्वपूर्ण कार्य पर प्रकाश डालते हुए जॉन ड्यूवी (John Dewey) ने लिखा है–''शिक्षा में अति निश्चित और अल्पतम साधनों द्वारा सामाजिक तथा संस्थागत उद्देश्य के साथ-साथ समाज के कल्याण, प्रगति तथा सुधार में रुचि का पुष्पित होना पाया जाता है।''

20. *संस्कृति एवं सभ्यता का संरक्षण* (*Preservation of Culture and Civilization*): *जॉन स्टूअर्ट मिल* (*John Stuart Mill*) ने शिक्षा के इस कार्य पर बल देते हुए लिखा है, ''शिक्षा द्वारा एक पीढ़ी के लोग दूसरी पीढ़ी के लोगों में संस्कृति का संक्रमण करते हैं ताकि वे उसका संरक्षण कर सकें तथा यदि सम्भव हो तो उसमें उन्नति कर सकें।''

21. *अनुशासन में प्रशिक्षण* (*Training in Discipline*): शिक्षा के इस महत्त्वपूर्ण कार्य पर बल देते हुए माध्यमिक शिक्षा आयोग का मत है–''प्रजातंत्र सफलतापूर्वक कार्य

नहीं कर सकता, जब तक सभी व्यक्ति, केवल एक विशेष वर्ग ही नहीं, अपने-अपने उत्तरदायित्व को निभाने के लिए प्रशिक्षित नहीं किए जाते और इसके लिए अनुशासन के प्रशिक्षण की आवश्यकता है।''

22. *ज्ञान तथा कौशल में विस्फोट के सन्दर्भ में शिक्षा का कार्य* (*Function of Education in the Context of Revolution in Knowledge and Skills*): बीसवीं शताब्दी के अन्त में सूचना सम्प्रेषण तकनीकी (ICT) में जबरदस्त क्रान्ति आयी है। परम्परागत समाज में ज्ञान-भण्डार सीमित था तथा उसमें धीरे-धीरे वृद्धि होती है। इस कारण शिक्षा के मुख्य उद्देश्य का अर्थ ज्ञान को सुरक्षित रखना लगाया जाता था। इसके विपरीत, आधुनिक समाज में ज्ञान-भण्डार बहुत विशाल होता है और उसमें वृद्धि की गति अनंतरूप से तीव्र होती है। आधुनिक समाज में शिक्षा का एक प्रमुख कार्य, ज्ञान में इस वृद्धि के साथ कदम मिलाकर चलना होता है। इस प्रकार के समाज में, ज्ञान अवश्यम्भावी रूप से केवल निष्क्रिय रूप से ग्रहण करते रहो कि प्रक्रिया नहीं रह जाता है, वह एक ऐसी प्रक्रिया बन जाती है जिसे स्वयं खोजकर पाना होता है।

23. *जल्दी-जल्दी होने वाला सामाजिक परिवर्तन* तथा शिक्षा (*Rapidly Changing Society and Education*): आधुनिक समाज की एक और विशेषता यह है कि उसमें बहुत जल्दी-जल्दी तथा आश्चर्यजनक गति से सामाजिक परिवर्तन हो रहा है। परम्पराग्रस्त समाज में, यह परिवर्तन इतना धीरे-धीरे होता था। इसके विपरीत, आधुनिक समाज में परिवर्तन इतनी तेजी से हो रहा है कि यदि स्कूल को महत्त्वपूर्ण परिवर्तनों के साथ-साथ चलना है, तो उसे सदा ही जागरूक रहना चाहिए। इसलिए ऐसी स्थिति में, एक गतिशील नीति अपनाने की बहुत आवश्यकता है। जो शिक्षा प्रणाली अविराम अपना नवीकरण नहीं करती रहती है, वह पुरानी पड़ जाती है तथा उन्नति में बाधक बनती है क्योंकि वह अपने फलदायक प्रयोजनों और आदर्शों तथा विकास की नई आवश्यकताओं–इन दोनों के बीच गुणात्मक और परिमाणात्मक दोनों ही दृष्टियों से मंद गति उत्पन्न कर देती है। शिक्षा के उद्देश्य को ही दूसरे दृष्टिकोण से देखना होगा–अब शिक्षा को केवल गढ़ी गड़ाई वस्तु उत्पन्न कर देने से सम्बन्धित नहीं माना जाता बल्कि उसे जिज्ञासा उत्पन्न करने, उचित रुचियों, प्रवृत्तियों और मूल्यों को विकसित करने तथा स्वतंत्र अध्ययन एवं चिंतन करने के लिए आवश्यक कौशल निर्मित करने एवं स्वयं निर्णय लेने से सम्बन्धित माना जाता है, जिसके बिना लोकतांत्रिक समाज का जिम्मेवार सदस्य बनना सम्भव नहीं है।

अन्तर्राष्ट्रीय शिक्षा आयोग 21वीं शताब्दी (International Education Commission for the 21st Century) की रिपोर्ट जो 1996 में प्रकाशित हुई, उसमें शिक्षा के चार स्तम्भ माने गए हैं:

1. ज्ञान के लिए शिक्षा (Learning to Know)
2. करने के लिए शिक्षा (Learning to Do)
3. मिलजुल कर रहने के लिए शिक्षा (Learning to Live Together)
4. बनने के लिए अर्थात् व्यक्तित्व का सम्पूर्ण विकास करने के लिए शिक्षा (Learning to Be)

2

शिक्षा के प्रकार तथा इससे संबंधित अन्य प्रत्यय (Types of Education and its Related Concepts)

नियमित (औपचारिक), अनियमित तथा अनौपचारिक शिक्षा (Formal, Informal and Non-formal Education)

कई लेखक इस प्रकार शब्दावली का प्रयोग करते हैं–

अनौपचारिक शिक्षा–Informal Education

अंशौपचारिक शिक्षा अथवा निरौपचारिक शिक्षा–Non-Formal Education

राष्ट्रीय शिक्षा नीति में Non-Formal Education के लिए अनौपचारिक शब्दावली का प्रयोग किया गया है।

औपचारिक शिक्षा (Formal Education): ऐसी शिक्षा जो एक व्यवस्थित, तर्कपूर्ण तथा योजनाबद्ध तरीके से दी जाती है उसे औपचारिक शिक्षा कहते हैं। ऐसा माना जाता है कि इस प्रकार की शिक्षा केवल शिक्षा संस्थाओं में ही दी जा सकती है, उनसे बाहर नहीं। *हैन्डरसन* के विचार में जब बालक को सचेत करके और विशंष दृष्टिकोण को सम्मुख रखकर पढ़ाया जा सकता है तो वह शिक्षा औपचारिक शिक्षा कहलाती है। *ड्यूवी* के अनुसार औपचारिक शिक्षा वह शिक्षा है जिससे समाज की जटिल धरोधर को हस्तान्तरित किया जाता है।

नियमित शिक्षा में शैक्षिक संस्था की शिक्षा पर ही विचार किया जाता है। नियमित शिक्षा जान-बूझकर विचारपूर्वक निश्चित उद्देश्यों की प्राप्ति के लिए दी जाती है। इस शिक्षा की योजना और ध्येय पहले से ही निश्चित होते हैं। इसमें बालक को निश्चित ज्ञान प्रदान किया जाता है। यह शिक्षा निश्चित समय पर, नियमित रूप, नियन्त्रित वातावरण में, किसी विशेष व्यक्ति द्वारा दी जाती है। इस शिक्षा की यह विशेषता है कि यह व्यक्ति, समाज और राष्ट्र की आवश्यकताओं की पूर्ति करती है। यह शिक्षा ज्ञान को व्यवस्थित करती है तथा बालकों को किसी व्यवसाय के योग्य बनाती है।

अनियमित शिक्षा (Informal Education): अनियमित शिक्षा का आरम्भ गर्भ-काल से ही हो जाता है। यह शिक्षा किसी न किसी रूप में हर समय चलती रहती है। यह शिक्षा अनायास, बालक के अनजाने, आकस्मिक रूप में और अनिश्चित गति से होती रहती है। इस शिक्षा को बालक घर के भीतर, बाहर, खेल के मैदान में, घूमने के स्थानों पर, खेलते-कूदते, उठते-बैठते, बातचीत करते तथा यात्रा करते समय प्राप्त करता है। इन शिक्षा का कोई निश्चित समय तथा स्थान नहीं होता है। यह शिक्षा स्वाभाविक होती है तथा हमें वास्तविक जीवन के लिए तैयार करती है।

अनौपचारिक शिक्षा (Non-Formal Education): अनौपचारिक शिक्षा के अर्थ को समझने के लिए आवश्यक है कि निम्नलिखित परिभाषाओं पर विचार किया जाए:

1. *हैण्डरसन* (*Henderson*) के विचार में, "अनौपचारिक शिक्षा स्कूली शिक्षा की अपेक्षा अधिक व्यापक तथा यह अंतर्विष्ट (Inclusive) है। यह स्कूल के बाहर व्यापक अनुभव प्रदान करती है।"

2. *मक्काल* (*McCall*) के विचार में, "अनौपचारिक शिक्षा का अर्थ उन सभी समूचे अधिगम अनुभवों से है जो नियमित स्कूल पद्धति से बाहर प्राप्त होते हैं।"

3. *पॉलसन* (*Paulson*) का लिखना है, "अनौपचारिक शिक्षा के वे सभी शैक्षिक तथा प्रशिक्षण क्रियाएँ आ जाती हैं जिनकी संरचना स्कूल से बाहर विकसित की जाती है, जिनकी अवधि अपेक्षाकृत कम होती है जिनके माध्यम से प्रयोजक अभिकरण विशिष्ट रूप से निर्धारित समुदाय में वांछित व्यावहारिक परिवर्तन चाहते हैं।"

4. *हरबीसन* (*Harbison*) के अनुसार–"अनौपचारिक शिक्षा ही एकमात्र ऐसा साधन है जो स्कूलों में जाने वाले और न जाने वाले व्यक्तियों के अन्तर को मिटा सकता है।"

5. *अन्तर्राष्ट्रीय शिक्षा आयोग* (*International Education Commission* 1971) ने इस प्रकार से विचार व्यक्त किए हैं, "अनौपचारिक शिक्षा जीवन भर चलने वाली प्रक्रिया है तथा यह उन व्यक्तियों की शिक्षा पर बल देती है जिन्होंने जीवन में कभी नियमित शिक्षा को छोड़ दिया होता है परन्तु अब वे इसकी आवश्यकता को अनुभव करते हैं।"

6. *कूम्बस* (*Coombs* 1971) के अनुसार–"अनौपचारिक शिक्षा समाजीकरण एवं कौशल की शिक्षा है जो उपचारिक शिक्षा से बाहर है।"

7. *ब्रेमवर्क* (*Bremwork* 1973) ने अनौपचारिक शिक्षा की इस प्रकार व्याख्या की है, "अनौपचारिक शिक्षा औपचारिक शिक्षा से इस रूप में भिन्न है कि यह सीखने का उपयोग तुरन्त क्रिया, कार्य और अवसर के प्रयोग के द्वारा करने पर बल देती है।"

औपचारिक शिक्षा तथा अनौपचारिक शिक्षा की तुलना (Comparision/Difference between Formal and Non-formal Education)

औपचारिक शिक्षा	*अनौपचारिक शिक्षा*
1. **उद्देश्य:** औपचारिक शिक्षा का लक्ष्य निश्चित रहता है।	1. अनौपचारिक शिक्षा का लक्ष्य निश्चित नहीं है।
2. **वातावरण:** औपचारिक शिक्षा नियन्त्रित वातावरण में दी जाती है।	2. अनौपचारिक शिक्षा का वातावरण नियन्त्रित नहीं होता।
3. **कार्यक्रम:** औपचारिक शिक्षा पूर्व निश्चित कार्यक्रम के अनुसार दी जाती है।	3. यह आकस्मिक भी होती है।
4. **साधन:** औपचारिक शिक्षा के साधन इस प्रकार हैं: 1. स्कूल 2. वाचनालय	4. अनौपचारिक साधन इस प्रकार हैं: 1. परिवार 2. समुदाय 3. रेडियो (व्यवस्थित ढंग के बिना)

(*क्रमश:*)

औपचारिक शिक्षा	*अनौपचारिक शिक्षा*
3. पुस्कालय 4. व्यवस्थित मनोरंजन केन्द्र 5. प्रयोगशाला 6. व्यवस्थित ढंग से शिक्षा देने पर दूरदर्शन (टेलीविजन) 7. व्यवस्थित ढंग से शिक्षा देने पर आकाशवाणी 8. व्यवस्थित ढंग से शिक्षा देने पर धर्म	4. टेलीविजन (व्यवस्थित ढंग के बिना) 5. समाचारपत्र 6. युवक समूह आदि 7. फिल्में 8. आधुनिक सूचना तकनीकी (सामान्य तौर पर)
5. **प्रकृति:** औपचारिक शिक्षा कृत्रिम होती है।	5. यह शिक्षा स्वाभाविक एवं प्राकृतिक होती है।
6. **अध्यापक:** औपचारिक शिक्षा प्रदान करने के लिए अध्यापक निश्चित रहते हैं।	6. अनौपचारिक शिक्षा में जिस किसी भी व्यक्ति से ज्ञान प्राप्त किया जाता है, वही शिक्षक है।
7. **समय** : औपचारिक शिक्षा निश्चित समय में समाप्त होती है।	7. अनौपचारिक शिक्षा जीवनपर्यन्त चलती रहती है।
8. **पाठ्यक्रम:** औपचारिक शिक्षा में पाठ्यक्रम, समय, विभागचक्र आदि निश्चित होते हैं।	8. इसमें प्राय: कुछ भी निश्चित नहीं होता है।
9. **परीक्षा:** औपचारिक शिक्षा की समाप्ति पर परीक्षा होती है।	9. यह शिक्षा अनुभव से प्राप्त होती है, प्राय: परीक्षा नहीं होती।
10. **प्रमाण पत्र:** परीक्षा की सफलतापूर्वक समाप्ति पर उपाधि अथवा प्रमाणपत्र मिलता है।	10. प्राय: कोई उपाधि नहीं दी जाती। दक्षता प्रमाणपत्र कभी-कभी दिए जाते हैं।
11. **आधार:** यह संस्था पर आधारित है	11. यह संस्था पर आधारित नहीं है
12. **शिक्षण-अधिगम विधियाँ:** मुख्यत: कक्षा-कक्ष में अध्यापक की गतिविधियाँ भाषण आदि	12. पत्राचार, टी.वी. आदि
13. **सम्पर्क:** अध्यापक का छात्रों में प्रत्यक्ष सम्बन्ध रहता है।	13. प्राय: सम्बन्ध अप्रत्यक्ष रहता है।
14. **अन्तर्सम्प्रेषण:** कक्षा में छात्र-छात्र तथा अध्यापक-छात्र में अन्तसम्प्रेषण रहता है।	14. बहुत कम परस्पर अन्तर्सम्प्रेषण रहता है।

औपचारिक, अनियमित तथा अनौपचारिक शिक्षा में अन्तर (Difference between Formal, Informal and Non-formal Education)

तत्त्व (Element)	औपचारिक शिक्षा (Formal Education)	अनियमित शिक्षा (Informal Education)	अनौपचारिक शिक्षा (Non-formal Education)
1. उद्देश्य	बौद्धिक विकास	सर्वांगीण विकास पर बल	व्यावहारिक पक्ष पर बल
2. अभिकरण	शैक्षिक संस्थाएं	परिवार, समुदाय, धर्म, आकस्मिक वार्तालाप आदि	सरकारी तथा गैर सरकारी
3. कार्यक्रम	पूर्व निर्धारित	आकस्मिक, अनिश्चित	पूर्व निर्धारित,
4. शिक्षक	निश्चित, पूर्णकालिक	माता-पिता, भाई-बहन, मित्र-मण्डली, समुदाय	अंशकालिक अध्यापक
5. वातावरण	कृत्रिम	स्वाभाविक, प्राकृतिक	कृत्रिम तथा स्वाभाविक दोनों
6. अनुशासन	प्राय: दृढ़ तथा कठोर	प्राय: बहुत लचीला	लचीला
7. अवधि	स्कूल में 12 वर्ष	कोई अवधि नहीं	सुविधाजनक अवधि
8. स्थान	शैक्षिक संस्था	सम्पूर्ण समाज	सुविधाजनक, प्राय: कम स्थान
9. पाठ्यक्रम	निर्धारित	अनिर्धारित	मिला जुला रूप
10. शिक्षण विधियाँ	अध्यापक का भाषण, वार्तालाप, प्रश्नोत्तर आदि	कोई निश्चित विधि नहीं है।	पत्राचार, टी.वी. आदि
11. मूल्यांकन	लिखित, मौखिक तथा प्रयोगात्मक	कोई परीक्षा नहीं	परीक्षा होती है तथा नहीं भी।
12. प्रमाण पत्र	प्रमाणपत्र-उपाधि दी जाती है	कोई प्रमाणपत्र नहीं	प्रमाणपत्र होता है तथा नहीं भी होता है।
13. संगठन	संघठन द्वारा संस्था का संचालन किया जाता है संगठन स्थायी होता है।	इसके पीछे कोई संगठन नहीं होता है	स्थायी अथवा अस्थायी संगठन
14. प्रवेश	प्रवेश बिन्दु होता है	कोई प्रवेश बिन्दु नहीं होता है	प्रवेश बिन्दु लचीला होता है
15. पाठ्य-पुस्तकें	पाठ्य-पुस्तकें निश्चित होती हैं	कोई पाठ्य-पुस्तक नहीं होती है	पाठ्य-पुस्तकें होती तथा नहीं भी
16. प्रयास	छात्रों को अधिक प्रयास	कोई प्रयास नहीं करना पड़ता	कम प्रयास करना पड़ता है
17. मानसिक स्थिति	मानसिक तनाव बना रहता है	कोई तनाव नहीं होता	बहुत कम मात्रा में तनाव की स्थिति
18. समय तालिका	निश्चित	अनिश्चित	दोनों प्रकार की
19. व्यय	व्यय का प्रमुख स्थान है	कोई तय नहीं	कम व्यय
20. अन्तर्क्रिया	छात्र-छात्र तथा अध्यापक छात्र में अन्तर्क्रिया होती है।	स्थिति पर निर्भर है।	बहुत कम अन्तर्क्रिया रहती है।
21. सामाजिकता	सामाजिकता रहती है।	समाज में ही क्रिया होती है।	सामाजिक क्रिया बहुत कम रहती है।
22. अभिप्रेरणा	अधिगम में छात्रों को अभिप्रेरित किया जाता है।	अभिप्रेरणा भी कोई आवश्यकता नहीं है।	छात्र स्वयं अभिप्रेरित होकर शिक्षा ग्रहण करते हैं।
23. नियोजन	औपचारिक शिक्षा में नियोजन का बहुत महत्त्व है।	नियोजन की कोई आवश्यकता नहीं होती	नियोजन का अपेक्षाकृत कम महत्त्व है।

सूचना प्रौद्योगिकी तथा औपचारिक एवं अनौपचारिक शिक्षा (Information Technology and Formal and Non-formal Education)

सूचना प्रौद्योगिकी के शिक्षा क्षेत्र में प्रयोग में लाने से औपचारिक एवं अनौपचारिक शिक्षा में और विशेषकर शिक्षा के साधनों में बहुत ही कम अन्तर रह गया है। अब तो घर बैठे-बैठे भी शिक्षा की उपाधियाँ नेटवर्क द्वारा प्राप्त की जा रही हैं। देश में ही नहीं अपितु विदेश में भी उपलब्ध शिक्षा के साधनों का अधिक से अधिक उपयोग किया जा रहा है। उपाधियाँ भी प्राप्त की जा रही हैं।

शिक्षा तथा निर्देशन (Education and Instruction)

शिक्षा (Education)	*निर्देशन अथवा अनुदेशन (Instruction)*
1. **उद्देश्य**-शिक्षा का उद्देश्य बालक का सर्वांगीण विकास करना है।	1. शिक्षा का उद्देश्य बालक का मानसिक विकास करना है।
2. **अवधि**-शिक्षा जन्म से मृत्यु पर्यन्त चलने वाली प्रक्रिया है।	2. निर्देशन प्रक्रिया प्राय: शैक्षिक संस्था तक सीमित है।
3. **क्षेत्र**-शिक्षा का क्षेत्र विस्तृत है।	3. शिक्षा का क्षेत्र संकुचित है।
4. **साधन**-शिक्षा के अनेक साधन हैं-घर, शिक्षक, शैक्षिक संस्थाएं, सांस्कृतिक तथा सामाजिक केन्द्र आदि।	4. अनुदेशन में मुख्यत: औपचारिक शिक्षा ही आती है।
5. **प्रकार**-शिक्षा में व्यावहारिक, अनौपचारिक तथा गैर-उपचारिक सभी प्रकार की शिक्षा का समावेश है।	5. अनुदेशन में मुख्यत: औपचारिक शिक्षा ही आती है।
6. **स्वरूप**-शिक्षा में व्यावहारिक ज्ञान पर विशेष बल दिया जाता है।	6. अनुदेशन में सैद्धान्तिक ज्ञान पर अधिक बल दिया जाता है।
7. **पाठ्यक्रम**-शिक्षा का पाठ्यक्रम विस्तृत होती है। इसमें विषयों के अतिरिक्त कई प्रकार की क्रियाएँ भी आती हैं।	7. अनुदेशन केवल विषयों पर ही आधारित है। पढ़ाने वाले अध्यापक तथा प्रत्येक विषय पढ़ाने का समय निश्चित होता है।
8. **शिक्षण विधियाँ**-शिक्षा में अनेक प्रकार की शिक्षण विधियाँ प्रयोग की जाती हैं।	8. अनुदेशन में प्राय: व्याख्यान विधि की प्रधानता है।
9. **अनुशासन**-शिक्षा में सामाजिक अनुशासन पर बल दिया जाता है।	9. अनुदेशन में साधारण तथा आज्ञा द्वारा बच्चों को अनुशासित किया जाता है।
10. **प्रेरणा का स्रोत**-शिक्षा में व्यक्ति के लिए सामाजिक प्रतिष्ठा प्रेरणा के रूप में काम करती है।	10. अनुदेशन में बच्चे की प्रेरणा का स्रोत विषयों में अच्छे अंक प्राप्त करना है।
11. **बालक का स्थान**-शिक्षा में बालक पर अधिक ध्यान दिया जाता है।	11. अनुदेशन में अध्यापक को अधिक महत्त्व दिया जाता है।
12. **ज्ञान की स्थिरता**-शिक्षा द्वारा दिया गया ज्ञान तथा कौशल स्थायी होते हैं क्योंकि बच्चे अपनी रुचियों से शिक्षा प्राप्त करते हैं।	12. अनुशासन में प्रदत्त ज्ञान अस्थायी होता है क्योंकि प्राय: यह केवल परीक्षा की दृष्टि से ही दिया जाता है।
13. **अध्यापक**-अध्यापक की भूमिका विशेष रूप से नियुक्त होती है तथा अन्य व्यक्ति भी कभी-कभी निभाते हैं।	13. विशेष रूप से नियुक्त व्यक्ति ही अध्यापन कार्य करते हैं।
14. **समय**-शिक्षा में निश्चित तथा अनिश्चित समय भी होता है।	14. निदेशन का समय निश्चित है।

(*क्रमश:*)

(क्रमशः)

शिक्षा (Education)	*निर्देशन अथवा अनुदेशन (Instruction)*
15. **स्थान**–शैक्षिक संस्थाएं तथा खुला विद्यालय आदि।	15. केवल शैक्षिक संस्थाएं।
16. **अनुशासन**–सामाजिक अनुशासन की प्रमुखता है।	16. अनुशासन कठोर होता है।
17. **व्यवहार**–शिक्षा में वांछित व्यवहार पर जोर दिया जाता है।	17. ग्रेड अथवा अंकों पर बल दिया जाता है।
18. **स्थिरता**–ज्ञान, कौशल तथा भावों की स्थिरता पर बल दिया जाता है।	18. ज्ञान प्रायः रटने पर आधारित होता है। अतः इसमें स्थिरता कम रहती है।

संक्षेप में कहा जा सकता है कि शिक्षा का क्षेत्र विस्तृत है। अनुदेशन वास्तव में शिक्षा का एक महत्त्वपूर्ण अंश है। जिसकी गतिविधियाँ सीमित है। शिक्षा का प्रभाव स्थायी होता है और यह प्रक्रिया जीवन पर्यन्त चलती रहती है। शिक्षा का उद्देश्य बालक का सर्वांगीण विकास है जबकि अनुदेशन का उद्देश्य ज्ञान तक सीमित है।

शिक्षा तथा स्कूलिंग (Education and Schooling)

शिक्षा (Education)	*स्कूलिंग अथवा विद्यालयीकरण (Schooling)*
1. **उद्देश्य**–शिक्षा का उद्देश्य बालक का सर्वांगीण विकास है।	1. स्कूलिंग में मानसिक विकास पर अधिक बल दिया जाता है।
2. **क्षेत्र**–शिक्षा का क्षेत्र व्यापक है। शिक्षा जीवनपर्यन्त चलने वाली प्रक्रिया है।	2. स्कूलिंग शिक्षा का प्रमुख अंग है।
3. **स्वरूप**–शिक्षा स्वाभाविक प्रक्रिया है।	3. स्कूलिंग कृत्रिम प्रक्रिया है।
4. **पाठ्यक्रम**–पाठ्यक्रम विस्तृत है। पाठ्यक्रम में विभिन्न विषयों तथा क्रियाओं का समावेश होता है।	4. साधारणतया स्कूलिंग विषय प्रधान है।
5. **शिक्षा संस्थाएँ**–औपचारिक तथा अनौपचारिक दोनों प्रकार की हैं।	5. केवल औपचारिक शिक्षा संस्थाएँ।
6. **शिक्षण विधियाँ**–निश्चित तथा अनिश्चित दोनों प्रकार की अपनायी जाती हैं।	6. शिक्षण विधियाँ निश्चित होती हैं।
7. **समय**–शिक्षा जीवन पर्यन्त तक चलती रहती हैं।	7. शिक्षा का समय सीमित है।

(क्रमशः)

(क्रमशः)

शिक्षा (Education)	स्कूलिंग अथवा विद्यालयीकरण (Schooling)
8. **अवधि**–शिक्षा की अवधि निश्चित तथा अनिश्चित दोनों हैं।	8. अवधि निश्चित है।
9. **अध्यापक**–औपचारिक शिक्षा में विशिष्ट व्यक्ति अध्यापक होते हैं तथा अनौपचारिक में अन्य भी।	9. अध्यापक विशेष रूप से नियुक्त होते हैं।
10. **बालक का स्थान**–शिक्षा का केन्द्र बिन्दु बालक को समझा जाता है।	10. इसमें बालक का स्थान गौण है।
11. **अध्यापक का स्थान**–शिक्षा में अध्यापक का स्थान गौण है।	11. अध्यापक का मुख्य स्थान है।
12. **मूल्यांकन**–औपचारिक शिक्षा में मूल्यांकन आवश्यक है परन्तु अनौपचारिक शिक्षा में आवश्यक नहीं है।	12. मूल्यांकन आवश्यक है।
13. **प्रमाण पत्र**–औपचारिक शिक्षा में प्रमाण पत्र दिए जाते हैं परन्तु अनौपचारिक शिक्षा में प्रमाण पत्रों का दिया जाना आवश्यक नहीं है।	13. परीक्षा में उत्तीर्ण होने पर प्रमाण पत्र अवश्य दिए जाते हैं।
14. **ज्ञान की स्थिरता**–शिक्षा द्वारा प्राप्त ज्ञान स्थायी होता है क्योंकि बच्चा अपनी रुचि एवं अनुभव से सीखता है।	14. प्रदत्त ज्ञान केवल परीक्षा की दृष्टि से प्राप्त किया जाता है अतः यह अस्थायी होता है।
15. **प्रकार**–शिक्षा में औपचारिक, अनियमित तथा अनौपचारिक पक्ष आते हैं।	15. प्रायः केवल औपचारिक होता है।
16. अनुशासन, सामाजिक अनुशासन तथा अनुशापसन पर बल दिया जाता है।	16. प्रायः अनुशासन कठोर होता है।

शिक्षा एक विस्तृत प्रक्रिया है और स्कूलिंग उसका एक अंग है। स्कूलिंग की सभी ब्रातें शिक्षा के अन्तर्गत आती हैं परन्तु शिक्षा की सभी बातें स्कूलिंग के अन्तर्गत नहीं आती हैं। पिछले कई वर्षों से स्कूलिंग पर कई प्रकार के आक्षेप हुए हैं। स्कूलिंग की कमियों के बारे में इवान इलियच (Ivan Illich), जॉन हॉल्ट (John Holt) तथा पाल गुडमैन (Paul Goodman) आदि ने कई पुस्तकों का प्रकाशन किया है जिनमें स्कूल में किए जा रहे कार्यक्रमों के दोषों और सीमाओं की ओर ध्यान दिलाया है–

'*School is Dead*', '*De Schooling*', '*Pedagogy of the Oppressed*', '*Compulsory Miseducation*', '*Teaching as a Subversive Activity*', '*How Children Fail*'.

शिक्षा और प्रशिक्षण में अन्तर
(Difference between Education and Training)

शिक्षा (*Education*)	प्रशिक्षण (*Training*)
1. **उद्देश्य**–शिक्षा का उद्देश्य बालक का सर्वांगीण विकास है, जिसमें शारीरिक, मानसिक, सामाजिक, आर्थिक, धार्मिक, नैतिक तथा सांस्कृतिक विकास आता है।	1. प्रशिक्षण का उद्देश्य व्यक्ति में किसी विशेष कौशल का विकास करना होता है।
2. **क्षेत्र**–शिक्षा का क्षेत्र बहुत व्यापक है।	2. प्रशिक्षण का क्षेत्र बहुत संकुचित है।
3. **स्वरूप**–शिक्षा एक स्वाभाविक प्रक्रिया है।	3. प्रशिक्षण मुख्यत: औपचारिक होता है।
4. **पाठ्यक्रम**–औपचारिक शिक्षा में निश्चित तथा अनौपचारिक शिक्षा में अनिश्चित पाठ्यक्रम होता है।	4. प्रशिक्षण का कार्यक्रम निश्चित होता है। पाठ्यक्रम में क्रियात्मक पक्ष मुख्य होता है।
5. **शिक्षा संस्थाएँ**–औपचारिक तथा अनौपचारिक दोनों प्रकार की होती हैं।	5. विभिन्न कौशलों के लिए प्रशिक्षण संस्थाएँ औपचारिक रूप से स्थापित की जाती है।
6. **शिक्षण विधियाँ**–औपचारिक शिक्षा में मुख्यत: भाषण, प्रश्नोत्तर तथा वाद-विवाद जैसी विधियाँ प्रयुक्त की जाती हैं।	6. इनमें प्रदर्शन तथा क्रियात्मक विधियों की प्रधानता है।
7. **अवधि**–औपचारिक शिक्षा की अवधि निश्चित होती है, अनौपचारिक की नहीं।	7. प्रत्येक व्यवसाय का प्रशिक्षण निश्चित समय में दिया जाता है।
8. **समय**–निश्चित तथा अनिश्चित दोनों।	8. समय निश्चित होता है।
9. **शिक्षक**–औपचारिक शिक्षा में विशिष्ट तथा निश्चित शिक्षक होते हैं। अनौपचारिक शिक्षा में ऐसा नहीं है।	9. प्रशिक्षण के लिए प्रशिक्षित शिक्षक नियुक्त किए जाते हैं।
10. **अनुशासन**–सामाजिक अनुशासन की महत्ता है।	10. अनुशासन कठोर होता है।
11. **मूल्यांकन**–औपचारिक शिक्षा में आवश्यक तथा अनौपचारिक शिक्षा में आवश्यक नहीं।	11. प्रशिक्षण अवधि के समाप्त होने पर मूल्यांकन किया जाता है।
12. **प्रमाणपत्र**–औपचारिक शिक्षा में आवश्यक परन्तु अनौपचारिक में आवश्यक नहीं है।	12. प्रशिक्षण के पश्चात् उत्तीर्ण होने पर प्रमाणपत्र अवश्य दिया जाता है।
13. **प्रेरणा स्रोत**–शिक्षा में व्यक्ति का प्रेरणास्रोत सामाजिक प्रतिष्ठा है।	13. प्रशिक्षण में आर्थिक पहलू प्रेरणा स्रोत होता है।
14. **विशेष पक्ष**–दोनों क्रियात्मक तथा सैद्धान्तिक पक्षों पर बल दिया जाता है।	14. क्रियात्मक पक्ष की प्रधानता रहती है।

प्रशिक्षण, शिक्षा का ही अंग है। प्रशिक्षण में व्यावसायिक कुशलता पर विशेष बल दिया जाता है, शिक्षा में जीवन के सभी पक्षों पर। पहले 'अध्यापक प्रशिक्षण संस्थाएँ' थीं, और अब उन्हें 'अध्यापक शिक्षा संस्थाएँ या संस्थान' कहा जाता है। प्रशिक्षण में शिक्षण कला पर विशेष बल दिया जाता है। परन्तु अब इसके अतिरिक्त कई प्रकार के अन्य कार्यक्रमों पर बल दिया जाता है।

शिक्षा तथा प्रतिपादन (Education and Indoctrination)

प्रतिपादन का अर्थ–प्रतिपादन का अर्थ है कि किसी विशेष मत अथवा वाद (Ism) के सिद्धान्तों को बार-बार दोहराकर इन सिद्धान्तों के प्रति छात्रों तथा व्यक्तियों में अटूट आस्था निर्माण करना है। प्रतिपादन का अर्थ एक प्रकार से अन्धविश्वास उत्पन्न करता है। इसमें तर्क का कोई स्थान नहीं होता है। किसी विशेष 'वाद' अथवा 'मत' के सिवाय किसी अन्य सिद्धान्तों को मानने का कोई स्थान नहीं रहता है। उदाहरणार्थ एक साम्यवादी समाज (Communist Society) में शासक वर्ग अपनी विचारधारा का ही प्रचार करता है। इसके विपरीत जनतन्त्र समाज में इस प्रकार का कोई प्रतिबंध नहीं रहता है। विचारों की स्वतन्त्रता रहती है।

शिक्षा तथा प्रतिपादन में अन्तर (Difference between Education and Indoctrination)

1. **उद्देश्य**–शिक्षा का उद्देश्य व्यक्तित्व का सर्वांगीण विकास है। प्रतिपादन का उद्देश्य व्यक्ति का भावात्मक विकास है।

2. **क्षेत्र**–शिक्षा का क्षेत्र व्यापक है जबकि प्रतिपादन का सीमित।

3. **केन्द्र बिन्दु**–शिक्षा का केन्द्र बिन्दु व्यक्ति है परन्तु प्रतिपादन विचार तथा विश्वास केन्द्रित है।

4. **समय**–शिक्षा जन्म से मृत्यु तक चलती है परन्तु प्रतिपादन का सबसे उपयुक्त समय बाल्यकाल होता है।

5. **अनुशासन**–शिक्षा में अनुशासन उत्पन्न करने के लिए समाज अधिक भूमिका निभाता है। इसके विपरीत प्रतिपादन में अनुशासन कठोरता से लाया जाता है।

6. **तर्क का स्थान**–शिक्षा में तर्क का विशेष स्थान है। व्यक्ति सोच-समझकर सीखता है। प्रतिपादन में तर्क का कोई स्थान नहीं है।

7. **स्वरूप**–व्यक्ति के व्यवहार में शिक्षा द्वारा किसी प्रकार का परिवर्तन आता है परन्तु प्रतिपादन प्रायः धार्मिक तथा राजनैतिक व्यवहार तक सीमित रहता है।

8. **शिक्षण विधि**–शिक्षा में अनेक प्रकार की शिक्षण विधियों को प्रयोग में लाया जा सकता है, प्रतिपादन में नहीं।

9. **पाठ्यक्रम**–अनेक प्रकार के विषयों तथा अनुभवों का प्रावधान किया जाता है। प्रतिपादन में किसी 'मत' 'विश्वास' तथा 'वाद' की प्रधानता रहती है।

10. **वातावरण**–शिक्षा में स्वाभाविक तथा कृत्रिम दोनों प्रकार का होता है। प्रतिपादन में वातावरण कृत्रिम तथा जड़ होता है।

11. **लोचकता**–शिक्षा के कार्यक्रमों में लोचता रहती है परन्तु प्रतिपादन में इसका कोई स्थान नहीं है।

12. **अध्यापक**–अध्यापक को कार्य में काफी स्वतन्त्रता दी जाती है परन्तु प्रतिपादन में ऐसा नहीं होता है।

13. **शिक्षण विधियाँ**–शिक्षा में विविध प्रकार की शिक्षण विधियाँ अपनायी जाती हैं परन्तु प्रतिपादन में ऐसा नहीं होता।

प्राय: प्रतिपादन का दुरुपयोग किया जाता रहा है। बच्चे अथवा व्यक्ति को केवल वही स्वीकार करना सिखाया जाता है जो उसे बताया जाए। प्रतिपादन में व्यक्ति की भावनाओं को उत्तेजित किया जाता है और उन्हें किसी विशेष लक्ष्य के लिए प्रेरित किया जाता है। उदाहरण के लिए समाजवादी देश में व्यक्ति को साम्यवाद में आस्था उत्पन्न करने का प्रयास किया जाता है उसे दल की नीतियों की जानकारी दी जाती है। वह जो भी करता है केवल दल के हितों को ध्यान में रखकर करता है। यह 'राजनीतिक प्रतिपादन' (Political Indoctrination) है। इसी प्रकार जब हम किसी व्यक्ति के मन में किसी धर्म विशेष के प्रति आस्था उत्पन्न करना चाहते हैं तो इसे धार्मिक प्रतिपादन (Religious Indoctrination) कहेंगे। इस प्रकार के प्रतिपादन के परिणाम बड़े भयानक तथा जहरीले निकलते हैं।

शिक्षा तथा साक्षरता में भेद
(Difference between Education and Literacy)

शिक्षा एक व्यापक प्रत्यय है। साक्षरता केवल पत्र, समाचार तथा पुस्तक आदि पढ़ने तक सीमित है। परम्परागत दृष्टिकोण से साक्षरता केवल 3R's के ज्ञान तक सीमित है। ये हैं–Arithmetic, Reading and Writing अर्थात् गणित, पढ़ना तथा लिखना। इसके विपरीत शिक्षा का आधुनिक अर्थ 7R's के ज्ञान, कौशल तथा भावों से लिया जाता है। ये हैं–Arithmetic, Reading, Writing, Rights, Responsibilities and their Relations and Recreation।

साक्षरता प्राय: प्राथमिक स्तर की शिक्षा अथवा प्रौढ़ साक्षरता तक सीमित है। शिक्षा माध्यमिक, उच्च माध्यमिक तथा उच्च स्तरों से संबंधित है। शिक्षा में गहन अध्ययन आता है। अनेक विषयों के ज्ञानों तथा विज्ञानों का समावेश शिक्षा में होता है। शिक्षा के अर्थ तथा कार्यों पर विस्तार से पहले चर्चा की जा चुकी है।

शिक्षा (Education)	*साक्षरता (Literacy)*
1. **उद्देश्य**–व्यक्ति का सम्पूर्ण विकास	1. व्यक्ति को पढ़ना, लिखना, सिखाना।
2. **क्षेत्र**–शिक्षा का क्षेत्र बहुत व्यापक है। इसमें अनेक प्रकार के अनुभव सम्मिलित हैं।	2. साक्षरता का क्षेत्र बहुत सीमित है।
3. **स्तर**–प्राथमिक, माध्यमिक तथा उच्च शिक्षा स्तर।	3. प्रौढ़ शिक्षा, प्राथमिक शिक्षा स्तर।
4. **विषय**–शिक्षा में, अनेक विषयों का ज्ञान दिया जाता है।	4. साक्षरता में गणित तथा भाषा का थोड़ा सा ज्ञान शामिल है।
5. **अवधि**–शिक्षा जीवन पर्यन्त चलने वाली प्रक्रिया है।	5. प्राय: एक वर्ष से कम समय साक्षरता का होता है।

(क्रमश:)

(*क्रमशः*)

शिक्षा (*Education*)	*साक्षरता* (*Literacy*)
6. **मानवता के गुण**–यह आवश्यक नहीं है कि शिक्षित व्यक्ति में मानवता के गुण हों।	6. निरक्षर व्यक्ति में मानवता के असीम मूल्य तथा गुण हो सकते हैं।
7. **स्थान**–शिक्षा के लिए भवनों की आवश्यकता रहती है।	7. प्रायः एक कमरे की ही आवश्यकता होती है।
8. **व्यय**–शिक्षा पर अधिक व्यय होता है।	8. साक्षरता में बहुत कम व्यय होता है।
9. **शिक्षक**–शिक्षा प्रक्रिया में अनेक शिक्षक होते हैं।	9. प्रायः एक ही शिक्षक होता है।
10. **शिक्षक का प्रशिक्षण**–शिक्षक प्रशिक्षित होते हैं। प्रशिक्षण का समय कम से कम एक वर्ष होता है।	10. शिक्षक के प्रशिक्षण का समय एक वर्ष से कम होता है।
11. **नियमित शिक्षा**–शिक्षा नियमित होती है।	11. साक्षरता अनियिमित होती है।
12. **पाठ्यक्रम**–शिक्षा में पाठ्यक्रम विस्तृत तथा गहन होता है।	12. पाठ्यक्रम अत्यन्त सरल होता है।
13. **शिक्षण विधियाँ**–अनेक प्रकार की शिक्षण विधियाँ प्रयोग में लायी जाती हैं।	13. शिक्षण विधियाँ प्रायः सीमित होती हैं।
14. **मूल्यांकन**–मूल्यांकन विस्तृत तथा गहन होता है।	14. मूल्यांकन अत्यन्त सरल विधि से किया जाता है।
15. **व्यावसायिक तथा अन्य उद्देश्य**–छात्रों को आत्मनिर्भरता का प्रशिक्षण देने का प्रयास किया जाता है।	15. उद्देश्य केवल पत्र आदि पढ़ना तथा लिखना होता है। साधारण हिसाब-किताब सिखाने पर भी ध्यान दिया जाता है।

3

शिक्षा के उद्देश्य
(Aims of Education)

शिक्षा के उद्देश्यों का महत्त्व (Significance of Aims of Education)

शिक्षा के उद्देश्यों पर भले ही विद्वानों का एक मत न हो परन्तु इसमें कोई सन्देह नहीं है कि इनके बिना शिक्षा एवं शिक्षण प्रक्रिया का संचालन नहीं किया जा सकता है। मुख्य तौर पर शिक्षा में उद्देश्यों का निम्नलिखित महत्त्व है:

1. *प्रयासों का निर्देशन* (*Directing Efforts*): उद्देश्य का ज्ञान हो, उद्देश्य प्रगतिशील एवं उपयुक्त हों तो प्रयास जारी रखा जा सकता है तथा पूरी कोशिशें की जा सकती हैं। उद्देश्य ही छात्रों (बालकों) को सही रास्ते पर लाते हैं। उद्देश्य ही अध्यापक को प्रयासों के निर्देशन की सही दिशा प्रदान करते हैं।

2. *अपव्यय को दूर करना* (*Avoiding Wastage*): शिक्षा के उद्देश्यों के कारण हमारी शक्ति एवं समय नष्ट होने से बच जाते हैं। इनके रहने पर व्यक्ति इन्हीं को ध्यान में रख कर कार्य करते हैं। उद्देश्य हमें कार्य को सही एवं बुद्धिपूर्वक करने की प्रेरणा देते हैं। इनसे पता चल जाता है कि कब हमें क्या और कैसे करना है?

3. *स्वत: मूल्यांकन* (*Self Evaluation*): शिक्षा के उद्देश्यों के रहने से व्यक्ति अपने कार्यों का मूल्यांकन स्वयं कर सकता है। उक्त उद्देश्य की पूर्ति किस सीमा तक हुई, क्या कमी रह गई, क्या और करना चाहिए, आदि का ज्ञान इनसे प्राप्त हो जाता है।

4. *वर्तमान स्थितियों का मूल्यांकन करना* (*Evaluating Present Situation*): शिक्षा के उद्देश्यों के संदर्भ में अध्यापन, पाठ्यक्रम, पुस्कालय, पाठ्य-सामग्री, शिक्षण-विधि आदि की वर्तमान स्थिति का मूल्यांकन किया जाता है। उद्देश्य शिक्षण की प्रक्रिया में एवं शिक्षा के क्षेत्र में एक प्रकाश बिन्दु का कार्य करते हैं। इनसे शिक्षा जगत की सभी विधियों का मूल्यांकन किया जा सकता है।

5. *विद्यालय संगठन एवं शिक्षा प्रक्रिया के लिए* (*Organising Schools and Education Process*): विद्यालय संगठन के लिए भी शिक्षा के उद्देश्यों की नितांत आवश्यकता पड़ती है। शिक्षा की प्रक्रिया एवं विद्यालय-संगठन शैक्षिक उद्देश्यों के अनुरूप चलते हैं। छात्र एवं शिक्षक का सम्बन्ध, शिक्षक एवं अधिकारियों का सम्बन्ध, शिक्षक एवं समुदाय, राज्य या राष्ट्र का सम्बन्ध–ये सभी शैक्षिक उद्देश्यों के अनरूप होते हैं।

शिक्षा के बदलते उद्देश्य (Changing Aims of Education)

शिक्षा के उद्देश्यों की विवेचना करते समय इस बात पर विशेष बल देना आवश्यक है कि विद्वानों ने शिक्षा की अपने-अपने दृष्टिकोणों से व्याख्या की है। इस मतभेद के कारण नीचे दिए जा रहे हैं।

1. *मानवीय जीवन के विभिन्न लक्ष्य हैं (Different Ideals of Human Beings)*: इन लक्ष्यों को प्राप्त करने के लिए शिक्षा एक महत्त्वपूर्ण साधन है। चूँकि जीवन के लक्ष्यों में भिन्नता पाई जाती है, इस कारण शिक्षा का स्वरूप, शिक्षा के लक्ष्य, शिक्षण सामग्री, शिक्षण विधियाँ तथा अनुशासन भी एक जैसा नहीं हो सकता।

2. *प्रत्येक देश की परिस्थितियाँ विभिन्न हैं (Different Situations in Countries)*: अतः शिक्षा का अर्थ भी भिन्न हो जाता है।

3. *एक ही देश में परिस्थितियाँ सदा एक जैसी नहीं रहतीं (Changing Situations in the Same Country)*: इस कारण शिक्षा प्रणाली भी बदलती रहती है।

4. *शिक्षा एक ऐसा विषय है जिसका संबंधा प्रत्येक वर्ग तथा व्यक्ति से है (Education Being the Concern of All)*: विभिन्न दार्शनिकों, विद्वानों, विचारकों, राजनीतिज्ञों, नेताओं कलाविदों, पुरोहितों तथा पादरियों ने अपने-अपने दृष्टिकोण को लेकर तथा काल के अनुसार शिक्षा के विषय में अपने मत प्रस्तुत किए हैं।

5. *शिक्षा के विभिन्न प्रकार (Different Types of Education)*: प्रत्येक प्रकार की शिक्षा के प्रत्येक देश में तथा क्षेत्र में अपने-अपने उद्देश्य होते हैं।

6. *मानवीय वातावरण की जटिलता (Complexity of Human Nature)*: प्रत्येक व्यक्ति एक-दूसरे से भिन्न होता है। अतः शिक्षा के उद्देश्य भी बदलते रहते हैं। जीवन प्रतिदिन जटिल होता जा रहा है। स्वाभाविक है कि शिक्षा प्रक्रिया जिसका सम्बन्ध जीवन से हो, अलग-अलग परिस्थितियों में अलग-अलग उद्देश्यों की पूर्ति करे।

शिक्षा का स्थान व समय से संबंध जुड़ा रहता है। माध्यमिक शिक्षा आयोग (Secondary Education Commission 1952-53) ने इस प्रकार लिखा, "ज्यों-ज्यों राजनीतिक, सामाजिक तथा आर्थिक परिस्थितियों में परिवर्तन होता जाता है तथा नई-नई समस्यायें सामने आती जाती हैं, त्यों-त्यों शिक्षा के विभिन्न स्तरों पर दृष्टि रखे जाने वाले उद्देश्यों का पुनः परीक्षण तथा सावधानी से पुनर्वर्णन अवश्य होता जाता है।"

शिक्षा के उद्देश्यों का सम्बन्ध समाज के वास्तविक जीवन से होता है। एक व्यवस्थित शिक्षा प्रणाली समाज की वास्तविक आवश्यकताओं के अनुसार होनी चाहिए। इसका समाज की मूल और सामाजिक आवश्यकताओं से सम्बन्ध अवश्य होना चाहिए।

शिक्षा के उद्देश्यों को प्रभावित करने वाले कारक
(Factors Influencing Aims of Education)

शिक्षा का अर्थ और उद्देश्य स्थान, जाति, देश और समय के साथ विभिन्न रहे हैं। अपनी आवश्यकतानुसार विभिन्न देशों ने विचारकों में शिक्षा का अर्थ लगाया है। प्राचीन काल में सुकरात (Socrates) के जमाने से अब तक गाँधी जी (Gandhi ji), ड्यूवी (Dewey) और अन्य विद्वानों ने अलग-अलग परिभाषाएँ दी हैं। अरस्तु के अनुसार स्वस्थ शरीर में स्वस्थ मस्तिष्क का निर्माण ही शिक्षा का कार्य माना गया है। सामाजिक कार्यकर्त्ताओं और समाजशास्त्रियों ने अच्छे नागरिक बनाना, विद्वानों ने ज्ञान प्राप्ति, दार्शनिकों ने आत्मज्ञान प्राप्ति, धर्म गुरुओं ने नैतिकता, प्रकृतिवादियों ने वैयक्तिक विकास पर बल दिया है और इनके अनुसार ही शिक्षा के उद्‌देश्य पर बल। इन विभिन्नताओं के निम्नलिखित कारण हैं:

1. *मानव प्रकृति (Human Nature)*: मानव स्वभाव की जटिलताओं या पेचीदेपन के कारण शिक्षा के बहुत से अर्थ निकल आये हैं। मानव का व्यक्तित्व विभिन्न तत्त्वों पर आधारित है। इसमें बड़ी विभिन्नताएं हैं, इसकी शारीरिक, बौद्धिक, सामाजिक, नैतिक, आत्मिक क्षमताओं के अनुसार बहुत से अर्थ निकल आते हैं। विद्वानों ने अलग पक्षों पर बल देकर अपनी अलग परिभाषाएँ दी हैं।

2. *वातावरण की विभिन्नता (Difference in Enviroment)*: मानव विकास विद्यमान स्थान के वातावरण पर निर्भर रहता है। सामाजिक, सांस्कृतिक तथा प्राकृतिक वातावरण की विभिन्नताएं ही मानव जीवन के ढंग को निर्धारित करती हैं। शिक्षा भी जीवन के अनुरूप ही होनी चाहिये। अत: शिक्षा का उद्देश्य वातावरण पर निर्भर होगा और वातारण के अनुसार इसमें परिवर्तन आना आवश्यक है।

आवश्यकताएँ तथा शिक्षा के उद्देश्य
(Needs and Aims of Education)

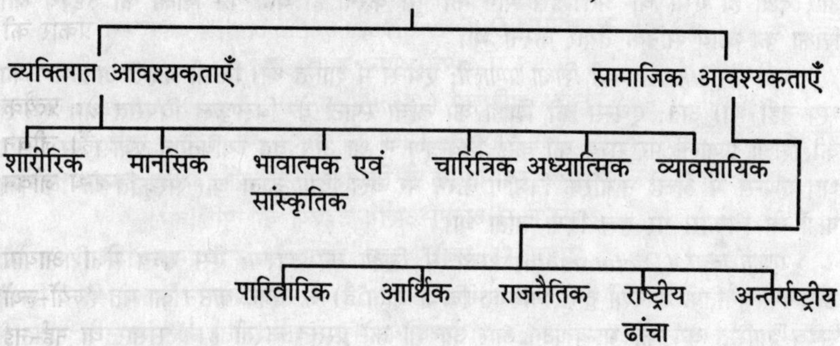

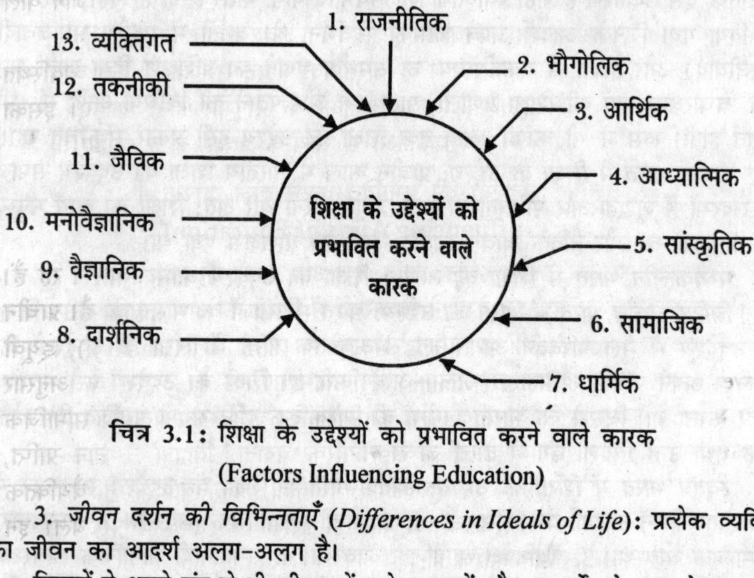

चित्र 3.1: शिक्षा के उद्देश्यों को प्रभावित करने वाले कारक
(Factors Influencing Education)

3. *जीवन दर्शन की विभिन्नताएँ (Differences in Ideals of Life)*: प्रत्येक व्यक्ति का जीवन का आदर्श अलग-अलग है।

विद्वानों ने अपने ढंग से ही जीवन में अनेक मूल्यों और आदर्शों को अपनाने पर बल

दिया है। ज्ञान के इस अथाह सागर में निरन्तर खोज जारी रहती है। विद्वान तथा विचारक अपने विचार समाज तथा संसार के सामने रखते हैं। परिणामस्वरूप जीवन दर्शन हमारे सामने आते हैं तथा उन्हीं के आधार पर शिक्षा को क्रियान्वयन किया जाता है।

समय-समय पर बदलते शिक्षा के उद्देश्यः एक दृष्टि में (Changing Aims of Education at a Glance)

आदिकाल में शिक्षा का उद्देश्यः आदिकाल में मनुष्य को अपनी रक्षा के लिए धनुर्विद्या की आवश्यकता थी। उसकी आवश्यकताएँ कम और सरल थीं। उस समय उत्पादन, उपभोग, विनिमय और वितरण भी सरल थे। इसलिए साधारण शिक्षा की आवश्यकता थी। यह आवश्यकता साधारण शिक्षा प्रणाली द्वारा पूर्ण की जाती थी।

स्पार्टा (Sparta) की शिक्षा का उद्देश्यः स्पार्टा राज्य एक सैनिक राज्य था। राज्य का मुख्य उद्देश्य बाहरी आक्रमणों से देश को बचाना था। क्योंकि उस समय की परिस्थितियाँ और दशा ही ऐसी थीं अतः इस माँग को पूरा करना ही वहाँ की शिक्षा का उद्देश्य था। शिक्षा का कार्य सैनिक तैयार करना था।

एथेन्स (Athens) की शिक्षा प्रणालीः एथेन्स में शान्ति थी। किसी बाहरी आक्रमण का भय नहीं था। अतः एथेन्स की शिक्षा का ढांचा स्पार्टा के बिलकुल विपरीत था। एथेन्स की शिक्षा प्रणाली पर राज्य का कोई नियन्त्रण न था और वह व्यक्तिगत प्रयास पर निर्भर था। एथेन्स में अच्छे नागरिक निर्माण करने पर बल दिया जाता था। संस्कृति के विभिन्न पक्षों के विकास पर बल दिया जाता था।

एकाधिकार (Dictatorship) राज्य में शिक्षा का उद्देश्यः ऐसे राज्य में शिक्षा का उद्देश्य राजनैतिक आदर्शों द्वारा निश्चित किया जाता है। *जे. एफ. ब्राउन* का मत है, ''शिक्षा सदैव शासित वर्ग की मान्यताओं और आदर्शों को प्रस्तुत करती है।'' संसार के इतिहास में अनेक ऐसे उदाहरण है जहाँ व्यक्तियों को भयभीत किया गया। इतना ही नहीं, उन्हें मार भी दिया गया जिनके आदर्श अपने शासकों से भिन्न थे। जर्मनी में राष्ट्रीय समाजवादी (नाजीवाद) और इटली में एकाधिपत्य का समर्थक बनाने का प्रशिक्षण दिया जाता था। यही विचारधारा वहाँ की शिक्षा प्रणाली, पाठ्यक्रम और पढ़ाने की विधियों आदि में भी प्रस्तुत होती। रूस में भी काफी समय तक शिक्षा का उद्देश्य इसी प्रकार संकुचित रहा।

प्राचीन भारत में शिक्षा के उद्देश्यः प्राचीन काल में भारतीय शिक्षा का उद्देश्य समाज के सदस्यों में शुद्धता और पवित्रता के भाव जागृत करना था। अतः शिक्षा का कार्य मनुष्य को आध्यात्मिक और नैतिक जीवन व्यतीत करने का प्रशिक्षण देना था।

मध्यकालीन भारत में शिक्षा का उद्देश्यः शिक्षा का उद्देश्य धार्मिक था।

ब्रिटिशकालीन भारत में शिक्षा का उद्देश्यः भारत में अंग्रेजों के शासन के दौरान शिक्षा के उद्देश्य में मूल परिवर्तन आया। *लार्ड मैकाले* ने 1835 में शिक्षा के उद्देश्यों का उल्लेख अपने प्रसिद्ध अभिलेख (Minute) में किया है। शिक्षा का उद्देश्य ऐसे भारतीय तैयार करना था, जिससे कि भारतीय लोगों को सांस्कृतिक दृष्टि से भी पराजित किया जा सके तथा उन्हें विदेशी ढंग में ढाला जा सके।

स्वतंत्र भारत में शिक्षा के उद्देश्यः स्वतंत्र भारत में शिक्षा के उद्देश्य संविधान में दर्शाए गए निम्न आदर्शों के अनुसार हैं–1. प्रजातन्त्रीय सामाजिक व्यवस्था। 2. समाजवादी सामाजिक व्यवस्था। 3. पंथनिर्पेक्ष सामाजिक व्यवस्था। 4. समतावादी सामाजिक व्यवस्था।

संक्षेप में हम कह सकते हैं कि शिक्षा के उद्देश्य निम्नलिखित तत्वों पर आधारित

हैं: 1. राजनैतिक मान्यताएँ एवं आदर्श। 2. सामाजिक मूल्य एवं परम्पराएँ। 3. आर्थिक आवश्यकताएँ तथा समस्याएँ। 4. सामाजिक-धार्मिक विचारधाराएँ। 5. प्रचलित दार्शनिक जीवन दर्शन। 6. समाज की औद्योगिक प्रगति। 7. भौगोलिक परिस्थिति। 8. देश के संविधान में दर्शाया गया दर्शन। 9. सूचना प्रौद्योगिकी की प्रगति। 10. वैज्ञानिक प्रगति। 11. व्यक्तिगत आदर्श। 12. मनोवैज्ञानिक प्रगति।

प्राचीन भारत में शिक्षा के उद्देश्य (Aims of Education in Ancient India)

वर्धयैनं ज्योतयैनं महते सौभगाय। संशितं चित् संतरं सं शिशाधि।

अ० 7/16/1

1. *बुद्धि का परिष्कार और बौद्धिक विकास* (*Mental Development*): अथर्ववेद का कथन है कि शिक्षा का उद्देश्य है–व्यक्ति की बुद्धि को विकसित करना, उसे परिष्कृत करना, उसे तीक्ष्ण बनाना, उन्नति की ओर ले जाना और महान् सौभाग्य प्राप्त करना।

तपस्तप्यामहे .. श्रुतानि शृण्वन्तः ... सुमेधसः।

अ० 7/61/2

2. *जीवन को तपस्वी बनाना* (*Making Life Pure*): शिक्षा का अन्य उद्देश्य है–जीवन को सधा हुआ बनाना। तप और साधना से ही जीवन सधा हुआ बनता है। इसके लिए साधारण और कठिन साधनाएँ करनी पड़ती हैं। अतः अथर्ववेद का कथन है कि तपस्वी जीवन व्यतीत करते हुए, वेदों को पढ़ते हुए, दीर्घायु और मेधावी हों।

इदमहम् अनृतात् सत्यमुपैमि। यजु० 1/5

3. *आचार शिक्षा और चरित्र-निर्माण* (*Character Development*): शिक्षा के उद्देश्य में अन्य महत्त्वपूर्ण तत्त्व हैं–चरित्रनिर्माण, सत्यनिष्ठता, सत्याचरण। असत्य, झूठ, छल-प्रपंच आदि का परित्याग। जब तक चारित्रिक शुद्धि और परिष्कार नहीं होगा, तब तक विद्या फलीभूत नहीं होगी। अतएव यजुर्वेद में कहा गया है कि–मैं असत्य को छोड़कर सत्य को अपनाता हूँ।

व्रतेन दीक्षामाप्नोति, दीक्षयाप्नोति दक्षिणाम्।
दक्षिणा श्रद्धामाप्नोति, श्रद्धया सत्यमाप्यते।। यजु० 19/30

4. *व्रत और श्रद्धा* (*Dedication and Faith*): किसी एक लक्ष्य को लेकर उसके प्रति समर्पित भाव से जुट जाना व्रत है। यजुर्वेद में व्रत को जीवन की आधारशिला बताते हुए कहा गया है कि व्रत से मनुष्य दीक्षित होता है, दीक्षा से दाक्षिण्य या प्रवीणता आती है, उस दक्षता के कारण ही मनुष्य में श्रद्धा उत्पन्न होती है और श्रद्धा से ही जीवन के लक्ष्य-रूप सत्य-ब्रह्म की प्राप्ति होती है।

शं सरस्वती सह धीभिरस्तु। अ० 19/11/2

5. *विद्या और बुद्धि का समन्वय* (*Integration of Education with Intelligence*): विद्या के साथ व्यावहारिक बुद्धि का होना आवश्यक है। व्यवहार-शून्य और लौकिक ज्ञान-शून्य विद्या को विद्या नहीं कहा जा सकता है। अतः वेद का कथन है कि सरस्वती (विद्या) के साथ धी (व्यवहार-बुद्धि) आवश्यक है।

अप्नस्वती मम धीरस्तु शक्र। अ० 20/89/3

6. *ज्ञान और कर्म का समन्वय* (*Integration of Knowledge and Action*): शिक्षा वही सफल होती है, जिसमें कर्मठता की दीक्षा दी जाती है। प्रगतिशील, कर्मठ एवं सतत संघर्षशील

बनाना शिक्षा का लक्ष्य है। अतएव अथर्ववेद में कहा गया है कि मेरी बुद्धि सदा कर्मठ रहे।

इच्छन्ति देवाः सुन्वन्तम्। अ० 20/18/3

देवता पुरुषार्थी को चाहते हैं, अकर्मण्य को नहीं।

अविद्यया मृत्युं तीर्त्वा, विद्ययाऽमृतमश्नुते।

यजु० 40/14। ईश०उप० 11

यजुर्वेद में स्पष्ट रूप से कहा गया है कि ज्ञान और कर्म दोनों का समन्वय ही अभीष्ट है। कर्ममार्ग (अविद्या) से जीवननिर्वाह होता है और ज्ञानमार्ग (विद्या) से मोक्ष (अमृत) प्राप्त होता है।

विनाशेन मृत्युं तीर्त्वा, संभूत्याऽमृतमश्नुते।

यजु० 40/11। ईश०उप० 11

7. *अध्यात्मवाद और भौतिकवाद का समन्वय* (*Integration of Spiritualism and Materialism*): वेद अध्यात्म और भौतिकवाद के समन्वय की शिक्षा देता है। यजुर्वेद और ईश उपनिषद् का कथन है कि केवल भौतिकवाद या प्रकृतिवाद अनर्थ का कारण है और केवल अध्यात्म उससे भी अधिक अनर्थकारी है, अत: जीवन के समन्वित विकास के लिए दोनों का समन्वय अभीष्ट है। भौतिकवाद जीवन की ज्वलन्त समस्याओं को हल करता है और अध्यात्मक अमरत्व एवं आत्मिक शान्ति प्रदान करता है।

द्वे विद्ये वेदितव्ये...परा यया तदक्षरम् अधिगम्यते।

मुंडक उप० 1.1.4-5

मुण्डक उपनिषद् ने इसी बात को परा और अपरा विद्या कहकर स्पष्ट किया है। अपरा विद्या भौतिक जीवन को सफल बनाती है और परा विद्या (अध्यात्म) जीवन के लक्ष्य अमरत्व या ब्रह्म की प्राप्ति कराती है।

भद्रमिच्छन्त ऋषयः...तपो दीक्षाम् उपनिषेदुरग्रे। अ० 19.41.1

8- *तप और दीक्षा* (*अनुशासन और समर्पण*) (*Discipline and Dedication*): अथर्ववेद ने तप (अनुशासन Discipline) और दीक्षा (समर्पण, Dedication) को राष्ट्रीय उन्नति का आधार बताया है और कहा है कि इससे ही राष्ट्र, समाज और व्यक्ति की उन्नति होती है।

केतुं कृण्वन् अकेतवे, पेशो मर्या अपेशसे। ऋग्० 1/6/3

9. *ज्ञान-ज्योति प्रज्वलित करना* (*Development of Innersight*): ऋग्वेद में शिक्षा का उद्देश्य बताया गया है—अज्ञानी को ज्ञान-ज्योति देना, उसके अज्ञानान्धकार को दूर करना, निष्क्रिय और निश्चेष्ट को सक्रिय और सचेष्ट बनाना तथा प्रबुद्ध बनाना।

आहं वृणे सुमतिं विश्वजन्याम्। यजु० 17/74

10. *लोकहितकारी सद्बुद्धि देना* (*Development of Power of Deliberation or Reflection*): शिक्षा के सामाजिक उद्देश्य की ओर संकेत करते हुए यजुर्वेद में कहा गया है कि शिक्षा के द्वारा ऐसी सुमति (सद्बुद्धि) प्राप्त हो, जो विश्वजनीन हो अर्थात् जिससे संसार का कल्याण कर सकें।

मनुर्भव, जनया दैव्यं जनम्। ऋग्० 10/53/6

11. *निर्णय-शक्ति को बढ़ाना (Increasing Power of Decision Making)*: शिक्षा का उद्देश्य है—मनुष्य में विचार-शक्ति, मननशक्ति, चिन्तन-शक्ति और कर्त्तव्याकर्त्तव्य के निर्धारण

करने वाली विवेक शक्ति को जागृत करना और बढ़ाना। ऋग्वेद का इसके साथ ही आदेश है कि स्वयं में दिव्य गुणों का विकास करके दूसरों में भी दैवी गुणों का विकास करो।

भारत में मध्य युग में शिक्षा के प्रमुख उद्देश्य (Aims of Education in Medieval India)

1. इस्लाम धर्म का प्रसार करना। 2. इस्लामी राज्य का विस्तार करना। 3. शयियत (इस्लामी संस्कृति तथा कानून आदि का प्रसार करना)। 4. भौतिक सुखों की प्राप्ति। 5. धार्मिक नैतिकता का विकास। 6. मुसलमानों में शिक्षा का प्रसार करना। 7. चरित्र निर्माण करना।

अंग्रेजी शासन काल में शिक्षा के प्रमुख उद्देश्य (Main Aims of Eduction During the British Rule)

1. ऐसे भारतीय निर्माण करना जो रंग-रूप में भारतीय हों परन्तु वेशभूषा, बातचीत, चिन्तन तथा विचारों में अंग्रेज। 2. यूरोपीय साहितय तथा विज्ञान का प्रसार करना। 3. अंग्रेजी भाषा को बढ़ाना देना। 4. शासन चलाने के लिए कर्मचारी तैयार करना। 5. एक वर्ग अंग्रेजी भक्त तैयार करना।

शिक्षा के प्रमुख उद्देश्य (Main Aims of Education)

1. सौन्दर्यात्मक विकास का उद्देश्य (Appreciation Development Aim)
2. सम्पूर्ण रहने की कला के विकास का उद्देश्य (Art of Complete Living Aim)
3. सांस्कृतिक उद्देश्य (Cultural Aim)
4. समायोजित तथा समेकित विकास का उद्देश्य (Harmonious and Integrated Development Aim)
5. व्यक्तिगत उद्देश्य (Individual Aim)
6. ज्ञानात्मक उद्देश्य (Knowledge Aim)
7. अन्तर्राष्ट्रीय भावना तथा शान्ति का उद्देश्य (International Understanding and Peace Aim)
8. नैतिक उद्देश्य (Moral Aim)
9. शारीरिक तथा स्वास्थिक उद्देश्य (Health and Physical Aim)
10. समय के सदुपयोग का उद्देश्य (Proper Use of Leisure Aim)
11. चरित्र निर्माण उद्देश्य (Character Development Aim)
12. आत्मसात् उद्देश्य (Self-Realization Aim)
13. धार्मिक उद्देश्य (Religious Aim)
14. ईश्वर प्राप्ति उद्देश्य (God Realisation Aim)
15. आध्यात्मिक उद्देश्य (Spiritual Aim)
16. व्यावसायिक उद्देश्य (Vocational Aim)
17. सामाजिक उद्देश्य (Social Aim)
18. नागरिकता विकास उद्देश्य (Citizenship Development Aim)
19. प्रजातान्त्रिक उद्देश्य (Democratic Aim)
20. धर्म निर्पेक्षता उद्देश्य (Secular Aim)
21. समाजवादी उद्देश्य (Socialist Aim)
22. उदार उद्देश्य (Liberal Aim)

शिक्षा के वैयक्तिक तथा सामाजिक उद्देश्य (Individual and Social Aims of Education)

शिक्षा का वैयक्तिक उद्देश्य (Individual Aim of Education)

वैयक्तिक उद्देश्य का अर्थ–इस उद्देश्य का अर्थ है, शिक्षा द्वारा व्यक्ति की व्यक्तिगत रुचियों, क्षमताओं और विशेषताओं के विकास को प्राथमिकता देना।

शिक्षा के वैयक्तिक उद्देश्य के समर्थक (Supporters of Individual Aim of Education): 1. *वैदिक काल* में शिक्षा का उद्देश्य मानव को मुक्ति दिलाना था। "सा विद्या या विमुस्तये" (शिक्षा वह है जो मुक्ति दिलाए। **उपनिषद्**)।

2. *आदि शंकराचार्य*: शिक्षा आत्मानुभूति है।

3. *स्वामी विवेकानन्द*: शिक्षा का अर्थ मानव में पहले से विद्यमान दैनिक व्यक्तित्व को उभारना है।

4. *गुरु नानक*: शिक्षा का उद्देश्य आत्म-साक्षात्कार तथा आत्म-अभिव्यक्ति में सहायता देना है।

5. *श्री अरविन्द*: शिक्षा का उद्देश्य व्यक्ति का आध्यात्मिक पुनर्निमाण करना है।

6. *एम. एल. जेक्स (M. L. Jacks)* के अनुसार "शिक्षा का कार्य बालक को इस योग्य बनाना है कि वह स्वयं के लिए चिन्तन कर सके।"

7. *काण्ट (Kant)* के अनुसार "शिक्षा व्यक्ति की उस पूर्णता का विकास है, जिसमें उसकी क्षमता है।"

8. *प्लेटो (Plato)* का कथन है, ''शिक्षा बालक के शरीर और आत्मा में पूर्णता को विकसित करती है, जिसके वह योग्य है।''

9. व्यक्ति के महत्त्व पर बल देते हुए *नन (T. P. Nunn)* ने लिखा है, "मानव-जगत् में प्रत्येक अच्छाई व्यक्तिगत पुरुषों और स्त्रियों के स्वतन्त्र कार्यों द्वारा आती है। इसलिए शिक्षा-पद्धति को इस सत्य के अनुरूप बनाना चाहिए।"

नन के अनुसार, ''वैयक्तिकता जीवन का आदर्श है। शिक्षा की किसी भी योजना का महत्त्व उसकी उच्चतम वैयक्तिक श्रेष्ठता का विकास करने की सफलता से आँका जाना चाहिए।''

10. *रुसो*: "प्रत्येक व्यक्ति एक विशिष्ट स्वभाव को लेकर जन्म लेता है। हम बिना सोचे समझे विभिन्न-विभिन्न रुचियों वाले बालकों को एक ही प्रकार के कार्यों में जुटा देते हैं। ऐसी शिक्षा उनकी विशेषताओं को नष्ट करके एक निर्जीव समानता की छाप लगा देती है।"

11. *वरट्रैण्ड रसेल (Bertrand Russell) के विचार में, "व्यक्ति की शिक्षा नागरिक शिक्षा से उत्तम है।"*

शिक्षा को ऐसी दशाएँ उत्पन्न करनी चाहिए, जिससे वैयक्तिकता का पूर्ण विकास हो सके तथा व्यक्ति मानव जीवन को अपना मौलिक योगदान दे सके।

वैयक्तिक उद्देश्य के पक्ष में तर्क (Arguments in Favour of Individual Aim): 1. *उत्कृष्ट तत्वों की उत्पत्ति (Creation of Excellent Elements)*: संसार की समस्त अच्छी बातों की उत्पत्ति मनुष्य के स्वतन्त्र प्रयत्नों के कारण हुई है। अत: व्यक्ति के विकास का उद्देश्य प्रकृति के नियम के अनुकूल है। शिक्षा के संकुचित तथा व्यापक दोनों अर्थों में समन्वय स्थापित करते हुए लिखा है–"शिक्षा मानव जीवन के विकास की प्रक्रिया का वह क्रम है जिससे मानव अपने आपको आवश्यकतानुसार भौतिक, सामाजिक तथा आध्यात्मिक वातावरण के अनुकूल बना लेता है।"

2. *प्रजातान्त्रिक दर्शन* (*Democratic Philosophy*) प्रजातन्त्र में व्यक्ति की स्वतन्त्रता पर बल दिया जाता है, अत: शिक्षा का उद्देश्य व्यक्ति का विकास होना चाहिए।

3. *व्यक्ति संस्कृति को हस्तान्तरित करने वाला* (*Individual as the Vehicle of Culture*): व्यक्ति ही हर समाज तथा सभ्यता को उन्नत रूप देकर एक पीढ़ी से दूसरी पीढ़ी तक पहुँचाते हैं। इसलिए शिक्षा में वैयक्तिक विकास को महत्त्व दिया जाए।

4. *जीव विज्ञान का प्रभाव* (*Biological Consideration*): जीव विज्ञान के अनुसार संसार का प्रत्येक प्राणी अपने उच्चतम विकास के लिए स्वतन्त्र है, अत: व्यक्ति को अपने विकास का अवसर मिलना चाहिए।

5. *मनोवैज्ञानिकों के विचार* (*Psychologist's Views*): मनोविज्ञानिकों के अनुसार व्यक्ति की मूल प्रवृत्तियों के विकास पर समाज के आदर्शों को लादने से उसमें मानसिक रोग पैदा होते हैं। मूल प्रवृत्तियों का विकास स्वाभाविक वातावरण में होना चाहिए।

6. *व्यक्ति की स्वतन्त्रता* (*Harmful Impact on the Freedom of the Individual*): इतिहास से हमें पता चलता है कि व्यक्ति की स्वन्त्रता का दमन करने से परिणाम अच्छे नहीं रहे हैं। अत: व्यक्ति को स्वतन्त्रता पर अंकुश नहीं लगाने चाहिए।

7. *व्यक्ति समाज का निर्माता* (*Individual Creator of Society*): व्यक्ति अपने हित के लिए समाज का निर्माण करता है। अत: व्यक्ति के विकास का लक्ष्य प्रमुख होना चाहिए।

8. *व्यक्ति का उत्थान समाज का उत्थान* (*Welfare of the Society through the Welfare of the Individual*): व्यक्ति समाज की इकाई है। अत: व्यक्ति के उत्थान से ही समाज का उत्थान होता है।

9. प्रकृतिवाद का प्रभाव (*Influence of Naturalism*): प्राकृतवादी जैसे रूसो (Rousseou), पेस्टालॉजी (Pestalozzi), कोमिनियस (Comenius) आदि ने प्रकृति के अनुसार व्यक्ति के विकास पर बल दिया है।

शिक्षा के वैयक्तिक उद्देश्य के आलोचक (Critics of the Individual Aim of Education): 1. *रेमाण्ट* (*Raymont*): "समाज के बिना व्यक्ति कोरी कल्पना है।"

2. *रॉस* (*Ross*): "सामाजिक वातावरण के बिना व्यक्तित्व मूल्यहीन तथा अर्थहीन है।"

वैयक्तिक उद्देश्य के विपक्ष में तर्क (Arguments against Individual Aim)

1. *व्यक्तिवाद को प्रोत्साहन*: व्यक्तिवाद को प्रोत्साहन देने से भयंकर परिणाम हो सकते हैं।

2. *सामाजिक विघटन*: हर व्यक्ति को मनमानी करने की स्वतन्त्रता देना समाज का विघटन करना है।

3. *समाजवाद का शत्रु*: समाजवाद तथा व्यक्तिवाद दो विरोधी विचारधाराएँ हैं।

4. *वातावरण में अनुचित परिवर्तन*: व्यक्तिगत स्वतन्त्रता के कारण वातावरण पर बुरे प्रभाव पड़ने का भय रहता है।

5. *मनुष्य के सामाजिक स्वरूप की उपेक्षा*: समाज के बिना व्यक्ति कोरी कल्पना है। मनुष्य एक सामाजिक प्राणी है और समाज में रहकर ही अपना विकास कर सकता है।

6. *नैतिक गुणों की उपेक्षा*: व्यक्तिगत गुणों पर बल देने से सहानुभूति, सहयोग, दया आदि नैतिक गुणों का विकास नहीं किया जा सकेगा।

7. *वातावरण की उपेक्षा*: इस उद्देश्य में वंशानुक्रम (Heredity) पर बल दिया जाता है और वातावरण के प्रभाव की उपेक्षा की जाती है।

8. *वास्तविक जीवन के लिए अव्यावहारिक*: प्रत्येक बालक की रुचियाँ अलग-अलग होती हैं इसलिए अलग-अलग पाठ्यक्रम की व्यवस्था करना अव्यावहारिक प्रतीत होता है।

शिक्षा का सामाजिक उद्देश्य (Social Aim of Education)

सामाजिक उद्देश्य का अर्थ: मनुष्य एक सामाजिक प्राणी है। समाज में ही प्रत्येक प्राणी का पालन-पोषण होता है, समाज में ही उसकी विभिन्न आवश्यकताओं की पूर्ति होती है। समाज की उन्नति में ही उसकी उन्नति होती है। अत: शिक्षा की व्यवस्था ऐसी हो जिसके द्वारा मनुष्य समाज का सच्चा सामाजिक घटक बन सके।

शिक्षा के सामाजिक उद्देश्य से ही समाजवाद का जन्म हुआ। नीचे लिखे चार्ट में सामाजिक उद्देश्य के संकुचित तथा व्यापक अर्थ दिए गए हैं:

शिक्षा का सामाजिक उद्देश्य (Social Aim of Education)

- संकुचित अर्थ
  - कट्टर राष्ट्र समाजवाद
- व्यापक अर्थ
  - प्रजातन्त्रात्मक समाजवाद
    - सामाजिक कुशलता
      - आर्थिक कुशलता
      - सकारात्मक नैतिकता
    - नागरिकता

शिक्षा के सामाजिक उद्देश्य के समर्थक (Supporters of Social Aim of Education): *बागले* (*Bagley*) तथा *ड्यूवी* (*Dewey*) आदि शिक्षा-शास्त्रियों ने सामाजिक उद्देश्य पर बल दिया है।

1. *ड्यूवी* (*Dewey*) का कथन है-"जो कार्य शरीर के लिए भोजन और प्रजनन करते हैं, वही कार्य सामाजिक जीवन के लिए शिक्षा करती है।"

2. *रॉस* (*Ross*) का कहना है-"सामाजिक पर्यावरण से अलग वैयक्तिकता का कोई मूल्य नहीं है।"

3. *बाल्डविन* (*J. M. Baldwin*) के अनुसार-"व्यक्तित्व को सामाजिक शब्दों के अतिरिक्त और किसी प्रकार व्यक्त नहीं किया जा सकता है।"

4. *हुमायूँ कबीर* (*Humayun Kabir*)-"यदि व्यक्ति को समाज का रचनात्मक सदस्य बनना है, तो उसे केवल अपना ही विकास नहीं करना चाहिए, वरन् समाज के विकास में भी योग देना चाहिए।"

सामाजिक उद्देश्य के पक्ष में तर्क (Argument in Favour of Social Aim)

1. *मनुष्य का जन्म समाज में*: मनुष्य का जन्म, विकास और पोषण समाज में ही होता है। अत: उसे समाज में रहने योग्य बनने के लिए शिक्षा की आवश्यकता है।

2. *मानव का मानव प्रवृत्तियाँ अपनाना*: मनुष्य पाशविक प्रवृत्तियों को ही लेकर जन्म लेता है, परन्तु समाज में रहकर वह दानव से मानव बन जाता है।

3. *समाज सेवा मुक्ति का साधन*: कुछ विद्वानों का विचार है कि समाज-सेवा कार्य से मुक्ति मिलती है इसलिए शिक्षा को समाज सेवा के लिए व्यक्ति तैयार करने चाहिए।

4. *समाज के बिना व्यक्ति का अस्तित्व कोरी कल्पना*: बिना समाज के व्यक्ति कोरी कल्पना है। अतः शिक्षा व्यक्तियों को समाज में रहने के लिए तैयार करे।

5. *व्यक्ति का समाज में विकास*: समाज में रहकर व्यक्ति दूसरे व्यक्तियों के सम्पर्क में आता है। फलस्वरूप उसकी विभिन्न शक्तियों का विकास होता है। अतः समाज की रक्षा करना व्यक्ति का परम कर्त्तव्य है।

6. *नई खोजें*: सामूहिक जीवन में ही व्यक्ति नई खोजों तथा आविष्कारों के अवसर प्राप्त करता है।

7. *सभ्यता तथा संस्कृति का समाज जन्मदाता*: समाज सभ्यता तथा संस्कृति को जन्म देता है, इस कारण व्यक्ति को सामाजिक हित पर बल देना चाहिए।

8. *समाजवादी समाज में भौतिक सम्पन्नता*: कभी-कभी ऐसा कहा जाता था कि जिन देशों में समाजवादी विचारधारा प्रचलित है, वे अन्य देशों की तुलना में सुखी हैं। परन्तु रूस में समाजवाद के विफल होने से यह धारणा लगभग समाप्त हो गई है।

सामाजिक उद्देश्य के विपक्ष में तर्क (Arguments against Social Aim)

1. *अमनोवैज्ञानिक आधार*: सामाजिक उद्देश्य व्यक्ति की रुचियों, प्रवृत्तियों और योग्यताओं की अवहेलना करता है।

2. *मनुष्य समाज का एक साधनमात्र*: नाजी जर्मनी में मनुष्य का व्यक्तित्व बिल्कुल समाप्त कर दिया गया था।

3. *कला तथा साहित्य के विकास में बाधा*: व्यक्ति की स्वतंत्रता पर प्रतिबन्ध लगने से वह कला तथा साहित्य के बारे में सोच ही नहीं सकता।

4. *शिक्षा के साधनों का दुरुपयोग*: सामाजिक उद्देश्य के कारण व्यक्ति को श्रमिक ही समझा जाता है।

5. *ऐतिहासिक दुष्परिणाम*: 'मेरा देश ठीक तथा गलत' इस प्रकार की भावना के विकास से संसार में दो महायुद्ध हुए।

6. *व्यक्तिगत स्वतन्त्रता का दमन*—सामाजिक उद्देश्य व्यक्तिगत स्वतन्त्रता का दमन करता है। व्यक्ति सदा नेता के आदेशों के अनुसार ही चलता है।

7. *समाज मनुष्य से श्रेष्ठ नहीं*: समाज का अस्तित्व व्यक्तियों की आवश्यकताओं को पूर्ण करने के लिए है। व्यक्ति का विकास होने से ही समाज का विकास हो सकता है।

8. *एकांगी शिक्षा*: सामाजिक उद्देश्य शिक्षा द्वारा व्यक्ति का एक ही दिशा में विकास करना है। अतः इस प्रकार की शिक्षा अधूरी है।

9. *आध्यात्मिक मूल्यों की अवहेलना*: सामाजिक उद्देश्य द्वारा व्यक्ति के नैतिक तथा आध्यात्मिक मूल्यों की अवहेलना होती है।

शिक्षा के वैयक्तिक एवं सामाजिक उद्देश्यों का समन्वय (Synthesis of Individual Aim and Social Aim of Education): शिक्षा के वैयक्तिक और सामाजिक दोनों ही उद्देश्य हैं। शिक्षा के द्वारा व्यक्ति और सामज के अधिकारों का सन्तुलन होना चाहिए। दोनों उद्देश्य एक दूसरे के पूरक हैं। यहाँ पर हम कुछ विद्वानों के कथन प्रस्तुत करते हैं।

1. *जॉन ड्यूवी (John Dewey)* ने एक ओर तो शिक्षा के मनोवैज्ञानिक आधार को स्वीकार किया है, दूसरी ओर शिक्षा के सामाजिक आधार पर अधिक बल देते हुए लिखा है—''शिक्षा मनोवैज्ञानिक आधार को दृष्टि में रखते हुए अवश्य प्रारम्भ होनी चाहिए, परन्तु बालक की व्यक्तिगत क्षमताओं, रुचियों तथा आदतों का महत्त्व उसी समय है, जब वे समाज के हित में विकसित हों।''

2. *रॉस* (*Ross*) ने लिखा है–"व्यक्ति और व्यक्तित्व का मूल्य उसी सामाजिक वातावरण में है जिसमें रहकर व्यक्ति अपने व्यक्तित्व का विकास करता है। उसके अलग होने पर उसकी वैयक्तिकता का कोई मूल्य ही नहीं रह जाता तथा उसका व्यक्तित्व निरर्थक हो जाता है। आत्मबोध केवल सामाजिक सेवा द्वारा ही प्राप्त किया जा सकता है तथा ऐसे व्यक्तियों के द्वारा ही समाज के लिए सामाजिक आदर्शों को स्थापित किया जा सकता है जिनके व्यक्तित्व का समुचित विकास हो गया हो। यह चक्र तोड़ा नहीं जा सकता।"

3. *रायबर्न* (*Ryburn*) ने ठीक ही लिखा है–"समुदाय की उन्नति प्रत्येक व्यक्ति की उन्नति से होती है। समुदाय को चाहिए कि वह व्यक्ति के विकास के लिए ऐसे अवसर प्रदान करे जिससे वह समाज को अपना विशेष योगदान दे सके।"

4. *मैकाइवर* (*MacIver*) के अनुसार, "समाजीकरण और वैयक्तिकरण एक ही प्रक्रिया के दो पहलू हैं।"

5. *रस्क* (*Rusk*) के विचार में, "आत्म-विकास केवल समाज सेवा द्वारा ही प्राप्त किया जा सकता है और वास्तविक महत्त्व का सामाजिक आदर्श केवल उन स्वतन्त्र व्यक्तियों द्वारा स्थापित किया जा सकता है, जिन्होंने महत्त्वपूर्ण वैयक्तिकता का विकास किया है।"

6. *एडमग* (*Adams*)–"आत्मसात् समाज में सामाजिक अन्तर्क्रिया द्वारा ही प्राप्त होता है।"

7. *नन* (*Nunn*)–"व्यक्तित्व का विकास केवल सामाजिक वातावरण में होती है जहाँ उसे सांझीं रुचियाँ तथा क्रियाएँ प्राप्त होती हैं।

शिक्षा का व्यावसायिक उद्देश्य (Vocational Aim of Education)

प्रत्येक माता-पिता की यह प्रबल इच्छा रहती है कि उनके बच्चों की शिक्षा इस प्रकार हो कि वे रोजगार पाने में समर्थ हों। आजकल इस उद्देश्य पर बहुत जोर दिया जा रहा है। क्योंकि आधुनिक औद्योगिक युग में विभिन्न प्रकार के काम-धन्धों के लिए विशेष प्रशिक्षण की आवश्यकता होती है।

एक पुरानी कहावत है कि 'भूखा कौन-सा पाप नहीं करता?' दूसरे शब्दों में प्रत्येक व्यक्ति को अपने पालन-पोषण तथा जीवित रहने के लिए काम-धन्धे की आवश्यकता होती है ताकि उसकी आर्थिक आवश्यकता की पूर्ति हो सके।

इस सन्दर्भ में कुछ विद्वानों के विचार नीचे दिए गए हैं:–

1. *ड्यूवी* (*Dewey*) का विचार है कि ''शिक्षा का व्यावसायिक उद्देश्य व्यक्ति की विशिष्ट योग्यता तथा समाज सेवा में संतुलन स्थापित करेगा।''

2. *गांधी जी* (*Gandhi ji*) ने कहा है कि ''सच्ची शिक्षा से बालकों को बेरोजगारों से एक प्रकार की सुरक्षा देनी चाहिए।''

3. *हारंशार्ने* (*Hartsharne*) के विचार में, "व्यावसायिक शिक्षा एक अत्यन्त प्रभावशाली प्रकार की शिक्षा है जिस के अभाव से जो स्कूल जाते हैं, वे आजीवन हानि उठाते हैं।"

4. *स्पेन्स रिपोर्ट* (*Spens Report*)–इग्लैंड में प्रकाशित इस रिपोर्ट में कहा गया है, "हमारी शिक्षा का एक महत्त्वपूर्ण कार्य है बच्चों को व्यवसाय के लिए तैयार करना।"

5. जोड (*Joad*) रोटी-दाल की समस्या का निदान आवश्यक है। इसकी पूर्ति के बिना कोई काम ठीक ढंग से नहीं होता है। इसी कारण जोड (Joad) ने कहा है कि शिक्षा ऐसी हो जो प्रत्येक बालक-बालिका को जीविका चलाने योग्य बनाए। इसी कारण आज के युग में व्यावसायिक शिक्षा पर अधिक बल दिया जा रहा है।

7. *एडम्स (Adams)* के अनुसार, ''दो प्रकार की शिक्षाएँ होती हैं, एक जो पेशे अथवा व्यवसाय को अपनाना सिखाए और दूसरी, कैसे जिएँ, यह सिखाए।''

शिक्षा के व्यावसायिक उद्देश्य की आवश्यकता–समर्थन में तर्क (Need for Vocational Aim—Arguments in its favour)

1. *आधारभूत आवश्यकताओं की पूर्ति (Realisation of Basic Needs)*: मानव बिना बुनियादी जरूरतों को पूरा किये जीवित नहीं रह सकता। भोजन, आवास, कपड़े आदि की समस्या की पूर्ति आवश्यक है। अत: व्यावसायिक उद्देश्य आवश्यक है।

2. *उत्पादन में वृद्धि (Increase in Production)*: इस उद्देश्य को मानने से उत्पादन बढ़ता है और देश प्रगति करता है।

3. *बेकारी आदि का समाधान (Solution of Unemployment etc.)*: बेकारी, भुखमरी, एवं निष्क्रियता को समाप्त करने के लिए यह उद्देश्य आवश्यक है।

4. *आशावादी दृष्टिकोण (Positive Outlook)*: निराशा, चिन्ता, परेशानी से बचाने में यही उद्देश्य सहायता करता है।

5. *व्यक्ति तथा समाज का सुख (Happiness for the Individual and Society)*: यह उद्देश्य व्यक्ति एवं समाज दोनों को सुखी बनाता है। क्योंकि इससे भौतिक साधनों को इकट्ठा करना सरल है।

6. कार्यकुशलता (*Work Efficiency*): यह उद्देश्य मानव को श्रम कुशल, कार्य कुशल एवं धन पैदा करने वाला बनाता है।

7. *बौद्धिक तथा श्रमिक पक्ष पर बल (Emphasis on Mental and Physical Aspects)*: यह उद्देश्य बौद्धिक एवं शारीरिक दोनों ही प्रकार के श्रम को महत्त्व प्रदान करता है। एक प्रजातांत्रिक देश की प्रगति के लिए ये दोनों श्रम आवश्यक हैं।

8. *कुशल कार्यकर्त्ता (Efficient Workers)*: इस उद्देश्य को मानने से समाज के प्रत्येक कार्यक्षेत्र के लिए कुशल कार्यकर्त्ता एवं कारीगर मिलेंगे।

9. *मनोवैज्ञानिक तथा वैज्ञानिक आधार (Psychological and Social Basis)*: यह उद्देश्य मनौवैज्ञानिक एवं वैज्ञानिक है।

10. *मानसिक क्षमता में बढ़ोत्तरी (Increase in Mental Power)*: व्यावसायिक क्षमता और उसकी पूर्ति से मानसिक क्षमता भी प्रभावित होती है। इंग्लैंड में प्रकाशित *स्पेन्स रिपोर्ट* में लिखा भी गया है कि–"वास्तव में ऐसे भी व्यक्ति होते हैं, जिनकी मानसिक शक्तियों का उचित प्रयोग व्यावसायिक काम-धन्धों द्वारा ही हो सकता है।"

11. *रोटी कमाने का साधन (Means of Earning Bread)*: मुदालियर आयोग ने लिखा है कि–''उस ज्ञान को प्राप्त करने का कोई लाभ नहीं, यदि उससे व्यक्ति अपनी रोटी नहीं कमा सकता।''

शिक्षा के व्यावसायिक उद्देश्य के विरोध में तर्क (Arguments against Vocational Aim of Education)

1. *राक्षसी समाज की स्थापना (Establishment of Devil's Society)*: विश्वविद्यालय शिक्षा आयोग 1948-49 ने स्पष्ट शब्दों में लिखा कि केवल व्यावसायिक उद्देश्य को ही सब कुछ मानना 'राक्षसी समाज' को आमन्त्रित करना होगा।

2. *संकीर्ण तथा एकांकी उद्देश्य (Narrow and One-Sided Aim)*: यह उद्देश्य संकीर्ण एवं एकांगी है। मनुष्य केवल रोटी-रोजी के लिए ही पैदा नहीं हुआ है। अगर यही

उद्देश्य मानव के सामने भी रह जाए तो मानव एवं पशु में अन्तर ही क्या रहेगा? एक विशुद्ध व्यावसायिक प्रशिक्षण व्यक्ति के जीवन के प्रति दृष्टिकोण को संकुचित बना देता है। यह एक अच्छा कारीगर, अच्छा डाक्टर, अच्छा वकील, अच्छा मिस्त्री, अच्छा बिजली का कारीगर बना सकता है, लेकिन अनिवार्यत: एक अच्छा मनुष्य नहीं।

3. *कारखाने के रूप में (School as a Factory)*: इस उद्देश्य को मानने का अभिप्राय: यह होगा कि विद्यालय विद्यालय के रूप में न रहकर कारखाने के रूप में या शिल्प केन्द्र के रूप में रहेंगे।

4. *महत्वूपर्ण उद्देश्य की अवहेलना (Neglect of Significant Aims)*: इस उद्देश्य को प्रमुखता प्रदान करने से जीवन के सामाजिक, नैतिक, सांस्कृतिक एवं बौद्धिक उद्देश्यों की अवहेलना होगी, जबकि मानव की पूर्णता के लिए इनका होना आवश्यक है।

5. *शिक्षा व्यवसाय का साधन (Education as an Instrument of Vocation)*: इस उद्देश्य को मानने का मतलब यह होगा कि शिक्षा व्यवसाय का साधन बन जायेगी। व्यवसाय की चेरी बनकर जो शिक्षा चलेगी, उससे भलाई की आशा करना व्यर्थ है।

6. *अन्य विषयों की अवहेलना (Neglect of Other Subjects)*: इस उद्देश्य से साहित्य, कला, दर्शन, विज्ञान आदि की शिक्षा को गहरा आघात पहुँचता है। इन विषयों की अवहेलना की जाती है, जो किसी भी प्रकार उचित नहीं है।

7. *शान्ति उद्देश्य (Disregard of Peace and Other Aims)*: इस उद्देश्य से शान्ति, विश्व बन्धुत्व एवं आध्यात्मिक वातावरण की आशा रखना बेकार है।

8. *भौतिकवाद का बढ़ावा (Promotion of Materialism)*: धन की अत्यधिक लालसा बहुधा बहुत-सी बुराइयों की जड़ है। चोरी, भ्रष्टाचार, बेईमानी आदि बुराईयां भौतिक धन के कारण प्राय: पैदा हो जाती हैं। इसलिए धन को मालिक नहीं बनने देना चाहिए। धन को सदैव नौकर बना कर रखना चाहिए।

शिक्षा का चरित्र निर्माण का उद्देश्य
(Character Development as the Aim of Education)

चरित्र निर्माण का अर्थ: शिक्षा के चरित्र निर्माण उद्देश्य पर चर्चा करने से पूर्व हमें चरित्र के अर्थ पर प्रकाश डालना उचित प्रतीत होता है। चरित्र का संकुचित तथा विस्तृत अर्थ है परन्तु शिक्षा में चरित्र का अर्थ हम विस्तृत रूप में लेंगे।

संकुचित अर्थ: कुछ लोग चारित्रिक व नैतिक विकास का अर्थ धर्म, कर्म, पूजा-पाठ, स्नान-ध्यान, यज्ञ, तपस्या आदि को ही मानते हैं। परन्तु आवश्यक नहीं कि धार्मिक व्यक्ति ही चरित्रवान एवं नैतिक हो। एक क्रान्तिकारी व्यक्ति भी चरित्रवान एवं नैतिक हो सकता है। शिक्षा में इस अर्थ का कोई विशेष महत्त्व नहीं है।

विस्तृत अथवा व्यापक अर्थ: व्यापक अर्थ के अन्तर्गत नैतिक भावों, शुद्ध आचरण और उत्तम एवं विकासशील विचार वाले लोग चारित्रिक एवं नैतिक आते हैं। सामाजिक भावों की प्रधानता वाले व्यक्ति भी इस श्रेणी में आते हैं। एक नैतिक एवं चारित्रिक व्यक्ति में निम्न गुण निहित हैं:

(1) त्याग की भावना तथा समाज के लिए कष्ट सहन करना, (2) दूसरों के दुख-सुख में शरीक होना, (3) अहिंसा, (4) आत्म नियन्त्रण, (5) सत्य, (6) प्रेम, (7) संवेदनशीलता, (8) साहस, (9) बुद्धि का उचित उपयोग, (10) पौरुष,

(11) उच्च आदर्श, (12) उत्तरदायित्व की भावना, (13) ईमानदारी से धन कमाना, (14) परिश्रम।

चरित्र-निर्माण उद्देश्य की आवश्यकता: आज के भौतिक तथा वैज्ञानिक युग में नैतिकता या चरित्र-निर्माण के उद्देश्य की अत्यन्त आवश्यकता है। कभी-कभी ऐसा अनुभव होता है कि चरित्र के बिना मानव अपनी प्रकृति छोड़कर दानव बनता जा रहा है। आज भारत में दुर्भाग्यवश महान व्यक्तियों की नैतिकता पर भी प्रश्न चिह्न लग गया है। स्थिति बहुत निराशाजनक होती जा रही है। इस दिशा में गम्भीर विचार तथा ठोस कदम ही स्थिति को संभाल सकते हैं।

चरित्र निर्माण उद्देश्य के समर्थक (Promoters of Character Development Aim): 1. शिक्षा के विभिन्न पक्षों पर विचार करते हुए *गांधी* जी (*Gandhi ji*) ने लिखा, ''वास्तविक अर्थों में सच्ची शिक्षा वही है जो चरित्र निर्माण करे।'' उनके विचार में ''विद्यालय और महाविद्यालय चरित्र निर्माण के कारखाने हैं।''

2. *हरबार्ट* (*Herbart*) ने नैतिक शिक्षा पर बल देते हुए कहा, ''शिक्षा के समस्त कार्य को एक ही शब्द में प्रगट किया जा सकता है और वह शब्द है, 'नैतिकता'।''

3. *रेमॉट* (*Ramont*) ने लिखा है, ''शिक्षा का अन्तिम उद्देश्य न तो स्वास्थ्य भण्डार बढ़ाना है, न ज्ञान का विपुल भण्डार बढ़ाना और न भावों से भरपूर बनाना है वरन् उसमें चरित्र की पवित्रता प्रदान करना है।''

4. *डियूवी* (*Dewey*): ''स्कूल निर्देशन तथा अनुशासन का विस्तृत उद्देश्य चरित्र निर्माण है।"

5. *डॉ. राधाकृष्णन*: ''पूर्ण होने के लिए शिक्षा को मानवीय होना चाहिए। इसमें न केवल बौद्धिक प्रशिक्षण शामिल होना चाहिए, अपितु हृदय का परिष्कार और आत्मा का अनुशासन भी शामिल होना चाहिए।''

6. *श्री सत्य साईं बाबा*: ''शिक्षा को नैतिकता, सच्चाई और चरित्र का विकास करना चाहिए। शिक्षा को मानव का हृदय करुणा से भरना चाहिए।''

7. *रवीन्द्रनाथ टैगोर*–''शिक्षा का सम्पूर्ण उद्देश्य न केवल पवित्र होना सिखाना है, अपितु पवित्र से प्यार करना।''

स्वामी दयानन्द, स्वामी विवेकानन्द तथा अन्य शिक्षाविदों ने शिक्षा में चरित्र-निर्माण के पक्ष पर बल दिया है।

शिक्षा के चरित्र-निर्माण उद्देश्य के पक्ष में तर्क (Arguments in Favour of Character Building as the Aim of Education): 1. चरित्र के कारण व्यक्ति में संयम का विकास होता है। संयम से व्यक्ति की मानसिक एवं शारीरिक प्रगति होती है।

2. चरित्र के कारण व्यक्ति में सामाजिक गुणों की वृद्धि होती है।

3. यह उद्देश्य व्यक्ति में राष्ट्रीय एवं अन्तर्राष्ट्रीय भावों का विकास करता है।

4. इससे शाश्वत सत्यों एवं गुणों का विकास होता है। व्यक्ति में सत्यम्, शिवम् एवं सुन्दरम् के भावों का विकास होता है, जिसकी आज के युग में बड़ी आवश्यकता है।

5. इस उद्देश्य के कारण व्यक्ति में मानवीय भावों एवं गुणों की वृद्धि होती है। इससे विचारों का परिष्कार होता है।

6. इससे समाज में नैतिक एवं आध्यात्मिक गुणों की वृद्धि होती है।

7. इस उद्देश्य से व्यक्ति के आन्तरिक गुणों की वृद्धि होती है।

8. घोर भौतिकता, पशुता, युद्धमय वातावरण से बचने के लिए इस उद्देश्य की नितांत आवश्यकता है।

9. प्राचीन विचारकों से लेकर आज तक के विचारकों ने शिक्षा में चरित्र-निर्माण उद्देश्य को स्वीकार किया है और इसे महान उद्देश्य माना है।

शिक्षा के चरित्र-निर्माण उद्देश्य के विपक्ष में तर्क (Arguments Against the Character Development Aim of Education)

1. यह उद्देश्य एकांगी है। इससे उदरपूर्ति तथा वैज्ञानिकता आदि को ठेस पहुँचती है।

2. इस उद्देश्य से जीविकोपार्जन की अवहेलना होती है। यह अवहेलना किसी भी देश या समाज के लिए खतरनाक है।

3. प्राय: नैतिक व चारित्रिक व्यक्ति व्यावहारिक नहीं होते। इस प्रकार समाज में व्यवहार कुशलता घटेगी।

4. इस मत को मानने पर सामाजिक भावों की अपेक्षा व्यक्तिगत विकास को अधिक प्रोत्साहन मिलेगा।

5. इस उद्देश्य को प्रमुखता प्रदान करने पर भौतिक व इतिहास जैसे विषयों की अवहेलना होगी। इतिहास में नैतिक एवं अनैतिक दोनों तथ्य हैं।

6. बहुधा इस उद्देश्य का अर्थ पूजा-पाठ, ध्यान-योग से लगाया जाता है। इस कारण ढोंग बढ़ता है। इससे व्यक्तित्व का विकास नहीं होता है।

7. शारीरिक विकास के लिए यह उद्देश्य उतना उपयुक्त नहीं है।

8. चारित्रिक एवं नैतिक विकास के लिए कौन-कौन से गुण आवश्यक हैं। इसके बारे में विद्वानों में मतभेद हैं। यह एक विवादग्रस्त विषय है।

9. चारित्रिकता एवं नैतिकता का कोई स्थिर एवं सुदृढ़ मापदण्ड नहीं है। यह समयानुसार परिवर्तनशील है।

उपसंहार: शिक्षा के चरित्र-निर्माण पर चर्चा करते हुए इस बात का उल्लेख करना बहुत जरूरी है कि चरित्र-निर्माण का उद्देश्य किसी भी प्रकार से व्यावसायिक क्षमता का विरोधी नहीं है। वास्तव में शिक्षा का केवल एक ही उद्देश्य नहीं है। परन्तु सभी उद्देश्यों में चरित्र-निर्माण को प्राथमिकता मिलनी चाहिए।

4

वर्तमान भारतीय समाज तथा शिक्षा के उद्देश्य
(Present Indian Society and Aims of Education)

भारतीय संविधान में सांकेतिक उद्देश्य
(Aims Indicated in the Constitution of India)

वर्तमान भारतीय समाज की शिक्षा की आवश्यकताओं तथा उद्देश्यों को जानने के लिए जरूरी है कि स्वतन्त्रता प्राप्ति के पश्चात् भारतीय समाज का जो ढाँचा संविधान द्वारा दर्शाया गया है उसे भली-भाँति समझ लिया जाए। इसमें कोई संदेह नहीं है कि राष्ट्र का संविधान वह दर्पण होता है जिसमें उसकी विशेषताएँ प्रतिबिम्बित होती हैं।

भारतीय संविधान की प्रस्तावना में भारतीय समाज का रूप प्रस्तावित किया गया है। संविधाान की प्रस्तावना के अनुसार हम यह कह सकते हैं कि वर्तमान भारतीय समाज की निम्नलिखित विशेषताएँ हैं: 1. भारत प्रजातांत्रिक समाज है। 2. भारत धार्मनिरपेक्ष समाज है। 3. भारत समाजवादी समाज है। 4. भारतीय समाज में सभी नागरिकों को सामाजिक, आर्थिक और राजनैतिक न्याय की व्यवस्था है।

विभिन्न आयोगों द्वारा दर्शाए भारतीय समाज के शिक्षा के प्रमुख उद्देश्य
(Main Aims of Education According to Education Commissions)

भारतीय समाज की मान्यताएँ, आकांक्षाएँ तथा आवश्यकताएँ भारतीय संविधान में दर्शायी गई हैं। अत: इनकी पूर्ति के लिए शिक्षा ने महत्त्वपूर्ण भूमिका निभानी है। शिक्षा के उद्देश्य इस प्रकार से निर्धारित किए जाने हैं जो भारतीय समाज के आदर्श के अनुरूप हों। संविधान से पूर्व विश्वविद्यालय शिक्षा आयोग–1948 (University Education Commission or Dr. Radha Krishnan Commission) ने भी शिक्षा के उद्देश्यों की विवेचना की। माध्यमिक शिक्षा आयोग, 1952-53 (Secondary Education Commission), कोठारी शिक्षा आयोग, 1964-66 (Kothari Education Commission or Education Commission 1964-66), राष्ट्रीय शिक्षा नीति, 1968 (National Policy on Education), तथा राष्ट्रीय शिक्षा नीति, 1986 (National Policy on Education) द्वारा भारतीय समाज की आवश्यकताओं का विवेचन किया गया और शिक्षा के विभिन्न उद्देश्य बताए गए।

विश्वविद्यालय शिक्षा आयोग (1948-49) द्वारा प्रस्तावित शिक्षा के उद्देश्य
(Aims of Education according to University Education Commission)

1. छात्रों में आध्यात्मिकता का विकास करना।
2. छात्रों को भारतीय संस्कृति का ज्ञान देना।
3. छात्रों को अच्छा नागरिक बनाना।
4. छात्रों का शारीरिक तथा मानसिक विकास करना।

5. छात्रों में विश्व-बन्धुत्व की भावना का विकास करना।
6. छात्रों को विभिन्न क्षेत्रों में नेतृत्व के लिए तैयार करना।
7. जीवन तथा ज्ञान की विभिन्न शाखाओं में समन्वय स्थापित करना।
8. छात्रों के जन्मजात गुणों को खोज निकालना तथा उन गुणों का प्रशिक्षण द्वारा विकास करना।
9. छात्रों का चारित्रिक विकास उस प्रकार करना जिनसे वे अनुशासित जीवन व्यतीत करना सीख जाएँ।
10. छात्रों को समाज के साथ समन्वय स्थापित करने के योग्य बनाना।

माध्यमिक शिक्षा आयोग (1952-53) तथा शिक्षा के उद्देश्य (Secondary Education Commission and Aims of Education)

संविधान में बताई गई गणतान्त्रिक आवश्यकताओं को ध्यान में रखते हुए माध्यमिक शिक्षा आयोग ने भारतीय शिक्षा के निम्नलिखित उद्देश्य बताए हैं–

1. *गणतान्त्रिक नागरिकता का विकास* (*Development of Democratic Citizenship*): इसके अन्तर्गत इन गुणों का व्यक्ति में निर्माण करना है। (i) स्पष्ट विचार; (ii) नए विचारों को स्वीकार करने की क्षमता; (iii) लिखने तथा पढ़ने में विचारों की स्पष्टता; (iv) समाज में रहने की कला; (v) सामाजिक जागरूकता; (vi) सहनशीलता; (vii) देश प्रेम की भावना; तथा (viii) अन्तर्राष्ट्रीय भावना।

2. *व्यावसायिक क्षमता का विकास* (*Development of Vocational Efficiency*): शिक्षा का दूसरा उद्देश्य छात्रों में व्यावसायिक क्षमता को बढ़ाना है। इसके अन्तर्गत हैं–(क) कार्य के महत्त्व को समझने की भावना। (ख) कार्य को यथाशक्ति अच्छा तथा सुन्दर बनाना।

3. *व्यक्तित्व का विकास* (*Development of Personality*): इसके अन्तर्गत हैं–विद्यार्थियों में सृजनात्मक शक्तियों का विकास करना जिससे वे अपनी सांस्कृतिक परम्पराओं के प्रति गर्व अनुभव कर सकें। साथ ही कला-कौशल आदि विषयों में स्थान देकर उनकी सौन्दर्य शक्ति का विकास करना।

4. *नेतृत्व के गुणों का विकास* (*Development of Qualities of Leadership*): गणतन्त्र की सफलता के लिए आवश्यक है कि शिक्षा ऐसे गुणों का निर्माण करे जिससे छात्रों में नेतृत्व के गुणों का विकास हो। जहाँ एक ओर अनुयायी बनने के गुणों का होना आवश्यक है वहाँ दूसरों का आवश्यकतानुसार नेतृत्व करना आना जरूरी है।

माध्यमिक शिक्षा आयोग द्वारा प्रस्तावित शिक्षा के उद्देश्य चार्ट 4.1 में दर्शाए गए हैं।

शिक्षा-आयोग 1964-66 द्वारा दर्शाए गए शिक्षा के उद्देश्य (Aims of Education as Envisaged by the Education Commission)

शिक्षा आयोग ने भारतीय समाज की चार आवश्यकताएँ अनुभव की और उनकी पूर्ति के लिए शिक्षा में आवश्यक सुधारों की सिफारिशें कीं। भारतीय समाज की चार आवश्यकताएँ इस प्रकार बताईं–(1) उत्पादन बढ़ाना (Productivity); (2) सामाजिक तथा राष्ट्रीय एकीकरण (Social and National Integration); (3) आधुनिकीकरण (Modernisation); तथा (4) सामाजिक, नैतिक और आध्यात्मिक मूल्यों का विकास (Development of Social, Moral and Spiritual Values)।

चार्ट 4.1: माध्यामिक शिक्षा आयोग द्वारा दर्शाए गए शिक्षा के उद्देश्य
(Chart: Aims of Education according to the Secondary Education Commission)

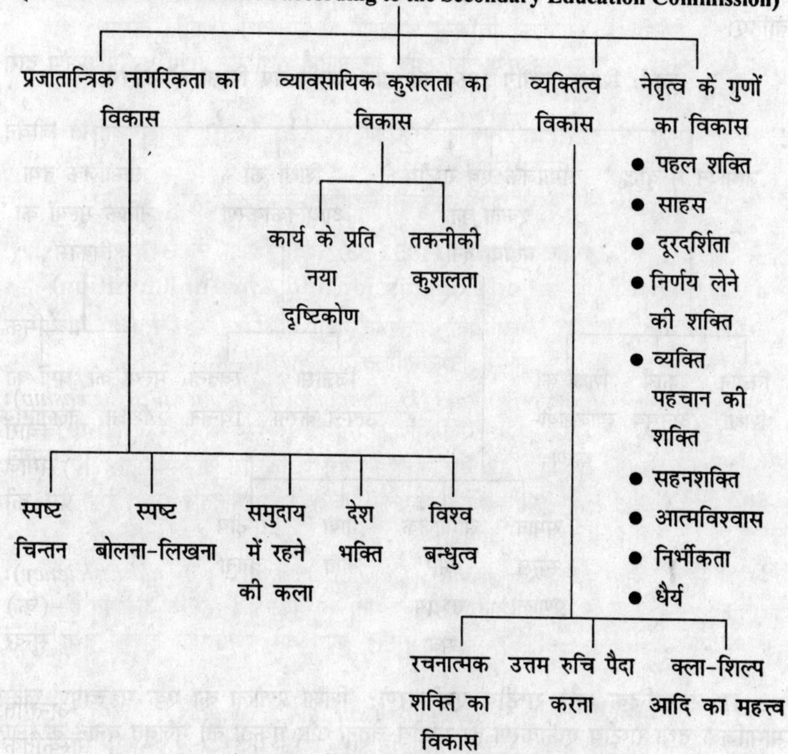

शिक्षा आयोग ने भारतीय शिक्षा के निम्नलिखित चार उद्देश्य बताए हैं:

1. शिक्षा और उत्पादकता (Education and Productivity)
2. शिक्षा तथा सामाजिक एवं राष्ट्रीय एकीकरण (Education and Social and National Integration)
3. शिक्षा तथा आधुनिकीकरण (Education and Modernisation)
4. शिक्षा एवं सामाजिक, नैतिक तथा सामाजिक मूल्यों का विकास (Education and Development of Social, Moral and Spiritual Values)

कोठारी आयोग द्वारा बताए गए शिक्षा के उद्देश्य चार्ट 4.2 द्वारा दर्शाए गए हैं।

I. शिक्षा और उत्पादिता – शिक्षा का सम्बन्ध उत्पादिता से जोड़ने के लिए निम्नलिखित कार्यक्रम आवश्यक हैं–

1. *विज्ञान की शिक्षा*: विज्ञान की शिक्षा स्कूली शिक्षा का एक अभिन्न अंग बन जाना चाहिए और अंत में जाकर यह विश्वविद्यालय स्तर पर सभी पाठ्यक्रमों का एक भाग बन जाए।

2. *कार्य-अनुभव*: कार्य-अनुभव को सभी प्रकार की शिक्षा के एक अभिन्न अंग के रूप में प्रारम्भ किया जाए। कार्य-अनुभव को शिल्पविज्ञान तथा औद्योगिकरण की ओर उन्मुख करने तथा उत्पादक प्रक्रियाओं, जिनमें कृषि भी शामिल है, में विज्ञान के उपयोग के लिए हर प्रयत्न किया जाना चाहिए।

3. *व्यवसायीकरण*: माध्यमिक शिक्षा का अधिकाधिक तथा बड़े पैमाने पर व्यवसायीकरण होना चाहिए तथा उच्चतर शिक्षा में कृषि और तकनीकी शिक्षा पर अधिक जोर दिया जाना चाहिए।

चार्ट: शिक्षा आयोग 1964-66 द्वारा दर्शाए गए शिक्षा के उद्देश्य

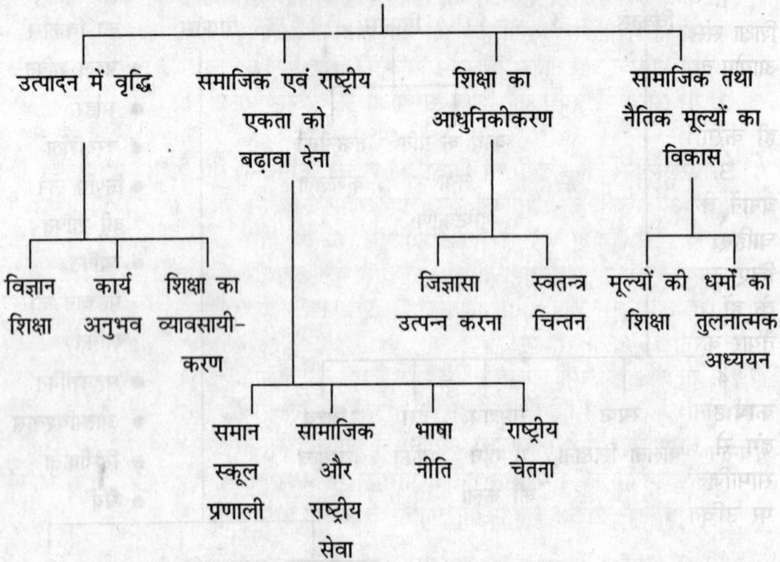

II. सामाजिक और राष्ट्रीय एकीकरण: शिक्षा प्रणाली का एक महत्त्वपूर्ण लक्ष्य सामाजिक तथा राष्ट्रीय एकीकरण है। राष्ट्रीय चेतना और एकता को मजबूत बनाने के लिए निम्नलिखित कदम उठाए जाने चाहिए:

1. *समान स्कूल प्रणाली*: लोक शिक्षा प्रणाली के रूप में समान स्कूल प्रणाली को राष्ट्रीय लक्ष्य के रूप में अपनाया जाना चाहिए और उसे 20 वर्षों की अवधि में क्रमबद्ध कार्यक्रम के रूप में प्रभावपूर्ण ढंग से अमल में लाया जाना चाहिए।

2. *सामाजिक और राष्ट्रीय सेवा*: सामाजिक और राष्ट्रीय सेवा सभी स्तरों पर सभी विद्यार्थियों के लिए अनिवार्य बना दी जानी चाहिए। स्कूलों और कॉलेजों में अध्ययन-विषयों के साथ इन कार्यक्रमों का आयोजन किया जाना चाहिए।

III. शिक्षा और आधुनिकीकरण: आयोग ने इस संबंध में इस प्रकार सुझाव दिए- 1. आधुनिक समाज में, ज्ञान की वृद्धि बड़ी तेजी से होती है और सामाजिक परिवर्तन भी बहुत जल्दी होता है। इस कारण शिक्षा-प्रणाली में क्रान्तिकारी परिवर्तन की आवश्यकता पड़ती है। शिक्षा को अब केवल ज्ञान प्रदान करने या किसी तैयार वस्तु का उत्पादन करने से ही नहीं सीमित रखना चाहिए किन्तु जिज्ञासा उत्पन्न करने, उचित रुचियों, प्रवृत्तियों तथा मूल्यों के विकास तथा स्वतन्त्र अध्ययन और स्वयं विचार और निर्माण करने की क्षमता विकसित करने से मुख्यत: सम्बन्धित माना जाता है। इसके लिए अध्ययन के तरीके तथा शिक्षकों के प्रशिक्षण में भी क्रान्तिकारी परिवर्तन आवश्यक चाहिए।

2. अपने को आधुनिक बनाने के लिए, किसी भी समाज को अपने आपको शिक्षित बनाना होता है। औसत नागरिक का शैक्षिक स्तर ऊँचा उठाने के अतिरिक्त, शिक्षा को

समुचित आकार और क्षमता वाला ऐसा बुद्धिजीवी वर्ग उत्पन्न करने का प्रयत्न करना चाहिए जिसकी निष्ठा तथा आकांक्षाओं की जड़ें भारतीय भूमि में हों।

IV. सामाजिक, नैतिक और आध्यात्मिक मूल्य: शिक्षा प्रणाली को मूलभूत सामाजिक, नैतिक और आध्यात्मिक मूल्यों के विकास पर जोर देना चाहिए। इस दृष्टि से:

1. केन्द्रीय तथा राज्य सरकारों को अपने (या स्थानीय प्राधिकार के) नियंत्रण की सभी शिक्षा संस्थाओं में नैतिक, सामाजिक और आध्यात्मिक मूल्यों की शिक्षा विश्वविद्यालय शिक्षा आयोग तथा धार्मिक और नैतिक शिक्षण समिति की सिफारिशों के अनुसार प्रारम्भ करना चाहिए।

2. गैर-सरकारी प्रबंध की शिक्षा संस्थाओं से भी यह आशा की जाए कि वे भी ऐसा ही करेंगी।

3. इस प्रकार के मूल्यों की शिक्षा को स्कूल कार्यक्रमों का सामान्यत: अभिन्न अंग बनाने के अतिरिक्त, इस प्रयोजन के लिए टाइम-टेबल में कुछ घण्टे अलग रखे जाने चाहिए। ये घण्टे विशेष रूप से भर्ती किए गए शिक्षकों द्वारा नहीं, अपितु इस प्रयोजन के लिए उपयुक्त समझे गए सामान्य शिक्षकों द्वारा लिए जाएं और यदि वे विभिन्न समुदायों के हों, तो अधिक अच्छा होगा। शिक्षकों के प्रशिक्षण में लक्ष्य इस प्रकार के शिक्षकों को तैयार करना भी होना चाहिए।

4. तुलनात्मक धर्मों सम्बन्धी विश्वविद्यालयों के विभागों का यह खोज करना विशेष कार्य होना चाहिए कि किन तरीकों से इन मूल्यों की शिक्षा बुद्धिमत्तापूर्वक एवं प्रभावशाली ढंग से धारण कर सकें। कोठारी आयोग ने भारत की वास्तविक स्थिति का आर्थिक, सामाजिक, जनतान्त्रिक तथा सांस्कृतिक परिवेश में अध्ययन किया तथा शिक्षा के योगदान पर उचित प्रकाश डाला। लक्ष्यों की प्राप्ति के उचित सुझाव दिए।

राष्ट्रीय शिक्षा नीति, 1986 द्वारा प्रस्तावित शिक्षा के उद्देश्य

राष्ट्रीय शिक्षा नीति 1986 में किसी एक विशेष स्थान पर शिक्षा के उद्देश्यों का विवरण नहीं दिया है। शिक्षा नीति के विभिन्न भागों का अवलोकन करने पर शिक्षा के निम्नलिखित उद्देश्य दृष्टिगोचर होते हैं:

1. परम्परागत मूल्यों की रक्षा, 2. वैज्ञानिक दृष्टिकोण का विकास, 3. जन शक्ति का विकास, 4. समाजवाद के मूल्यों का विकास, 5. धर्म-निरपेक्षता के मूल्यों का विकास, 6. लोकतन्त्र के मूल्यों का विकास, 7. भावात्मक तथा राष्ट्रीय एकता का विकास, 8. व्यावसायिक क्षमता का विकास, 9. अन्तर्राष्ट्रीय भावना का विकास

भारतीय समाज में शिक्षा के दो प्रमुख उद्देश्य
(Two Aims of Education of Indian Society)

देश बड़े नाजुक दौर से गुजर रहा है। इसके सम्मुख अनेक चुनौतियाँ हैं। इन चुनौतियों का प्रभावशाली ढंग से मुकाबला करने के लिए शिक्षा के दो महत्त्वपूर्ण उद्देश्य हैं: 1. शिक्षा का उद्देश्य चरित्र निर्माण करना। 2. शिक्षा का उद्देश्य व्यावसायिक क्षमता का निर्माण करना।

1. *शिक्षा तथा चरित्र-निर्माण* उद्देश्य: आज हम अपने दैनिक जीवन में मूल्यों के क्रमिक ह्रास को देखकर अत्यन्त खिन्न हैं। इस अनैतिकता की जड़ इतनी गहरी चली गई है कि कई बार उन लोगों के कार्यकलाप पर भी प्रश्न चिन्ह लग जाता है जो कि अनुकरणीय हैं क्योंकि वे इस प्रक्रिया के शिकार हो जाते हैं। यह स्थिति विशेष रूप से उस देश के लिए जो उच्च परम्पराओं में धनी रहा है, अत्यन्त दुर्भाग्यपूर्ण है। हमें इस बात को कभी नहीं भूलना होगा कि देश में सम्प्रदायवाद, विघटन, अलगाववाद तथा आतंकवाद के पनपने में नैतिक मूल्यों का

ह्रास प्रमुख कारण है। यह नितान्त आवश्यक है कि गणमान्य लोग समाज में नैतिकता के उच्चतम कीर्तिमान कायम करें। नैतिक पुनरुत्थान की दिशा में हमें एक धर्मयुद्ध छेड़ना है। शिक्षा चरित्र-निर्माण के लिए धर्मयुद्ध का सबसे प्रमुख और प्रभावी साधन है।

चरित्र के मुख्य पक्ष हैं–सभी के साथ भ्रातृभाव, अहिंसा, सहनशीलता, ईमानदारी से धन कमाना और सामाजिक कल्याण के लिए खर्च करना, सरकार द्वारा लगाए गए करों का समय पर भुगतान करना, देश-प्रेम आदि। यदि गम्भीतरपूर्ण इस उद्देश्य पर विचार किया जाए तो पता चलता है कि इसके अन्तर्गत जनतन्त्र, नागरिकता, धर्म-निरपेक्षता तथा समाजवाद के मूल्यों का समावेश है। चरित्र-निर्माण में ही व्यक्तित्व का विकास आ जाता है और नेतृत्व के गुणों का विकास भी।

स्वामी दयानन्द तथा स्वामी विवेकानन्द ने शिक्षा का उद्देश्य चरित्र-निर्माण बताया। उनका कहना था कि चरित्रबल अथवा नेक जीवन और धर्माचरण सर्वोत्तम सद्‌गुण हैं। सारे पढ़ने, लिखने, सीखने और सुनाने का निचोड़ यही है, यहीं पर इस सबकी समाप्ति है। सच्ची शिक्षा वही है जो चरित्र का निर्माण करे, चरित्रबल वाला मनुष्य ही सदा नेकी के मार्ग पर चल सकेगा।

मनुष्य का चरित्र उसकी विभिन्न प्रवृत्तियों को जोड़ना है, उसके मन के समस्त झुकावों का योगफल है। सुख तथा दुःख मनुष्य के मन पर होकर ज्यों-ज्यों गुजरते हैं वे उस पर अपनी छाप अथवा संस्कार छोड़ जाते हैं। इन सब भिन्न-भिन्न छापों का फल ही मनुष्य का चरित्र कहलाता है। यदि आप किसी मनुष्य के चरित्र की जाँच वस्तुतः करना चाहते हैं तो उसके बड़े कार्यों द्वारा जाँच मत करें। उसके अत्यन्त साधारण कार्यों की जाँच करें। वास्तव में वे ही ऐसे हैं जिनसे किसी महापुरुष के वास्तविक चरित्र का ठीक-ठाक पता लग सकता है। कुछ विशेष अवसर तो छोटे मनुष्य को भी किसी-न-किसी प्रकार का बड़प्पन दे देते हैं, परन्तु वास्तव में बड़ा तो वही है जिसका चरित्र सदैव और सभी अवस्थाओं में महान रहता है।

जिस प्रकार स्वामी दयानन्द तथा स्वामी विवेकानन्द ने चरित्र-निर्माण पर बल दिया, उसी प्रकार गांधी जी ने भी शिक्षा में चरित्र-निर्माण पर बल दिया। उनका कहना है कि हमारी सारी सीख और सारी विद्या निष्फल रहेगी यदि वे हमारे हृदय में पवित्र भावों को नहीं उपजाते।

"सारे ज्ञान का अन्तिम लक्ष्य आवश्यक रूप से चरित्र-निर्माण ही है। वह शिक्षा ही क्या जिसमें चरित्र-निर्माण न हो सके और वह चरित्र ही क्या जिसमें आरम्भिक वैयक्तिक पवित्रता न हो। व्यक्ति का चरित्र उसकी व्यक्तिगत शुचिता का परिणाम होता है।" संसार के सब बड़े-बड़े महत्वशाली धर्म, चाहे वे आपस में बहुत अधिक भिन्न-भिन्न ही क्यों न हों, इस आधारभूत विषय में सर्वथा एकमत हैं कि कोई भी व्यक्ति जो अपवित्र मन वाला होगा, सम्भवतः महान श्वेत सिंहासन के सामने खड़ा होने का साहस नहीं कर सकता। गाँधी जी ने हमें याद दिलाया है कि "शिक्षा का मुख्य और पहला कर्त्तव्य यह है अथवा होना चाहिए कि उससे विद्यार्थियों के चरित्र का निर्माण हो और उस अध्यापक को निराश होने की आवश्यकता नहीं है जो स्वयं चरित्र का पालन करता है।" "वे (अध्यापक) भले ही अपने विद्यार्थियों को संसार भर की विद्याएँ प्रदान कर दें, परन्तु उनके मनों में शुचिता और सत्य की भावनाएँ नहीं बैठाते तो निस्सन्देह वे उन्हें धोखा दे देंगे और उनको उन्नति के मार्ग पर डाल देने के स्थान पर विनाश के पथ पर लुढ़का देंगे। अध्यापक का कार्य बड़ा पुण्य कार्य है। उसको एक उच्च पद मिला हुआ है, जहाँ से वह अपने शिष्यों को बहुत अधिक प्रभावित कर सकता है।" "मैंने देखा है कि विद्यार्थी अध्यापकों के निजी जीवनों से जितना अधिक पा लेते हैं, उतना वे उनसे सुनी हुई बातों तथा पुस्तकों से ग्रहण नहीं करते।"

2. *शिक्षा की व्यावसायिक क्षमता का उद्देश्य:* शिक्षा का दूसरा महत्त्वपूर्ण उद्देश्य

समाज के व्यक्तियों में व्यावसायिक तथा तकनीकी कुशलता लाना है। इसके अन्तर्गत है–(1) कार्य के प्रति एक नई भावना को जन्म देना जिससे वे कार्य के महत्त्व को समझ सकें, (2) विद्यार्थियों को अनुभव कराना कि देश की समृद्धि इस बात पर निर्भर है कि हम जिस कार्य को भी आरम्भ करें उसे यथाशक्ति सफल और सुन्दर बनाएँ, (3) सभी अध्यापक इस बात का प्रयत्न करें कि यह बात पाठशाला में विद्यार्थियों के व्यवहार में स्पष्ट रूप से दिखाई दे, और (4) शिक्षा के सभी स्तरों पर व्यावसायिक क्षमता का विकास हो जिससे औद्योगिक और तकनीकी क्षेत्र में कुशल व अनुभवी व्यक्ति मिल सकें।

गांधी जी ने 11 सितम्बर, 1937 के 'हरिजन' में लिखा, ''शिक्षा को बेरोजगारी के विरुद्ध एक बीमा (Insurance) होना चाहिए।'' उन्होंने बेसिक पद्धति में इस बात पर बल दिया कि छात्र किसी न किसी व्यवसाय के लिए तैयार हो सकें।

निष्कर्ष: विभिन्न उद्देश्यों को एक-दूसरे से पूरे तौर पर अलग करना सम्भव नहीं है। समाज में परिस्थितियाँ इतनी जटिल हो गई हैं कि किसी एक ही उद्देश्य को पूर्ण मानना न्यायसंगत नहीं है। अत: यहाँ पर दो प्रमुख उद्देश्यों की चर्चा की गई है। ये दोनों ही महत्वपूर्ण हैं तथा इन्हीं की प्राप्ति से देश संसार में उचित मान-सम्मान प्राप्त कर सकता है।

स्वास्थ्य निर्माण शिक्षा का उद्देश्य: शारीरिक, मानसिक तथा भावात्मक (Health Development as an Aim of Education: Physical, Mental and Emotional)

स्वास्थ्य का अर्थ (*Meaning of Health*): स्वास्थ्य निर्माण शिक्षा के उद्देश्य पर चर्चा करने से पहले यह आवश्यक हो जाता है कि स्वास्थ्य के अर्थ पर पहले संक्षेप में विवेचना कर ली जाए। इस सन्दर्भ में कुछ विचार नीचे दिए जा रहे है।

1. *विश्व स्वास्थ्य संगठन* (*World Health Organisation*): "स्वास्थ्य केवल रोग या निर्बलता या विकृति का होना ही नहीं है वरन् यह शारीरिक, मानसिक तथा सामाजिक कल्याण की पूर्ण अवस्था है।"

2. *वेब्सटर का शब्दकोष* (*Webster's Dictionary*): "स्वास्थ्य शरीर, मन या आत्मा में स्वस्थता तथा निरोगता की अवस्था है। मुख्यत: यह शारीरिक रोग या दुःख का अभाव है।"

3. *इन्सइक्लोपीडिया ऑफ हैल्थ* (*Encyclopaedia of Health*) ने स्वास्थ्य को इस प्रकार प्रभावित किया है, "स्वास्थ्य वह स्थिति है जिसमें व्यक्ति अपने बौद्धिक, भावनात्मक एवं शारीरिक संसाधनों को अधिकतम दैनिक आजीविका एवं जीवन के लिए क्रियाशील बनाने में समर्थ है।"

4. *जे. एम. विलियन* (*J.M. William*): "स्वास्थ्य जीवन का ऐसा गुण है जो व्यक्ति को सर्वोत्तम जीवन व्यतीत करने तथा सर्वोत्तम सेवा करने के योग्य बनाता है।"

उपयुक्त परिभाषाओं के आधार पर हम यह कह सकते हैं कि "स्वास्थ्य में पर्याप्त मात्रा में शारीरिक शक्ति, सक्रियता या चुस्ती तथा सहनशक्ति निहित है। साथ ही इसमें मानसिक स्वास्थ्य भी निहित है जिससे दैनिक जीवन की माँगों की पूर्ति की जा सके। इस दृष्टि से एक स्वस्थ व्यक्ति में निम्नलिखित विशेषताएँ पायी जाती हैं–

1. कल्याण की भावना। 2. कुशलता तथा उत्साह के साथ कार्य करने की योग्यता। 3. स्फूर्ति। 4. आत्मविश्वास तथा आत्मनियन्त्रण। 5. रोग का अभाव। 6. स्वस्थ मानसिक दृष्टिकोण। 7. अनावश्यक चिन्ता से मुक्त। 8. साहस। 9. दूसरों के साथ मिलकर कार्य कने की योग्यता।

स्वास्थ्य निर्माण शिक्षा का उद्देश्य क्यों? (Why Development of Health as an Aim of Education?): स्वास्थ्य की महत्त्वता के कारण भारतीय तथा पाश्चात्य विचारकों ने अच्छे स्वस्थ्य की भरपूर प्रशंसा की है। कहा गया है कि 'शरीरम् खल, साधनम–अर्थात् धर्म की स्थापना शरीर द्वारा ही हो सकती है। इसमें कोई सन्देह नहीं है कि उत्तम स्वास्थ्य के बिना छात्र का सर्वांगीण विकास नहीं हो सकता है। लोके (Locke) के शब्दों में 'स्वस्थ मन स्वस्थ शरीर में ही रह सकता है।

स्वामी विवेकानन्द ने नौजवानों से कहा, "मेरे नौजवान मित्रों। तुम पहले बलवान बनो। धर्म पीछे आएगा। गीता के मार्ग की अपेक्षा फुटबाल के माध्यम से स्वर्ग अधिक नजदीक है। यदि तुम्हारे पुट्टे और मांसपेशियां अधिक बलशाली होंगी तो गीता अधिक तरह समझ में आएगी।" उन्होंने बार-बार कहा, "शक्ति ही जीवन है। दुर्बलता मृत्यु है।"

माध्यमिक शिक्षा आयोग (1952-53) ने शिक्षा के उद्देश्यों का उल्लेख करते हुए कहा है, "जब तक भौतिक तथा शारीरिक विज्ञान का सामान्य शिक्षा का स्कूल के अभिन्न अंग नहीं बनाया जाता तब तक देश के भावी नागरिक राष्ट्रीय कल्याण में मूल्यवान योगदान नहीं दे सकतें।

रायर्वन (*Ryurn*) के कथन के अनुसार भारत में स्वास्थ्य शिक्षा संबंधी सामान्य दर्शन की आवश्यकता है।

संक्षेप में स्वास्थ्य का निर्माण शिक्षा का उद्देश्य निम्न कारणों से होना चाहिए।

1. स्वास्थ्य व्यक्ति, समुदाय तथा समाज का आधार-स्तम्भ है। 2. स्वस्थ शरीर में स्वस्थ मस्तिष्क निवास करता है। 3. स्वास्थ्य व्यक्ति के सम्पूर्ण विज्ञान का महत्त्वपूर्ण अंग है। 4. स्वास्थ्य हर्ष तथा उल्लास की कुंजी है। 5. स्वास्थ्य का आर्थिक विकास में योगदान है। 6. स्वास्थ्य मानसिक विकास में सहायता देता है। 7. स्वास्थ्य द्वारा भावात्मक विकास होता है।

स्वास्थ्य के पक्ष (Dimensions of Health)

(1)	(2)	(3)
शारीरिक स्वास्थ्य	मानसिक स्वास्थ्य	भावातमक स्वास्थ्य
(Physical Health)	(Mental Health)	(Emotional Health)

शारीरिक स्वास्थ्य: सम्पूर्ण स्वास्थ्य का सब से पहला आयाम शारीरिक शरीर के सभी अंगों को है। शरीर से स्वास्थ्य व्यक्ति क्रियाशील होता है। उसमें कार्य करने की शक्ति व्यापक होती है। कठोर कार्य करने की क्षमता रखता है। उसे थकावट अनुभव नहीं होती है। उसमें रोग के प्रतिरोध की क्षमता होती है।

भावात्मक अथवा संवेगात्मक स्वास्थ्य: स्वस्थ व्यक्ति उत्साही, धैयवान, कार्य-कुशल तथा सतर्क होता है। वह अन्य के साथ मधुर सम्बन्ध बनाने की क्षमता रखता है। शारीरिक स्वास्थ्य ठीक न होने पर मानसिक तनाव की आशंका बनी रहती है। धीरे-धीरे व्यक्ति अपने परिवार के सदस्यों, मित्रों, सहपाठियों, पड़ोसियों आदि के साथ मधुर सम्बन्ध बनाने में असमर्थ हो जाता है। इस से उसके समक्ष विभिन्न संवेगात्मक समस्याएँ उत्पन्न हो जाती हैं जो उसके दैनिक जीवन के व्यवहार को विकृत तथा अप्रिय बना देती हैं। अतः स्पष्ट है कि शारीरिक स्वास्थ्य मानसिक एवं संबेगात्मक स्वास्थ्य को बनाए रखने में अत्यन्त महत्त्वपूर्ण भूमिका निभाता है।

बौद्धिक स्वास्थ्य: अच्छा स्वास्थ्य न होने के कारण व्यक्ति का बौद्धिक स्वास्थ्य भी बिगडता जाता है। अध्ययन में मन नहीं लगता है। बुरा स्वास्थ्य शिक्षा में पिछड़े पन का कारण बन जाता है। विद्यार्थी स्कूल में नियमित नहीं रह पाता है। कुशलता पूर्वक शिक्षा प्राप्त नहीं कर सकता।

स्वास्थ्य निर्माण उद्देश्य की प्राप्ति के साधन (Measures for Achieving the Objective of Health Education): मोटे तौर पर कहा जा सकता है कि सम्पूर्ण स्कूल स्वास्थ्य कार्यक्रम के प्रमुख क्षेत्र निम्न लिखित हैं:

1. स्वास्थ्यप्रद स्कूल वातावरण (Healthful School Environment)
   (i) स्वास्थ्यप्रद मनोवैज्ञानिक वातावरण (Healthful Psychological Environment)
   (ii) स्वास्थ्यप्रद भौतिक वातावरण (Healthful Physical Environment)
2. स्वास्थ्य शिक्षण (Health Instruction)
3. स्वास्थ्य सेवाएँ (Health Services)
4. स्वास्थ्य शिक्षण (Physical Instruction)
5. स्वास्थ्य क्रियाएँ (Physical Activities)

समीक्षा: इस में कोई सन्देह नहीं है कि स्वास्थ्य का व्यक्ति के जीवन में बहुत महत्त्व है परन्तु केवल स्वास्थ्य से ही व्रूक्ति का सम्पूर्ण विकास नहीं हो सकता न स्वास्थ्य के साथ-साथ व्यक्ति में जीविका उपार्जन की क्षमता भी होनी चाहिए। व्यक्ति को चरित्रवान भी होना चाहिए। व्यक्ति के सर्वांगीण विकास के कई पक्ष हैं। अत: स्वास्थ्य उद्देश्य एकागी है तथा अधूरा भी। यह शिक्षा के उद्देश्यों में से एक उद्देश्य है।

भारतीय समाज की शिक्षा का आधुनिकीकरण: एक उद्देश्य (Modernisation as an Objective of Education of Indian Society)

आधुनिकीकरण समय की पुकार (Modernisation as the Timely Slogan of the Present Times): आज जीवन के सभी क्षेत्रों में आधुनिकीकरण अथवा आधुनिकता की गूंज ध्वनित हो रही है। विज्ञान तथा तकनीक ने जीवन के प्रत्येक पक्ष को प्रभावित किया है। सभी राष्ट्र तथा सभी व्यक्ति आधुनिकीकरण की दौड़ में आगे बढ़ना चाहते हैं। आज सारा विश्व एक प्रकार से छोटा सा गांव बन रह गया है। आज का नागरिक विश्व नागरिक बनता जा रहा है। यह बात दूसरी है कि आज का पड़ोसी अपने पड़ोस से दूर होता जा रहा है। यह आधुनिकीकरण का दूसरा पक्ष भी है। अत: आवश्यक है कि आधुनिकता के अर्थ पर गम्भीरता से विचार किया जाए।

आधुनिकीकरण का अर्थ (Meaning of Modernisation): आधुनिकीकरण को हम एक ऐसे प्रयास के रूप में परिभाषित कर सकते हैं, जिससे कि एक समाज, संस्था तथा व्यक्ति नये समझे जाने वाले मूल्यों, विचारों, दृष्टिकोणों, संरचनाओं व संगठनों को अपनाने का प्रयास करे। यह एक व्यावहारिक क्रम है जिसके माध्यम से कम विकसित देश विकसित देशों की उपलब्धि एवं क्रियाविधि के मापकों को अपने राष्ट्रीय जीवन में उतारते हैं और इस क्रम के लिये व्यक्ति और समाज को कुछ नवीन संरचनात्मक परिवर्तनों में से होकर गुजरना पड़ता है। आधुनिक विकसित देशों की भांति आधुनिक जीवन में सफलतापूर्वक रहकर काम कर सकने के लिये एक व्यक्ति में कई

गुणों का होना आवश्यक है। आधुनिक प्रौद्योगिकी वाली व्यवस्था में एक व्यक्ति को समाज के आधुनिक संगठन में रोजगार ढूँढने के लिये कुछ विशिष्ट गुण होने चाहिए। वह शिक्षित तो होना ही चाहिए, साथ ही उसे उच्च स्तर की व्यवसायिक शिक्षा का प्रशिक्षण भी प्राप्त होना चाहिए। साथ ही जीवन में सफलता और प्रगति पाने के लिये समय पर आना, ईमानदारी, कठोर परिश्रम, रुचि, कार्य के प्रति वैज्ञानिक दृष्टिकोण, नवीनतम तकनीकी परिवर्तनों को समझने व अपनाने की क्षमता, निरन्तरता एवं दक्षता आदि गुणों का होना आवश्यक है। प्रतियोगिताओं में भाग लेने की क्षमता तथा आशा और निराशा के थपेड़ों से निराश न होने की योग्यता भी होनी चाहिए। ये सभी गुण समाज के सभी व्यक्तियों में आने चाहिए जिस से समाज का उचित विकास हो सके। मूर (Moor) द्वारा दी गई आधुनिकीकरण की परिभाषा व्यावहारिक प्रतीत होती है। "आधुनिकीकरण का अर्थ ऐसा क्रान्तिकरण परिवर्तन है जो परम्परावादी समाज को विकसित, आर्थिक रुप से सम्पन्न और राजनैतिक रूप से अपेक्षाकृत अधिक स्थिर समाज में परिवर्तित करता है।"

आधुनिकीकरण के पक्ष (Dimensions of Modernisation): आधुनिकीण के पक्ष निम्न चित्र में दर्शाए गए हैं–

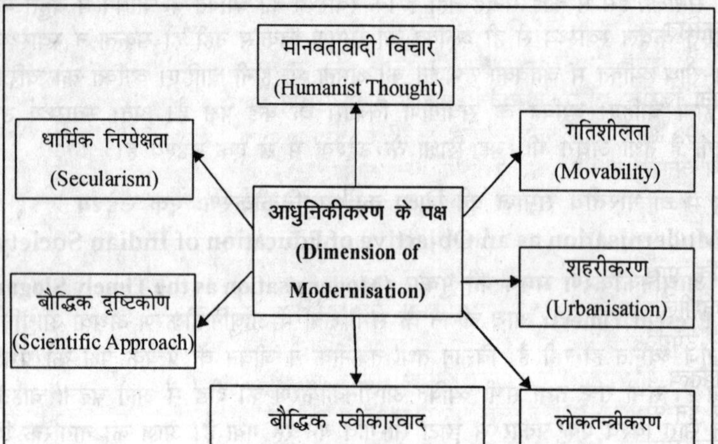

आधुनिकीकरण के मुख्य तत्त्व नीचे दिए गए हैं–

1. *परानुभूति (Empathy)*: यह एक ऐसा गुण है जिसमें दूसरों की स्थिति में अपने को रखकर देखा जाता है। इससे व्यक्ति का मस्तिष्क विस्तृत हो जाता है और वह तर्क द्वारा उपयुक्त सामाजिक परिवर्तन एवं ढ़ाँचे का चयन करने में सक्षम हो जाता है। उसमें एक गतिशील व्यक्तित्व का उदय हो जाता है, जो संकुचित क्षेत्र से विस्तृत क्षेत्र की ओर अग्रसर होता है।

2. *संतुलित व सही चिन्तन:* सही चिन्तन का अर्थ है कि व्यक्ति अपने समाज के मूल्यों में संघर्ष करते हुए सही दिशा में चिन्तन कर सके तथा सामाजिक व सांस्कृतिक विडम्बनाओं से बाहर निकल सके तथा उचित व्यवहार करने का अभ्यस्त बन सके। सभी व्यक्तियों के सन्तुलित व सही चिन्तन से समाज आधुनिकीकरण की ओर तीव्रता से प्रगति कर सकेगा।

3. *उच्चस्तरीय उपलब्धियाँ:* समाज के व्यक्ति अथवा समूह तार्किक आधार पर विज्ञान एवं टैक्नॉलोजी के क्षेत्र में उच्च स्तर के कार्यों में भाग लेकर ऐसी उपलब्धियाँ प्राप्त करने का निरन्तर प्रयास करते रहें जिससे आधुनिक राष्ट्रों की भांति विकासशील राष्ट्र भी आधुनिकीकरण की ओर गतिशील हो।

4. *उचित कल्पनाएँ:* व्यक्ति नवीन खोजों एवं आविष्कार के लिए सही दिशा में उचित कल्पनाएँ कर सकें जो व्यावहारिक भी हों और जिनकी सामाजिक उपयोगिता भी हो। यह गुण आधुनिकीकरण के लिये अत्यधिक उपयोगी एवं आवश्यक है। जापान तथा उत्तरी अमेरिका आदि देश इसी गुण के आधार पर आधुनिकीकरण कर पाये हैं।

5. *स्वतंत्र सम्मति:* व्यक्ति अपने कार्यक्षेत्र के अतिरिक्त भी विभिन्न विषयों पर सम्मति दे सके। इसके लिये आवश्यक है कि वह विभिन्न आधुनिक समाज के निरन्तर ज्ञान के विस्फोट के सम्पर्क में आये ताकि उसी को आधार मानकर अपने समाज के उपयुक्त विभिन्न क्षेत्रों के लिये उपयुक्त सम्मति देने के लिये सचेष्ट रहे।

6. *संस्थागत प्रतियोगिता:* इस का अर्थ है—सकारात्मक प्रतियोगी की भाँति व्यावहार करने के लिए उद्धृत रहना।

7. *नवीन दृष्टिकोण:* धन, बचत, कार्य एवं जोखिम के प्रति नवीन दृष्टिकोण विकसित करना।

8. *परिवर्तन की संभावनाएँ:* परिवर्तन की संभावनाओं एवं आकांक्षाओं में विश्वास रखना जिससे वांछित परिवर्तन लाने के लिये उचित कदम साहसपूर्वक उठाये जा सकें।

9. *सामाजिक, आर्थिक एवं राजनैतिक अनुशासन:* पूर्ण ईमानदारी एवं न्यायप्रियता के साथ अनुशासनात्मक रूप में क्रियाएँ की जायें जिससे सामाजिक, आर्थिक एवं राजनैतिक क्षेत्र में वांछित परिवर्तन लाकर आधुनिकीकरण की ओर बढ़ा जा सके।

10. *सन्तोष एवं सहनशक्ति:* भविष्य में दूरगामी उद्देश्यों की प्राप्ति के लिये आवश्यक है कि प्रारम्भ में इन उद्देश्यों की प्राप्ति हेतु किये गये छोटे प्रयासों के प्रतिफल के प्रति सहनशीलता व सन्तोष का सहारा लिया जाये, तभी बड़े कार्य व परिवर्तन किये जा सकेंगे।

उपर्युक्त तत्त्वों की क्रिया एवं प्रतिक्रिया द्वारा कुछ वांछित परिवर्तन आते हैं, जैसे व्यक्तित्व का विकास, मूल्यों एवं अभिरुचियों में परिवर्तन, संस्थागत प्रबन्धों का नवीनीकरण ओर इन सभी में प्रत्येक स्तर पर परिवर्तन एक-दूसरे को प्रभावित करते हैं तथा इनका उचित समन्वय आधुनिकीकरण लाने में सफल होता है।

आधुनिकीकरण क्या नहीं है? (What Modernisation is Not?): 1. आधुनिकीकरण पश्चिमीकरण की अन्धा-धुन्ध नकल करना नहीं है। 2. आधुनिकीकरण औद्योगिकरण नहीं है। 3. आधुनिकीकरण परम्परागत धरोहर को बिल्कुल त्यागना नहीं है। 4. आधुनिकीकरण केवल भौतिकवादी होना नहीं है। 5. आधुनिकीकरण समाजवाद को अपनाना नहीं है। 6. आधुनिकीकरण केवल यन्त्रों का उपयोगीकरण नहीं है। 7. आधुनिकीकरण भारतीयकरण नहीं है।

शिक्षा तथा आधुनिकीकरण (Education and Modernisation): शिक्षा आधुनिकीकरण के लिये एक उचित माध्यम है। शिक्षा से आकांक्षाएँ बढ़ती हैं, मानसिक विकास होता है, जिससे व्यक्ति खुले दिमाग से सोच सकता है तथा ध्यान केन्द्रित कर सकता हैं। शिक्षा जीवनस्तर को ऊँचा उठाने के लिये इच्छा उत्पन्न करती है और आकांक्षाएँ बढ़ती हैं जिनको प्राप्त करने में अनेक समस्याएँ आती हैं। यह समस्याएँ व्यक्ति को खुले दिमाग से सोचने का अवसर देती हैं जिससे वह आधुनिकीकरण के समय जो एक संघर्ष

की स्थिति पारम्परिक समाज के संदर्भ में आती है वह शिक्षा के माध्यम से बहुत सीमा तक कम हो जाती है।

शिक्षा आयोग 1964-66 द्वारा प्रस्तावित शिक्षा में सुधार तथा इसका आधुनिकीकरण: सामाजिक आधुनिकीकरण के सम्बन्ध में शिक्षा-आयोग के दिए गए सुझाव आज भी प्रासंगिक हैं यद्यपि इस दिशा में कुछ कार्य भी हुआ है। 1. शिक्षा तथा शिक्षण में नवीन तकनीकें अपनाना। 2. शिक्षा द्वारा रुढ़िवादिता को समाप्त करना। 3. शिक्षा द्वारा नए कौशलों का निर्माण करना। 4. शिक्षा द्वारा सोच में खुलापन लाना। 5. अन्य देशों से अधिक मात्रा में आदान-प्रदान करना। 6. संकुचित धारणाओं को त्यागकर सभी के विकास में रुचि लेना। 7. भौतिक तथा मानवीय स्रोतों का पूरा-पूरा उपयोग करना। 8. वैज्ञानिक मूल्यों तथा आध्यात्मिक मूल्यों में समन्वय स्थापित करना।

राष्ट्रीय शिक्षा नीति 1986 तथा संशोधित नीति 1992 में शिक्षा में आधुनिकरण के सम्बन्ध में कार्यक्रम (Programme of Modernisation of Education in NPE 1986 and Modified NPE 1992): 1. वर्तमान स्थिति में शिक्षा को दोराहे (Cross road) पर खड़ा कर दिया है। अब तो शिक्षा के क्षेत्र में न तो सामान्य विस्तार से ओर न ही सुधार की वर्तमान गति से काम चल सकेगा।

2. भारतीय विचारधारा के अनुसार मानव एक बहुमूल्य राष्ट्रीय पूंजी है तथा बेशकीमती राष्ट्रीय संसाधन भी। आवश्यकता इस बात की है कि उस की परवरिश पूरे एहतियात, और संवेदनशीलता से की जानी चाहिए। प्रतयेक व्यक्ति का अपना विशिष्ट व्यक्तित्व होता है। विकास की इस पेचीदा और गतिशील प्रक्रिया में शिक्षा अपना उत्प्रेरक (Catalytic) योगदान दे सके। इस के लिए बहुत सावधानी से योजना बनाने ओर उस पर पूरी लगन के साथ अमल किए जाने की आवश्यकता है।

3. आज भारत, राजनीतिक और सामाजिक दृष्टि से ऐसे दौर से गुजर रहा है जिससे परम्परागत आदर्शों की जड़ें कटती-सी महसूस होती हैं और समाजवाद धर्म निर्पेक्षता, लोकतन्त्र तथा वृत्रिक संहिता के लक्ष्यों की प्राप्ति में लगातार बाधाएँ आ रही हैं।

4. आने वाले समय में अनेक तनाव भी पैदा होगें। उन तनावों से निपटने और अवसरों का लाभ उठाने के लिए मानव में संसाधन को नए ढंग से विकसित करना होगा।

5. आने वाली पीढ़ियों के लिए यह भी आवश्यक है कि वे वह नए विचारों को सतत् सृजनशीलता के साथ आत्मसात कर सकें। उन पीढ़ियों में मानवीय मूल्यों और सामाजिक न्याय के आर्दशों को प्रतिष्ठित करना होगा।

6. शिक्षा द्वारा समानता को बढ़ावा देना होगा।

7. शिक्षा द्वारा विश्वव्यापी दृष्टिकोण को सुदृढ़ करना है।

8. सीमित परिवार के महत्त्व पर शिक्षा द्वारा प्रकाश डालना है।

9. वैज्ञानिक अभिरुचि को बढ़ावा देना है।

10. सूचना सम्प्रेषण तकनीकी (ICT) का अधिक से अधिक प्रयोग करना है।

11. पाठ्यक्रम, शिक्षण-अधिगम विधियों तथा शैक्षिसक प्रबन्धन मूल्यांकन प्रणाली आदि में तभी तकनीकों को प्रयोग में लाना है।

स्कूली शिक्षा के उद्देश्य (Objectives of School Education)

राष्ट्रीय शैक्षिक अनुसन्धान और प्रशिक्षण परिषद (NCERT) ने वर्ष 2000 में अपने दस्तावेज '*विद्यालयी शिक्षा के लिए राष्ट्रीय पाठ्यचर्या की रूपरेखा*' में निम्नलिखित उद्देश्य दर्शाए हैं:

1. सामाजिक जीवन तथा भावी अधिगम के लिए आवश्यक भाषा सम्बन्धी योग्यताएँ (सुनना, बोलना, पढ़ना व लिखना) विकसित करना।

2. दिन-प्रतिदिन के कार्यकलापों में प्रभावशाली प्रतिभागिता के लिए सम्प्रेषण कौशलों का विकास करना (मौखिक तथा दृश्यात्मक)।

3. तार्किक बुद्धि के विकास के लिए गणितीय योग्यताएँ विकसित करना, ताकि शिक्षार्थी साधारण गणितीय कार्यों और दैनिक जीवन में उनके अनुप्रयोगों से कुछ सीख सके।

4. रूढ़िवादिता, अंधविश्वास तथा भाग्यवाद को समाप्त करने के लिए प्रश्न पूछने का साहस करने तथा जानने की इच्छाशक्ति के विकास के उद्देश्य से वैज्ञानिक दृष्टिकोण और सोच विकसित करना।

5. जाँच पड़ताल की वैज्ञानिक प्रविधियों का ज्ञान तथा समस्याओं के समाधान में इसका अनुप्रयोग करना।

6. पर्यावरण को उसकी संपूर्णता में जानना (प्राकृतिक और सामाजिक तथा उनकी अनुक्रियात्मक प्रक्रिया), पर्यावरण की समस्याएँ और पर्यावरण की रक्षा के उपाय।

7. विभिन्न विषयों और समस्याओं को स्थानीय, क्षेत्रीय, राष्ट्रीय और विश्व स्तर पर जांचने-परखने की योग्यता तथा स्वतन्त्र रूप से स्वयं मूल्यांकन करने की क्षमता बढ़ाना।

8. भारत में स्वाधीनता संग्राम में स्वतन्त्रता सेनानियों और सामाजिक उत्थान के सामाजिक कार्यकर्ताओं के योगदान तथा उनके बलिदान का महत्त्व समझना तथा उनके आदर्शों पर तत्परता से अमल करना।

9. ऐसे गुणों का निर्माण करना जिनसे मनुष्य में मानवता का विकास हो तथा वे सामाजिक दृष्टि से प्रभावी सिद्ध हो सकें और उन्हें जीवन की सार्थकता और दिशा मिले। ये मूल्य सामाजिक/आर्थिक और वैयक्तिक/आध्यात्मिक मूल्यों से बँधे होने चाहिए।

10. देश के विभिन्न भागों में रहने वाले लोगों तथा देश के विभिन्न भागों में व्याप्त विविधता को समझना तथा देश की सामाजिक सांस्कृतिक विरासत को समझना।

11. परिवर्तन सापेक्ष प्रौद्योगिकी और देश की परम्परा तथा विरासत की निरंतरता के बीच सन्तुलित संश्लेषण की आवश्यकता को महत्त्व देना।

12. राष्ट्रीय प्रतीकों के प्रति सम्मान और राष्ट्र की एकता और पहचान के आदर्श को अक्षुण्ण रखने वाले आदर्शों और आकांक्षाओं का ज्ञान देना।

13. अपने देश के विशिष्ट संदर्भ में भूमंडलीकरण, उदारीकरण तथा स्थानीकरण की प्रक्रियाओं के सकारात्मक और नकारात्मक प्रभावों को समझना।

14. सामान्य विकास के प्रतिमान के आधार पर शारीरिक और मानसिक रूप से पूर्णत: स्वस्थ रहने के लिए आवश्यक ज्ञान, मनोवृत्ति, जीवनचर्या और आदतों का विकास करना।

15. मानवीय मूल्यों और सामाजिक न्याय के प्रति दृढ़ प्रतिबद्धता के साथ विश्वव्यापी भाईचारे के लिए आवश्यक समानता के प्रति जागरूकता पैदा करना।

16. समाजवाद, पंथ निरपेक्षता, स्वस्थ लोकतन्त्र तथा अहिंसा के राष्ट्रीय उद्देश्यों को जीवन में अपनाने के महत्त्व और इसके प्रति तत्परता का बोध कराना।

17. सुशिक्षित समाज के निर्माण के लिए स्व-अधिगम, स्वत:निर्देशित अधिगम तथा जीवनपर्यंत अधिगम के लिए आवश्यक गुणवत्ता और चारित्रिक विशिष्टताएँ विकसित करना।

18. उत्पादकता वृद्धि, आजीविका वृत्ति संतुष्टि और अर्थोपार्जनकारी कार्य प्रणालियों के लिए अपेक्षित शारीरिक कार्य की गरिमा और महत्त्व को समझना।

19. जीवन की विभिन्न परिस्थितियों में सौन्दर्य की खोज तथा उसके महत्त्व को जानने की योग्यता तथा इसे अपने व्यक्तित्व में उतारने की आवशकयता।

20. वास्तविक सूचना को ग्रहण करने के अतिरिक्त उसे समझने, परिलक्षित करने तथा आत्मसात करने और अपनी अंतर्दृष्टि को विकसित करने की क्षमता बढ़ाना।

21. विभिन्न विषयों/विचारधाराओं की विविधता और अंतरालों को स्वीकार करने और महत्त्व को समझने की योग्यता और मूल्य व्यवस्थाओं के विकल्पों के चयन की क्षमता बढ़ाना।

22. बड़े परिवारों के विभिन्न प्रभावों और परिणामों को समझना तथा जनसंख्या अतिवृद्धि और जनसंख्या वृद्धि को रोकने की जरूरत को समझना।

23. स्वस्थ लैंगिक संबंधों के प्रति समुचित दृष्टिकोण और मनोवृत्ति का विकास तथा विपरीत लिंग के सदस्यों के प्रति आदरपूर्ण व स्वस्थ दृष्टिकोण का विकास करना।

5

वर्तमान शिक्षा प्रणाली के दोष एवं सुधार के उपाय
(Defects in the Present System of Education and Measures to Improve Them)

भूमिका (Introduction)

किसी भी देश की शिक्षा प्रणाली की विवेचना करते समय कुछ बातों पर ध्यान देना आवश्यक हो जाता है। पहली महत्त्वपूर्ण बात यह है कि प्रत्येक देश की शिक्षा प्रणाली उस देश की आर्थिक, सामाजिक, दार्शनिक, राजनीतिक, भौगोलिक तथा सांस्कृतिक आदि स्थिति पर आधारित होनी चाहिए। दूसरी बात यह है कि शिक्षा प्रणाली देश की प्राचीन धरोहर को आधार बना कर वर्तमान की परिस्थिति में तथा भविष्य के लिए निर्मित की जाए। तीसरी बात है कि शिक्षा प्रणाली विश्व की विशेष परिस्थितियों को भी ध्यान में रखे। इन्हीं आधारों पर वर्तमान भारतीय शिक्षा पर चर्चा की जा रही है।

वर्तमान शिक्षा प्रणाली के दोष
(Defects in the Present System of Education)

यद्यपि स्वतन्त्रता के पश्चात् शिक्षा के क्षेत्र में सुधार हेतु अनेक प्रयास किए गए हैं, परन्तु फिर भी स्थिति संतोषजनक नहीं है। कई शैक्षिक आयोगों तथा समितियों ने सुधारों की सन्तुतियाँ दीं तथा इस दिशा में प्रगति भी हुई। वर्ष 1968, 1986 तथा 1992 में शिक्षा नीतियाँ बनाई गईं। 1986 तथा 1992 की नीतियों के कार्यान्वयन हेतु कार्ययोजनाओं का निर्माण भी किया गया। फिर भी कुल मिलाकर कहा जा सकता है कि वांछित प्रगति नहीं हो पायी है।

भारतीय शिक्षा के दोषों के बारे में कुछ विद्वानों के विचार यहाँ पर दिए जा रहे हैं:

रवीन्द्र नाथ टैगोर (1861-1941) उन्होंने स्कूल में पिंजरे में बन्द एक तोते के समान कैदी की भाँति अपने आपको समझा। उन्होंने कहा कि पुस्तकीय ज्ञान हमारे मन की दीवारों को बन्द करता है।

महात्मा गाँधी (1869-1948) ने भारतीय शिक्षा पद्धति का बहुत बारीकी से अध्ययन किया तथा दृढ़ विश्वास से कहा कि अंग्रेजो द्वारा प्रचलित की गई शिक्षा प्रणाली देश के अनुकूल नहीं थी। उन्होंने लिखा, "मुझे इस बात का निश्चय हो चुका है कि शिक्षा की वर्तमान शिक्षा प्रणाली केवल व्यर्थ ही नहीं, बल्कि निश्चित रूप से हानिकारक है। बहुत से लड़के अपने माता-पिता के व्यवसाय को त्याग देते हैं। वे बुरी आदतें ग्रहण करते हैं, शहरी रंग-ढंग से प्रभावित होते हैं और किसी वस्तु का थोड़ा-सा ज्ञान प्राप्त करते हैं, जो शिक्षा के अतिरिक्त कुछ भी हो सकता है।" गाँधी जी ने जोर देकर कहा-"शिक्षा का वर्तमान ढाँचा किसी भी रूप में देश की आवश्यकताओं को पूरा नहीं करता। उच्च शिक्षा के सभी स्तरो पर अंग्रेजी को माध्यम बना दिया गया है, जिससे थोड़े से अधिक शिक्षित व अनेक अशिक्षित लोगों के बीच स्थायी अंतर आ गया है। व्यावसायिक प्रशिक्षण न होने से शिक्षित वर्ग किसी

उत्पादक कार्य के अयोग्य हो गया है। इससे उन्हें शारीरिक रूप से भी नुकसान पहुँचा है। प्राथमिक शिक्षा पर व्यय किया गया धन सर्व व्यर्थ है; क्योंकि जो कुछ थोड़ा पढ़ाया जाता है, वह शीघ्र भुला दिया जाता है और ग्रामों तथा शहरों के लिए थोड़ा या बिल्कुल ही कोई मूल्य नहीं रहता अर्थात् इसका कोई महत्त्व नहीं होता।"

गाँधी जी फिर लिखते हैं–"अब तक हम केवल बालकों के मस्तिष्कों में प्रत्येक प्रकार का ज्ञान भरने के लिए ही ध्यान देते रहे हैं और अब हमें यह बंद कर देना उचित होगा, तथा उन के समुचित विकास के लिए उचित शिक्षा की व्यवस्था करनी चाहिए।''

''मेरा दृढ़ विचार है कि प्रारम्भिक शिक्षा के संगठन में अपव्यय ही नहीं है, अपितु वह निश्चित ही हानिकारक है। अधिकांश लड़के अपने अभिभावकों और खानदानी उद्योगों के काम में नहीं रह जाते। वे बुरी आदतें सीख जाते हैं, शहरवालों के ढंगों की नकल करते हैं और थोड़ी-सी बातें पढ़ लेते हैं। यह सब और कुछ भी हो, शिक्षा नहीं है। अब प्रश्न यह उठता है कि प्रारम्भिक शिक्षा का स्वरूप कैसा हो? मेरे विचार में व्यावसायिक अथवा हस्त-कलाओं द्वारा शिक्षा देने से ही सुधार सम्भव है। मुझे टॉल्स्टॉय-फार्म में अपने पुत्रों तथा अन्य बच्चों को लकड़ी तथा चमड़े के काम द्वारा पढ़ाने का अनुभव है।''

शिक्षा प्रणाली में महत्त्वपूर्ण दोष निम्नलिखित हैं:

I. भारतीय शिक्षा का विदेशी आधार (Foreign Basis of Indian Education): जैसा कि ऊपर कहा गया है कि भारत में स्वतन्त्रता के पश्चात् शिक्षा के क्षेत्र में सुधारों के अनेक प्रयास किए गए हैं। परन्तु फिर भी कहा जाता है कि मूल रूप से विदेशी आधार से छूटकारा नहीं पाया जा सका है। भारतीय शिक्षा में अनेक क्षेत्र ऐसे हैं जिन पर विदेशी प्रभाव की छाप अब भी दृष्टिगोचर होती है। भारतीय शिक्षा का आधार लॉर्ड मैकॉले का विवरण पत्र, 1835 (Lord Macaulay's Minute, 1835) है। इस विवरण में मैकॉले ने इस प्रकार के विचार व्यक्त किए हैं:

1. भारत में अंग्रेजी शिक्षा का उद्देश्य ऐसे व्यक्ति निर्माण करता है जो "रंग-रूप में तो भारतीय हों किन्तु वेशभूषा, बातचीत, चिन्तन तथा विचारों में अंग्रेज हो।"

2. भारतीय भाषाओं के बारे में मैकॉले ने इस प्रकार के विचार प्रस्तुत किए हैं–"अच्छे यूरोपियन साहित्य की एक अल्मारी अरब तथा भारत के समस्त साहित्य से अधिक महत्त्वपूर्ण है।"

3. "भारत में प्रचलित देशी भाषाओं में साहित्यिक एवं वैज्ञानिक ज्ञान कोष का अभाव है। वे इतनी अविकसित तथा गंवार हैं कि जब तक उन्हें बाह्य भण्डार से सम्पन्न नहीं किया जाएगा, उनमें सुगमता से किसी भी महत्त्वपूर्ण ग्रन्थ का अनुवाद नहीं हो सकेगा।"

4. मैकॉले ने संस्कृत साहित्य का मजाक उड़ाते हुए लिखा कि उसमें "ऐसे चिकित्सा सिद्धान्त पढ़ाए जाते हैं, जिन पर अंग्रेज पशु चिकित्सकों को लज्जा आएगी। ज्योतिष ऐसा है, जिस पर स्कूलों की अंग्रेज बालिकाएँ हँस पड़ेंगी। भूगोल ऐसा है जिसमें शीरे तथा मक्खन के समुद्रों का विवरण है।"

5. अंग्रेजी भाषा की प्रशंसा करते हुए मैकॉले ने लिखा, "यह भाषा पाश्चात्य भाषाओं में भी सर्वोपरि है। जो इस भाषा को जानता है वह सुगमता से उस विशाल ज्ञान भण्डार को प्राप्त कर सकता है, जिसे विश्व के सबसे बुद्धिमान लोगों ने रचा है।"

भारत के तत्कालीन गवर्नर जनरल *विलियम बैंटिक* (1828-35) ने मैकाले के विचारों का समर्थन करते हुए इसी संदर्भ में 7 मार्च, 1835 की विज्ञप्ति जारी की। इस

प्रकार भारत में शिक्षा का विदेशी आधार बना। विज्ञप्ति में कहा गया, "ब्रिटिश सरकार का महान् उद्देश्य है कि इस देश में यूरोपीय साहित्य तथा विज्ञानों का प्रसार किया जाए।"

लार्ड मैकाले ने अपने पिता को मार्च 1836 में पत्र लिखा जिसमें कहा गया था, "हमारे अंग्रेजी विद्यालय आश्चर्यजनक गति से बढ़ रहे हैं। जितने हिन्दू शिक्षा प्राप्त करते हैं। उनका अपने धर्म से लगाव नहीं रह जाता–बहुत ईसाई हो रहे हैं। मेरा विश्वास है कि यह बिना धर्म प्रचार से हो जाएगा। मैं इस सम्भावना से खुश हूँ।"

ऊपर के विवरण से स्पष्ट हो जाता है कि भारतीय शिक्षा की बुनियाद अंग्रेजी विचारधारा पर आधारित रही है।

II. संवैधानिक निर्देशों की आपूर्ति (Non-fulfilment of Constitutional Provisions): भारतीय संविधान की मूल धारा 45 (इसमें 2002 में संशोधन किया गया) के अनुसार, "राज्य चौदह वर्ष की आयु तक सभी बच्चों के लिए निःशुल्क तथा अनिवार्य शिक्षा का प्रावधान संविधान लागू होने पर दस वर्ष के भीतर करेगा।" जो कार्य 1960 तक हो जाना चाहिए था, वह आज तक भी पूरा नहीं हो सका है। वर्ष 2002–2003 में 20 करोड़ बच्चों में से जो कि आयु वर्ग 6–14 वर्ष के थे, उसमें से लगभग 3 करोड़ बच्चे स्कूल से बाहर थे।

III. संवैधाानिक निर्देशों अथवा शिक्षा के सार्वभौमीकरण की पूर्ति में समस्याएँ (Problems of the Universalisation of Education): 1. प्राथमिक स्तर पर अपव्यय तथा अवरोध। 2. विभिन्न राज्यों, वर्गों तथा लिंगों की शिक्षा के विकास में बहु अंतर। 3. नामांकन कार्य में कमियाँ। 4. सुविधाओं का अभाव। 5. अरुचिकर पाठ्यक्रम। 6. नीरस शिक्षण विधियाँ। 7. माता-पिता द्वारा उपेक्षा। 8. समुदाय की उदासीनता। 9. एक अध्यापक वाले स्कूलों की कमियाँ। 10. व्यवस्था संबंधी समस्याएँ। 11. लड़कियों का शिक्षा के प्रति कम उत्साह। 12. द्विपारी पद्धति के दोष। 13. निरंतर कक्षाओं का अभाव। 14. स्कूलों के अनुपयुक्त भवन। 15. अध्यापकों का प्रशिक्षण आवश्यकतानुसार न होना। 16. अध्यापकों का कम वेतनमान तथा कम सुविधाएँ, विशेषकर ग्रामीण क्षेत्रों में। 17. पंचायती राज का ढीलापन। 18. अनिवार्य शिक्षा कानून लागू करने के ढंग। 19. राज्य सरकारों तथा स्थानीय संस्थाओं के अधिकारों का त्रुटिपूर्ण वितरण। 20. अर्थ की कमी। 21. भौगोलिक बाधाएँ–दूर-दराज, पहाड़ी क्षेत्र आदि। 22. समुदाय की उदासीनता। 23. राजनीतिक दलों का शिक्षा में अवांछनीय हस्तक्षेप। 24. उचित तथा प्रभावी राजनीतिक इच्छाशक्ति का अभाव।

IV. बीच में ही स्कूल छोड़ने वाले छात्रों की दर (Drop-out Rates at the Elementary Stage of Education): नीचे दी गई तालिका से स्पष्ट है कि बच्चों के नामांकन का अधिकांश प्रतिशत प्राथमिक स्तरों पर ही स्कूल छोड़ जाता है। लगभग 47 प्रतिशत बच्चे कक्षा 8 से पूर्व स्कूल छोड़ जाते हैं। दूसरे शब्दों में, केवल 53 प्रतिशत कक्षा 8 तक अपनी शिक्षा पूरी कर पाते हैं।

लड़कियों के बारे में स्थिति बहुत ही चिंताजनक है। इसी प्रकार अनुसूचित जाति/अनुसूचित जनजाति समुदायों की स्थिति भयानक है।

परिणामस्वरूप शक्ति, धन तथा मानव संसाधनों को क्षति पहुँचती है।

व्यर्थता तथा अगति के कारण (Reasons for Wastage and Stagnation) **:** व्यर्थता तथा अगति के कारणों को मुख्यतः चार भागों में बाँटा जा सकता है:

1. *आर्थिक कारण:* इनके अंतर्गत हैं: (i) अभिभावकों की निर्धनता। (ii) बच्चों का उत्पादन तथा रोजगार संबंधी कार्यों में माता-पिता की सहायता करना।

तालिका 5.1: प्राथमिक स्तर पर बीच ही में स्कूल छोड़ने वाले छात्रों की दर
(Drop-out Rates at the Elementary Stage)

वर्ष	*कक्षा 1 से 5*			*कक्षा 1 से 8*		
	लड़के	लड़कियाँ	कुल	लड़के	लड़कियाँ	कुल
1960–61	61.7	70.7	64.9	75.0	85.0	78.3
1980–81	51.1	57.3	53.5	68.5	77.7	72.1
1990–91	42.0	47.6	44.3	60.6	67.6	63.4
2002–2003	36.0	33.9	35.0	52.3	53.5	52.8
2003–2004	33.7	28.9	31.5	51.8	52.9	52.3

2. *सामाजिक कारण*: (i) बाल-विवाह तथा बच्चों का स्कूल जल्दी छोड़ जाना तथा शिक्षा में अरुचि, (ii) ग्रामीण तथा पिछड़े क्षेत्रों में लड़कियों को सहशिक्षा संस्थाओं में भेजने में उदासीनता का दृष्टिकोण, (iii) आदिवासियों का अस्थिर सामाजिक ढाँचा, (iv) लड़कियों का घर के घरेलू काम-काज में सहायता प्रदान करना, (v) वर्ण व्यवस्था की सीमाएँ।

3. *शैक्षिक कारण*: इनमें मुख्य इस प्रकार हैं: (i) स्कूल पाठ्यक्रम का समुदाय जीवन से पृथक् होना, (ii) स्कूल में रुचिकर वातावरण का अभाव, (iii) दोषपूर्ण शिक्षण विधियाँ, (iv) अध्यापकों की अपने कार्य में उदासीनता, (v) दोषपूर्ण परीक्षा प्रणाली, (vi) प्रवेश के निश्चित नियमों का न होना एवं वर्ष भर प्रवेश का जारी रहना, (vii) असंतुलित आयुवर्ग की कक्षाएँ, (viii) कक्षाओं में अधिक भीड़ का होना, (ix) एक अध्यापक वाले स्कूल, (x) उचित शैक्षिक मार्गदर्शन का अभाव।

4. *विविध कारण*: (i) बच्चों का प्रायः अस्वस्थ रहना, (ii) बच्चों की उपस्थिति में अनियमितता, (iii) प्राथमिक शिक्षा के प्रसार के लिए धन का अभाव, (iv) पौष्टिक आहार की कमी तथा बच्चों का कमजोर होना।

V. माध्यमिक स्तर में नामांकन की कम दरें (Low Enrolment Rates at the Secondary Stage): अनुमान लगाया गया है कि माध्यमिक स्तर पर केवल 40 प्रतिशत बच्चे स्कूल जाते हैं। यह संख्या बहुत ही कम है।

VI. माध्यमिक स्तर पर अपव्यय (Wastage at the Secondary Stage): कक्षा दस तक लगभग 63 प्रतिशत बच्चे स्कूल छोड़ देते हैं। इस संदर्भ में निम्नलिखित तालिका दी जा रही है।

तालिका 5.2: बीच में स्कूल छोड़ने वाले बच्चों की अधिक दरें
(High Dropout Rates)

	लड़के	लड़कियाँ	कुल
(i) कुल दरें (सभी जातियों की)	61.0	65.0	62.7
(ii) अनुसूचित जातियाँ	71.4	75.5	75.1
(iii) अनुसूचित जनजातियाँ	77.9	81.2	80.2

VII. विद्यालयों में अपर्याप्त भौतिक तथा अन्य सुविधाएँ (Inadequate Physical and Other Facilities): समय-समय पर किए गए सर्वेक्षणों से पता चलता है कि प्राथमिक स्कूलों में बेसिक सुविधाओं का बहुत अभाव है। जहाँ कुछ सुविधाएँ उपलब्ध हैं, उनका पूरा-पूरा लाभ नहीं उठाया जाता है। कुछ वर्ष पूर्व किए गए सर्वेक्षण से निम्नलिखित तथ्य सामने आए:

अखिल भारतीय स्तर पर केवल 58 प्रतिशत स्कूलों में ब्लैकबोर्ड थे। केवल 28 प्रतिशत स्कूलों में किसी न किसी प्रकार की पुस्तकालय सुविधाएँ थीं और लगभग 46.6 प्रतिशत स्कूलों में खेल के मैदान थे। विभिन्न राज्यों में तो इस प्रकार की सुविधाएँ अलग-अलग थीं; उदाहरणार्थ, असम में 19.9 प्रतिशत प्राथमिक स्कूलों में ब्लैकबोर्ड थे, पश्चिम बंगाल में केवल 4 प्रतिशत प्राथमिक स्कूलों में पुस्तकालय सुविधाएँ थीं और बिहार के 15 प्रतिशत प्राथमिक स्कूलों में खेल के मैदान थे। कुछेक राज्यों में पीने के पानी जैसी मूल सुविधाएँ भी नहीं थीं। उदाहरण के लिए, मध्य प्रदेश में 21 प्रतिशत ग्रामीण प्राथमिक स्कूलों में पीने के पानी की सुविधाएँ उपलब्ध थीं। इस प्रकार की कमियाँ उच्चतर माध्यमिक स्कूलों में भी विद्यमान थीं। उदाहरणार्थ, पश्चिम बंगाल के 76 प्रतिशत उच्चतर माध्यमिक स्कूलों में पीने के पानी की सुविधाएँ उपलब्ध थीं। सामान्यत: इस प्रकार की कमियाँ ग्रामीण स्कूलों में अधिक पाई गई हैं; ग्रामीण क्षेत्रों में 79 प्रतिशत प्राथमिक स्कूलों, 70 प्रतिशत मीडिल स्कूल, 27 प्रतिशत माध्यमिक और 10 प्रतिशत उच्चतर माध्यमिक स्कूलों में पेशाबघर/शौचघर जैसी सार्वजनिक सुविधाओं का अभाव था।

VIII. पाठ्यक्रम का प्रभावी न होना (Ineffective Curriculum): माना जाता है कि पाठ्यक्रम वास्तविकता से दूर है। इसका जीवन से घनिष्ठ संबंध नहीं है।

IX. पाठान्तर क्रियाओं का अभाव (Lack of Co-curricular Activities): भौतिक तथा अन्य सुविधाओं के कारण अधिकांश स्कूलों में पाठान्तर क्रियाओं की उचित व्यवस्था नहीं है।

X. नीरस शिक्षण-अधिगम प्रक्रिया (Dull Teaching-learning Process): कक्षा में अध्यापक 'भाषण तथा चाक' पर ही निर्भर रहते हैं। छात्रों को पाठ में उचित रूप से भागीदार नहीं बनाया जाता है।

राष्ट्रीय नमूना सर्वेक्षण संगठन (National Sample Survey Organization) के सर्वेक्षण 2005 के अनुसार 17.5 करोड़ बच्चों में से जो कक्षा एक में भर्ती हुए, उनमें से 12 करोड़ बच्चे कक्षा दस से पहले स्कूल छोड़ गए।

कुल नामांकन (Total Enrolment)–उक्त सर्वेक्षण के अनुसार, आयु वर्ग 5-29 का सभी स्तरों पर मिलकर नामांकन केवल 50 प्रतिशत था।

XI. उच्च शिक्षा में नामांकन (Enrolment in Higher Education): यद्यपि स्वतन्त्रता प्राप्ति के पश्चात् उच्च शिक्षा के नामांकन में बहुत वृद्धि हुई है परन्तु अनेक विकसित तथा विकासशील देशों की तुलना में यह विकास बहुत कम है जैसा कि तालिका 5.3 और 5.4 से स्पष्ट है:

XII. माध्यमिक शिक्षा में दोष (Drawbacks in Secondary Education): बहुत ही खेद का विषय है कि स्वतन्त्रता के कई दशकों के बाद भी माध्यमिक शिक्षा का लगभग वही असन्तोषजनक स्थिति है जो अंग्रेजी शासनकाल में थी। यद्यपि स्वतन्त्रता के तुरन्त पश्चात् माध्यमिक शिक्षा की समीक्षा के लिए तथा इसे देशवासियों की आकांक्षाओं के अनुरूप बनाने के सुझावों के लिए माध्यमिक शिक्षा आयोग, 1952-53

तालिका 5.3: भारत में उच्च शिक्षा में नामांकन

वर्ष	छात्रों की संख्या (लाखों में)	कुल आयुवर्ग 17-23 का प्रतिशत
1950-51	3.6	0.8
1960-61	8.9	1.8
1970-71	17.2	3.4
1980-81	26.5	4.2
1990-91	49.2	7.0
2000-01	84.0	4.3
2001-2002	89.6	6.7
2002-2003	95.2	6.2
2003-2004 (अनुमानित)	99.5	4.6

तालिका 5.4: उच्च शिक्षा में नामांकन प्रतिशत: विश्व के कुछ देशों का तुलनात्मक अध्ययन

क्रम सं.	देश	नामांकन प्रतिशत (अनुमानित)
1.	कनाडा	95 प्रतिशत
2.	अमरीका	80 प्रतिशत
3.	जापान	65 प्रतिशत
4.	फ्रांस	50 प्रतिशत
5.	अर्जेन्टीना	40 प्रतिशत

(क्रमशः)

क्रम सं.	देश	नामांकन प्रतिशत (अनुमानित)
6.	फिलिपींस	38 प्रतिशत
7.	इंग्लैण्ड	35 प्रतिशत
8.	चीन	30 प्रतिशत
9.	जर्मनी	30 प्रतिशत
10.	पनामा	28 प्रतिशत
11.	वेनेजुएला	27 प्रतिशत
12.	रूस	21 प्रतिशत
13.	मिस्र	20 प्रतिशत
14.	थाईलैण्ड	19 प्रतिशत
15.	मैक्सिको	14 प्रतिशत
16.	ब्राजील	12 प्रतिशत
17.	इन्डोनेशिया	10 प्रतिशत
18.	तुर्की	10 प्रतिशत
19.	भारत	6 प्रतिशत

(Secondary Education Commission) का गठन किया गया। आयोग ने सुधार संबंधी बहुत सुझाव दिए। उसके पश्चात् 1964-66 के शिक्षा आयोग ने भी सुधार के कई उपाय बताए। 1968 में शिक्षा नीति बनी और इसके अनुसार 10+2 शिक्षा पद्धति 1975 में आरम्भ हुई। 1986 में पुनः शिक्षा के सभी पक्षों तथा स्तरों की समीक्षा के पश्चात् नयी राष्ट्रीय

शिक्षा नीति 1986 बनी जिसके अनुसार सम्पूर्ण शिक्षा तथा माध्यमिक शिक्षा में सुधार लाने के प्रयास किए जा रहे हैं।

स्वतन्त्रता के पश्चात् कुछ सुधार अवश्य हुए हैं परन्तु कुल मिलाकर स्थिति संतोषजनक नहीं है। माध्यमिक शिक्षा की मुख्य सीमाओं तथा दोषों को निम्नलिखित भागों में बाँटा जा सकता है।

1. अवधि एवं ढाँचे सम्बन्धी समस्याएँ। 2. पाठ्यक्रम सम्बन्धी समस्याएँ। 3. व्यावसायीकरण की समस्याएँ। 4. शिक्षण विधियों की समस्याएँ। 5. मूल्यांकन की समस्याएँ। 6. समानता की समस्याएँ। 7. पर्यवेक्षण एवं निरीक्षण समस्याएँ। 8. गुणात्मक अध्यापक प्रशिक्षण की समस्याएँ। 9. सामुदायिक सामंजस्य की समस्याएँ। 10. पाठ्य-पुस्तकों की समस्याएँ। 11. विस्तार की समस्याएँ। 12. प्रबन्ध तथा नियोजन की समस्याएँ। 13. वित्तीय समस्याएँ।

1. *अवधि एवं ढाँचे की समस्याएँ*: इसके अन्तर्गत हैं–(i) एक रूप संगठन का न होना, (ii) निश्चित अवधि का न होना। 1975 में 10+2+3 शिक्षा पद्धति लागू की गई।

2. *पाठ्यक्रम सम्बन्धी समस्याएँ*: इसके दोष इस प्रकार हैं–(i) कृषि शिक्षा पर अपर्याप्त बल, (ii) पुस्तकीय ज्ञान पर बल, (iii) बहु-उद्देश्य पाठ्यक्रम का अभाव, (iv) संकीर्ण एवं अव्यावहारिक पाठ्यक्रम, (v) सामाजिक तथा नैतिक व आध्यात्मिक मूल्यों का अभाव, (vi) व्यावसायिक शिक्षा का अभाव, (vii) उत्पादक क्रियाओं की कमी, (viii) राष्ट्रीय चेतना एवं आधुनिकीकरण की प्रक्रिया की कमी।

3. *माध्यमिक शिक्षा के व्यावसायीकरण की समस्याएँ*: अलग से चर्चा की गई है।

4. *शिक्षण विधियों की समस्याएँ*: ये इस प्रकार हैं–(i) उपयुक्त उपकरणों की कमी, (ii) प्रयोगशालाओं का अभाव, (iii) वैज्ञानिक शिक्षण विधियों का न होना, (iv) शिक्षण विधियों में मनोवैज्ञानिक एवं व्यावहारिक आधार न होना, (v) निर्जीवता का बोलबाला।

5. *मूल्यांकन में दोष*: (i) लिखित परीक्षाओं की प्रधानता, (ii) परीक्षाओं का विश्वसनीय न होना, (iii) मनोवैज्ञानिक परीक्षाओं का न होना, (iv) नकल को बढ़ावा देना।

6. *समानता की समस्याएँ*: (i) पिछड़े वर्गों की शिक्षा के लिए कम सुविधाएँ, (ii) शिक्षा में असमानता, (iii) शिक्षा का माध्यम।

7. *पर्यवेक्षण एवं निरीक्षण में दोष*: (i) पर्यवेक्षण के अपर्याप्त यन्त्र, (ii) प्रेरणादायक निरीक्षण की कमी, (iii) निरीक्षकों की कम संख्या।

8. *गुणात्मक अध्यापक शिक्षा अथवा प्रशिक्षण की समस्याएँ*: (i) प्रवेश के समय अध्यापन मनोवृत्ति की जाँच का न होना, (ii) अव्यावहारिक एवं अमनोवैज्ञानिक अध्यापक शिक्षण, (iii) सेवा कालीन अध्यापक शिक्षा का अपर्याप्त संगठन। (अलग से विस्तारपूर्वक चर्चा की गई है)।

9. *सामुदायिक सामंजस्य की समस्या*: (i) माध्यमिक शिक्षा का समुदाय की आवश्यकता के अनुसार न होना, (ii) स्कूल तथा समुदाय में आपस की दूरी।

10. *पाठ्य-पुस्तकों की समस्या*: (i) पुस्तकों का दोषपूर्ण स्तर, (ii) पुस्तकों में रुढ़िवादी तथ्यों का होना, (iii) पुस्तकों में वैज्ञानिक दृष्टिकोण का अभाव, (iv) पुस्तकों में साम्प्रदायिक तत्वों का होना, (v) छपाई में गलतियाँ, (vi) पुस्तकों का समय पर न मिलना।

11. *विस्तार की समस्याएँ*: (अलग से चर्चा की गई है)।

12. *प्रबन्ध तथा नियोजन की समस्याएँ*: (i) संस्थागत योजना का न होना, (ii) प्रबन्ध में तानाशाही, (iii) प्रबन्ध में विभिन्न पक्षों की भागेदारी का न होना।

13. *वित्तीय समस्याएँ*: (i) वित्त की कमी, (ii) वित्त का दक्षतापूर्वक उपयोग न होना।

XIII. असंतोषजनक साक्षरता दर (2004-2005) (Unsatisfactory Literacy Rates): (i) कुल साक्षरता दर–64%, शहरी क्षेत्र–75%, ग्रामीण क्षेत्र–पुरुष: 64%; नारी: 45%, (ii) स्त्री-पुरुष साक्षरता दर–पुरुष 81%, नारी 69% ग्रामीण क्षेत्र–पुरुष: 64%; नारी: 45%

XIV. नारी शिक्षा में धीमी प्रगति (Slow Progress in Women Education): नारी शिक्षा में साक्षरता दरें निम्न तालिकाओं में दी गई हैं।

तालिका 5.5: नारी साक्षरता दरों में विकास (1951 से 2001)

जनगणना वर्ष	*कुल दर*	*पुरुष*	*महिला*	*पुरुष-नारी दर में अन्तर*
1951	18.33	27.16	8.86	18.30
1961	28.30	40.40	15.75	25.05
1971	34.45	45.96	21.98	23.98
1981	43.37	56.38	29.76	26.62
1991	52.21	64.13	39.29	24.84
2001	65.38	75.85	54.16	21.69

टिप्पणी: साक्षरता बढ़ने के बावजूद लगभग 19 करोड़ महिलाएँ निरक्षर थीं। (सात वर्ष तथा इसके ऊपर)।

तालिका 5.6: सात वर्ष तथा उससे ऊपर साक्षर तथा निरक्षरों की संख्या (1991 तथा 2001)

साक्षर/निरक्षर	*कुल संख्या*	*पुरुष*	*महिला*
साक्षर			
1991	358,402,626	228,983,134	129,419,492
2001	562,010,745	336,969,695	225,041,048
1991 में 2001 से बढ़ोत्तरी	203,608,117	107,986,561	95,621,556
निरक्षर			
1991	328,167,288	128,099,211	200,068,077
2001	296,208,952	106,654,066	189,554,886
कमी	31,958,336	21,445,145	10,513,191

तालिका 5.7: लड़कियों का कुल नामांकन में प्रतिशत: स्तर अनुसार

वर्ष	*प्राथमिक (I-V)*	*मिडिल (VI-VIII)*	*माध्यमिक, उच्च माध्यमिक 10+2/इण्टर*	*उच्च शिक्षा स्नातक तथा अपर*
1950-51	28.1	16.1	13.3	10.0
1960-61	32.6	23.9	20.5	16.0
1970-71	37.4	29.3	25.0	20.0
1980-81	38.6	32.9	29.6	26.7
1990-91	41.5	36.7	32.9	33.3
2000-2001	44.0	40.5	39.0	38.6
2004-2005	46.7	44.4	41.5	39.4

नारी शिक्षा में वांछित प्रगति न होने के निम्न कारण हैं:

1. पुरुष प्रधान समाज, 2. सामान्यत: नारी शिक्षा में रुचि की कमी, 3. समाज में अज्ञानता, 4. बाल विवाह, 5. गरीबी, 6. दोषयुक्त पाठ्यक्रम, 7. सहशिक्षा का विरोध, 8. सुविधाओं का अभाव, 9. अपव्यय, 10. सरकार की नारी शिक्षा के प्रति उदासीन नीति, 11. परदा प्रथा, 12. कई क्षेत्रों में अध्यापिकाओं की कमी, 13. अप्रभावी पाठ्यक्रम।

नारी शिक्षा की अवहेलना के कुछ उदाहरण: राष्ट्रीय शिक्षा नियोजन एवं प्रशास संस्थान के एक अध्ययन के अनुसार, 2003-2004 में अधिकांश शालाओं में लड़कियों के लिए शौचालय तक नहीं था। बिहार और छत्तीसगढ़ में कुल तीन से पाँच प्रतिशत शालाओं में ही यह सुविधा थी। मध्य प्रदेश, महाराष्ट्र, आन्ध्र प्रदेश, गुजरात, राजस्थान और हिमाचल प्रदेश की 12 से 16 प्रतिशत प्राथमिक शालाओं में लड़कियों के लिए शौचालय की व्यवस्था थी। पेयजल, ब्लैकबोर्ड, कक्षाओं संबंधी आँकड़े आशा नहीं जगाते।

XV. व्यावसायिक शिक्षा में पिछड़ापन (Backwardness in Vocational Education): भारतीय शिक्षा आयोग (1964-66) ने भारत में व्यावसायिक शिक्षा के क्षेत्र में स्थिति को बहुत चिन्ताजनक बनाया। इस संदर्भ में लक्ष्य निर्धारित किए परन्तु कोई विशेष सफलता न मिल पायी। शिक्षा नीति 1986 में उच्चतर माध्यमिक शिक्षा में जो लक्ष्य रखे गए थे। वे भी पूरे न हो सके। 1992 की संशोधित नीति में जो लक्ष्य निर्धारित किए गए, वे भी पूरे नही हो सके। स्थिति का सक्षिप्त विवरण नीचे दिया गया है।

राष्ट्रीय शिक्षा नीति, (1986): पेरा 5.23–यह प्रस्ताव है कि उच्चतर माध्यमिक स्तर के विद्यार्थियों का दस प्रतिशत 1990 तक और 25 प्रतिशत 1995 तक व्यावसायिक पाठ्यचर्या में आ जाए। इस बात के लिए कदम उठाए जाएँगे कि व्यावसायिक शिक्षा पाकर निकले हुए विद्यार्थियों में से अधिकतर को या तो नौकरी मिले या वे अपना रोजगार स्वयं कर सकें। व्यावसायिक पाठ्यक्रमों का पुनरीक्षण नियमित रूप से किया जाएगा। माध्यमिक स्तर पर पाठ्यक्रमों का पुनरीक्षण नियमित रूप से किया जाएगा। माध्यमिक स्तर पर पाठ्यक्रमों के विविधीकरण को बढ़ावा देने के लिए सरकार अपने अधीन की जाने वाली भर्ती की नीति पर भी पुन: विचार करेगी।

संशोधित (1992): पैरा 5.23–यह प्रस्ताव किया जाता है कि व्यावसायिक पाठ्यक्रमों में 1995 तक उच्चतर माध्यमिक स्तर के छात्रों को 10 प्रतिशत और 2000 तक 25 प्रतिशत छात्रों को सम्मिलित किया जाए। यह सुनिश्चित करने के लिए कदम उठाए जाएँगे कि व्यावसायिक पाठ्यक्रमों में सफलता पाने वाले छात्रों का काफी बड़ा प्रतिशत रोजगार पर अथवा स्वरोजगार पर लग जाता है। लागू किए गए पाठ्यक्रमों की नियमित रूप से समीक्षा की जाएगी। माध्यमिक स्तर पर विविधता को बढ़ावा देने के लिए सरकार अपनी भरती-नीति की भी समीक्षा करेगी।

XVI. अध्यापक शिक्षा में दोष (Shortcomings in Teacher Education): समय-समय पर आयोगों, समितियों तथा गोष्ठियों में अध्यापक शिक्षा के निम्न दोषों पर प्रकाश डाला गया है–

1. साधाणत: प्राथमिक और माध्यमिक स्कूलों के अध्यापकों की शिक्षा संस्थाएँ विश्वविद्यालयों के शैक्षिक जीवन की धारा से अलग रही हैं। 2. साधारणत: प्राथमिक और माध्यमिक स्कूलों के अध्यापकों की शिक्षा संस्थाएँ स्कूलों की दैनिक समस्याओं से अलग रही हैं। 3. थोड़े-से अपवादों को छोड़ दिया जाए तो सामान्यत: शिक्षा संस्थाएँ मध्यम या घटिया कोटि की ही होती हैं। 4. पाठ्यक्रम अधिकतर परम्परागत होते हैं। 5. कार्यक्रम

अधिकतर परम्परागत हैं। 6. कार्यक्रमों में वास्तविकता बहुत कम है। 7. कार्यक्रमों में सजीवता नहीं होती है। 8. शिक्षण के अभ्यास के लिए नीरस तकनीकें हैं। 9. शिक्षण के अभ्यास के लिए परम्परागत पद्धतियाँ अपनाई जाती हैं। 10. आज की आवश्यकताओं पर बहुत कम ध्यान रखा जाता है।

XVII. समाज में अध्यापकों का गिरता हुआ स्तर (Diminishing Status of Teachers in Society): परम्परागत दृष्टिकोण से तो अध्यापक को समाज का निर्माता माना गया है परन्तु वास्तव में इसका समाज में स्तर दिन-प्रतिदिन गिरता जा रहा है। जहाँ तक पुरुष वर्ग का सम्बन्ध है, समाज का लोयर मिडिल वर्ग ही अध्यापक व्यवसाय में प्रवेश ले रहा है। स्थिति संतोषजनक नहीं है।

XVIII. मूल्यों का अभाव (Lack of Values): मूल्यों के विकास के लिए बातें तो बहुत कही जा रही हैं, परन्तु इनका वास्तविक प्रभाव बहुत ही कम दिखाई दे रहा है।

XIX. छात्र व्यक्तिगत भिन्नता की अवहेलना (Disregard of Individual Differences): वैसे सैद्धान्तिक तौर पर तो यह माना गया है कि छात्र शिक्षण-अधिगम प्रक्रिया में नायक हैं। परन्तु एक समान पाठ्यक्रम होने के कारण उसकी रुचियों तथा अभिरुचियों पर ध्यान नहीं दिया जाता है। उसकी व्यक्तिगत क्षमताओं तथा सीमाओं की अवहेलना की जाती है।

XX. अनुशासन पर उचित ध्यान न देना (No Appropriate Stress of Discipline): दिन प्रतिदिन अनेक कारणों से स्कूलो छात्रों में भी अनुशासनहीनता बढ़ती जा रही है।

XXI. तकनीकी शिक्षा में कमियाँ (Defects in Technical Education): राष्ट्रीय नमूना सर्वेक्षण संगठन (National Sample Survey Organization) 2005 के सर्वेक्षण के अनुसार 15 वर्ष तथा इससे ऊपर व्यक्तियों का केवल 2 प्रतिशत तकनीकी डिग्री अथवा डिप्लोमा प्राप्त किए था। ग्रामीण क्षेत्रों में यह दर 1 प्रतिशत था तथा शहरी क्षेत्रों में 5 प्रतिशत।

आयुवर्ग 15-29 में केवल 1 प्रतिशत ने किसी प्रकार की तकनीकी तथा व्यावसायिक शिक्षा प्राप्त की थी।

XXII. शैक्षिक प्रशासन में जनतान्त्रिक मूल्यों पर वांछित बल न देना (Inadequate Stress on Democratic Values in Educational Management): शिक्षा के प्रत्येक स्तर पर प्रशासन में तानाशाही लगभग हावी है। प्रधानाचार्य को अपने कार्य में बहुत कम स्वतन्त्रता दी जाती है। जहाँ तक कि स्कूल पुस्तकालयों के लिए पुस्तकें शिक्षा विभागों के मुख्यालय द्वारा खरीदी जाती हैं। इसी प्रकार प्रधानाचार्य अध्यापकों पर अपने विचार लादने के प्रयास करते हैं।

XXIII. ऊपर से शैक्षिक नियोजन (Educational Planning from Above): शैक्षिक नियोजन में स्कूलों तथा समुदाय की भागीदारी नहीं के बराबर है।

XXIV. शिक्षा की गुणवत्ता में कमी (Lower Standard of Education): 2005 के सर्वेक्षण के अनुसार ग्रामीण क्षेत्रों में कक्षा 5 के 55 प्रतिशत छात्र तीन अंकों (Digits) को एक अंक (Digit) से भाग नहीं कर सकते थे। कक्षा 5 के 47 प्रतिशत छात्र कक्षा 2 की पाठ्य-पुस्तकें वांछित गति से पढ़ नहीं सकते थे। शिक्षा का स्तर को केवल कुछ संस्थाओं के स्तर से नहीं आंका जाना चाहिए।

XXV. शिक्षा में असमानताएँ (Inequalities in Education): अपनी शिक्षा-पद्धति में हम ऐसी तस्वीर देखते हैं जो असमानताओं से भरी हुई है और बहुधा इसके रंगों में परस्पर द्वन्द्व भी है। एक तरफ बहुत बड़ी-बड़ी संस्थाएँ हैं, जहाँ शैक्षिक आचरण के सभी मानदण्ड धराशायी हो रहे हैं। दूसरी ओर सैकड़ों ऐसे स्कूल हैं जहाँ शिक्षक और छात्र न केवल अपनी प्रत्याशित भूमिका निभा रहे हैं, परन्तु जहाँ से उत्कृष्टता भी फैल रही है। इसके विपरीत ऐसे स्कूल भी हैं जो समय पर खुलते नहीं, साफ सुथरे नहीं और जहाँ अध्ययन-अध्यापन की प्रक्रियाओं को पुष्पित तथा पल्लवित होने के बहुत ही कम अवसर मिल पाते हैं। असंख्य ऐसे शिक्षक हैं जो अपने छात्रों को प्रेरणा देते हैं और अपनी विद्वता के लिए प्रसिद्ध हैं। इसके साथ-साथ ऐसे शिक्षक भी हैं जो बिना अपने दायित्वों की अवहेलना करते हैं और कभी-कभी संस्थाओं से भी गैर-हाजिर रहते हैं, एक ओर छात्रों के मूल्यांकन की बहुत परिष्कृत पद्धतियाँ हमारे पास हैं, तो दूसरी ओर हमारी परीक्षा पद्धतियाँ ऐसी हैं जिनकी विश्वसनीयता दिन-ब-दिन गिरती जा रही है। एक ओर प्रौढ़ शिक्षा और गैर-औपचारिक शिक्षा के श्रमसाध्य काम में लगे असंख्य लोगों द्वारा किए गए उत्कृष्ट कार्य के उदाहरण हैं तो दूसरी ओर ऐसी भी परियोजनाएँ हैं जो चल ही नहीं सकीं, और कभी-कभी कागजी कार्यवाही बन कर रह जाती हैं।

अत: स्पष्ट है कि इस दुरंगी स्थिति में महिलाएँ, शहरों में रहने वाले गरीब लोग और ग्रामीण समुदाय ही नुकसान में रहता है। शिक्षा-पद्धति में व्यवस्था और अनुशासन के अभाव में इस पर किए गए भारी निवेश के संतोषजनक परिणाम नहीं मिल पाते।

XXVI. शिक्षा में वित्त की कमी (Resource Crunch in Education): कोठारी शिक्षा आयोग ने सिफारिश की कि सकल राष्ट्रीय आपदान का 6 प्रतिशत व्यय शिक्षा पर किया जाए। परन्तु यह केवल 4 प्रतिशत के लगभग ही है।

XXVII. शिक्षा का व्यक्ति को आत्मनिर्भर न बनाना (Education does not Prepare for Self Sufficiency): शिक्षा प्राप्त करने के पश्चात्, व्यक्ति आत्मनिर्भर नहीं हो पाते हैं।

XVIII. शिक्षित बेरोजगारी (Unemployment among the Educated): बड़ी संख्या में पढ़े-लिखे व्यक्ति रोजगार के बिना इधर-उधर भटकते रहते हैं।

XXIX. मानव शक्ति योजना का अभाव (Lack of Human Resource Planning): देश में मानव शक्ति योजना न होने के कारण शिक्षित लोगों की मांग तथा पूर्ति में मेल का अभाव है।

शिक्षा में सुधार के उपाय
(Measures for the Improvement of Education)

इसमें कोई संदेह नहीं कि 1986 तथा 1992 की शिक्षा नीतियों के महत्त्वपूर्ण मूल सुझाव पूर्ण रूप से कार्यरूप में परिणत नहीं हो सके क्योंकि इसमें न तो स्पष्ट दायित्व निर्धारित किए गए और न ही वित्तीय एवं संघटन संबंधी व्यवस्था हो सकी। साथ ही ठीक ढंग से हम शैक्षिक क्षेत्र में अपनी प्राथमिकताएँ निश्चित कर सके। परिणामस्वरूप शिक्षा को राष्ट्रीय विकास में जो भूमिका निभानी थी, उसमें वह पूरा योगदान न दे सकी।

आज शिक्षा के क्षेत्र में अनेक कमियाँ दिखाई देती हैं। वर्तमान परिस्थिति में शिक्षा एक दोराहे पर खड़ी है। शिक्षा को सार्थक और सुसंगत बनाने के लिए आवश्यक है कि शिक्षण प्रक्रिया को बदलकर उसे सक्रिय और प्रभावी रूप से प्रत्येक विकासात्मक क्रियाकलाप से

जोड़ दिया जाए। अतः यह आवश्यक है कि सभी स्तरों पर तथा पक्षों पर शिक्षा की कार्यात्मक सुसंगतता को बेहतर बनाया जाए और छात्रों को उत्पादक दक्षताओं तथा बेहतर प्रौद्योगिकियों को प्राप्त करने के अवसर प्रदान किए जाएँ।

नई शिक्षा नीति को कारगर बनाने के लिए महत्त्वपूर्ण सुझावों की नीचे चर्चा की गई है। हो सकता है कि कुछ सम्बन्धित संस्थाएँ तथा शिक्षा शास्त्री इसे कोरी आलोचना ही समझें। परन्तु व्यापक राष्ट्रीय हितों को ध्यान में रखते हुए सुझावों पर प्रकाश डालना न्यायसंगत होगा।

शैक्षिक प्रशासन तथा आयोजन में शिक्षाविद् (Educationists in Educational Administration and Management): प्रायः केन्द्रीय तथा राज्यकीय स्तरों पर शैक्षिक प्रशासन तथा आयोजन के सबसे ऊँचे पद उन आई.ए.एस. अधिकारियों को दिए जाते हैं जिनकी बदली थोड़े समय के पश्चात् ही हो जाती है। उन्हें विभाग से परिचित होने का पर्याप्त अवसर भी नहीं मिल पाता। अनिश्चितता-सी बनी रहती है। 'अपनत्व' तथा 'स्थायित्व' के अभाव के कारण शिक्षा को सही दिशा नहीं मिल पाती। स्वतन्त्रता-प्राप्ति के पश्चात् शिक्षा के क्षेत्र में सुधार लाने के लिए कई दिशाओं में प्रयोग तो किए गए हैं परन्तु इस दिशा में कोई ठोस कदम नहीं उठाया गया है। अब समय आ गया है कि स्थिति का पुनरावलोकन किया जाए। शिक्षा को सार्थक, सुसंगत तथा प्रभावशाली बनाने के लिए यह जरूरी हो गया है कि शिक्षा विभाग में शिक्षा सचिव तथा शिक्षा निदेशक आदि पद शिक्षाविदों को दिए जाएँ। ऐसा करने से शिक्षा क्षेत्र में कार्य करने वालों का मनोबल भी बढ़ेगा तथा शिक्षा में 'अपनत्व' व 'स्थायित्व' को बल मिलेगा। सफलता सुनिश्चित करने के लिए आवश्यक है कि शिक्षा कार्यक्रमों का निर्धारण एवं कार्यान्वयन केवल निष्ठावान शिक्षाविदों के ही हाथों में हो।

राष्ट्रीय स्तर की संस्थाओं का पुनरावलोकन (Review of National Level Institutes): '*शिक्षा की चुनौती–नीति सम्बन्धी परिप्रेक्ष्य*', 1985 में इस प्रकार कहा गया है: "जो तीन प्रमुख विशेषज्ञ संस्थाएं राष्ट्रीय स्तर पर शैक्षिक योजना में कुछ भूमिका निभा सकती हैं वे हैं–राष्ट्रीय शैक्षिक अनुसंधान और प्रशिक्षण परिषद् (एन.सी.ई.आर.टी.), राष्ट्रीय शैक्षिक योजना और प्रशासन संस्थान (नीपा) और विश्वविद्यालय अनुदान आयोग (यू.जी.सी.)। अगर इस अध्याय के पहले पैराग्राफों से कोई तार्किक संगति है तो हम इस निष्कर्ष पर पहुँचते हैं कि इन संस्थाओं ने आशा के अनुरूप काम नहीं किया है। शिक्षा की गुणवत्ता और विषयवस्तु में सुधार करने, प्राथमिकताओं और उद्देश्यों को नया रूप देने और शिक्षित जनशक्ति के मात्रात्मक और गुणात्मक सृजन को परस्पर सम्बन्धित करने के प्रयासों को यदि सफलता नहीं मिली है तो उनका मुख्य कारण यह है कि योजना तैयार करने की कुंजी पूरी तरह से राज्य सरकारों के हाथों में है" (3.64)। यह विश्लेषण वास्तविकता से दूर प्रतीत होता है। इस सम्बन्ध में प्रश्न उठता है, इन राष्ट्रीय संस्थाओं को कैसे प्रभावी बताया जाए?

इसी प्रकार जवाहरलाल नेहरू विश्वविद्यालय जैसी संस्थाओं का मूल्यांकन करना अत्यन्त आवश्यक है।

प्रौढ़ शिक्षा का मूल्यांकन (Evaluation of Adult Education): '*शिक्षा की चुनौती–नीति सम्बन्धी परिप्रेक्ष्य*' (1985) में प्रौढ़ शिक्षा सम्बन्धी समीक्षा इस प्रकार की गई है: "दुर्भाग्य से प्रौढ़ शिक्षा कार्यक्रम अधिक प्रभावशाली नहीं रहे हैं। वह इसलिए भी हुआ है कि वे कार्यक्रम साक्षरता के एक सीमित लक्ष्य को लेकर चले और वे लक्ष्य जनता को उनका जीवन-स्तर तथा आर्थिक दशा सुधारने के लिए उपयोगी ज्ञान नाम मात्र ही दे पाए।" वास्तविकता यह है कि प्रौढ़ शिक्षा की सारी वर्तमान योजना बेकार प्रतीत होती है।

इस योजना के लिए निर्धारित धन यदि प्राथमिक शिक्षा पर खर्च किया जाए तो सम्भवत: अधिक फलदायक होगा।

कई शिक्षाविद् साक्षरता को बहुत महत्त्वपूर्ण समझते हैं लेकिन आम आदमी की नजर में इसका कोई विशेष महत्त्व नहीं है। किसी किसान, मोची या लुहार के बेटे को यदि अपना पुश्तैनी धंधा ही अपनाना है तो इससे क्या अन्तर पड़ता है कि वह साक्षर है या नहीं यही कारण है कि प्रौढ़ शिक्षा में आम लोगों की कोई रुचि नहीं है।

ठोस कार्यों पर बल दिया जाए न कि गोष्ठियों आदि पर (Stress on Concrete Programmes and Not on Seminars etc.): शिक्षा के क्षेत्र में एक भ्रान्तिपूर्ण धारणा बन गई है कि गोष्ठियों, अभिनवन पाठ्यचर्याओं तथा कार्यशालाओं द्वारा ही शैक्षिक सुधार लाए जा सकते हैं। नई शिक्षा नीति के प्रचार के लिए देश में लगभग पाँच लाख शिक्षकों को प्रशिक्षण देने की योजना बनाई गई और लाखों रुपये खर्च किए गए। अच्छा होगा यदि धन स्कूलों को सामग्री प्रदान करने के लिए जुटाया जाए।

बार-बार हम आर्थिक परेशानियों की बात करते हैं जबकि विवेकपूर्ण ढंग से अपनी प्राथमिकताएँ तय करने और उसी के अनुसार धनराशि जुटाना हमारे अपने हाथों में है।

उच्च शिक्षा पर खर्च (Expenditure on High Education): उच्च शिक्षा पर किए जा रहे अत्यधिक खर्च को कम किया जाए और सामान्य शिक्षा में सुधार लाया जाए।

वित्तीय साधन (Financial Resources): नई शिक्षा नीति के संदर्भ में वित्तीय बाधाओं का जिक्र करना आवश्यक है। समता, गुणवत्ता अथवा विविधीकरण के प्रश्न की ओर ध्यान देने पर यह अनिवार्य जान पड़ता है कि इन सबके लिए वित्तीय साधनों की व्यवस्था की जाए। हमने शिक्षा नीति तो बना ली परन्तु इसका कार्यान्वयन करने के लिए कितना खर्च होगा और वह कहाँ से आएगा, इस पर सोच-विचार नहीं किया गया।

वास्तव में पहले हमें अपने वित्तीय साधनों को देखना चाहिए और उन्हीं के अनुसार अपनी प्राथमिकताएँ निर्धारण करके शिक्षा नीति बनानी चाहिए।

सार्वभौमीकरण की पूर्ति के लिए सुझाव
(Suggestions for Achieving Universalisation)

1. *उचित मॉनीटरिंग*: प्रारंभिक शिक्षा के सर्वीकरण की दिशा में होने वाली प्रगति का मॉनीटरिंग इसकी योजना प्रक्रिया का ही एक अभिन्न अंग हो और यह निम्नलिखित तीन स्वतंत्र, किन्तु समन्वित स्तरों पर किया जाए: (i) अलग-अलग विद्यालयों का उनके शैक्षिक संकुल के भीतर, (ii) अलग-अलग शैक्षिक संकुलों का, उनके जिले के भीतर, और (iii) अलग-अलग जिला शिक्षा मंडलों का, उनके राज्यों के भीतर।

मॉनीटरिंग की रिपोर्ट सार्वजनिक रूप से उपलब्ध हो और उन पर विशेष रूप से गठित मंचों द्वारा चर्चा की जाए, जिससे प्रारंभिक शिक्षा के सर्वीकरण का लक्ष्य पूरा करने के लिए जनता का अभीष्ट दबाव पड़ सके।

2. *सामुदायिक समारोह*: विद्यालयों और अन्य शैक्षिक कार्यक्रमों से जिन अधिगम परिणामों की अपेक्षा की जाती है, उन्हें सुस्पष्ट और सहज संप्रेषणीय ढंग से व्यक्त किया जाए और शिक्षा प्रणाली के तहत मॉनीटरिंग, प्रश्न उठाने और हस्तक्षेप करने की सुविधा हो। इसका एक तरीका यह भी हो सकता है कि मासिक तथा वार्षिक आधार पर सामुदायिक समारोह किए जाएँ।

3. *स्कूलों की जवाबदेही*: अपने-अपने क्षेत्र के गाँवों, बस्तियों, मौहल्लों में प्रारंभिक

शिक्षा के सर्वीकरण के लिए कार्यनीतियाँ बनाने और उन पर अमल करने के मामले में प्रत्येक विद्यालय को, चाहे वह प्रारंभिक हो अथवा मिडिल, पूरी तरह जवाबदेह बना दिया जाए।

4. *शैक्षिक संकुलन की स्थापना*: प्रत्येक विद्यालय को शिक्षा सर्वीकरण के अपने कार्यक्रम पर अमल करने के लिए शिक्षा संकुल के माध्यम से पर्याप्त धनराशि और बौद्धिक संसाधन उपलब्ध कराए जाएँ।

5. *मुख्याध्यापकों को अधिकार देना*: विद्यालय के मुख्य अध्यापक/मुख्य अध्यापिका को यह प्राधिकार दिया जाए कि वह असेवित बस्तियों (Unserved places) में और उन बच्चों तक पहुँचने के लिए, जो दिन के समय विद्यालय नहीं आ सकते, शिक्षाकर्मी भर्ती कर सके।

6. *बाल-केन्द्रित उपागम*: शिक्षा के प्रति बाल केन्द्रित उपागम के भिन्न-भिन्न मॉडल तैयार करने में शिक्षकों को नवाचार के लिए प्रोत्साहित किया जाए। शैक्षिक संकुल के बीच शिक्षक समुदाय के बढ़ते अनुभव के परिपालन, समन्वयन और प्रसार के लिए उपयुक्त तंत्र की स्थापना की जाए।

7. *शिक्षा का व्यवसायीकरण*: कामकाजी बच्चों, विशेषकर लड़कियों, की दृष्टि से शिक्षा की प्रासंगिकता में वृद्धि करने के लिए यह आवश्यक हो कि कक्षा आठ के स्तर तक समूची शैक्षिक प्रक्रिया का व्यवसायीकरण कर दिया जाए।

8. *प्राथमिक शिक्षा के दो चरण*: शिक्षा के सर्वीकरण के दो चरण माने जाने चाहिए। पहला चरण प्राथमिक शिक्षा (कक्षा 1 से 5) के सर्वीकरण का और दूसरा चरण प्रारंभिक शिक्षा (कक्षा 6 से 8) के सर्वीकरण का। यहाँ विद्यालयों से आशा की जाएगी कि वह पहले ही चरण में शैक्षिक संकुल के साथ मिलकर प्राथमिक शिक्षा के सर्वीकरण के लिए आयोजना हाथ में लें, वहाँ प्रारंभिक शिक्षा के सर्वीकरण को प्राथमिक शिक्षा के विकास में से सहज रूप से उभरकर आने देना चाहिए। प्राथमिक शिक्षा के सर्वीकरण का लक्ष्य पूरा हो जाने के बाद, दूसरे चरण में प्रारंभिक शिक्षा के सर्वीकरण के लिए भी आयोजना पर काम शुरू करना आवश्यक और व्यवहार्य हो जाए।

9. *विभिन्न समूहों के लिए शिक्षा*: प्रारंभिक शिक्षा के सर्वीकरण ध्येय को प्राप्त करने के लिए विभेदित अथवा विसमूहित लक्ष्यों और बहुल शैक्षिक कार्यनीतियों के सिद्धांत को अपनाया जाए।

10. *सर्वशिक्षा अभियान को प्रभावी बनाना*: सर्वशिक्षा अभियान एक 'दिखावा' ही न बन जाए, यह सुनिश्चित किया जाए।

प्राथमिक शिक्षा की गुणवत्ता में सुधार के लिए सुझाव (Suggestions for Qualitative Improvement of Elementary Education): समय-समय पर चिंता प्रकट की गई है कि हमारी शिक्षा का स्तर उत्तरोत्तर नीचे गिर रहा है। इस संदर्भ में विशेषकर प्राथमिक स्कूलों को दोषी ठहराया जाता है और कहा जाता है कि इस स्तर पर बच्चों की सर्वांगीण उन्नति के लिए पर्याप्त प्रयास नहीं किए जा रहे हैं। इसमें कोई संदेह नहीं कि जब तक नींव दृढ़ नहीं होगी, भवन भी अस्थिर ही रहेगा। इसलिए शिक्षा स्तर की नींव, जिसका आधार प्राथमिक स्तर पर ही निर्भर होता है, को सुदृढ़ बनाए बिना शिक्षा के अन्य स्तरों में सुधार लाना बहुत ही कठिन कार्य होगा।

यद्यपि प्राथमिक शिक्षा में सुधार हेतु अनेक पग उठाए गए हैं, फिर भी बहुत कुछ करना बाकी है। हमें सदा यह स्मरण रखना होगा कि इस गतिशील संसार में ज्ञान का विस्फोट बहुत शीघ्रता से हो रहा है और इन चुनौतियों का सामना करने के लिए प्राथमिक शिक्षा के पाठ्यक्रम, अध्यापन विधियाँ आदि में सतत् समयानुसार परिवर्तन लाना होगा।

प्राथमिक शिक्षा के विभिन्न घटकों, जिन पर इसका स्तर निर्भर है, के बारे में विस्तारपूर्वक चर्चा करना तो यहाँ संभव नहीं, फिर भी कुछ विशेष घटकों पर प्रकाश डालने का प्रयास किया गया है।

1. प्रभावी पाठ्यक्रम। 2. गतिशील शिक्षण विधियाँ। 3. विद्यालयों में पर्याप्त भौतिक तथा अन्य सुविधाएँ। 4. उपयुक्त, आकर्षक पाठ्य पुस्तकें। 5. उत्साही तथा संतुष्ट अध्यापक वर्ग। 6. लचीली तथा वस्तुनिष्ठ परीक्षा पद्धति। 7. एक अध्यापकवाले स्कूलों को सशक्त बनाना। 8. अध्यापक प्रशिक्षण में सुधार। 9.प्राथमिक स्तर पर अधिक व्यय करना। 10. छात्रों का बोझ कम करना। 11. मीडिया का प्रयोग।

1. *प्रभावी पाठ्यक्रम*: राष्ट्रीय शैक्षिक अनुसंधान एवं प्रशिक्षण परिषद् ने पाठ्यक्रम संबंधी निम्नलिखित सुझाव दिए हैं:

(i) अधिगम (सीखने) के न्यूनतम स्तर निर्धारित करना।

(ii) निर्धारित अधिगमों की प्राप्ति को सरल बनाने वाले अधिगम अनुभव और विषय-वस्तु की उचित व्यवस्था करना।

(iii) पाठ्यक्रम के कार्य निष्पादन के दौरान शिक्षक केन्द्रित दृष्टिकोण के स्थान पर छात्र केन्द्रित दृष्टिकोण पर बल देना।

(iv) समस्त शैक्षिक अवधि में शिक्षा के शैक्षणिक और गैर शैक्षणिक दोनों पहलुओं को समाविष्ट करने वाले सतत् और व्याख्यापरक मूल्यांकन को शुरू करके परीक्षा प्रणाली को नया रूप देना।

(v) देश भर में तुलनात्मक क्षमता (Comparable competency) के मानदण्डों के विकास और चयन के लिए राष्ट्रीय परीक्षण सेवा जैसी उपयुक्त कार्यप्रणाली की स्थापना करना।

(vi) सभी स्कूलों तथा अनौपचारिक शिक्षा केन्द्रों में पाठ्यक्रम को प्रभावी बनाने के लिए पर्याप्त मात्रा में सुविधाओं का प्रावधान करना।

2. *गतिशील शिक्षण विधियाँ*: पाठ्यक्रम को ठीक ढंग से कार्यान्वित करने के लिए आवश्यक है कि शिक्षण विधियाँ गतिशील और छात्र केन्द्रित हों। शिक्षण विधियों में छात्र के '*सीखने*' न कि '*सिखाने*' पर बल दिया जाए। राष्ट्रीय शिक्षा नीति की समीक्षा समिति (Review Committee on National Policy on Education) ने छात्र केन्द्रित शिक्षा को निम्न प्रकार से दर्शाया है:

(i) बाल केन्द्रित कक्षा में ध्यान अध्यापक पर नहीं, बच्चे पर केन्द्रित होता है। इसलिए अध्यापक के लिए जरूरी है कि वह बच्चों की प्रकृति, समस्याओं और अभिवृत्तियों को पहचानने और उनके अनुसार ही उन्हें प्रेरित करने, पढ़ाने तथा अलग-अलग मूल्यांकन की अपनी प्रक्रिया विकसित करे और उनके अवांछनीय समझे जाने वाले व्यवहार के प्रति अपनी प्रतिक्रिया व्यक्त करे।

(ii) बच्चों की तरह अध्यापक भी निरंतर सीखता रहता है और नए-नए अनुभव प्राप्त करता रहता है।

(iii) सीखने की प्रक्रिया के नियम कड़े या स्थिर नहीं होते। कक्षा में प्रस्तुत होने वाली स्थितियों और चुनौतियों के अनुसार ही अध्यापक और बच्चे लगातार खोज, अन्वेषण, अनुकूलन और नए-नए नियम बनाते रहते हैं। साथ ही इस बात से भी इन्कार नहीं किया जा सकता कि इस प्रक्रिया में अध्यापक का मार्गदर्शन स्थूल सैद्धान्तिक संरचना ही करती है।

(iv) ज्ञान के साथ-साथ ज्ञान प्राप्ति की पद्धति भी समान रूप से महत्त्वपूर्ण होती है। बच्चों के दैनिक अनुभवों से ही ज्ञान प्राप्ति की पद्धति का निर्माण किया जाता है, जो फिर उन्हीं में समाहित हो जाती है।

3. *उपयुक्त एवं आकर्षक पाठ्यपुस्तकें*: राष्ट्रीयकृत पुस्तकें सस्ती अवश्य हैं, परंतु इनमें चित्र आदि की कमी रहती है। छपाई भी कभी-कभी सुंदर नहीं होती है, इसलिए इनमें सुधार लाना अति आवश्यक है।

पाठ्य पुस्तकों में दी गई सामग्री का भी जीवन से इतना संबंध नहीं होता, जितना कि होना चाहिए।

4. *लचीली तथा वस्तुनिष्ठ परीक्षा पद्धति*: जब हम सार्वजनिक शिक्षा पर इतना बल देते हैं तो हमें छात्रों को प्राथमिक स्तर पर नीची कक्षा से अगली कक्षा में स्वत: जाने का प्रावधान करना चाहिए। मूल्यांकन में छात्रों का केवल उनकी क्षमताओं के बारे में विवरण हो, ताकि वे तथा उनके अभिभावक त्रुटियों को जानकर उनके सुधार के लिए प्रयत्न करें।

5. *एक अध्यापक वाले स्कूलों को सशक्त बनाना*: भारत में लगभग 20 प्रतिशत प्राथमिक स्कूल ऐसे स्कूल हैं, जिनमें केवल एक ही अध्यापक होता है। उसके अवकाश पर जाने से स्कूल प्राय: बन्द हो जाता है, परंतु अब इस दिशा में ऑपरेशन ब्लैकबोर्ड के अंतर्गत दो अध्यापकों की नियुक्ति का प्रावधान किया गया है।

6. *अध्यापक प्रशिक्षण में सुधार*: इसमें कोई संदेह नहीं कि प्राथमिक स्तर पर अध्यापक प्रशिक्षण अभी भी परम्परागत ढंग से किया जा रहा है। इसमें अमूल परिवर्तन की आवश्यकता है।

7. *प्राथमिक स्तर पर अधिक व्यय करना*—पहली पंचवर्षीय योजना में प्राथमिक शिक्षा पर कुल व्यय का 56 प्रतिशत खर्च था। तीसरी योजना के पश्चात् घटकर यह केवल 24 प्रतिशत रह गया। तालिका से स्पष्ट है कि प्राथमिक स्तर पर खर्च में बहुत कमी आई है। अत: खर्च बढ़ाए बिना स्थिति संतोषजनक नहीं हो सकती। गुणवत्ता सुधार के कार्यक्रमों में भी खर्चे में अधिक प्रावधान की आवश्यकता है।

तालिका 5.8: प्राथमिक शिक्षा पर खर्च

योजना	*संपूर्ण शिक्षा-व्यय (रु. करोड़ में)*	*प्राथमिक शिक्षा पर व्यय (रु. करोड़ में)*	*प्राथमिक शिक्षा पर प्रतिशत खर्च*
पहली योजना (1951-56)	153	85	56%
दूसरी योजना (1956-61)	273	95	35%
तीसरी योजना (1961-66)	589	201	34%
वार्षिक (1966-69)	323	75	24%
चौथी योजना (1969-74)	786	239	30%
पाँचवीं योजना (1974-79)	912	317	35%
छठवीं योजना (1980-85)	2530	836	33%
सातवीं योजना (1985-90)	7633	2849	37%
1990-92	4727	1729	37%
आठवीं योजना (1992-97)	19600	9201	47%

8. *छात्रों पर बोझ कम करना*: इतना कुछ पढ़ाया जाता है, लेकिन फिर भी छात्र इतना कम क्यों सीख-समझ पाते हैं? इस प्रश्न पर 1993 में मानव संसाधन विकास मंत्रालय द्वारा

प्रो. यशपाल की अध्यक्षता में नियुक्त की गई राष्ट्रीय सलाहकार समिति ने विचार किया। शारीरिक बोझ के अलावा–जो स्कूल के बस्तों के बोझ के रूप में प्रकट होता है, जो अधिकांश शहरी पब्लिक स्कूलों में औसतन चार किलो वजनवाले होते हैं–समिति ने नीरस पढ़ाई को एक प्रमुख समस्या माना था।

9. *मीडिया का प्रयोग*: प्राथमिक स्कूल में मीडिया का अधिक से अधिक प्रयोग करके शैक्षिक स्तर को बढ़ाया जाए।

माध्यमिक स्कूलों में सुधार के लिए कार्यक्रम
(Programme for the Improvement of Secondary Education)

1. स्कूलों को सुधारने के लिये, एक दीर्घ-कालिक राष्ट्रव्यापी कार्यक्रम जिसे प्रगति-मूलक स्कूलों की स्थापना से बल एवं प्रोत्साहन मिलेगा, की व्यवस्था की जाए। ये स्कूल, शिक्षा के गुणात्मक सुधार के कार्यक्रम के लिए उत्प्रेरक की भूमिका निभाने की चेष्टा करें।

2. व्यक्तिगत रोजगार-क्षमता को बढ़ाने, कुशल मानव-शक्ति की माँग तथा उपलब्धि में असन्तुलन को कम करने, तथा बिना विशेष रुचि अथवा प्रयोजन के उच्च-शिक्षा प्राप्त करने में संलग्न युवकों के लिए एक विकल्प जुटाने के लिए, शिक्षा का व्यवसायीकरण किया जाए।

3. जन संचार के माध्यमों के प्रयोग द्वारा सर्व-साधारण के लिए शिक्षा का अधिक सुलभीकरण तथा खुली एवं सतत् शिक्षा पद्धति के लिए संस्थाओं की स्थापना की जाए।

4. शिक्षक शिक्षा को स्कूल पाठ्यक्रम की बदलती माँगों के अनुकूल बनाने के लिए, उसके पुन: कल्पन (ओवरहाल) के साथ-साथ ऐसी परिस्थितियों को पैदा करना जो अध्यापकों को रचनात्मक तथा सृजनात्मक दृष्टिकोण अपनाने के लिए प्रेरित एवं अनुप्राणित करें।

5. सर्वशिक्षा अभियान की तर्ज पर माध्यमिक शिक्षा के लिए भी एक नया मिशन शुरू किए जाने पर विचार होना चाहिए।

6. माध्यमिक शिक्षा के क्षेत्र में निजी क्षेत्र की हिस्सेदारी को देखते हुए माध्यमिक शिक्षा के विस्तार में निजी क्षेत्र की भागीदारी को बढ़ावा देने की संभावना को मान्यता देनी चाहिए।

7. सार्वजनिक क्षेत्र को असेवित (Unserved) और दुर्गम क्षेत्रों में नये माध्यमिक विद्यालय खोलने पर ध्यान देना चाहिए और सघन आबादी वाले क्षेत्रों के विद्यालयों में दूसरी पारी शुरू करनी चाहिए।

8. पाठ्यक्रमों में सुधार और परीक्षा प्रणाली की समीक्षा के लिए तत्परतापूर्वक कदम उठाए जाने चाहिए।

9. शिक्षक-शिक्षा, सेवापूर्व और सेवा के दौरान प्रशिक्षण, प्रयोगशालाओं की स्थापना, पुस्तकालय और सूचना तथा संचार प्रौद्योगिकी का बेहतर उपयोग बढ़ाने के लिए निवेश पर मुख्य रूप से जोर दिया जाना चाहिए।

10. माध्यमिक विद्यालयों को व्यावसायिक शिक्षा के पुनर्विन्यास और गैर-इंजीनियरी तथा विद्यालयोत्तर गतिविधियों में व्यावसायिक प्रशिक्षण पर ध्यान केन्द्रित करना चाहिए।

11. व्यावसायिक शिक्षा को ऐसा रूप दिया जाना चाहिए जिससे कि वह स्थानीय माँग को पूरा कर सके; स्थानीय उद्योग, व्यापार और व्यवसाय के साथ सम्पर्क स्थापित किया जाना चाहिए।

12. पिछड़े वर्गों अर्थात् अनुसूचति जातियों, जनजातियों, शैक्षिक दृष्टि से पिछड़े हुए, अल्पसंख्यकों तथा शारीरिक एवं मानसिक रूप से अक्षम व्यक्तियों की विशिष्ट आवश्यकताओं

की पूर्ति द्वारा विषमताओं का निराकरण तथा शैक्षिक स्तरों का समीकरण किया जाए।

13. शिक्षा को सामाजिक रूपान्तरण एवं राष्ट्रीय विकास के लिए प्रमुख माध्यम तथा सामाजिक, सांस्कृतिक, नैतिक मूल्यों और भारतीय संविधान में प्रतिष्ठापित मूल्यों के पोषण के लिए शक्तिशाली साधन बनाने के लिए, उसकी विषय-वस्तु तथा प्रक्रिया का अनुस्थापन किया जाए।

14. शिक्षा के आयोजन तथा प्रबन्ध की पद्धति का पुनः कल्पन (overhouling), जिसके लिए शिक्षा का दीर्घकालीन आयोजन तथा प्रबन्ध के परिप्रेक्ष्य को विकसित करना और देश के विकास तथा जन-संसाधनों की आवश्यकताओं के साथ उसका समाकलन करना आवश्यक होगा; शैक्षिक संस्थाओं का विकेन्द्रीकरण तथा उनमें स्वायत्तता की भावना का निर्माण; तथा शैक्षिक कार्यों के आयोजन एवं क्रियान्वयन में गैर-सरकारी एजेंसियों और स्वैच्छिक संगठनों सहित लोगों के सक्रिय योगदान की व्यवस्था।

15. माध्यमिक तथा उच्चतर माध्यमिक स्तर पर नॉन फॉर्मल एजूकेशन का लचीला प्रबन्ध किया जाए–विशेषकर कामकाजी किशोर-किशोरियों के लिए।

16. आवश्यकतानुसार खुले अथवा मुक्त विद्यालय (Open school) खोले जाएँ।

17. जिला स्तर पर एक संसाधन अथवा संदर्भ केन्द्र खोला जाए। संसाधन केन्द्र चुने हुए माध्यमिक शिक्षण संस्थाओं अथवा जिला शिक्षा संस्थाओं में स्थापित किए जाएँ अथवा उनसे सम्बद्ध हों।

18. माध्यमिक तथा उच्च माध्यमिक विद्यालयों विशेषतः ग्रामीण क्षेत्रों में भवनों, शिक्षकों तथा अन्य स्कूल सुविधाओं की कमी को पूरा किया जाए।

19. खेलों के लिए सुविधाएँ देने के लिए स्कूल के निकट खाली भूमि उपलब्ध कराकर तथा अन्य स्थानों पर ऐसी सुविधाओं वाले निकटवर्ती स्कूल के साथ साझेदारी की व्यवस्था करके सुविधाएँ प्रदान की जाएँ।

20. उच्चतर माध्यमिक स्कूलों में विषयों के चुनाव में लचीलापन किया जाए।

21. उच्चतर माध्यमिक स्कूलों में निर्देशन तथा मार्गदर्शन की सुविधाओं में विस्तार किया जाए तथा उन्हें प्रभावी बनाया जाए।

22. प्रतिभाशाली छात्रों की पहचान की जाए तथा उनके लिए विशेष कार्यक्रमों का आयोजन किया जाए।

अध्यापक शिक्षा/प्रशिक्षण में सुधार
(Improvement in Teacher Education/Training)

निम्नलिखित सुधारों की अत्यन्त आवश्यकता है:

पाठ्यक्रम में सुधार *(*Improvement in Curriculum*)*: 1. प्रशिक्षण-विद्यालयों के पाठ्यक्रमों की दशा और विषय-सामग्री को इस प्रकार परिवर्तित किया जाए कि छात्राध्यापकों को स्कूलों में पढ़ाए जाने वाले विषयों की जटिलताओं, धारणाओं और उद्देश्यों का पूर्ण ज्ञान हो जाए।

2. विश्वविद्यालयों में सामान्य और वृत्तिक/व्यावसायिक शिक्षा के एकीकृत (Integrated) पाठ्यक्रम प्रारम्भ किए जाएँ।

3. वृत्तिक/व्यावसायिक अध्ययन को सजीव बनाया जाए और शिक्षा में अनुसंधान का विकास करके इसको भारतीय स्थितियों पर आधारित किया जाए।

4. शिक्षण और मूल्यांकन की प्रगतिशील विधियों का प्रयोग किया जाए।

5. अध्यापन के अभ्यास में गुणात्मक सुधार किया जाए।

6. विशिष्ट पाठ्यक्रमों और कार्यक्रमों का निर्माण किया जाए।

7. अध्यापक-शिक्षा के सब स्तरों पर पाठ्यक्रमों और कार्यक्रमों को दोहराया जाए। ऐसा करते समय उन आधारभूत उद्देश्यों को ध्यान में रखा जाए, जिनको प्राप्त करने के लिए शिक्षकों को तैयार किया जा रहा है।

प्रशिक्षण काल (Training Period): 1. प्राइमरी स्कूलों के उन शिक्षकों के लिए जो सेकेण्डरी कोर्स पास हैं, प्रशिक्षण की अवधि 2 वर्ष की रखी जाए।

2. माध्यमिक स्कूलों के उन शिक्षकों के लिए, जो स्नातक हैं; प्रशिक्षण की अवधि कुछ समय तक 1 वर्ष की रखी जाए, पर इस अवधि को बढ़ा कर 2 वर्ष करने पर विचार किया जाए।
3. यदि माध्यमिक विद्यालयों के शिक्षकों के प्रशिक्षण-काल को 2 वर्ष का करना सुगम न हो, तो उनको एक वर्ष में 230 दिन प्रशिक्षण दिया जाए।
4. शिक्षा में स्नातकोत्तर पाठ्यक्रम की अवधि को बढ़ाकर 4 सत्र (Terms) अथवा 1½ वर्ष का कर दिया जाए।

अध्यापक प्रशिक्षण संस्थाओं में सुधार (Improvement in Teacher Training Institutions): 1. प्रशिक्षण कॉलेजों में अध्यापकों के पास दो स्नातकोत्तर उपाधियाँ (Master's Degrees) होनी चाहिए। इन उपाधियों के साथ-साथ उनके पास शिक्षा की उपाधि (Degree in Education) भी होनी चाहिए।

2. प्रशिक्षण कॉलेजों के अध्यापकों में से कुछ के पास 'डॉक्टर' (Ph.D.) की उपाधि होनी चाहिए।

3. विज्ञान, समाजशास्त्र, विज्ञान या गणित ऐसे विषयों को पढ़ाने के लिए योग्य विशेषज्ञों को नियुक्त किया जाना चाहिए, भले ही वे अप्रशिक्षित (Untrained) हों।

4. स्कूलों में कार्य करने वाले अप्रशिक्षित अध्यापकों को प्रशिक्षण देने के लिए 'ग्रीष्मकालीन संस्थाओं' (Summer Institutes) का आयोजन किया जाए।

5. उसी छात्र को किसी विषय के शिक्षण में विशेष योग्यता प्राप्त करने की अनुमति दी जाए, जिसने उस विषय में प्रथम उपाधि (B.A. etc.) या उसके समकक्ष परीक्षा पास की हो।

6. राज्यों तथा संघीय क्षेत्रों को यह नियम बनाना चाहिए कि माध्यमिक-स्कूलों में शिक्षक उन्हीं विषयों को पढ़ा सकते हैं, जिनका उन्होंने विश्वविद्यालय-उपाधि के लिए अध्ययन किया हो। यदि वे किसी अन्य विषय को पढ़ाएँ तो उन्हें उस विषय में पत्र-व्यवहार द्वारा या समर-इन्स्टीट्यूट में विशेष कोर्स का अध्ययन करना चाहिए।

7. प्रशिक्षण-कॉलेजों में प्रथम तथा द्वितीय श्रेणी प्राप्त छात्रों को प्रवेश देने का प्रयास किया जाए और उनको उपयुक्त छात्रवृत्तियाँ दी जाएं।

8. प्राइमरी स्कूलों के शिक्षकों को प्रशिक्षण देने वाली संस्थाओं के अध्यापक या तो शिक्षा विषय में एम.ए. (M.A. in Education) हों, या किसी अन्य विषय में स्नातकोत्तर उपाधि (M.A., M. Sc. आदि) के साथ बी.एड. (B. Ed.) की उपाधि प्राप्त कर चुके हों।

9. प्राथमिक स्कूलों में नये शिक्षकों की नियुक्ति उन व्यक्तियों में से की जाए, जो 10 वर्ष की 'सामान्य शिक्षा' (General Education) पूर्ण कर चुके हों। इस प्रतिबन्ध को जन-जातीय क्षेत्रों में तथा अध्यापिकाओं के लिए कठोरता के साथ लागू न किया जाए।

10. प्राथमिक स्कूलों में जो अप्रशिक्षित शिक्षक कार्य कर रहे हैं, उनके लिए पत्र-व्यवहार द्वारा शिक्षा की व्यवस्था की जाए और उन्हें अध्ययन करने के लिए अवकाश दिया जाए, जिससे वे अपनी योग्यता में उन्नति कर सकें।

11. प्राथमिक स्कूलों में आने वाले स्नातक शिक्षकों के लिए विशेष पाठ्यक्रमों का आयोजन किया जाए।

12. प्रत्येक राज्य में 'कॉम्प्रीहेन्सिव कॉलेजों' (Comprehensive Colleges) का निर्माण किया जाए, जिनमें शिक्षा के विभिन्न स्तरों के लिए अध्यापकों को प्रशिक्षण दिया जाए।

13. प्रत्येक राज्य में 'अध्यापक-शिक्षा की राज्य परिषद्' (State Board of Teacher-Education) स्थापित किया जाए। यह बोर्ड सब स्तरों और सब क्षेत्रों में अध्यापक-शिक्षा के लिए उत्तरदायी बनाया जाए; यथा-(i) प्रशिक्षण-संस्थाओं के लिए स्तरों का निर्धारण; (ii) शिक्षक-शिक्षा के पाठ्यक्रमों, कार्यक्रमों, परीक्षाओं, पाठ्य-पुस्तकों, तथा शिक्षण-सामग्री में सुधार; (iii) प्रशिक्षण-संस्थाओं की मान्यता के लिए प्रतिबन्धों का निर्धारण; (iv) इन संस्थाओं के निरीक्षण की व्यवस्थता; (v) प्रशिक्षण-शिक्षा के विकास के लिए तात्कालिक तथा दीर्घकालीन योजनाओं का निर्माण।

14. *प्रशिक्षण कॉलिजों में प्रवेश के मापदण्ड*: अध्यापक प्रशिक्षण कॉलिज में प्रवेश देने की विधियाँ बहुत ही दोषपूर्ण हैं। प्राय: यह देखा गया है, कि योग्यता तथा रुचि को आधार न बनाकर गैर-सरकारी संस्थाओं में 'जान-पहचान' 'दान' अथवा 'चन्दा' आदि ही प्रवेश का आधार बनाए जाते हैं। परिणामस्वरूप बहुत-से अनुपयुक्त व्यक्ति अध्यापक बनकर सारी शिक्षण व्यवस्था को दाग लगा देते हैं।

प्रवेश के लिए एक निश्चित विधि बनाई जाए जिसमें व्यक्तिगत प्रभाव को कम-से-कम किया जाए। अध्यापन विषय में 'रुचि' को जानने के लिए मनोवैज्ञानिक परीक्षा होनी चाहिए। यदि चुनाव करने के कुल अंक 100 हैं तो साक्षात्कार के लिए 10 से अधिक अंक नहीं रखने चाहिएँ। मापदण्ड इस प्रकार रखा जा सकता है:

1.	प्रत्याशी की शैक्षिक योग्यता (विभिन्न परीक्षाओं के परीक्षाफल के आधार पर)	30 अंक
2.	अन्य उपलब्धियाँ	10 अंक
3.	रुचि को जाँचने के लिए मनोवैज्ञानिक परीक्षा	30 अंक
4.	साधारण ज्ञान परीक्षा	20 अंक
5.	साक्षात्कार	10 अंक

15. *पर्याप्त स्वतंत्र वातावरण की व्यवस्था*: प्राय: देखा गया है कि अध्यापक प्रशिक्षण कॉलेजों में छात्र-अध्यापकों को कठोर नियमों का पालन करना पड़ता है। छात्राध्यापकों को विचाराभिव्यक्ति के बहुत कम अवसर मिलते हैं। प्रशिक्षण संस्थाओं को 'स्वतंत्र एवं सक्रिय समाज' में संगठित किया जाए। उन्हें प्रशिक्षण काल में नए-नए परीक्षण करने की स्वतन्त्रता प्रदान की जाए।

16. *अध्यापन की पद्धतियों में सुधार*: विचार गोष्ठियों, वर्कशापों, प्रसार भाषणों, पुस्तकालय पठनों आदि पर जोर देना चाहिए। श्रव्य-दृश्य सामग्री का भी प्रयोग करना चाहिए।

उच्च शिक्षा में प्रसार तथा गुणवत्ता सम्बन्धी सुझाव (Measures for the Expansion and Qualitative Improvement in Higher Education)

1. काफी बड़ी संख्या में स्वायत्त कॉलेजों (Autonomous Colleges) को विकस्ति करने में सहायता दी जाए।

2. कॉलेजों की सम्बन्धता नीति (Affiliating Policy) को पारदर्शिक बनाया जाए।

3. कॉलेजों की सम्बन्धता नीति को रचनात्मक ढंग से बदला जाए।

4. विशिष्टीकरण की माँगों को बेहतर ढंग से पूरा करने के लिए पाठ्यक्रमों और कार्यक्रमों को फिर से तैयार किया जाए।

5. भाषायी क्षमता पर विशेष बल दिया जाए।

6. उच्च शिक्षा परिषदों (Councils of Higher Education) के माध्यम से उच्च शिक्षा का राज्यस्तरीय आयोजन और समन्वय किया जाए।

7. न्यूनतम सुविधाओं के लिए व्यवस्था दी जाए।

8. प्रवेश क्षमता के अनुसार दिया जाए।

9. श्रव्य-दृश्य सामग्री तथा इलैक्ट्रॉनिक उपकरण तथा विज्ञान और प्रौद्योगिकी का प्रयोग पाठ्यचर्या और सामग्री अनुसंधान और शिक्षक उच्च प्रशिक्षण के विकास को कारगर बनाने के लिए शुरू किया जाए।

10. शिक्षक के निष्पादन का मूल्यांकन सुव्यवस्थित ढंग से किया जाए।

11. सभी पद पूर्ण रूप से योग्यता के आधार पर भरे जाएँ।

12. विश्वविद्यालयों को अनुसंधान के लिए अधिक सहायता प्रदान की जाए। उच्च कोटि की दक्षता (High Quality) को सुनिश्चित करने के सम्बन्ध में कदम उठाए जाएँ।

13. विश्वविद्यालयों में विशेष रूप में अन्य एजेंसियों द्वारा किए गए अनुसंधान के साथ-साथ विज्ञान और प्रौद्योगिकी के प्रबल क्षेत्रों में अनुसंधान को समन्वित करने के लिए विश्वविद्यालय अनुदान आयोग (UGC) द्वारा उपयुक्त व्यवस्था की जाए।

14. विश्वविद्यालय प्रणाली के अन्तर्गत राष्ट्रीय अनुसंधान सुविधाओं की स्थापना को प्रोत्साहित करने के प्रयास करें।

15. ज्ञान के संश्लेष (Synthesis of Knowledge) की आवश्यकता की पूर्ति के लिए अन्तर्विषयक अनुसंधान (Interdisciplinary Research) को प्रोत्साहित किया जाए।

16. नीति को और समन्वय और सामंजस्य, सुविधाओं की भागेदारी और अंतर्विषयक अनुसंधान के विकास के हित में सामान्य रूप से सामान्य उच्चतर शिक्षा, कृषि शिक्षा, तकनीकी, विधिक और अन्य व्यावसायिक क्षेत्रों को शामिल करते हुए एक राष्ट्रीय निकाय स्थापित किया जाए।

17. उच्च शिक्षा में 'जवाबदेही' (Accountability) के मानदण्ड बनाए जाएँ।

शिक्षा नीति 1986 तथा संशोधित शिक्षा नीति 1992 के संदर्भ में नारी शिक्षा के विकास के उपाय (Measures for the Promotion of Women Education in the Context of NPE 1986 and Modified NPE 1992)

1. राष्ट्रीय शिक्षा नीति में इस बात की परिकल्पना की गई है कि शिक्षा को महिलाओं के स्तर में मौलिक परिवर्तन के लिए एक अभिकर्त्ता (Agent) के रूप में प्रयोग किया जाए।

2. महिलाओं को अधिकार दिलाने में शिक्षा सही मध्यस्थतावाली भूमिका निभाये।

3. पाठ्य पुस्तकों, पाठ्यचर्या, शिक्षकों, निर्णयकर्त्ताओं तथा प्रशासकों के प्रशिक्षण एवं अभिनवन तथा शिक्षा संस्थाओं के सक्रिय सहयोग से नए मूल्यों के विकास को बढ़ावा दिया जाए।

4. महिलाओं के अध्ययनों को विभिन्न पाठ्यक्रम के रूप में प्रोन्नत किया जाए।

5. महिलाओं को अधिकार दिलाने में सही भूमिका निभाने के लिए शिक्षा प्रणाली को अनुकूल बनाया जाए।

6. महिलाओं के विकास के लिए सक्रिय कार्यक्रम चलाने के लिए शैक्षिक संस्थानों को प्रोत्साहन दिया जाए।

7. औद्योगिक, तकनीकी तथा व्यावसायिक शिक्षा के कार्यक्रमों में महिलाओं की शिक्षा को व्यापक बनाया जाए।

8. पाठ्यपुस्तकों से लिंग पक्षपात और महिलाओं के प्रति दुराग्रहवाले अंशों को हटाया जाए।

9. महिलाओं से संबंधित विषयों को हाथ में लेने के लिए अध्यापकों और अनुसंधानकर्त्ताओं का अनुस्थापन और सामान्य विषयों में महिलाओं के आयामों को शामिल किया जाए।

10. पाठ्यचर्या की पुनःसंरचना करने के लिए कार्यशालाओं का आयोजन किया जाए।

11. शैक्षिक संस्थाओं को उन कार्यक्रमों को आरंभ करने के लिए प्रोत्साहित किया जाए, जो समुदाय को प्रत्यक्ष लाभ पहुँचाए और महिलाओं में सामर्थ्य उत्पन्न करें।

12. प्रत्येक शिक्षा संस्थान द्वारा 1995 तक महिलाओं की स्थिति का अध्ययन करने, जागृति पैदा करने और महिलाओं में संप्रेषण तथा संगठन की प्रोन्नति के लिए तथा उनके विकास के लिए सक्रिय कार्यक्रम शुरू किए जाएँ।

13. सभी शिक्षकों तथा गैर–औपचारिक शिक्षा/प्रौढ़ शिक्षा अनुदेशकों को महिलाओं को अधिकार दिलाने वाले एक एजेंट के रूप में प्रशिक्षित किया जाए। शिक्षकों तथा प्रौढ़ शिक्षा/गैर–औपचारिक शिक्षा के शिक्षकों के सभी प्रशिक्षण कार्यक्रमों को शामिल करने के लिए रा. शै. अ. प्र. प. प्रौ. शि. नि. आदि द्वारा विशेष प्रशिक्षण कार्यक्रम विकसित किए जाएँ, जो उन्हें महिलाओं को अधिकार दिलाने के लिए प्रेरित करें।

14. महिलाओं के विकास के लिए स्वैच्छिक एजेंसियों तथा क्रियात्मक वर्गों को प्रशिक्षण कार्यक्रमों में शामिल किया जाए।

शिक्षा के व्यावसायीकरण की प्रक्रिया को दृढ़ करने हेतु सुझाव (Measures for the Promotion of Vocationalisation of Education)

1. व्यावसायिक शिक्षा को शिक्षा का अभिन्न अंग माना जाए।

2. अनौपचारिक व्यावसायिक शिक्षा की उचित व्यवस्था की जाए।

3. व्यावसायिक शिक्षा को घटिया शिक्षा न माना जाए।

4. व्यावसायिक शिक्षा के लिए न्यूनतम व्यय का अनुमान तथा उसकी उपलब्धि आवश्यक है।

5. व्यावसायिक मानव शक्ति की माँग आर्थिक क्षेत्र में उत्पन्न की जाए।

6. स्कूलों में व्यावसायिक शिक्षा प्राप्त छात्रों के लिए उच्च व्यावसायिक शिक्षा का प्रबन्ध किया जाए।

7. स्कूलों में इस प्रकार की व्यावसायिक शिक्षा पर बल देना जिससे छात्र स्वयं व्यवसाय चला सकें।

8. व्यावसायिक शिक्षा प्राप्त छात्रों के लिए सतत शिक्षा के प्रशिक्षण की सुविधा प्रदान की जाए।

9. विभिन्न अभिकरणों की सुनिश्चित भूमिका व स्कूल में भिन्न कार्यक्षेत्रों पर जोर दिया जाए।

10. 10+2 स्तर के 70% छात्रों के लिए एपरेन्टिस ट्रेनिंग के लिए छात्रवृत्ति (स्टाइपेण्ड) की व्यवस्था की जाए।

प्राथमिक शिक्षा के सार्वभौमिकरण संबंधी प्रमुख कार्यक्रम (Significant Programmes for UEE)

1. ऑपरेशन ब्लैकबोर्ड (Operation Blackboard)
2. न्यूनतम शिक्षा स्तर (Minimum Levels of Learning)
3. मध्याह्न योजना स्कीम/प्राथमिक शिक्षा के लिए पोषाहार सहायता कार्यक्रम (Mid-Day Meals or Programme of Nutritional Support to Primary Education)
4. जिला प्राथमिक शिक्षा कार्यक्रम (District Primary Education Programme)
5. संविधान की धारा 45 में संशोधन (Amendment of Article 45 of the Constitution)
6. शिक्षा आश्वासन शिक्षा गारण्टी योजना और वैकल्पिक तथा नवाचार शिक्षा (Education Guarantee Scheme and Alternative and Innovative Education)
7. सर्वशिक्षा अभियान (Sarva Shiksha Abhiyan—Education for All)
8. कस्तुरबा गांधी बालिका विद्यालय (Kasturba Gandhi Balika Vidyalaya)
9. प्राथमिक शिक्षा कोष (Elementary Education Fund)

सर्वशिक्षा अभियान (Sarva Shiksha Abhiyan)

सर्वशिक्षा अभियान का अर्थ: जैसा कि इस अभियान का नाम है; यह अभियान प्राथमिक स्तर पर 'सभी को शिक्षा' देने के लिए चलाया गया है। इस अभियान का आरम्भ 2001 में किया गया।

अभियान को चलाने के कारण: संविधान की धारा 45 के अनुसार देश में नि:शुल्क प्राथमिक शिक्षा का प्रबन्ध 6-14 वर्ष के बीच सभी बच्चों के लिए वर्ष 1960 तक किया जाना था, परन्तु इसमें प्रगति ढीली थी। इस लक्ष्य की प्राप्ति के लिए यह अभियान चलाया गया।

प्राथमिक शिक्षा के क्षेत्र में उल्लेखनीय प्रगति के बावजूद वर्ष 2000 में लगभग 2. 4 करोड़ बच्चे स्कूल नहीं जाते थे।

लगभग 50 प्रतिशत बच्चे आठवीं कक्षा आते-आते तक स्कूल छोड़ जाते थे।

सर्वशिक्षा अभियान के लक्ष्य: (i) 2003 तक 6-14 वर्ष के सभी बच्चे स्कूल में हों। (ii) 6-14 वर्ष के आयु के सभी बच्चे 2007 तक पाँच वर्षों की प्रारम्भिक शिक्षा पूरी कर लें। (iii) 6-14 वर्ष आयु के बच्चों के 2010 तक आठ वर्षों की प्रारम्भिक शिक्षा की ओर ध्यान केन्द्रित करना। (iv) जीवन के लिए शिक्षा पर बल देते हुए संतोषजनक स्तर की प्रारम्भिक शिक्षा की ओर ध्यान केन्द्रित करना। (v) प्राथमिक स्तर पर 2007 तक तथा प्रारम्भिक स्तर पर 2010 तक लड़के और लड़कियों के बीच अंतराल और सामाजिक वर्ग विशेषताएँ समाप्त करना। (vi) 2010 तक यह सुनिश्चित करना कि सभी बच्चे शिक्षा जारी रखें।

सर्वशिक्षा अभियान के मुख्य कार्यक्रम: 1. ऐसी बस्तियों में स्कूल स्थापित करना जहाँ कोई स्कूली सुविधाएँ नहीं हैं। 2. अतिरिक्त कक्षाएँ खोलना। 3. शौचालय बनाना। 4. पेयजल की व्यवस्था करना। 5. अनुरक्षण अनुदान देना। 6. स्कूलों के बुनियादी ढाँचे को दृढ़ करना। 7. शिक्षकों की कमी को दूर करना। 8. अध्यापन-अधिगम सामग्री जुटाना। 9. कमजोर वर्गों की लड़कियों पर विशेष ध्यान देना। 10. निःशुल्क शिक्षा सहित अनेक प्रोत्साहन योजनाएँ चलाना।

विभिन्न राज्यों तथा निकायों की भागेदारी: सर्वशिक्षा अभियान कार्यक्रम के अंतर्गत सहायता नौवीं योजना के दौरान केन्द्र और राज्य सरकार के बीच 85 : 15 की भागीदारी के आधार पर थी, दसवीं योजना के दौरान यह 75 : 25 के आधार पर है और इसके बाद 50 : 50 के आधार पर होगी।

उपलब्धियाँ (Achievements): 1. *अनुपात*: स्कूल दाखिला अनुपात (जीईआर) जो 1950-51 में 31.1 था, 2003-2004 में बढ़कर 85 प्रतिशत हो गया।

2. *लिंग असमानता*: प्रारम्भिक स्तर पर जीईआर में लिंग असमानता जो 2001-2002 में 17.1 प्रतिशत थी, कम होकर 2003-2004 में 6.5 प्रतिशतांक हो गई।

3. *स्कूल न जा सकने वाले बच्चे*: 2001 में 3.2 करोड़ से घटकर अक्टूबर 2005 में 95 लाख हो गए।

4. *प्राथमिक स्तर पर बीच में पढ़ाई छोड़ने वालों की* दर: 7.7 प्रतिशत तक कम हो गई, 2001-2002 में 39.03 प्रतिशत से 2003-2004 में 31.36 प्रतिशत हो गई। लड़कियों के मामले में बीच में पढ़ाई छोड़ने की दर इसी अवधि के दौरान 11 प्रतिशतांक तक कम हो गई।

5. *स्कूलों की संख्या*: 2001 के बाद से 1,77,677 नए स्कूल खोले गए। 94 प्रतिशत ग्रामीण आबादी के पास एक किलोमीटर की दूरी के अन्दर एक स्कूल है।

6. *स्कूली इमारतें*: 92,697 स्कूली इमारतें पूरी की गईं।

7. *अतिरिक्त अध्यापक*: 4.92 लाख अतिरिक्त अध्यापक नियुक्त किए गए।

8. *निःशुल्क पाठ्यपुस्तकें*: कक्षा I से VIII तक पढ़ने वाली सभी लड़कियों और अनुसूचित जाति/अनुसूचित जनजाति के लगभग 6 करोड़ बच्चों को निःशुल्क पाठ्यपुस्तकें वितरित की जाती हैं।

6

मूल्यांकन तथा परीक्षा
(Evaluation and Examination)

मूल्यांकन का अर्थ एवं परिभाषा
(Meaning and Definition of Evaluation)

मूल्यांकन का अर्थ है, पाठ्यक्रम में निहित उद्देश्यों और मूल्यों की ओर छात्रों में प्रगति और अभिवृद्धि की परख। शिक्षा के उद्देश्यों, शैक्षणिक अनुभवों तथा मूल्यांकन में परस्पर घनिष्ठ सम्बन्ध है। उद्देश्यों के आधार पर अनुभवों की योजना बनायी जाती है और उद्देश्य प्राप्त हुए या नहीं, इसको जानने के लिए मूल्यांकन किया जाता है। अनुभवों की किसी भी स्थिति या स्तर पर हम इस बात का मूल्यांकन कर सकते हैं कि किस सीमा तथा स्तर तक अनुभवों द्वारा अपेक्षित परिवर्तन हो रहा है।

परीक्षा (Examination) की अपेक्षा मूल्यांकन अधिक व्यापक शब्द है। मूल्यांकन से छात्र की अध्ययन-आदतों पर तथा शिक्षक-पद्धति पर भी बड़ा प्रभाव पड़ता है।

मूल्यांकन का मापन (Measurement) से अधिक व्यापक अर्थ है और इसमें गुणात्मक तत्त्वों को भी संख्यात्मक द्वारा व्यक्त किया जाता है। मूल्यांकन में परीक्षणों के नियम-सिद्धान्त, उनका निर्माण, मानकीकरण (Standardisation), प्रशासन तथा उनके द्वारा प्राप्त परिणामों की व्याख्या आदि सभी कुछ निहित माना जाता है।

मापन का अर्थ है, वस्तुओं, प्रदत्तों तथा गुणों का किसी उपयुक्त मापनी से तुलना करके संख्याओं में वर्णन, जिससे व्यक्ति की मात्राओं का ज्ञान हो सके। शिक्षा में इसका प्रयोग प्राय: उपलब्धि, बुद्धि, अभिवृत्ति, व्यक्तित्व आदि की वस्तुनिष्ठ परीक्षणों (Objective Tests) द्वारा जाँच करने के लिए किया जाता है।

मूल्यांकन के अर्थ तथा इसके विशेष तत्त्वों को जानने के लिए विभिन्न विशेषज्ञों के विचार दिए जा रहे हैं। यद्यपि परिभाषाएँ विभिन्न हैं, परन्तु वे मूल्यांकन के लक्ष्य तथा इसकी पद्धति में प्राय: एकमत हैं।

1. *वाइल्स* (*Wiles*) ने मूल्यांकन की परिभाषा करते हुए कहा कि मूल्यांकन एक ऐसी प्रणाली है जिसमें जाँच के परिणाम को योजना का आधार बनाया जाता है। इसके द्वारा उद्देश्य निश्चित किये जाते हैं। इस बात के लिए प्रमाण एकत्र किये जाते हैं कि निश्चित किये गये उद्देश्य प्राप्त हुए अथवा नहीं। प्रमाण के आधार पर निष्कर्ष निकाले जाते हैं और निष्कर्ष के आधार पर कार्य-प्रणाली और उद्देश्यों में परिवर्तन किये जाते हैं। इसलिए यह एक ऐसी क्रिया है जिसमें परिणाम, क्रिया और यहाँ तक कि उद्देश्यों को भी बदला जाता है।

2. *चैस्टर टी. मैकनरली* (*Chester T. McNernly*) ने कहा है कि किसी भी मूल्यांकन कार्यक्रम का उद्देश्य परीक्षार्थियों की आवश्यकताओं की खोज इस प्रकार करना है कि आवश्यकताएँ निश्चित कर लेने पर यह निश्चित किया जाए कि वे कौन-कौन से अनुभव हैं जिनसे आवश्यकताएँ सन्तुष्ट की जा सकती हैं क्योंकि मूल्यांकन आवश्यकताओं को निश्चित करता है और साथ ही यह भी निश्चित करता है कि जिस व्यक्ति का

मूल्यांकन किया जा रहा है, उसका विकास कैसे हो रहा है? इसलिए मूल्यांकन एक महत्त्वपूर्ण और नाजुक क्रिया है। किसी एक साधन द्वारा उचित मूल्यांकन करना सम्भव नहीं है। इस कार्य को ठीक प्रकार से पूरा करने के लिए कई साधन प्रयोग करने होंगे।

3. *थॉमस एच. ब्रिज (Thomas H. Briggs)* तथा *जोसफ जस्टमैन (Joseph Justman)* लिखते हैं कि मूल्यांकन एक क्रिया है जिसके द्वारा किसी कार्य के महत्त्व को निश्चित किया जाता है। उन्होंने आगे कहा कि शिक्षा के क्षेत्र में मूल्यांकन का अर्थ शिक्षा के उद्देश्य की समझ होनी चाहिए जिसे हम निरीक्षण द्वारा प्राप्त करना चाहते हैं। उन्होंने कहा:

(i) यदि कक्षा में अध्यापन-कार्य को सुधारना है तो मूल्यांकन का कार्य यह होगा कि वह निश्चित करे कि किस सीमा तक सुधार हुआ? (ii) यदि छात्रों को अधिक ज्ञान देना उद्देश्य है तो मूल्यांकन द्वारा यह जाँच की जायेगी कि नये कार्यक्रम के अनुसार क्या छात्रों को वास्तव में अधिक ज्ञान प्राप्त हुआ है? (iii) यदि स्कूल के वातावरण को सुधारना है तो मूल्यांकन यह जाँच करेगा कि क्या वास्तव में स्कूल में आपसी सम्बन्धों में सुधार हुआ है? (iv) यदि निरीक्षण का उद्देश्य यह है कि शिक्षा में छात्रों की अपनी आवययकताओं की ओर ध्यान दिया जाए, तो मूल्यांकन का कार्य यह निश्चित करना होगा कि खण्ड अध्ययन, व्यक्तिगत अध्यापन आदि से व्यक्तिगत आवश्यकताओं को कहाँ तक सन्तुष्ट किया जा सका?

4. *शेन (Shane)* और *मैकस्वेन (MeSwain)* के अनुसार मूल्यांकन एक ऐसी जाँच है जिसका मापदण्ड सामूहिक रूप से बनाया गया है तथा जिससे यह जाँचा जा सके कि छात्रों के व्यवहार में वांछित परिवर्तन आए अथवा नहीं आये।

5. मूल्यांकन में उन सब क्रियाओं की जाँच सम्मिलित की जाती है, जिनका पढ़ाई से सम्बन्ध हो अथवा न हो। राईटस्टोन (Wrightstone) के मतानुसार मूल्यांकन एक नया विचार है। इसका क्षेत्र प्रचलित परीक्षा तथा मापन से अधिक व्यापक है।

6. *क्लारा एम. ब्राउन (Clara M. Brown)* उनके अनुसार, मूल्यांकन उद्देश्य निश्चित करने, उनके प्रति सफलता प्राप्त करने और नयी परिस्थितियों में नये उद्देश्य निश्चित करने में बहुत आवश्यक है। मूल्यांकन का अर्थ शुद्ध दोषरहित जाँच करना है। 'मूल्यांकन' 'परीक्षा' तथा 'मापन' की अपेक्षा अधिक व्यापक है, क्योंकि इसमें उद्देश्यों को ध्यान में रखकर प्राप्त प्रमाणों के आधार पर निष्कर्ष निकाले जाते हैं।

7. *ई.बी. वैसले (E.B. Wesley)* के विचार में, "मूल्यांकन एक समावेशित धारणा है जो इच्छित परिणामों के गुण, महत्त्व तथा प्रभावशीलता का निर्धारण करने के लिए समस्त प्रकार के प्रयासों एवं साधनों की ओर संकेत करती है।"

8. *जेम्स. एम.ली. (James M. Lee)* का कथन है, "मूल्यांकन स्कूल, कक्षा तथा छात्र स्वयं के द्वारा निर्धारित शैक्षिक उद्देश्यों को प्राप्त करने के सम्बन्ध में छात्र की प्रगति की जाँच है। मूल्यांकन का मुख्य प्रयोजन छात्रों को सीखने की प्रक्रिया को अग्रसर एवं निर्देशित करता है। इस प्रकार मूल्यांकन एक नकारात्मक प्रक्रिया न होकर सकारात्मक प्रक्रिया है।"

9. *एम.पी. माफात (M.P. Maffet)* के अनुसार, "मूल्यांकन निरन्तर चलने वाली प्रक्रिया है और यह छात्रों की औपचारिक शैक्षिक उपलब्धि की अपेक्षा अधिक है। यह व्यक्ति के विकास में रुचि रखता है। यह व्यक्ति के विकास को उसकी भावनाओं, विचारों तथा क्रियाओं से सम्बन्धित वांछित व्यवहार परिवर्तनों के रूप में करता है।"

10. *क्विलन एवं हैना (Quillen and Hanna)* ने लिखा है, "मूल्यांकन वह प्रक्रिया है जिनमें स्कूल द्वारा बालकों में होने वाले परिवर्तनों के सम्बन्ध में सूचना एकत्रित की जाती है और उनकी व्याख्या की जाती है।"

11. *रेमर्स गेज एवं रुमेल* (*Remmers, Gage and Rummel*) के विचार में, "मूल्यांकन केवल मात्र परीक्षण कार्यक्रम नहीं है। मूल्यांकन हेतु परीक्षण काम में लाए जाते हैं परन्तु ये परीक्षण उन विभिन्न तकनीकों, जैसे निरीक्षण, चेक लिस्ट, प्रश्नावली, साक्षात्कार आदि में से एक है जो संपूर्ण मूल्यांकन हेतु काम में लाई जाती है।"

12. *भारतीय शिक्षा आयोग* (1964-66) (*Indian Education Commission* 1964-66) के शब्दों में "अब यह मान लिया गया है कि मूल्यांकन एक सतत् प्रक्रिया है। यह सम्पूर्ण शिक्षा व्यवस्था का एक अभिन्न अंग है और अन्तिम रूप से शैक्षणिक उद्देश्यों से सम्बन्धित है। यह छात्रों के अध्ययन की आदतों तथा अध्यापक की अनुदेशन विधि पर बहुत अधिक प्रभाव डालता है। इस प्रकार शैक्षिक उद्देश्यों के मापन में केवल सहायक ही सिद्ध नहीं होता अपितु उसे सुधारता भी है।"

मूल्यांकन की विशेषताएँ (Characteristics of Evaluation)

1. मूल्यांकन एक निरन्तर प्रक्रिया है। 2. मूल्यांकन व्यापक धारणा है जिसमें परीक्षा तथा मापन दोनों सम्मिलित हैं। 3. मूल्यांकन केवल मानसिक पक्ष ही नहीं अपितु छात्र के विकास का चहुंमुखी पक्ष है। 4. मूल्यांकन वर्णनात्मक (Descriptive) के साथ-साथ मात्रात्मक (Quantitative) भी है। 5. मूल्यांकन केवल अनुदेशन की उपलब्धि को ही नहीं जाँचता वरन् उसको उन्नत भी बनाता है। 6. मूल्यांकन सम्पूर्ण शिक्षा प्रणाली का एक अभिन्न अंग है जो शिक्षा के उद्देश्य, पाठ्यक्रम तथा शिक्षण विधियों से गहरा संबंध रखता है। 7. मूल्यांकन छात्रों को अधिगम पथ पर सही तरीकों से आगे बढ़ने का साधन है। 8. मूल्यांकन केवल छात्रों की कमजोरियों तथा असफलताओं की छानबीन ही नहीं करता बल्कि उन्हें वांछनीय व्यवहार परिवर्तन की दिशा में उचित सहयोग देता है। 9. मूल्यांकन केवल परम्परागत परीक्षा के साधनों का प्रयोग नहीं करता अपितु अनेक प्रकार के नए ढंग के मनोवैज्ञानिक टैस्टों का भी प्रयोग करता है। 10. मूल्यांकन शिक्षण उद्देश्यों में भी परिवर्तन करने में सहायक होता है।

मूल्यांकन की आवश्यकता (Need for Evaluation)

शिक्षा का उद्देश्य छात्र का चहुंमुखी विकास है। उसके मानसिक विकास के साथ-साथ उसके शारीरिक, सामाजिक, भावात्मक तथा नैतिक विकास का उत्तरदायित्व भी स्कूल पर है। अत: समय-समय पर यह जानना बहुत आवश्यक हो जाता है कि बच्चा इन सभी क्षेत्रों में किस प्रकार प्रगति कर रहा है। यदि प्रगति धीमी है तो इसके क्या कारण हो सकते हैं। प्रगति को तेज करने के लिए क्या कुछ किया जा सकता है। इन सब बातों का संबंध मूल्यांकन से है।

संक्षेप में मूल्यांकन की आवश्यकता निम्न उद्देश्यों की पूर्ति से है:

1. मूल्यांकन से छात्रों के व्यवहार में आने वाले परिवर्तनों का ज्ञान प्राप्त होता है।
2. मूल्यांकन से पता चलता है कि शैक्षिक उद्देश्य की पूर्ति किस सीमा तक होती है।
3. मूल्यांकन से पता चलता है कि अध्यापक की शिक्षा-विधियाँ प्रभावी हैं या नहीं।
4. मूल्यांकन से पता चलता है कि विषय सामग्री उपयुक्त है अथवा नहीं।
5. मूल्यांकन से छात्रों की उपलब्धि तथा सीमाओं के बारे में जानकारी प्राप्त होती है तथा उसी के अनुसार योजनाएँ बनाई जाती हैं।
6. मूल्यांकन से छात्रों को उनके अपने बारे में जानकारी मिलती है।
7. मूल्यांकन से छात्रों के वर्गाकरण में सहायता मिलती है।

8. मूल्यांकन स्कूलों में प्रवेश का आधार बनाया जाता है।
9. मूल्यांकन परामर्श तथा निर्देशन का आधार बनाया जाता है।
10. मूल्यांकन अध्यापक की कुशलता का परीक्षण करने में सहायक होता है।
11. मूल्यांकन छात्रवृत्तियाँ देने में सहायक होता है।
12. मूल्यांकन पाठ्यक्रम में परिवर्तन लाने में सहायक है।

शैक्षिक मूल्यांकन की विभिन्न वर्गों को आवश्यकता

(1)	(2)	(3)	(4)	(5)	(6)
छात्रों के लिए	*शिक्षक के लिए*	*पाठ्यक्रम निर्माताओं के लिए*	*अभिभावकों के लिए*	*परामर्शदाता तथा मार्गदर्शक के लिए*	*समुदाय के लिए*
मूल्यांकन छात्रों की प्रगति का सूचक है तथा सुधार के उपाय सुझाता है।	अध्यापक की शिक्षण विधियों तथा तकनीकों की उपयुक्तता की जाँच करता है तथा सुधार के लिए उपाय जटाता है।	पाठ्यक्रम की उपयुक्तता की जाँच करके पाठ्यक्रम निर्माताओं को परिवर्तन के लिए प्रेरणा देता है।	अभिभावकों को उनके बच्चों के बारे में जानकारी देता है।	समाज की आवश्यकताओं तथा आशाओं के संदर्भ में तथ्य प्रस्तुत करता है।	छात्रों की व्यक्तिगत शैक्षिक तथा व्यावसायिक क्षमता की जानकारी देता है।

मूल्यांकन के उद्देश्य (Objectives of Evaluation)

1. मूल्यांकन छात्रों के व्यवहार में आने वाले परिवर्तनों का ज्ञान कराता है।
2. मूल्यांकन द्वारा छात्रों की आवश्यकताओं और क्षमताओं का ज्ञान प्राप्त होता है।
3. मूल्यांकन छात्रों और अध्यापकों को योजना बनाने में सहायता देता है।
4. मूल्यांकन उन उद्देश्यों की जानकारी कराता है, जिन्हें प्राप्त करना और जाँचना कठिन है।
5. मूल्यांकन द्वारा अध्यापक को छात्रों के अध्ययन, विकास और उन्नति की जानकारी मिलती है।
6. मूल्यांकन द्वारा यह पता चलता है कि निर्दिष्ट उद्देश्य कहाँ तक प्राप्त हुए?
7. मूल्यांकन द्वारा मापदण्ड को सुधारने में सहायता मिलती है।
8. मूल्यांकन द्वारा अध्यापक की योग्यता और क्षमता की जाँच भी हो जाती है।
9. मूल्यांकन द्वारा स्वयं छात्र तथा अध्यापक को उन्नति करने में भी सहायता मिलती है।
10. मूल्यांकन द्वारा पाठ्यक्रम में आवश्यकता पड़ने पर संशोधन किया जाता है।

मूल्यांकन का यह प्रयोजन नहीं है (What Evaluation is Not)

1. बच्चों को डर के दबाव में अध्ययन के लिए प्रेरित करना।
2. बच्चों को नाम देना जैसे 'धीमी गति से सीखने वाला', 'होशियार', 'समस्यात्मक विद्यार्थी'।

3. उन बच्चों को पहचानना जिन्हें उपचारात्मक शिक्षण की आवश्यकता है (इसमें औपचारिक आंकलन की प्रतीक्षा किए बिना शिक्षक, शिक्षण के दौरान ही शिक्षाशास्त्रीय योजना और व्यक्तिगत ध्यान देकर यह कर सकता है।

4. अधिगम की कठिनाइयों और समस्या क्षेत्रों की पहचान करना–अवधारणात्मक कठिनाइयों के व्यापक सूचक मूल्यांकन और परीक्षा से पता किए जा सकते हैं। निदान के लिए परीक्षा के विशेष औजारों की और प्रशिक्षण की जरूरत होती है। यह जरूरत साक्षरता और संख्यनन के आधारभूत क्षेत्रों के लिए है न कि विषयों के लिए।

मूल्यांकन का कार्यक्षेत्र (Scope of Evaluation)

जो शिक्षा बालक के चहुंमुखी विकास की जिम्मेदारी लेती है, उसमें मूल्यांकन भी विस्तृत होना चाहिए। माध्यमिक शिक्षा आयोग (1952-53) ने लिखा है, "आज का स्कूल बच्चे के मानसिक विकास के साथ-साथ उसके शारीरिक, सामाजिक और भावात्मक विकास की ओर ध्यान देता है।" संक्षेप में, यह कहा जा सकता है कि आज की शिक्षा बच्चे के पूर्ण व्यक्तित्त्व का विकास करती है। शिक्षा के इन उद्देश्यों को ध्यान में रखते हुए विस्तृत मूल्यांकन में निम्न बातें सम्मिलित होनी चाहिएं: 1. पाठ्यक्रम में दिये गये विषयों का मूल्यांकन। 2. कुशलताओं का मूल्यांकन। 3. मूल्यों का मूल्यांकन। 4. शारीरिक विकास का मूल्यांकन। 5. नैतिक विकास का मूल्यांकन। 6. सामाजिक विकास का मूल्यांकन।

सतत् तथा व्यापक मूल्यांकन (Continuous and Comprehensive Evaluation)

शिक्षा आयोग 1964-66 ने अनुभव किया कि अब यह मान लिया गया है कि मूल्यांकन एक निरन्तर क्रिया है और शिक्षा-प्रणाली का एक अभिन्न अंग है। मूल्यांकन का सीधा सम्बन्ध शिक्षा के उद्देश्यों से होता है। मूल्यांकन छात्रों के अध्ययन और अध्यापकों की शिक्षण-प्रणाली को बहुत प्रभावित करता है। इस प्रकार मूल्यांकन केवल सफलता अथवा असफलता की जाँच ही नहीं करता, बल्कि शिक्षा में सुधार लाने में भी सहायता देता है। मूल्यांकन द्वारा ऐसे प्रमाण एकत्र किये जाते हैं, जिनसे यह प्रमाणित किया जा सके कि छात्रों का विकास वाछंनीय दिशा में हो रहा है। इसलिए मूल्यांकन प्रणाली दोष रहित तथा विश्वसनीय होनी चाहिए।

आजकल भारत में मूल्यांकन की प्रचलित प्रणाली लिखित परीक्षा है। स्वाभाविक रूप से नयी मूल्यांकन प्रणाली तब ही स्वीकार की जा सकती है, जब वह लिखित परीक्षाओं को इस प्रकार सुधार दे कि शैक्षिक सफलता की जाँच विश्वासपूर्ण और सरल हो जाए। छात्रों की कई प्रकार की उन्नति को लिखित परीक्षाओं द्वारा नहीं मापा जा सकता, अतः जाँच को पूर्ण और विश्वसनीय बनाने के लिए निरीक्षण, मौखिक और प्रयोगात्मक परीक्षा जैसे अन्य साधन प्रमाण एकत्र करने के लिए प्रयोग में लाये जाने लगे हैं। छात्रों की शैक्षिक उन्नति अथवा विकास की जाँच करने के लिए मूल्यांकन साधन को सुधारने और विश्वसनीय बनाने की आवश्यकता है।

सतत् तथा व्यापक मूल्यांकन शिक्षा के उद्देश्यों के सन्दर्भ में (Continuous and Comprehensive Evaluation in the Context of Objectives of Education): सतत् एवं विस्तृत मूल्यांकन की अवधारणा को ठीक प्रकार से जानने के लिए आवश्यक है कि शिक्षा के उद्देश्यों पर विचार किया जाए क्योंकि नवीनतम मूल्यांकन प्रणाली का इनसे घनिष्ठ सम्बन्ध है। शिक्षा का मुख्य उद्देश्य जो कि शिक्षा के अन्य उद्देश्यों

का केन्द्रबिन्दु है, छात्र का सर्वांग विकास करना है—बौद्धिक, मानसिक, नैतिक, व्यावसायिक, सामाजिक आदि। अतः समय-समय पर इस बात की जाँच करते रहना चाहिए कि किस सीमा तक छात्रों का विभिन्न पक्षों में विकास हो रहा है। विकास की गति को कैसे बढ़ाया जाए जिससे उद्देश्यों की पूर्ति हो सके। विकास करने के लिए किस प्रकार की शिक्षण पद्धतियाँ अपनायी जा रही हैं तथा किस प्रकार के अनुभव छात्रों को उपलब्ध कराए जा रहे हैं। दूसरे शब्दों में यह कहा जा सकता है कि छात्रों का मूल्यांकन उनको 'पास-फेल' अथवा 'ग्रेड' के लिए नहीं है, जैसा कि परम्परागत परीक्षा प्रणाली में होता था अपितु मूल्यांकन का उद्देश्य छात्र का चहुंमुखी विकास है। मूल्यांकन हमें दिशा प्रदान करता है जिसको ध्यान में रखकर छात्र का सतत् विकास किया जाता है। मूल्यांकन केवल बौद्धिक पक्ष का ही नहीं, अपितु छात्र के सभी पक्षों का है।

सतत् तथा विस्तृत मूल्यांकन के निम्नलिखित तीन आधार हैं: 1. शिक्षा के उद्देश्य। 2. शैक्षिक अनुभव, जो छात्रों को उपलब्ध कराए जा रहे हैं। 3. मूल्यांकन की विधियाँ तथा साधन।

मूल्यांकन तथा शिक्षा के अन्य पक्षों का परस्पर गहरा संबंध है। मूल्यांकन के आधार पर उद्देश्यों में भी परिवर्तन लाया जाता है।

सतत् (निरन्तर) तथा विस्तृत मूल्यांकन के मुख्य तत्त्व इस प्रकार हैं: 1. आकस्मिक एवं व्यक्तिपरक तत्त्वों को मूल्यांकन विधि से प्राप्त करना। 2. रटने और बिना समझे याद करने की विधि को रोकना। 3. एक ऐसी मूल्यांकन-प्रक्रिया का कार्यान्वयन करना जिसमें छात्र के विकास के सभी पक्षों पर ध्यान दिया जाए। 4. मूल्यांकन प्रक्रिया का अध्यापकों, छात्रों और अभिभावकों द्वारा प्रभावशाली प्रयोग करना। 5. पाठान्तर क्रियाओं का विस्तृत आयोजन करना। 6. माध्यमिक स्तर पर चरणबद्ध तरीके से सत्र-प्रणाली को प्रारम्भ करना। 7. विभिन्न प्रकार के प्रश्न-निबन्धात्मक तथा वस्तुनिष्ठ प्रश्नों की उचित व्यवस्था करना। 8. अंकों के स्थान पर ग्रेडों का प्रयोग करना।

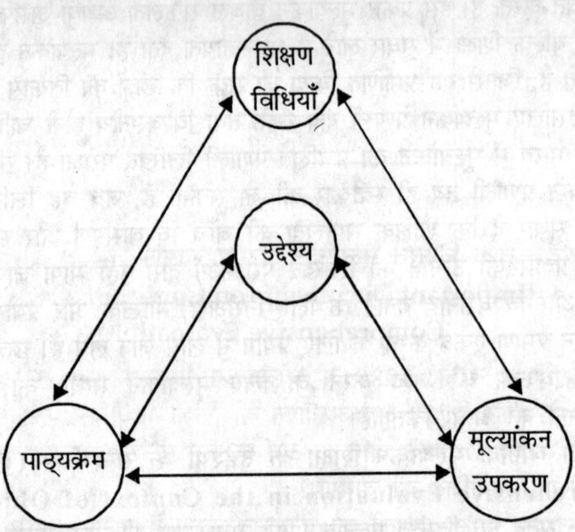

चित्र 6.1: सतत् तथा विस्तृत मूल्यांकन

सतत् तथा विस्तृत मूल्यांकन का कार्यक्षेत्र
(Scope of Continuous and Comprehensive Evaluation)

पाठ्यक्रम क्षेत्र बौद्धिकता	*व्यक्तिगत*	*सामाजिक*	*अभिरुचियाँ*	*दृष्टिकोण*	*शारीरिक स्वास्थ्य*	*व्यावसायिक*
i. ज्ञानात्मक	i. समयनिष्ठा	i. सामाजिक उत्तरदायित्व की भावना	i. साहित्यिक	i. अध्यापक की ओर	i. कद	
ii. बोधात्मक	ii. सदाचार	ii. सहयोग	ii. वैज्ञानिक	ii. शिक्षा की ओर	ii. वनज आदि	
iii. ज्ञान का अनुप्रयोग	iii. स्वच्छता	iii. नागरिक जागरूकता	iii. कलात्मक	iii. विद्यालय के कार्यक्रमों की ओर		
iv. कौशलात्मक	iv. भावात्मक स्थायित्व	iv. समाज सेवा	iv. समाज सेवा	iv. समाज की ओर		
v. भावात्मक	v उत्तरदायित्व	v. अभिक्रमशीलता				

सतत् तथा विस्तृत मूल्यांकन पद्धतियाँ
(Methods of Continuous and Comprehensive Evaluation)

- परिमाणात्मक
  - मौखिक
  - लिखित
    - निबन्धात्मक
    - लघुप्रश्नात्मक
    - वस्तुनिष्ठ
      - प्रमाणित
      - अध्यापक निर्मित
  - प्रयोगात्मक
- गुणात्मक
  - चेक लिस्ट
  - रेटिंग लिस्ट
  - निरीक्षण
  - घटना वृत्त अथवा एनैक डोट
  - संचित अभिलेख

सतत् तथा विस्तृत मूल्यांकन पर महत्त्वपूर्ण शैक्षिक दस्तावेज
(Important Documents on Continuous and Comprehensive Evaluation)

1. नई शिक्षा नीति, 1986 में मूल्यांकन प्रक्रिया तथा परीक्षा-सुधार: कार्य सम्पादन का मूल्यांकन शिक्षण और अध्यापन की किसी भी प्रक्रिया का एक अभिन्न अंग होता है। एक सशक्त शैक्षणिक नीति के अंग के रूप में शिक्षा में कोटिपूरक सुधार करने के लिए परीक्षाएँ आयोजित की जायेंगी।

इसका उद्देश्य परीक्षा-प्रणाली को पुनर्गठित करना है ताकि मूल्यांकन द्वारा छात्र के विकास का वैध (Valid) और विश्वसनीय (Reliable) उपायों से सुनिश्चित किया जा

सके। प्रशिक्षण तथा अध्यापन में सुधार मूल्यांकन के लिए एक शक्तिशाली उपकरण है। कार्यात्मक परिभाषा में इसका अर्थ होगा:

(i) आकस्मिक एवं व्यक्तिपरक तत्त्वों (Subjective elements) को मूल्यांकन विधि से समाप्त करना।

(ii) रटने और बिना समझे याद करने की विधि को रोकना।

(iii) एक ऐसी सतत् और व्यापक मूल्यांकन-प्रक्रिया को लागू करना जिसमें शिक्षा के अतिरिक्त गैर-शैक्षिक पहलुओं को शामिल करते हुए शिक्षण-अवधि में फैलाया जा सके।

(iv) मूल्यांकन प्रक्रिया का अध्यापकों, छात्रों और अभिभावकों द्वारा प्रभावशाली प्रयोग।

(v) परीक्षाओं के आयोजन में सुधार।

(vi) शैक्षिक सामग्रियों और शिक्षण-रीति-विधान में सहगामी परिवर्तनों को लागू करना।

(vii) माध्यमिक स्तर से चरणबद्ध तरीके से सत्र-प्रणाली को प्रारम्भ करना; और

(viii) अंकों के स्थान पर ग्रेडों का प्रयोग।

उपर्युक्त उद्देश्यों, बाह्य परीक्षाओं और शैक्षिक संस्थाओं के अन्दर ही मूल्यांकन करने की दोनों प्रणालियों के अनुरूप है। संस्थागत स्तर पर मूल्यांकन को सरल बनाया जायेगा और बाहरी परीक्षाओं के प्रभुत्व को कम किया जायेगा।

II. विद्यालयी शिक्षा के एन.सी.ई.आर.टी. पाठ्यक्रम की रूपरेखा (2000) तथा मूल्यांकन में सुधार (NCERT Curriculum and Evaluation Reform): *वर्तमान मूल्यांकन पद्धति: असन्तुलित, निर्वैयक्तिक तथा अपारदर्शी (Present Evaluation: Unbalanced subjective and Non-Transperent)* रा. श. अनु. तथा प्रशिक्षण परिषद् ने नयी शिक्षा के सन्दर्भ में तथा 21वीं शताब्दी की पाठ्यक्रम के अन्तर्गत मूल्यांकन पद्धति पर भी विचार किया। वर्तमान परिस्थिति के बारे में परिषद् ने इस प्रकार टिप्पणी दी–"संक्षेप में हम कह सकते हैं कि वर्तमान मूल्यांकन और परीक्षा पद्धति असन्तुलित, निर्वैयक्तिक तथा अपारदर्शी है एवं यह स्कूलों में उचित अध्ययन-अध्यापन को दृढ़ करने और स्वाध्याय से ज्ञानार्जन करने में प्रवृत्त करने और मार्गदर्शन करने में असमर्थ रही है। देश की अर्थव्यवस्था से प्राप्त संसाधनों से सुलभ कराये जाने वाले मूल्यवान आदान से यदि हमें उचित लाभ उठाना है तो प्राथमिक से लेकर उच्चतर माध्यमिक चरण तक की सम्पूर्ण परीक्षा तथा मूल्यांकन पद्धति को नये सिरे से सँवारना अत्यावश्यक है।"

मूल्यांकन की व्याप्ति (Comprehensive Evaluation): आज जो मूल्यांकन किया जाता है उसकी व्याप्ति बहुत सीमित है और प्रयोजन तथा उपयोगिता संकुचित। यद्यपि शैक्षिक लक्ष्यों का प्रतिपादन शिक्षार्थियों के बहुमुखी विकास को ध्यान में रखकर किया जाता है, जिसमें वैदुष्यमूलक आयामों (संज्ञानात्मक विकास) के साथ-साथ गैर-वैदुष्यमूलक आयामों का भी समावेश है तथापि मूल्यांकन वैदुष्यमूलक पहलुओं से आगे कदाचित ही जाता है। पाठ्यचर्या में तो ऐसे अनुभवों के व्यवस्थित संगठन के सम्बन्ध में भी दिशा-निर्देश दिये जाते हैं जो शिक्षार्थियों के संज्ञानात्मक विकास के साथ-साथ उनके शारीरिक तथा सामाजिक चेतनोन्मुख विकास को भी बल दें, लेकिन विद्यालयों में शिक्षार्थियों के विकास के गैर-वैदुष्यमूलक (गैर-संज्ञानात्मक) पहलुओं पर सही जोर नहीं दिया जाता, क्योंकि उन्हें मूल्यांकन का विषय नहीं माना जाता। शिक्षा के प्रत्येक चरण की अगली पाठ्यचर्या में उचित विनिर्देशों को स्पष्ट रूप में परिभाषित करना होगा।

शिक्षा आयोग (1964-66) की राय थी और इस राय को राष्ट्रीय शिक्षा नीति (1986) में भी दुहराया गया था कि मूल्यांकन का मुख्य प्रयोजन राज्य और राष्ट्र दोनों स्तरों पर उपलब्धि के मानकों को निर्धारित करने और क्रमशः उन्हें ऊपर उठाने में मदद करना है। इसलिए मूल्यांकन को सामान्यतः सम्पूर्ण शिक्षा की गुणवत्ता में सुधार लाने और खासतौर से अध्ययन-अध्यापन के स्तर को ऊपर उठाने के सशक्त उपकरण का रूप देना चाहिए। श्रेष्ठ शिक्षा का एक मुख्य घटक शिक्षार्थी की उपलब्धियों के दर्जे में सुधार है और इस उद्देश्य को प्रभावकारी रीति से फलीभूत करने के लिए शिक्षार्थियों, अध्यापकों तथा अभिभावकों के लाभ के लिए एक ऐसे तन्त्र का उपयोग किया जाना चाहिए जिसके जरिए शैक्षिक प्रयत्नों के परिणामों की जानकारी आसानी से मिल सके। इन दिनों मूल्यांकन हमारी पद्धति की एक अनिवार्य आवश्यकता के रूप में सालाना परीक्षाओं या साल के बीच में कभी-कभी ली जाने वाली परीक्षाओं के जरिए किया जाता है। शिक्षार्थी की प्रगति के सही मूल्यांकन के लिए केवल परीक्षा पर ही भरोसा करके नहीं चलना चाहिए। परख के दूसरे तरीकों का भी इस्तेमाल करना चाहिए, जैसे—व्यक्तिगत तौर पर या सामूहिक रूप से दिये गये कार्यों पर नजर रखना, सामाजिकता, साथियों की दृष्टि में शिक्षार्थी का महत्त्व आदि। इस तरह के मूल्यांकन के परिणामों से हमें सिर्फ खास-खास समयों में अलग-अलग विद्यार्थियों की उपलब्धियों का अंदाजा मिलता है। यह सारा कार्यकलाप विद्यार्थियों, अध्यापकों और अभिभावकों को खास-खास जानकारियाँ सुलभ कराने की बजाए एक औपचारिकता के निर्वाह के तौर पर किया जाता है। कमियों को दूर करने के लिए दी जाने वाली शिक्षा की दृष्टि से सुधारात्मक उपायों की इसमें कोई गुंजाइश ही नहीं होगी। परीक्षा और मूल्यांकन का पूरा लाभ प्राप्त करने के लिए परिणामों की व्याख्या इस प्रकार करने की आवश्यकता है:

1. शिक्षार्थी अपनी शक्ति और कमजोरी की जानकारी प्राप्त करे और अपनी कमियों को जल्दी से जल्दी दूर करने की प्रेरणा ग्रहण करे।

2. अध्यापक एक ओर तो विद्यार्थी की कार्य-निष्पादन की परख कर सके और दूसरी ओर अपने द्वारा प्रयुक्त अध्ययन-अध्यापन की कार्यनीति की प्रभावकारिता का पता लगा सके। इसकी व्याख्या विभिन्न कोटियों के विद्यार्थियों के लिए अलग-अलग प्रकार के शिक्षण की व्यवस्था करने की दृष्टि से की जानी चाहिए ताकि उन्हें निम्नलिखित प्रकार से प्रवृत्त किया जा सके:

(क) प्रतिभाशाली बच्चों को संवर्धन कार्यक्रम के जरिए लक्ष्य निर्देशित ज्ञानार्जन में प्रवृत्त किया जा सके।

(ख) सामान्य कोटि के बच्चों को छोटे-छोटे समूहों में खास-खास कार्यों में प्रवृत्त करके साथियों से सीखने का अवसर प्रदान किया जा सके।

(ग) कमजोर बच्चों की कमजोरियों का सही निदान किया जा सके और नई अध्यापन इकाइयाँ शुरू करने से पहले उनकी कमजोरियों को दूर करने के लिए आवश्यक शिक्षा दी जा सके।

मूल्यांकन की उपर्युक्त रीति सतत्, सावधिक और व्यापक मूल्यांकन का हिस्सा होगी और इससे शिक्षार्थियों को क्षमताओं में प्रवीणता प्राप्त करने, बुनियादी कौशल हासिल करने, वांछनीय दृष्टिकोण और मूल्य अपनाने में मदद मिल सकती है, जिससे उन्हें सुव्यवस्थित जीवन आरम्भ करने और देश के अच्छे और लाभदायक नागरिक बनने में सहायता प्राप्त हो सकती है। तोता रटन्त की प्रवृत्ति को कम करके सीखी गई अवधारणाओं और कौशलों तथा

प्राप्त क्षमताओं का व्यावहारिक स्थितियों में प्रयोग करने की प्रवृत्ति को उभारने के लिए आवश्यक उपाय किये जाने चाहिए। इसके अतिरिक्त पाठ्य-पुस्तकों और शैक्षिक सामग्री को इस लक्ष्य के अनुरूप ढालना होगा, अध्यापकों को अनुप्रेरित करना होगा और इस प्रकार के कार्य लगन के साथ आरम्भ करने के लिए उन्हें प्राधिकृत करना होगा। परिणामों के आंकलन के तन्त्र की आवश्यकता के महत्त्व को तो कम करके देखा ही नहीं जा सकता।

मूल्यांकन तथा राष्ट्रीय पाठ्यक्रम की रूपरेखा–एन.सी.ई.आर.टी.–2005) (Evaluation and National Curriculum Frame Work–NCERT 2005)

आंकलन का उद्देश्य (Objectives of Assessment): शिक्षा का सरोकार एक सार्थक व उत्पादक जीवन की तैयारी से होता है और मूल्यांकन आलोचनात्मक प्रतिपुष्टि (Feedback) देने का तरीका होना चाहिए। यह प्रतिपुष्टि इस बात की होती है कि हम ऐसी शिक्षा लागू करने में किस हद तक सफलता प्राप्त कर पाएँ। इस परिप्रेक्ष्य से देखें तो वर्तमान में चल रही मूल्यांकन की प्रक्रियाएँ जो केवल कुछ ही योग्यताओं को मापती और आकलित करती हैं बिल्कुल ही अपर्याप्त हैं और शिक्षा के उद्देश्यों की ओर प्रगति की संपूर्ण तस्वीर नहीं खींचती हैं।

लेकिन मूल्यांकन का यह सीमित प्रायोजन भी, अकादमिक और शैक्षिक विकास पर प्रतिपुष्टि देने वाला, तभी बन सकता है जब शिक्षक पढ़ाने से पहले ही न केवल आंकलन के तरीकों की तैयारी करें बल्कि मूल्यांकन के मानकों और उसके लिए प्रयुक्त होने वाले औजारों की भी तैयारी करें। विद्यार्थियों की उपलब्धि की गुणवत्ता की जाँच के अलावा एक अध्यापक को विभिन्न विषयों में उनकी उपलब्धि की जानकारी इकट्ठा कर, उसका विश्लेषण कर और उसकी व्याख्या करनी होगी। तभी अध्यापक विभिन्न क्षेत्रों में विद्यार्थियों के अधिगम की सीमा की एक समझ बना पाएंगे। आंकलन का प्रायोजन निश्चय ही सीखने-सिखाने की प्रक्रियाओं एवं सामग्री का सुधार करना है और उन लक्ष्यों पर पुनर्विचार करना है जो स्कूल के विभिन्न चरणों के लिए तय किए गए हैं। यह पुनर्विचार और सुधार इस आधार पर किया जा सकता है कि शिक्षार्थियों की क्षमता किस हद तक विकसित हुई है। यह कहने की जरूरत नहीं होनी चाहिए कि यहाँ इस आंकलन का मतलब विद्यार्थियों का नियमित परीक्षण कतई नहीं है। बल्कि, दैनिक गतिविधियाँ और अभ्यास के उपयोग से अधिगम का बहुत ही अच्छा आंकलन हो सकता है।

सतत् तथा विस्तृत मूल्यांकन को प्रभावी बनाने के सुझाव (Suggestions for Effective Continuous and Comprehensive Evaluation)

प्रस्तावित आंकलन की रूपरेखा और उसका संचालन (Suggestive Design and Conduct of Assessment): आंकलन और परीक्षाओं को विश्वसनीय होना चाहिए, एवं अधिगम को मापने के वैध तरीकों पर आधारित होना चाहिए।

इस सन्दर्भ में निम्नलिखित सुझाव प्रभावी सिद्ध हो सकते हैं:

1. *परीक्षा द्वारा समस्या सुलझाने की क्षमता का मूल्यांकन (Evaluation of the Students Ability to Solve Problems through Tests):* जब तक परीक्षाएँ बच्चों की पाठ्यपुस्तकीय ज्ञान को याद करने की क्षमताओं का परीक्षण करती रहेंगी, तब तक पाठ्यचर्या को सीखने की तरफ मोड़ने के सभी प्रयास विफल होते रहेंगे। पहला बिंदु यह है कि ज्ञान-आधारित विषय क्षेत्रों में परीक्षाएँ ये समझ पाएँ कि बच्चों ने क्या सीखा और उस ज्ञान को समस्या सुलझाने और व्यवहार में लाने की उनकी क्षमता को जाँच पाएँ। इसके अलावा, परीक्षाएँ यह भी जाँचने में सक्षम होनी चाहिए कि विद्यार्थियों की सोचने की प्रक्रियाएँ कैसी

हैं तथा यह पता लगा पाएँ कि क्या शिक्षार्थी ने यह सीखा कि जानकारी कहाँ मिलती है, उस जानकारी का इस्तेमाल कैसे करते हैं और उसका विश्लेषण और मूल्यांकन कैसे करते हैं।

2. *पुस्तकीय ज्ञान के परे मूल्यांकन* (*Evaluation beyond Bookish Knowledge*): आंकलन के लिए जो प्रश्न निर्धारित किए जाते हैं उन्हें किताब में दी गई जानकारी से आगे बढ़ाने की जरूरत है। कितनी ही बार बच्चों का अधिगम इसलिए बहुत ही सीमित रह जाता है क्योंकि शिक्षक उन उत्तरों को स्वीकार नहीं करते जो कुंजियों में दिए गए उत्तरों से भिन्न होते हैं।

3. *चुनौतीपूर्ण प्रश्न-पत्र* (*Challanging Question Papers*): ऐसे प्रश्नों को भी इस्तेमाल करना चाहिए जिनका कोई एक उत्तर नहीं होता और जो बच्चों के सामने चुनौती पेश करते हैं। अच्छे प्रश्न और परीक्षा-पत्र बनाना भी एक कला है और शिक्षकों को ऐसे प्रश्न बनाने पर बल देने की जरूरत है। शिक्षकों की अच्छे प्रश्न बनाने की क्षमता और रुचि को बढ़ावा देने के लिए जिला या राज्य के स्तर पर प्रतियोगिताएँ की जा सकती हैं। सारे प्रश्न-पत्र कठिनाई की ऐसी रूपरेखा लिए हुए होने चाहिए कि सभी बच्चे सफलता के स्तर को अनुभव कर पाएँ और उत्तर देने एवं समस्या सुलझाने की क्षमता में आत्मविश्वास विकसित कर पाएँ।

4. *खुली-पुस्तक परीक्षा* (*Open Book Examination*): इस प्रकार की परीक्षा लेना भी एक चुनौती है जिसे स्कूल के प्रत्येक स्तर के पाठ्यचर्या प्रयासों में शामिल करना चाहिए। लेकिन ऐसा करने के लिए अध्यापकों और प्रश्न-पत्र बनाने वालों से यह अपेक्षा होगी कि वे व्याख्या करने और अधिगम के व्यावहारीय पहलू पर ज्यादा जोर न दें न कि किताब में दिए गए तर्क और तथ्यों पर। इस तरह के कई सफल उदाहरण हमारे पास मौजूद हैं कि ऐसी परीक्षाएँ बड़े स्तर पर आयोजित की जा सकती हैं और शिक्षक खुद ऐसी परीक्षाओं के परिणामों का नियमन (Moderate) कर सकते हैं और उन पर ऐसे नियमन के लिए भरोसा किया जा सकता है। इसीलिए, परियोजनाओं और प्रयोगशाला के काम के आंकलन को भी और विश्वसनीय और पुख्ता बनाया जा सकता है।

6. *छात्रों को उत्तर पुस्तिका दिखाना* (*Answer book to be Shown to Students*): यह जरूरी है कि जाँचे गए उत्तर वापिस मिलने पर बच्चे अपने उत्तरों को दोबारा लिखें और शिक्षक उन पर पुनर्विचार करें ताकि यह सुनिश्चित किया जा सके कि बच्चों ने कुछ सीखा और ऐसी कठिन परीक्षा देने से उन्हें कोई लाभ हुआ।

7. *स्पर्धा के तत्त्व को कम करना* (*Reducing the Element of Compitition*): स्पर्धा प्रोत्साहन तो देती है लेकिन वह प्रेरणा का आंतरिक रूप न होकर बाह्य रूप ही होता है। निश्चय ही इसे स्थापित करना और संचालित करना बड़ा आसान होता है इसीलिए शिक्षक और स्कूली व्यवस्थाएँ उत्कृष्टता (Excellence) की प्रेरणा को पोषण देने के लिए अक्सर इसका सहारा ले लेती हैं। स्कूल पूर्व-प्राथमिक स्तर से ही बच्चों को प्रथम, द्वितीय की श्रेणियों में बाँटने लगते हैं, जिससे उनमें स्पर्धा की भावना आत्मसात् हो। इस तरह की प्रतियोगी प्रेरणा के अधिगम पर कई नकारात्मक प्रभाव हो सकते हैं; अक्सर प्रभाव बनाने के लिए सतही स्तर पर सीखना भर पर्याप्त होता है। समय के साथ-साथ बच्चे अपनी रुचि के अनुसार पहल करने की क्षमता खो देते हैं और इस प्रक्रिया में वे क्षेत्र जिनमें पाठ्यचर्या में 'अंक' नहीं दिए जाते उपेक्षित हो जाते हैं। इसका कक्षा की संस्कृति पर बहुत ही बुरा प्रभाव पड़ता है, क्योंकि बच्चे व्यक्तिवादी बनते हैं और सामूहिक कार्य करने की क्षमता खो बैठते हैं। 'परीक्षा' को बिल्कुल असंगत महत्त्व दिया जाता है और उन पर अनावश्यक ध्यान केंद्रित किया जाता है, जिसमें अक्सर गोपनीयता और निरीक्षण की सख्त व्यवस्था की जाती है। माध्यमिक कक्षाओं तक तो इनके शारीरिक और मनोवैज्ञानिक प्रभाव आसानी

से नहीं दिखते हैं लेकिन वह बच्चों में बेहद तनाव को जन्म देता है जिससे वह बहुत जल्दी उत्तेजित होने की हालत में पहुँच जाते हैं। स्कूल और शिक्षकों को अपने आप से पूछने की जरूरत है कि क्या इस तरह के व्यवहारों से सच में बहुत ज्यादा लाभ होता है और अधिगम को दरअसल किस हद तक अंक देते और श्रेणीकृत करने की जरूरत है।

स्व-आंकलन और प्रतिपुष्टि (Self-Assessment and Feed back): आंकलन की भूमिका उस प्रगति को समझने की होती है जो शिक्षार्थी औरी शिक्षक निर्धारित लक्ष्यों की दिशा में करते हैं और इस तरह इस प्रक्रिया को बेहतर बनाने के लिए उसकी समीक्षा भी करते हैं। प्रतिपुष्टि प़ने के ऐसे अवसर हमेशा उपलब्ध होने चाहिए जो प्रदर्शन को दोहराने व सुधारने की दिशा में ले जाएं, परीक्षाओं व मूल्यांकन के भय का इस्तेमाल किए बिना पढ़ने की दिशा में प्रेरित करें।

7. *छात्रों की उपस्थिति में जाँच (Assessment in the Presence of Students)*: विद्यार्थियों की मौजूदगी में की गई जाँच व सुधार कार्य उन्हें इस तरह की प्रतिपुष्टि देते हैं कि उन्होंने क्या सही किया, क्या गलत और क्यों? बच्चों से इस बारे में जानकारी लेना कि उन्होंने कोई उत्तर क्यों दिया, शिक्षक को लिखित उत्तर से आगे जाने में मदद देता है और बच्चों की सोच से जुड़ने का मौका देता है। ऐसी प्रक्रियाएँ परीक्षाओं के डरावने और निर्णायक गुण को भी दूर कर देती हैं और बच्चों को सक्षम बनाती हैं कि वह अपनी गलतियों को समझें, उन पर ध्यान दें और उनसे सीखें। कभी-कभी प्रधानाध्यापक यह कह कर एतराज उठाते हैं कि बच्चों की मौजूदगी में की गई जाँच में वस्तुपरकता नहीं आ पाती। वस्तुपरकता के लिए यह सरोकार बिल्कुल अनुचित है जो प्रतियोगी व्यवस्था रखता है। वस्तुपरकता की दृष्टि से यह सरोकार उस मूल्यांकन के लिए भी अनुचित है जो शैक्षिक लक्ष्यों से सुसंगत हो।

8. *अधिगम के अनुभवों का मूल्यांकन (Evaluation of Learning Experiences)*: न केवल अधिगम के परिणाम बल्कि अधिगम के अनुभवों का भी मूल्यांकन होना चाहिए। शिक्षार्थी बहुत खुशी से अपने अनुभवों की संपूर्णता पर टिप्पणी देते हैं। व्यक्तिगत और सामूहिक दोनों स्तर के ऐसे अभ्यास बनाए जा सकते हैं जिनसे बच्चे अपने अधिगम का आंकलन करने और उस पर चिंतन करने में सक्षम हो पाएँ। इस तरह के अनुभव उन्हें स्व-नियामन (Self-Assessment) की क्षमताएँ भी देते हैं जो 'सीखने के लिए सीखने' की खातिर जरूरी होती हैं। ऐसी जानकारी शिक्षक के लिए भी बहुत मूल्यवान प्रतिपुष्टि होती है जिसका उपयोग अधिगम की पूरी व्यवस्था को बेहतर बनाने में किया जा सकता है।

9. *पर्चा बनाने में सुधार (Improvement in Designing Question Paper)*: वर्तमान परीक्षा को अधिक वैध बनाने के लिए पर्चा बनाने की प्रक्रिया में पूरे बदलाव की जरूरत है। ध्यान अच्छे प्रश्न बनाने पर हो न कि महज पर्चा-निर्धारण पर। इस प्रकार के प्रश्न केवल विशेषज्ञों द्वारा ही नहीं बनाए होने चाहिए। शिक्षकों से, विषय के प्रोफेसरों से, राज्य के शिक्षाविदों और यहाँ तक कि विद्यार्थियों से भी सालभर के दौरान अच्छे प्रश्न मँगा लेने चाहिए। इन प्रश्नों को विशेषज्ञों की मदद से सावधानीपूर्वक संपादन करवा कर कठिनाई के स्तर, क्षेत्र, अवधारणा/दक्षता जिसका कि मूल्यांकन किया जाना है तथा हल करने में लगने वाले समय के आधार पर वर्गीकृत किया जा सकता है। इन प्रश्नों के बनने के दौरान, इन्हें इनके उपयोग और परीक्षण के रिकॉर्ड के साथ संभाला जाना चाहिए ताकि प्रश्न-पत्र बनाते समय उन्हें काम में लाया जा सके।

10. *अध्यापकों को उचित पारिश्रमिक (Reasonable Remuneration to Teachers)*: शिक्षकों को अपर्याप्त पारिश्रमिक देने से भी बेहतर और सुसंगत ढंग से उत्तर पुस्तिकाएँ

जाँचने का उत्साह नहीं जगता। चूंकि सभी शिक्षा बोर्ड अच्छी आर्थिक हालत में हैं इसलिए मूल्यांकन की गुणवत्ता में धन को आड़े नहीं आने देना चाहिए।

11. *कम्प्यूटरीकरण का उपयोग* (*Use of Computerisation Process*): कम्प्यूटरीकरण के कारण परीक्षार्थी और परीक्षक की पहचान को छुपाए रखना अब आसान हो गया है। गलत प्रथा रोकने के लिए उत्तर पुस्तिकाएँ अदल-बदल कर दी जा सकती हैं। बाहर के व्यक्ति की मदद से परीक्षा में चोरी को इस तरह से रोका जा सकता है कि परीक्षा के पहले आधे समय में परीक्षार्थियों को परीक्षा-केन्द्र छोड़ने की इजाजत न मिले और परीक्षा के दौरान वह प्रश्न-पत्र बाहर न ले जाए। प्रश्न-पत्र परीक्षा के बाद उसको दिया जा सकता है।

12. *आन्तरिक मूल्यांकन* (*Internal Assessment*): सत्र के मध्य में हमें स्कूल-आधारित आकलनों की ओर अधिक से अधिक बढ़ना चाहिए। ऐसे उपाय खोजे जाएँ जिनसे इस तरह के आंतरिक आंकलन अधिक विश्वसनीय बन सकें। प्रत्येक स्कूल को एक लचीली और लागू होने योग्य मूल्यांकन प्रक्रिया की सतत और व्यापक योजना लागू करनी चाहिए। यह योजना मुख्यत: सीखने में आने वाली कठिनाइयों के निदान व उपचार और अध्ययन में सुधार के लिए लागू की जानी चाहिए। इस योजना में सामाजिक वातावरण और उपलब्ध सुविधाओं का भी ध्यान रखा जाना चाहिए।

13. *लचीली मूल्यांकन पद्धति* (*Flexible Evaluation System*): तमाम मनोवैज्ञानिक आँकड़ों से यह पता चलता है कि विद्यार्थी अलग-अलग ढंग से सीखते हैं और सीखे हुए की जाँच की उनकी प्रस्तुति भी अलग-अलग होती है। इसलिए परीक्षा हॉल में कागज-कलम से ली गई परीक्षा के अलावा मूल्यांकन के बहुविध रूप से होने चाहिए। मौखिक परीक्षा और समूह कार्य मूल्यांकन को बढ़ावा दिया जाना चाहिए। खुली-पुस्तक परीक्षा और लचीली समय सीमारहित परीक्षा को देश भर में प्रायोगिक तौर पर लागू किए जाने की जरूरत है। इन नवाचारों का अतिरिक्त फायदा यह है कि वे परीक्षाओं को स्मृति जाँच से हटाकर व्याख्या, विश्लेषण और समस्या समाधान करने जैसी उच्चतर क्षमताओं की जाँच की ओर ले जा सकेंगे। यहाँ तक कि परंपरागत परीक्षा पद्धति को भी बेहतर तरीके से प्रश्न-पत्र तैयार कर और विद्यार्थियों को वांछनीय जानकारी (जैसे आवर्ती सारणी, त्रिकोणमितीय आकृतियाँ, नक्शे, इतिहास की तिथियाँ, सूत्र आदि) देकर इस दिशा में मोड़ा जा सकता है।

चूँकि विद्यार्थियों की प्रकृति एक दूसरे से भिन्न होती है और शिक्षण की पद्धतियाँ भी अलग-अलग होती हैं, इसलिए अगले चरण में जाने के लिए हर विद्यार्थी से हर विषय में समान स्तर की माँग करना उचित नहीं है। भारत में ग्रामीण-शहरी विभाजन के कारण इस माँग को सामाजिक दृष्टि से भी उचित नहीं कहा जा सकता। यह अभिलिखित तथ्य यह है कि ग्रामीण स्कूलों में असफलता और स्कूल छोड़ने का बड़ा कारण गणित और अंग्रेजी में कम क्षमता का प्रदर्शन है। बोर्डों को इस संभावना पर विचार करना चाहिए। इन विषयों में पास होने के लिए विद्यार्थियों को दो स्तरों में से एक, यहाँ तक कि तीन स्तरों में से एक पर परीक्षा देने का अवसर दिया जाए। इसके लिए यह आवश्यक नहीं है कि अलग-अलग चरण की पाठ्यचर्या और पाठ्यपुस्तकें अलग-अलग हों।

14. *विद्यार्थी केन्द्रित मूल्यांकन प्रणाली* (*Student Centred Evaluation System*): 'सभी के लिए एक समान परीक्षा' की पद्धति सांगठनिक रूप से तो ठीक हो सकती है, लेकिन उसे विद्यार्थी-केन्द्रित नहीं कहा जा सकता और न ही भारत के तेजी से उभरते रोजगार बाजार के अनुकूल, जिसमें विविधताएँ बढ़ रही हैं। आंकलन की औद्योगिक

एसेंबली लाइननुमा एकसमान मूल्यांकन पद्धति के स्थान पर आंकलन को अधिक मानवीय और विविध बनाने की जरूरत है।

दसवीं और बारहवीं की परीक्षा में तनाव कम करने और सफलता बढ़ाने के उपाय (Measures for Reducing Tension in Class X and Class XII Examinations)

1. *पाठ-आधारित परीक्षा की जगह समस्या सुलझाने और क्षमता (Capacity to Solve Problems in Place of Lesson-Based Examination)*: आधारित मूल्यांकन की ओर बढ़ना होगा। क्योंकि पाठ-आधारित परीक्षा से शिक्षा की गलत पद्धति और रटने की आदत को बढ़ावा मिलता है, इन दोनों से परीक्षा के दौरान तनाव पैदा होता है। कुछ बुनियादी तालिकाएँ और सूत्र उपलब्ध कराए जा सकते हैं जिससे स्मृति पर जोर कम हो और ज्यादा ध्यान विश्लेषण, मूल्यांकन और व्यावहारिक उपयोगों पर हो।

2. *लचीले समय वाली छोटी अवधि की परीक्षा की ओर (Towards Flexible and Short Duration Examination)*: लचीले समय वाली परीक्षा जिसमें 25% से 40% जगह संक्षिप्त प्रकार के उत्तर के लिए हो और बाकी बहुविकल्पी प्रश्नों के लिए। उपस्थित विद्यार्थियों को 90% पर्चा पूरी तरह आता हो और वे उसकी समीक्षा करने में भी सक्षम हों।

3. *विद्यार्थी के अपने या बगल के स्कूल में ही परीक्षा का आयोजन हो (Examination Centre in Nearby School)*: गलत प्रथाओं को इस प्रकार रोका जा सकता है अगर वहाँ परीक्षा के परिवीक्षण का काम दूसरे स्कूल के शिक्षक करें।

4. *परीक्षा की तिथि न बढ़ाना (No Change in the Date of Examination)*: परीक्षा की तिथि को किसी भी सूरत में आगे नहीं बढ़ाया जाए।

5. *पास-फेल शब्दावली का त्याग करना (Elimination of Teams Like Pass and Failure)*: विद्यार्थियों को उतने ही पत्रों की परीक्षा देने का अधिकार हो जितने की तैयारी हो। तीन साल के दौरान परीक्षा पूरी हो सके। बोर्ड अपनी तैयारी इस तरह कर सकते हैं कि माँग के अनुसार परीक्षाओं की व्यवस्था हो सके जिनमें शिक्षार्थी तब बैठ सकें जब उन्हें लगे कि वे परीक्षा के लिए तैयार हैं।

6. *पुनर्परीक्षा वांछनीय (Retest Desirable)* : पास-फेल लिखने की जगह 'पुनर्परीक्षा वांछनीय' लिखा जाए इससे, दक्षता के अभाव का पता चलता है।

7. *पुनर्परीक्षा की घोषणा (Immediate Announcement of Re-examination)*: परीक्षाफल के तुरन्त बाद पुनर्परीक्षा की घोषणा हो ताकि जो विद्यार्थी, एक या दो विषय में फिर से परीक्षा देना चाहते हैं, उनका साल बरबाद न हो।

8. *गणित तथा अंग्रेजी का दो स्तरों पर मूल्यांकन (Evalution in Mathematics and English at Two Stages)*: गणित और अंग्रेजी का मूल्यांकन दो स्तरों पर किया जा सकता है—सामान्य और उच्चतर। लंबे दौर में हर विषय को दो स्तरों पर पढ़ाया जाए, जिसमें सामान्य स्तर पर विद्यार्थी छह में से कम से कम तीन या दो मानक विषय पढ़ें और उच्चतर में बाकी तीन या चार।

9. 'लचीला समय सीमा' (Flexible Time Limit) लचीले समय सीमा से परीक्षा बच्चों में तनाव कम करने का प्रभावी माध्यम हो सकती है।

10. *स्कूल में निदेशन और परामर्श की सेवा (Guidance and Counselling*

Service) यह सेवा उपलब्ध करवा कर बच्चों की तनाव से जुड़ी समस्याओं का समाधान ढूँढा जा सकता है, साथ ही विद्यार्थियों, अभिभावकों और शिक्षकों को भी बच्चों के तनाव से निपटने की दिशा में इससे मार्गदर्शन मिल सकता है। बोर्ड के दौरान हेल्पलाइन की सेवा से भी विद्यार्थियों और अभिभावकों को मदद मिल सकती है।

विद्यालय में आन्तरिक मूल्यांकन (Internal Evaluation in School)

आन्तरिक मूल्यांकन क्यों (*Why Internal Evaluation*): शिक्षा का उद्देश्य केवल ज्ञान बढ़ाना नहीं है, बल्कि छात्रों में वांछनीय रुचि, गुणात्मक बोध, आदतों, भावनाओं और व्यक्तिगत गुणों का विकास करना है। लिखित परीक्षाओं द्वारा इन गुणों की जाँच नहीं की जा सकती है। इसीलिए अध्यापकों के विचार और ऐसे ही दूसरे साधारण तरीके काम में लाने की आवश्यकता है। इन तरीकों का प्रयोग केवल आन्तरिक मूल्यांकन में ही किया जा सकता है।

1. आन्तरिक मूल्यांकन द्वारा बाह्य परीक्षा के कई दोष भी दूर किये जा सकते हैं। बाह्य परीक्षा परिणाम एक ही समय की एक जाँच पर आधारित होते हैं, परन्तु आन्तरिक मूल्यांकन ऐसा नहीं होता है, क्योंकि यह एक निरन्तर क्रिया है।

2. आन्तरिक मूल्यांकन से हमें अध्ययन में छात्रों की कठिनाइयों का पता चलता है। इससे व्यक्ति विशेष की क्षमताओं की जानकारी प्राप्त होती है और छात्रों के लक्ष्य, आवश्यकता, रुचि, भावना जानने के भी अवसर मिलते हैं और उन्हें प्राप्त करने के तरीकों का भी पता चलता है। इसमें प्रोत्साहन मिलता है, जो उसे अपने साधनों को पूर्ण रूप से प्रयोग करने के लिए भी प्रेरणा देता है।

3. आन्तरिक मूल्यांकन एक निरन्तर क्रिया होने के कारण छात्रों में नियमित रूप से कार्य करने की आदत डालता है।

4. आन्तरिक मूल्यांकन द्वारा अध्यापकों की उत्तरदायित्व मिलता है, जो उन्हें प्रेरणा देता है।

5. छात्रों की स्पष्ट तथा अस्पष्ट उपलब्धियों की जाँच से बाह्य परीक्षा की कमियों की पूर्ति हो जाती है।

आन्तरिक मूल्यांकन से सम्बन्धित समस्याएँ (Problems Relating to Internal Evaluation): 1. अध्यापकों, छात्रों और प्रबन्धकों से आन्तरिक मूल्यांकन की स्वीकृति किस प्रकार प्राप्त की जाए?

2. आन्तरिक मूल्यांकन कार्य को प्रभावपूर्ण ढंग से करने की क्षमता अध्यापकों में किस प्रकार पैदा की जाए?

3. आन्तरिक मूल्यांकन को प्रभावपूर्ण ढंग से करने के लिए क्या न्यूनतम सुविधाएँ दी जाएँ?

4. विभिन्न स्कूलों के स्तर में समन्वय किस प्रकार स्थापित किया जाए?

5. आन्तरिक मूल्यांकन करने और इसके स्तर को सुधारने के लिए क्या प्रणाली अपनाई जाये?

6. बाह्य परीक्षा और आन्तरिक मूल्यांकन के अंकों में किस प्रकार सम्बन्ध स्थापित किया जाए?

समस्या I: आन्तरिक मूल्यांकन की स्वीकृति किस प्रकार प्राप्त की जाएं (How to Make Internal Evaluation Acceptable): (i) परीक्षा प्रश्न-पत्रों, उत्तर-पुस्तिकाओं और अंकों का विश्लेषण किया जाए और आँकड़े उन व्यक्तियों के

सामने प्रस्तुत किये जाएँ जो छात्रों की उपलब्धियों की जाँच के लिए उत्तरदायी हैं जिससे वे यह अनुभव कर सकें कि छात्रों के विकास की जाँच के लिए पर्याप्त साधनों के विकास की आवश्यकता है। (ii) आन्तरिक मूल्यांकन प्रणाली को उत्तम सिद्ध करने के लिए कुछ चुने हुए स्कूलों में इनका प्रयोग कर परीक्षण किया जाए। (iii) अध्यापकों की सहायता से आन्तरिक मूल्यांकन के सुदृढ़ तरीकों का विकास किया जाए। अध्यापकों में इसके प्रति आस्था पैदा कर उनकी सहायता और सहयोग से इसे कार्यरूप दिया जाए।

समस्या II: अध्यापकों की क्षमता (Competency of the Teachers): (क) अध्यापक प्रशिक्षण पाठ्यक्रम के अधीन मूल्यांकन की आन्तरिक मूल्यांकन प्रणाली, इनकी समस्याओं और तरीकों को सम्मिलित करना चाहिए और इसे प्रशिक्षण कॉलेज कार्यक्रम का अभिन्न अंग मानना चाहिए। (ख) सेवाकालीन शिक्षा के रूप में वर्तमान शिक्षकों के लिए रिफ्रेशर कोर्स या ट्रेनिंग कैम्प की व्यवस्था करनी चाहिए। (ग) आन्तरिक मूल्यांकन के उद्देश्यों का वर्गीकरण करने के लिए समय-समय पर अध्यापकों और प्रधानाचार्यों का सम्मेलन होना चाहिए। ये सम्मेलन वर्ष के आरम्भ में होने चाहिए। वर्ष में कम से कम दो सम्मेलन होने चाहिए। (घ) एक क्षेत्र के विभिन्न स्कूलों में कार्य करने वाले अध्यापकों का सम्मेलन होना चाहिए जिसमें वे मूल्यांकन लेखा रखने के तरीकों की जाँच करें और लेखा रखने की पद्धति तथा रूप का विकास करें।

समस्या III: न्यूनतम सुविधाओं की समस्या (Problem of Minimum Facilities): (क) शिक्षा के उद्देश्यों को ध्यान में रखकर पाठ्यक्रम को विस्तृत बनाना चाहिए। (ख) पाठ्यक्रम ऐसा होना चाहिए कि अध्यापकों को अपने कार्य की अपने वातावरणानुसार योजना बनाने की स्वतन्त्रता की। (ग) साधारणतया निरीक्षक और दूसरे अधिकारी चाहते हैं कि कार्य-प्रणाली एक-सी हो, ऐसा प्रतिबन्ध नहीं होना चाहिए, बल्कि अध्यापक स्वतन्त्र होने चाहिए और वे अपनी कार्य-प्रणाली का स्वयं विकास करें। (घ) अध्यापक-छात्रों का अनुपात ठीक होना चाहिए। यह अनुपात अधिकतम 1 : 30 होना चाहिए। (ङ) कक्षा स्तर के अनुसार कक्षा में पुस्तकालय की व्यवस्था होनी चाहिए। (च) इन दिशाओं में अध्ययन और अनुसंधान कार्य होना चाहिए जिससे उचित मापदण्ड तैयार किये जा सकेंगे, जो आगे चलकर आवश्यक होंगे।

समस्या IV: आन्तरिक मूल्यांकन प्रणाली में विभिन्न स्कूलों में स्कूल विषय स्तर में समन्वय स्थापित करने की समस्या (Problem of Coordination of Standards among Schools) : (क) विभिन्न विषयों के विशेषज्ञों की सलाहकार समितियाँ नियुक्त की जाएँ जो समय-समय पर विभिन्न स्कूलों को सलाह दें और अध्यापकों को सलाह देने के लिए लेख या पुस्तकें लिखें। इस कार्य को सफल बनाने के लिए अध्यापकों की विचारधारा में आमूल परिवर्तन लाना आवश्यक है। उन्हें यह समझाना है कि विशेषज्ञ निरीक्षक नहीं हैं बल्कि वे सलाहकार हैं जिनसे वे आवश्यकता पड़ने पर अपनी समस्या के सम्बन्ध में विचार-विमर्श कर सकते हैं। (ख) सभी स्कूलों के लिए एक अनिवार्य पाठ्यक्रम नहीं बनाया जाना चाहिए। यह पाठ्यक्रम इतना लचीला होना चाहिए कि अध्यापक अपनी कुशलता और क्षमता का परिचय दे सके। (ग) अध्यापकों को मूल्यांकन के नये तरीकों में प्रशिक्षण देने के लिए पर्याप्त सुविधाएँ देनी होंगी और शिक्षा संस्थाओं को सरकार से मिलने वाले अनुदान का आधार अध्यापकों की योग्यता और स्कूल में उपलब्ध शिक्षा सुविधा बनाना होगा। (घ) अध्यापकों के जाँच परिणामों को जाँचने के लिए निरीक्षक नियुक्त किये जाएँ। इनके नाम आदि गोपनीय रखे जाएँ। वे विभिन्न स्कूलों के जाँच परिणामों की तुलना करें अथवा स्वयं निश्चित किये किसी मापदण्ड द्वारा जाँचें।

(ङ) अध्यापकों के अनुमान बाह्य परीक्षा परिणामों के अनुरूप किये जाएँ और यदि सम्भव हो तो उनमें समन्वय स्थापित किया जाए।

समस्या V: आन्तरिक मूल्यांकन स्तर को निरन्तर सुधारने के लिए क्या व्यवस्था की जाए (Problem of Continuous Improvement in Internal Assessment): इस उद्देश्य के लिए राज्य मूल्यांकन यूनिट अच्छा संस्थान होगा, परन्तु अच्छा यह होगा कि यह संस्थान अपना कार्य पाठ्यक्रम समिति, गाइडेंस ब्यूरो, निरीक्षण विभाग, केन्द्रीय मूल्यांकन विभाग और रिसर्च ब्यूरो जैसी संस्थाओं के सहयोग से करे।

विषय विशेषज्ञों के दल द्वारा किया गया निरीक्षण भी इस कार्य में सहायक सिद्ध होगा।

समस्या VI: आन्तरिक मूल्यांकन और बाह्य परीक्षा अंकों में किस प्रकार सम्बन्ध स्थापित किये जाएँ (Establishing Relationship between Internal Evaluation and External Evaluation): (क) आन्तरिक मूल्यांकन का सम्बन्ध छात्रों के विकास के विभिन्न पहलुओं जैसे शिक्षक उपलब्धियाँ, उनकी रुचि, भावनाएँ और व्यक्तिगत लक्षण आदि से होना चाहिए। (ख) आन्तरिक और बाह्य परीक्षाओं के उत्तीर्ण होने के लिए न्यूनतम स्तर निश्चित करना चाहिए। छात्र का परिणाम दोनों ही परीक्षाओं के सामूहिक लेखे के आधार पर घोषित करना चाहिए। (ग) आन्तरिक मूल्यांकन और बाह्य परीक्षा के परिणामों को तुलनात्मक बनाने के लिए यह आवश्यक है कि दोनों के पूर्णांक बराबर कर लिये जाएँ। यह शैक्षिक विषयों के सम्बन्ध में आवश्यक है। (घ) यह ध्यान रखना चाहिए कि कुछ क्षेत्रों में छात्रों की उपलब्धियों को व्यक्त करने के लिए आन्तरिक मूल्यांकन और बाह्य परीक्षा की तुलना करना सम्भव नहीं होगा। (ङ) प्रमाण-पत्रों पर छात्रों की बाह्य परीक्षा और आन्तरिक मूल्यांकन परिणामों को अलग-अलग लिखना चाहिए। इससे नियुक्तिकर्त्ता को चयन करने के लिए पर्याप्त सुविधा प्राप्त हो जाएगी। (च) इस प्रकार के प्रमाण-पत्रों से यह अध्ययन करने के भी अवसर प्राप्त होंगे कि आन्तरिक मूल्यांकन अथवा बाह्य परीक्षा के परिणामों में से कौन-सा परिणाम अधिक विश्वसनीय है? (छ) इससे स्कूलों का वर्गीकरण करने के लिए भी मापदण्ड बनाने में सुविधा होगी।

सारांश (Summary)

निरन्तर तथा व्यापक मूल्यांकन के उद्देश्य (Objectives of Continuous and Comprehensive Evaluation): 1. शिक्षण तथा अधिगम में सम्बन्ध स्थापित करना। 2. छात्र के व्यक्तित्व के सभी पक्षों का समायोजित विकास करना। 3. छात्रों को शिक्षण अधिगम प्रक्रिया में भागेदारी बनाना। 4. छात्रों की क्षमताओं का मूल्यांकन तथा उपयुक्त विकास करना। 5. अभिभावकों को छात्रों की प्रगति से निरन्तर परिचित कराना तथा उनका योगदान प्राप्त करना।

निरन्तर तथा व्यापक मूल्यांकन की सीमाएँ (Limitations of Continuous and Comprehensive Evaluation): सैद्धान्तिक तौर पर तो निरन्तर तथा व्यापक मूल्यांकन की अवधारणा का बहुत महत्त्व है तथा इस के अनुसार कार्य किया जाना चाहिए। परन्तु व्यावहारिक रूप में वर्तमान स्थिति में यह केवल 'मृगतृष्णा' के समान है। मोटे तौर पर निम्नलिखित कठिनाइयों तथा बाधाओं के कारण यह सम्भव नहीं है:

1. विद्यालयों में छात्रों की भीड़-भाड़। 2. कक्षाओं में छात्रों की भीड़-भाड़। 3. अध्यापकों का अधिक कार्यभार। 4. बाह्य परीक्षाओं का प्रभुत्व। 5. शैक्षिक स्तरों में तालमेल। 6. वैध मूल्यांकन उपकरणों का अभाव। 7. समय का अभाव। 8. खर्चीली व्यवस्था। 9. अध्यापकों का गिरता हुआ समाज में स्तर। 10. व्यक्तिनिष्ठता का तत्त्व।

निरन्तर (सतत्) तथा व्यापक मूल्यांकन की विधियाँ
(Techniques of Continuous and Comprehensivon Evaluation)

1. लिखित परीक्षा (Written Tests)
   (i) अध्यापक द्वारा निर्मित परीक्षाएँ (Teacher Made Tests)
   (ii) मानकीकृत परीक्षाएँ (Standardised Tests)
2. मौखिक परीक्षाएँ (Oral Examinations)
3. प्रयोगात्मक परीक्षाएँ (Practical Examinations)
4. छात्रों द्वारा किया जाने वाले गृहकार्य तथा अन्य दत्तकार्य (Students Home Work and other Assignments)
5. छात्रों की पाठान्तर क्रियाओं में भागेदारी (Participation of Students in Co-Curricular Work)
6. प्रश्नावली (Questionnaire)
7. जाँच सूची (Check List)
8. अवलोकन अथवा निरीक्षण (Observation)
9. साक्षात्कार (Interview)
10. सामूहिक विचार विमर्श (Group Discussion)
11. दैनिक डायरी (Daily Diary)
12. आकस्मिक घटनाओं का रिकॉर्ड (Anecdotal Record)
13. संचित अभिलेख पक्ष (Cumulative Record)
14. पुस्तकालय रिकॉर्ड (Library Record)
15. केस अध्ययन तथा व्यक्ति अध्ययन (Case Study and Individual Study)
16. समाजमिति (Sociometry)
17. रेटिंग स्केल (Rating Scale)

7

मूल्यांकन तथा परीक्षा उपकरणों का निर्माण (Construction of Tools of Evaluation and Examination)

सतत् तथा व्यापक मूल्यांकन के विविध उपकरण (Different Tools of Continuous and Comprehensive Evaluation)

कहने की आवश्यकता नहीं कि स्कूलों और अध्यापकों द्वारा इस्तेमाल किये गये मूल्यांकन के उपकरणों, तकनीकों और पद्धतियों में सुधार के लिए बहुत कुछ करने की जरूरत है। छात्रों का मूल्यांकन कागज–पेन्सिल परीक्षा द्वारा तैयार किया जाता रहा है। पर अब नयी पद्धति में इसमें परिवर्तन के लिए कदम उठाये जा रहे हैं। इसके लिए हमें नयी तकनीक का सहारा लेना होगा। नये उपकरणों व साधनों का प्रयोग करना होगा।

छात्रों की शैक्षिक योग्यता का मूल्यांकन करने के लिए उपलब्ध उपकरणों तथा तकनीकों में से उपयुक्त उपकरणों व तकनीकों का चयन किया जाना चाहिए। पर्यवेक्षण सूचियों, अंक के प्रतिमानों, साक्षात्कारों, मौखिक वार्तालापों, रुचियों, पूर्व वृत्तान्तों आदि के लिए उपयुक्त तकनीकें इस्तेमाल की जानी चाहिए। मूल्यांकन के लिए वस्तुतः सही उपकरण पद्धति का उपयोग ही हमारी आज की आवश्यकता है। यहाँ यह भी जानना जरूरी है कि आन्तरिक और बाह्य दोनों परीक्षाओं को अनौपचारिक बनाया जाए। समय की माँग है कि मूल्यांकन के अधिक से अधिक अनौपचारिक साधनों को अपनाया जाए जिससे स्कूली शिक्षा के सभी स्तरों पर छात्रों की चिन्ता और डर कम हो सके। यह भी जरूरी है कि छात्रों के स्तर का मूल्यांकन करने के लिए लचीली पद्धति अपनायी जाए।

उपलब्धि परीक्षण का अर्थ (Meaning of an Achievement Test)

ब्लम व बेलिंसकी (*Blum and Ballinsky*) के विचार में, "उपलब्धि परीक्षण किसी व्यवसाय या विद्यालय विषयों में अर्जित कुशलताओं या ज्ञान को मापना है।"

सुपर (*Super*) का कहना है, "एक उपलब्धि या दक्षता–परीक्षण यह निश्चित करने के लिए प्रयोग में लाया जाता है कि क्या तथा कितना सीखा गया है या किस दक्षता से कार्य सम्पन्न किया गया है। इसमें मुख्य ध्यान भूत के मूल्यांकन का होता है न कि भविष्य का। भविष्य का तो केवल इतना ध्यान रखा जाता है कि प्राप्त ज्ञान अथवा कौशल भविष्य में हितकारी होगा।"

बिंघम (*Bingham*) के शब्दों में, "उपलब्धि परीक्षण वह माप है जिसके द्वारा स्कूल के अन्दर तथा बाहर प्राप्त ज्ञान को समय तथा प्रकृति के अनुसार देखा जाता है।"

गैरेट (*Garret*) ने लिखा है, "उपलब्धि परीक्षणों का प्रयोग छात्रों के सामान्य शैक्षिक स्तर या स्थिति और किसी विशेष विषय में उनके ज्ञान का निश्चय करने के लिए किया जाता है।"

जोन्स (Jones) का कहना है, "उपलब्धि परीक्षणों का प्रयोग यह निश्चय करने के लिए किया जाता है कि कुछ समय तक अध्ययन करने के पश्चात् छात्र द्वारा क्या सीखा गया है अर्थात् उसने किन-किन आदतों और कुशलताओं का विकास किया है। छात्र ने वांछित लक्ष्य की ओर किस सीमा तक प्रगति की है? वह अधिक प्रगति करने के लिए उद्यत है या नहीं और उसकी उपलब्धि उसके समूह के अन्य सदस्यों की तुलना में कितनी है?"

परीक्षा-प्रणाली का विशेष महत्त्व है। इसे समाप्त नहीं किया जा सकता, अपितु इसमें सुधार की पर्याप्त गुंजाइश है। परीक्षा-प्रणाली शिक्षकों के लिए, छात्रों के लिए, अभिभावकों के लिए, सरकार तथा समाज के लिए बहुत लाभदायक है। परीक्षा-प्रणाली छात्रों को अनुभव के लिए प्रेरित करती है। परीक्षा छात्रों के सम्मुख एक लक्ष्य निर्धारित करती है। छात्रों की कमियों का ज्ञान होता है। अध्यापकों की कार्यकुशलता का पता चलता है। उन्हें अपनी शिक्षण-विधियों की जाँच का अवसर मिलता है। समाज तथा समुदाय को विद्यालय की प्रगति के बारे में जानकारी प्राप्त होती है। परीक्षाओं द्वारा छात्रों को जीवन में कई प्रकार की परीक्षाएँ देने में प्रशिक्षण मिलता है। छात्र भी स्कूल में लगे अपने कर्मचारियों की दक्षता का अनुमान लगाता है।

विद्यालय परीक्षा के प्रकार (Types of School Examination)

विद्यालय परीक्षाओं को कई प्रकार से बाँटा जा सकता है:

1. *समय के अनुसार*: इसमें वार्षिक, अर्द्धवार्षिक, त्रैमासिक, मासिक, साप्ताहिक तथा दैनिक परीक्षाएँ आती हैं।

2. *प्रश्नों के अनुसार*: इसमें लिखित तथा मौखिक विधियाँ आती हैं। लिखित परीक्षा दो प्रकार की होती है—निबन्धात्मक तथा वस्तुनिष्ठ।

3. *परीक्षकों के अनुसार*: बाह्य तथा आन्तरिक।

4. *मिश्रित-प्रश्न* (Questions), इकाई टैस्ट (Unit Test), स्वयंमूल्यांकन सामग्री (Self-Evaluation Material), अवलोकन अथवा प्रेक्षण अथवा पर्यवेक्षण अनुसूची (Observation Schedule), क्षेत्रीय भ्रमण तथा प्रोजेक्ट कार्य के लिए चैक लिस्ट (Check List for Field Trip and Project Work)

परम्परागत परीक्षा प्रणाली तथा इसके दोष (Traditional System of Examination and Its Defects)

परम्परागत परीक्षा प्रणाली मुख्यत: निबंधात्मक प्रश्नावली तथा वार्षिक परीक्षा पर आधारित है। सार्वजनिक परीक्षा कक्षा 5, 8, 10 तथा 12 के शैक्षिक स्तर की समाप्ति पर होती है। प्रश्न-पत्रों के निर्माण तथा जाँच का कार्य किसी बोर्ड द्वारा किया जाता है। अर्थात् परीक्षा बाहरी होती है।

परम्परागत परीक्षा को बड़े भद्दे विशेषणों द्वारा संबोधित किया जाता है: 1. परीक्षा एक आवश्यक बुराई है। 2. परीक्षा एक 'बला' है। 3. परीक्षा वास्तविक शिक्षा का शत्रु है। 4. परीक्षा खून चूसने वाली है। 5. परीक्षा शिक्षा का मृतक हाथ है। 6. परीक्षा रटने की शान है। 7. परीक्षा शिक्षा में रुकावट है। 8. परीक्षा बढ़ता हुआ अत्याचार है।

परम्परागत परीक्षा प्रणाली के दोष: 1. रटने पर बल। 2. यथार्थता का अभाव। 3. वस्तुनिष्ठता का अभाव। 4. व्यापकता की कमी। 5. अविश्वसनीयता। 6. भाग्यवादिता। 7. क्रियात्मकता एवं व्यावहारिक ज्ञान की उपेक्षा। 8. शैक्षिक उद्देश्यों की पूर्ति में बाधक।

9. नियमित रूप से पढ़ने की अवहेलना। 10. नैतिक हीनता। 11. नकल का अवसर। 12. अंक लगाने में कठिनाईयाँ। 13. संयोग की प्रधानता। 14. छात्रों पर मानसिक तथा अन्य प्रकार के बोझ।

निबन्धात्मक परीक्षाएँ (Essay Type Tests or Examinations)

निबन्धात्मक परीक्षाओं में कुछ प्रश्न दिये जाते हैं जिनमें से कुछ प्रश्नों की छूट दी जाती है, जैसे कि दस प्रश्नों में से कोई सात प्रश्न करें। दूसरे शब्दों में, समस्त पढ़ाई गई सामग्री में से कुछ पर ही प्रश्न पूछे जाते हैं और इन प्रश्नों का उत्तर निबन्धात्मक रूप में देना होता है।

निबन्धात्मक परीक्षा के मुख्य दोष (Chief Defects of Essay Type Examination): निबन्धात्मक परीक्षा-पद्धति के दोषों की बहुत चर्चा की गयी है और इसे घृणा के कई नामों से पुकारा जाता है। कुछ इसे 'एक बला' कहते हैं, कुछ इसे 'वास्तविक शिक्षा की शत्रु', 'खून चूसने वाली', 'शिक्षा का मृतक हाथ', 'परस्पर शत्रुता उत्पन्न करने वाली', 'रटने की शान', 'शिक्षा में रुकावट', 'बढ़ता हुआ अत्याचार' आदि नाम देते हैं। ये दोष इस प्रकार हैं–

1. *संयोग की प्रधानता:* प्राय: यह देखा जाता है कि बहुत से छात्र कुछ ही प्रश्नों को याद करते हैं और दूसरों को छोड़ देते हैं। यदि ये प्रश्न परीक्षा-पत्र में आ जाते हैं तो वे सफल हो जाते हैं। परन्तु प्रश्न यह उत्पन्न होता है कि क्या वास्तव में उन्होंने ज्ञान प्राप्त कर लिया है? उत्तर स्पष्ट है कि नहीं?

कई छात्र ऐसे भी होते हैं, जो सारा वर्ष परिश्रम करते हैं, परन्तु दुर्भाग्यवश वे परीक्षा के समीप बीमार पड़ जाते हैं और उन बेचारों का एक वर्ष अकारण ही बरबाद हो जाता है।

2. *छात्रों पर कई प्रकार का बोझ:* परीक्षा का भूत जब छात्रों पर सवार हो जाता है तो उनके मन तथा शरीर पर बहुत बोझ पड़ जाता है। बेइज्जती का भय, साथियों की आलोचनाएँ, माँ-बाप की भर्त्सना, शिक्षकों की कटु आलोचना आदि बातें उनके जीवन पर बहुत बुरा प्रभाव डालती हैं। बहुत-से छात्र ऐसे भी होते हैं, जो साल भर तो परिश्रम नहीं करते, परीक्षा निकट आने पर पढ़ने-लिखने में दिन-रात एक कर देते हैं। रात-रात भर जागकर पढ़ने से उनके स्वास्थ्य पर बुरा प्रभाव पड़ता है।

3. *परीक्षा के विभिन्न माप:* छात्रों की उत्तर-कापियाँ जाँचने का निश्चित मापदण्ड नहीं होता है। परीक्षक अपने-अपने दृष्टिकोण से छात्रों की कापियाँ जाँचते हैं। कोई छात्र के लेख से, कोई भाषा से, कोई विवरण से प्रभावित होकर अंक देते हैं। इस प्रकार परीक्षकों में मतभेद होने के कारण परीक्षाफल का एक माप नहीं होता। यहाँ तक देखा गया है कि उत्तर-पर्चों के अंकित करने में एक ही परीक्षक द्वारा दूसरे दिन अथवा सवेरे और शाम में ही काफी अन्तर आ जाता है। कहा जाता है कि जब परीक्षक शोक अथवा क्रोध में होता है तो वह कम अंक देता है।

4. *रटने की प्रवृत्ति:* वर्तमान परीक्षा-प्रणाली से छात्रों में रटने की प्रवृत्ति बढ़ती है। वे सहायक पुस्तकों, जैसे–कुंजियों और प्रश्नोत्तरी पर अधिक निर्भर रहते हैं। छात्रों के वास्तविक ज्ञान का जानना अत्यन्त कठिन हो जाता है।

5. *छात्रों के स्वभाव की अवहेलना:* वर्तमान शिक्षा-पद्धति छात्रों के स्वभाव पर विशेष ध्यान नहीं देती। बहुधा देखा गया है कि कई योग्य छात्र परीक्षा के समय बिल्कुल घबरा जाते हैं। वे प्रश्न-पत्रों के उत्तर ठीक प्रकार नहीं दे पाते और अपनी योग्यता को पूर्ण रूप से प्रकट करने में असमर्थ रहते हैं। परीक्षाएँ उन्हें भयभीत कर देती हैं।

निबन्धात्मक प्रश्नों की विशेषताएँ तथा गुण (Characteristics/Merits of Essay Type Questions)

1. रचना की सुविधा (Easy construction)
2. प्रशासन की सुविधा (Easy administration)
3. जाँच की सुविधा (Easy marking)
4. विचारों की अभिव्यक्ति (Freedom of expression)
5. मितव्ययिता (Economical—Less expensive)
6. विचारों की स्वतन्त्रता (Freedom of Expression)
7. आलोचनात्मक चिन्तन (Reflective thinking)
8. लेखन शैली की प्रभावशालीता (Effectiveness of style of writing)
9. उच्च मानसिक योग्यताओं का अध्ययन (Examination of higher mental capacities)
10. नकल की कम सम्भावना (Less chance of unfair means)
11. विस्तृत तथा गहन अध्ययन को प्रोत्साहन (Encouragement to extensive and intensive studies)
12. समस्त विषयों में उपयुक्तता (Suitability for all subjects)

निबन्धात्मक प्रश्नों के प्रकार (Types of Essay Type Questions)

निबन्धात्मक प्रश्नों का वर्गीकरण (Classification): 1. वर्णात्मक प्रश्न (Descriptive Questions), 2. व्याख्यात्मक प्रश्न (Explanatory Questions), 3. विवेचनात्मक प्रश्न (Discussion Questions), 4. परिभाषात्मक प्रश्न (Definition Questions), 5. उदाहरणार्थ प्रश्न (Illustrative Questions), 6. तुलनात्मक प्रश्न (Comparison Questions), 7. रूपरेखात्मक प्रश्न (Outline Questions), 8. आलोचनात्मक प्रश्न (Criticism Questions), 9. विश्लेषणात्मक प्रश्न (Analytical Questions), 10. वर्गीकरणात्मक प्रश्न (Classification Questions)

निबन्धात्मक प्रश्नों के उदाहरण: 1. *परिभाषा सम्बन्धी प्रश्न:* पर्यावरण की परिभाषा पर प्रकाश डालें। 2. *कारण तथा प्रभाव सम्बन्धी प्रश्न:* जनसंख्या तथा खाद्यान्न में क्या संबंध है? 3. *उदाहरण सम्बन्धी प्रश्न:* गुप्त काल को प्राचीन भारत का 'स्वर्ण युग' क्यों कहते हैं? उदाहरण देकर स्पष्ट करें। 4. *वर्गीकरण सम्बन्धी प्रश्न:* आर्थिक आवश्यकता संबंधी परिभाषा के अनुसार निम्न का वर्गीकरण करें। वस्तु, सूर्य की रोशनी, सोना, भोजन। 5. *मूल्यांकन सम्बन्धी प्रश्न:* आप के विचार में क्या चन्द्रगुप्त मौर्य को भारत का पहला सम्राट कहा जा सकता है? व्याख्या कीजिए। 6. *जानकारी:* सितारे क्यों चमकते हैं? 7. *विश्लेषण:* सम्राट अशोक को 'महान् अशोक' क्यों कहते हैं? 8. *व्याख्या:* लोकतन्त्र का अर्थ स्पष्ट करें। 9. *तुलना:* हिन्दू धर्म तथा बौद्ध धर्म की तुलना करें। 10. *निरीक्षण/अवलोकन:* इस प्रयोग का अवलोकन करें। 11. *समस्या समाधान:* भारत की खाद्य समस्या का क्या समाधान है?

निबन्धात्मक प्रश्न-पत्रों में सुधार (Improvement in Essay Type Question Papers)

एक अच्छा तथा आदर्श प्रश्न-पत्र निर्मित करने के लिए पर्याप्त चिन्तन, अनुभव एवं

व्यावसायिक निपुणता अत्यन्त आवश्यक है। निबन्धात्मक प्रश्न-पत्र बनाते समय निम्नलिखित बातों को दृष्टिगत रखना चाहिए–

1. *शिक्षण लक्ष्यों की पूर्ति*: इस बात के लिए प्रयत्न करना आवश्यक है कि निर्धारित लक्ष्यों की भली-भाँति जाँच हो सके।

2. *पूर्ण विषय-वस्तु की जांच*: पढ़ाये गये पाठ्यक्रम में से इस प्रकार के प्रश्न-पत्र बनाने चाहिए कि चुने गये प्रश्न विषय-वस्तु का आदर्श नमूना हों, जो अधिक से अधिक विषय-वस्तु की जाँच करने की क्षमता रखते हैं।

3. *विकल्प-प्रश्नों की व्यवस्था*: प्रश्न-पत्रों में विकल्प नहीं होने चाहिए अर्थात् इस प्रकार से चुनाव का अवसर देना 'कोई पाँच प्रश्न करो'। एक ही प्रश्न के भीतर विकल्प प्रश्नों की व्यवस्था की जा सकती है।

4. *कठिनाई का स्तर*: छात्रों की शैक्षिक निष्पत्ति का अनुमान ठीक ढंग से लगाने के लिए जरूरी है कि प्रश्न-पत्र में सरल, औसत तथा कठिन प्रश्नों की संख्या पूर्व निर्धारित होनी चाहिए।

5. *निर्देश*: प्रश्न-पत्र को हल करने के स्पष्ट निर्देश देने चाहिए।

6. *अंकों का वितरण*: उचित होगा यदि प्रश्नों के भीतर अलग-अलग हिस्सों पर अंकों का वितरण सतर्कता तथा सावधानी से किया जाए।

7. *आदर्श उत्तर, अंकन कुंजी तथा अंकन विधि (Model Answer, Scoring Key and Marking Key)*: परीक्षक प्रश्न-पत्र बनाते समय ये कार्य स्वयं कर लें ताकि प्रश्न-पत्रों के उत्तरों आदि के बारे में पूर्ण जानकारी हो सके तथा उत्तर-पुस्तिकाओं का मूल्यांकन वैज्ञानिक तथा वस्तुनिष्ठ बन सके।

संक्षिप्त अथवा लघु उत्तर वाले प्रश्न (Short-Answer Type Questions)

इस प्रकार के प्रश्नों के उत्तर कुछ पंक्तियों में दिये जाते हैं, जैसे–महाराजा अशोक के जीवन पर दस पंक्तियाँ लिखो, वनों के कोई तीन लाभ लिखो, जाति-प्रथा के दो दोष लिखें, आदि। इस प्रकार के प्रश्नों का सबसे बड़ा लाभ यह है कि छात्रों से अधिक से अधिक प्रश्न निर्धारित समय में पूछे जा सकते हैं। पढ़े हुए कोर्स के अधिकतम भाग से प्रश्न दिये जा सकते हैं। परन्तु इन प्रश्नों से छात्रों की तर्कशक्ति का परीक्षण पूरी तरह से नहीं हो पाता।

वस्तुनिष्ठ प्रश्नों के प्रकार (Forms of Objective Type Questions)

- अभिज्ञान रूप (Recognition Type)
- प्रत्यास्मरण रूप (Recall type)

एकान्तर प्रत्युत्तर (Alternate Response)	बहुउद्देश्यीय (Multi-purpose Choice)	क्रमबद्धीकरण (Matching)	वर्गीकरण (Classification)	साधारण प्रत्यास्मरण (Simple Recall)	रिक्त स्थान-पूर्ति (Completion)

I. *क्रमबद्धीकरण परीक्षण (मैचिंग टैस्ट)*: कॉलम 'क' के नीचे कुछ पुस्तकों के नाम दिये गये हैं और कॉलम 'ख' के नीचे कुछ लेखकों के नाम हैं। कॉलम 'ग' के नीचे प्रत्येक पुस्तक के सामने सही लेखक का नाम लिखिये–

'क'	'ख'	'ग'
भगवद्गीता	श्रीकृष्ण	....
इण्डिका	कालिदास	....
बुद्ध-चरित्र	कल्हण	....
रघुवंश	मैगस्थनीज	....
राजतरंगिनी	तुलसीदास	....
	अश्वघोष	

क्रमबद्धीकरण परीक्षण के सिद्धान्त: 1. साधारणतया कथनों की अपेक्षा उत्तरों की संख्या अधिक होनी चाहिए, जिससे कि अन्तिम उत्तर का चयन करने की भी आवश्यकता रहे।

2. असमान कथनों और उत्तरों को नहीं मिलाना चाहिए।

3. कम विषय-वस्तु की जाँच के लिए इस प्रकार के प्रश्नों का प्रयोग नहीं करना चाहिए।

II. *बहुउद्देशीय अथवा मल्टीपल च्वाइस टैस्ट*: प्रत्येक कथन के सामने कई विकल्प दिये गये हैं। सही विकल्प का प्रयोग कीजिए–

(क) कालिदास एक राजनीतिज्ञ/नाटककार/योद्धा था।

(ख) ह्वेनसांग एक बौद्ध/हिन्दू/मुसलमान था।

(ग) मैगस्थनीज किसके शासन काल में भारत आया था?

चन्द्रगुप्त द्वितीय/हर्ष/चन्द्रगुप्त मौर्य

III. *शुद्ध-अशुद्ध टैस्ट (ट्रू-फॉल्स टैस्ट)*: नीचे कुछ कथन दिये गये हैं। प्रत्येक कथन के सामने शुद्ध-अशुद्ध शब्द लिखे हैं। शुद्ध उत्तर के नीचे रेखाएँ खींचिए–

इस प्रकार के प्रश्न में विद्यार्थी दो उत्तरों में से एक का चयन करता है। दिये गये कथनों में से लगभग आधे शुद्ध होते हैं:

(क) बुद्ध का जन्म ईसा से पूर्व हुआ था। शुद्ध/अशुद्ध

(ख) आर्यों ने सुन्दर मन्दिर बनाये थे। शुद्ध/अशुद्ध

(ग) हिन्दुओं के धार्मिक ग्रन्थ वेद हैं। शुद्ध/अशुद्ध

(घ) कनिष्क एक महान् लेखक था। शुद्ध/अशुद्ध

लाभ–1. इनका बनाना सरल है।

2. इनसे अधिक ज्ञान की जानकारी शीघ्र की जा सकती है।

3. ये उन स्थितियों में बहुत लाभकारी है, जहाँ विकल्प देने कठिन हैं अथवा जहाँ केवल दो ही उत्तर सम्भव हैं।

हानियाँ–1. अन्य प्रश्नों की अपेक्षा इसमें अनुमान के अधिक अवसर होते हैं।

2. प्रश्न को विश्वसनीय बनाने के लिए आवश्यक है कि प्रश्न लम्बा हो।

सिद्धान्त–1. कथन सरल शब्दों में होना चाहिए अन्यथा उसके अशुद्ध होने की सम्भावना रहती है।

2. कथनों को किसी निश्चित क्रमबद्ध में नहीं देना चाहिए।

3. छात्रों को अनुमान करने की मनाही कर देनी चाहिए।

IV. *साधारण प्रत्यास्मरण (सिम्पल रिकाल टैस्ट)*–निम्नलिखित किन राज्यों में स्थित हैं–

एलौरा	....	नालन्दा	....
थानेश्वर	....	उज्जैन	....
मोहनजोदड़ो	....		

इस प्रकार के प्रश्न में उत्तर नहीं दिया जाता, बल्कि याद करके लिखा जाता है।

लाभ–1. यह साधारण प्रश्न के समान होता है। 2. इसकी क्रिया स्वाभाविक होती है। 3. इसमें अनुमान की सम्भावना नहीं होती। 4. इनका बनाना सरल है। 5. इनमें पहचान की अपेक्षा याद करना पड़ता है। 6. विवरणात्मक ज्ञान की जाँच के लिए उपयुक्त होता है।

हानियाँ–1. इसका कार्यक्षेत्र रटने वाले ज्ञान तक सीमित है। 2. यह सोचने की क्षमता की जाँच नहीं करता। 3. यह अन्य वस्तुनिष्ट अथवा ऑब्जेक्टिव टाइप प्रश्नों की अपेक्षा कम ऑब्जेक्टिव होते हैं।

सिद्धान्त–1. महत्त्वपूर्ण ज्ञान की जानकारी के विषय में अधिक प्रश्न होने चाहिए। 2. जहाँ तक सम्भव हो प्रश्न ऐसे कीजिए कि उत्तर एक ही हो। 3. यथासम्भव प्रश्नों और वाक्यों को छोटा बनाइये। 4. यथासम्भव प्रश्न सीधा कीजिए। 5. जाँच की सुविधा के लिए प्रश्नों के उत्तर दाहिनी ओर के हाशिये में लिखवायें।

V. *पूर्ति अथवा कम्प्लीशन टैस्ट*–निम्न रिक्त स्थानों में उपयुक्त शब्द भरें:

(i) .... के अनुसार आर्यों का मूल निवास-स्थान तिब्बत था।

(ii) बौद्धों का चौथा सम्मेलन .... में हुआ था।

(iii) भारत में आक्रमणकारी .... से आये थे।

(iv) पाटलीपुत्र .... नदी के किनारे स्थित था।

नये ढंग के टैस्ट में प्रश्न बनाने के सिद्धांत (Principles of Framing New Type of Tests): 1. परीक्षा के लिए निश्चित पाठ्यक्रम के समस्त विषयों की सूची बनाइए। 2. प्रत्येक विषय की महत्त्वपूर्ण बातों को ध्यान में रखिए। 3. प्रत्येक प्रश्न का केवल एक ही शुद्ध उत्तर होना चाहिए।4. प्रारम्भ में सरल प्रश्न होने चाहिए, उनके बाद साधारण और अन्त में सबसे कठिन प्रश्न आने चाहिए। 5. विभिन्न प्रकार के ऑब्जेक्टिव प्रश्न सम्मिलित कीजिए। 6. निश्चित और संक्षिप्त प्रश्न बनाइए। 7. प्रश्न-पत्र भरने के लिए छात्रों को पर्याप्त समय दीजिए। 8. स्पष्ट आदेश दीजिए।

लाभ–1. जाँच पक्षपातरहित है। 2. सुलेख और लेख गति का छात्रों की ज्ञान-जाँच पर कोई प्रभाव नहीं पड़ता। 3. पूर्ण विषय-वस्तु में से बहुत-से प्रश्न ले लेने के कारण अनुमान की संभावना बहुत कम रह जाती है। 4. उत्तरों की जाँच सरल होती है और ऐसे उत्तर जाँचने में समय कम लगता है। 5. रटने को प्रोत्साहन नहीं मिलता है। 6. प्रमाणित टैस्ट परिणामों के आधार पर ऑब्जेक्टिव टाइप टैस्ट प्रमाणित किये जा सकते हैं। इन टैस्टों की सहायता से स्कूल विशेष अपने स्कूल के स्तर की तुलना अपने क्षेत्र के दूसरे स्कूलों से कर लेते हैं।

सीमाएँ–1. इस प्रकार के टैस्टों द्वारा व्यक्ति की अभिव्यक्ति-क्षमता की जाँच नहीं की जा सकती है। 2. इनमें अनुमान को प्रोत्साहन मिलता है। छात्रों को दिये गये विकल्पों में से एक का चयन करना होता है। 3. अध्यापकों को यह जानने का अवसर नहीं मिलता कि छात्र किस प्रकार और कहाँ गलती करते हैं। 4. यह छात्रों की तर्क-क्षमता की जाँच भी नहीं कर पाते हैं। 5. विवरणात्मक प्रश्न-पत्रों की भाँति यह चरित्र-निर्माण की जाँच नहीं कर पाने हैं।

विवरणात्मक अथवा निबन्धात्मक तथा वस्तुनिष्ठ टैस्टों की तुलना (Comparison between Essay Type and Objective Type Tests)

1. *प्रश्न संख्या:* विवरणात्मक या पुराने ढंग के टैस्टों में प्रश्नों की संख्या कम होती है। साधारणतया एक प्रश्न-पत्र में 5 या 6 प्रश्न होते हैं।

नये ढंग के टैस्टों में प्रश्नों की संख्या अधिक होती है।

2. *प्रश्नों के उत्तरों का आकार:* पुराने ढंग के प्रश्न-पत्रों में प्रश्नों के उत्तर विस्तृत होते हैं।

वस्तुनिष्ठ प्रश्न-पत्रों (Objective Type Question Papers) में उत्तर इतने छोटे होते हैं कि वे एक या दो शब्दों या अधिक से अधिक एक वाक्य में लिखे जा सकते हैं।

3. *निश्चित अथवा अनिश्चित उत्तर:* विवरणात्मक प्रश्न सामान्यत: विस्तृत, साधारण और अनिश्चित होते हैं। परीक्षार्थी यह नहीं समझ पाते हैं कि वे कितना उत्तर लिखें।

वस्तुनिष्ठ प्रश्न विशिष्ट, सीमित और निश्चित होते हैं।

4. *प्रश्नों की जांच:* विवरणात्मक प्रश्नों की जाँच निष्पक्ष नहीं होती है। इसमें परीक्षक के विचार, स्वभाव आदि का प्रभाव पड़ता है।

नये ढंग के टैस्टों की जाँच निष्पक्ष रहती है।

5. *पूर्ण अथवा आंशिक शुद्ध उत्तर:* विवरणात्मक प्रश्नों के उत्तर आंशिक रूप से शुद्ध और अशुद्ध हो सकते हैं, परन्तु आंशिक शुद्ध उत्तर के लिए अंक दिये जा सकते हैं।

नये ढंग के प्रश्नों में आंशिक उत्तर देने के लिए अंक देने की व्यवस्था नहीं होती है। उत्तर या तो शुद्ध होते हैं अथवा अशुद्ध, इसलिए या तो अंक पूरे मिलते हैं या बिल्कुल नहीं।

6. *समय:* विवरणात्मक टैस्टों में परीक्षार्थियों का अधिक समय लगता है।

नये ढंग के टैस्टों में प्रश्नों के उत्तर लिखने में समय कम लगता है।

7. *प्रश्नों का चुनाव:* विवरणात्मक टैस्टों में प्रश्नों का चुनाव आकस्मिक होता है और पूरा पाठ्यक्रम सम्मिलित नहीं किया जाता। कुछ पाठ्यक्रम अथवा अध्याय अथवा प्रश्न छोड़ दिये जाते हैं।

नये ढंग के टैस्टों में प्रश्नों की अधिकता के कारण पूरा पाठ्यक्रम सम्मिलित करना सम्भव हो जाता है।

8. *विचार अभिव्यक्ति:* विवरणात्मक टैस्ट में अभिव्यक्ति को महत्त्व दिया जाता है। इसलिए छात्रों को प्रश्नों के सम्बन्ध में सोचने का अवसर बहुत ही कम मिल पाता है।

नये ढंग के टैस्टों में सोचने को महत्त्व दिया जाता है।

9. *भाषा का स्थान:* जो छात्र भाषा में कुशल होते हैं, उन्हें विवरणात्मक टैस्टों का लाभ होता है।

नये ढंग के टैस्टों में बौद्धिक दृष्टि से चतुर छात्रों को लाभ होता है।

10. समय विवरणात्मक प्रश्न-पत्र बनाने में कम समय लगता है।

नये ढंग के प्रश्न-पत्र बनाने में अधिक समय लगता है।

11. *पाठ्यक्रम का कार्य क्षेत्र:* विवरणात्मक प्रश्न-पत्र में छात्र बहुत-सी विषय-वस्तु को सरलता से छोड़ सकते हैं, इसलिए परीक्षा के लिए तैयारी करना आसान होता है।

नये ढंग के प्रश्न-पत्र को करने के लिए पूरा पाठ्यक्रम तैयार करना पड़ता है, इसलिए छात्रों को तैयारी में अधिक समय लगाना पड़ता है।

12. *भाव अभिव्यक्ति:* विवरणात्मक प्रश्नों द्वारा विषय ज्ञान और भाव व्यक्त करने की क्षमता को जाँचना सम्भव होता है।

नये ढंग के प्रश्नों द्वारा विषय ज्ञान, भाव व्यक्त करने की क्षमता और विषय की गुणात्मक क्षमता की जाँच करना सम्भव नहीं है।

13. *अनुमान:* विवरणात्मक टैस्टों में 'अनुमान' लगाने के लिए पर्याप्त अवसर होता है, इसीलिए छात्र कुंजी से परीक्षा की तैयारी करते हैं।

नये ढंग के टैस्टों में अनुमान लगाने का अवसर नहीं होता है।

14. *उत्तर पुस्तिकाओं का जांच समय:* विवरणात्मक टैस्ट की उत्तर-पुस्तिकाएँ जाँचने में अधिक समय लगता है।

संक्षिप्त उत्तर जाँचने में कम समय लगता है।

15. *छपाई खर्च:* विवरणात्मक टैस्ट के प्रश्न-पत्र की छपाई पर कम खर्च होता है। नये ढंग के प्रश्न-पत्र में प्रश्न अधिक होते हैं, इसलिए छपाई पर अधिक खर्च होता है।

विवरणात्मक प्रश्नों के उत्तर भी विस्तृत और लम्बे होते हैं, इसलिए उत्तर-पुस्तिकाओं पर अधिक खर्च नहीं होता है।

नये ढंग के प्रश्न-पत्र के प्रश्नों के उत्तर संक्षिप्त होते हैं और साधारणतया, प्रश्न-पत्र पर ही लिखे जा सकते हैं। इसलिए उत्तर-पुस्तिकाओं पर बहुत ही कम खर्च होता है।

16. *नकल की सम्भावना:* विवरणात्मक टैस्टों में नकल आदि करने की कम सम्भावना होती है।

नये ढंग के टैस्टों में नकल आदि करने का पर्याप्त अवसर होता है।

उपसंहार–एक आदर्श परीक्षण में तीनों प्रकार के प्रश्नों अर्थात् विवरणात्मक, संक्षिप्त तथा नये ढंग के वस्तुनिष्ठ का उपयुक्त सम्मिश्रण होना चाहिए।

प्राय: प्रश्न-पत्र में प्रश्नों का अनुपात इस प्रकार हो सका है–

1. निबन्धात्मक प्रश्न	70 प्रतिशत
2. लघु प्रश्न	20 प्रतिशत
3. वस्तुनिष्ठ प्रश्न	10 प्रतिशत।

परीक्षा में सुधार के उपाय (Measures for Reforming Examinations)

परीक्षा में दोषों के होते हुए भी हम यह नहीं कह सकते कि परीक्षा-प्रणाली को समाप्त कर देना चाहिए। निस्सन्देह इसमें दोष हैं और हमें इन दोषों को दूर करना चाहिए। परीक्षा का स्थान अचल है। वर्तमान शिक्षा-प्रणाली में निम्नलिखित सुधारों की आवश्यकता है:

1. बाह्य परीक्षाएँ अधिक न ली जाएँ। ऐसी परीक्षाएँ छात्र तथा अध्यापक के काम में रुकावट डालती हैं। छात्रों के भावों और विचारों को विकसित होने का पूरा अवसर नहीं देतीं। छात्रों की रचनात्मक शक्ति और योग्यता की जाँच करने में भी असमर्थ हैं।

2. छात्र को क्या आता है और कितना आता है, इस पर परीक्षा लेते समय ध्यान देना चाहिए, न कि इस पर कि उसे क्या नहीं आता? प्राय: परीक्षकों का प्रश्न-पत्र बनाते समय यह दृष्टिकोण होता है कि छात्र को क्या नहीं आता? अत: परीक्षकों की मनोवृत्ति में परिवर्तन की आवश्यकता है।

3. परीक्षा छोटे-छोटे टैस्टों के रूप में होनी चाहिए, जो वर्ष में कई बार हों, पर समय थोड़ा लगे। ऐसा करने से छात्र वर्ष भर काम में लगे रहेंगे और परीक्षा एक भूत बनने के स्थान पर दोहराई के लिए आवश्यक सहायता दे सकेगी।

4. निबन्धात्मक प्रश्नों के साथ-साथ कुछ नवीन प्रकार के प्रश्न (New Type Tests) भी दिये जाएँ।

5. मौखिक परीक्षा के महत्त्व को स्वीकार करके परीक्षा-प्रणाली में इसको उचित स्थान दिया जाए। मौखिक परीक्षा द्वारा छात्रों की रुचि तथा अन्य गुणों के ज्ञान की जाँच आसानी से की जा सकती है।

6. *अंक देने की पद्धति:* परीक्षकों के अंक देने में जो विभिन्नताएँ पाई जाती हैं, उसमें

यथासम्भव समानता लानी चाहिए। छात्रों को भी इस बात का ज्ञान यथासम्भव हो सके कि अंक देते समय परीक्षक किन-किन बातों पर ध्यान देते हैं।

7. *आन्तरिक मूल्यांकन*: अध्यापकों की राय को मूल्यवान समझा जाए क्योंकि वे छात्रों को भली प्रकार से जानते हैं। उन्हें भी विश्वासपात्र बनना चाहिए।

8. *विस्तृत तथा सतत् मूल्यांकन*: छात्र की सर्वांग उन्नति तभी हो सकती है, जबकि उसकी रुचियों और प्रवृत्तियों का लेखा-जोखा भी रखा जाए तथा उन्हें विकास के अवसर दिए जाएँ।

9. *प्रश्न पत्रों में प्रश्न*: प्रश्न-पत्र की भाषा सरल तथा स्पष्ट होनी चाहिए।

10. प्रश्न-पत्र में किसी प्रकार की अशुद्धि नहीं रहनी चाहिए।

11. *विभिन्न प्रकार के प्रश्न*: प्रश्न-पत्र में निबन्धात्मक, लघु, अतिलघु तथा वस्तुनिष्ठ प्रश्न होने चाहिए।

मूल्यांकन में प्रश्न बनाने के सिद्धान्त
(Principles of Framing Questions in Evaluation)

मूल्यांकन संबंधी प्रश्नों को बनाते समय निम्नलिखित सिद्धांतों पर उचित ध्यान दिया जाना चाहिए।

1. प्रश्न उद्देश्यों की पूर्ति में सहायक हों।
2. प्रश्न इस प्रकार बनाए जाएं कि वे निर्धारित पाठ्यक्रम के अधिक से अधिक भाग से संबंधित हों।
3. प्रश्न इस प्रकार के हों जिससे छात्रों की सोचने, परख करने तथा तर्क करने की शक्ति की जाँच हो सके।
4. प्रश्नों की भाषा सरल तथा स्पष्ट हो।
5. प्रश्न-पत्रों में प्रश्नों का चुनाव समग्र रूप में नहीं होना चाहिए अर्थात् कुल पाँच प्रश्न करें आदि। प्रश्न-पत्र को विभिन्न इकाईयों में विभक्त करके चुनाव का अवसर हो।
6. प्रश्न-पत्र बनाते समय यह निश्चित कर लिया जाए कि किसी भी विषय-वस्तु का मुख्य बिन्दु छूट न जाए।
7. प्रश्न बनाते समय मोटे तौर पर उत्तर का खाका बना लिया जाए।
8. प्रत्येक निबन्धात्मक प्रश्न को विभिन्न उपभागों में बाँटा जाए तथा प्रत्येक उपभाग के अंक तय किए जाएँ।
9. विभिन्न प्रकार के प्रश्न तैयार किए जाएँ ताकि छात्रों के ज्ञान के विभिन्न पक्षों की जाँच की जा सके।
10. प्रश्न इस बात का स्पष्टीकरण करे कि किस प्रकार के उत्तर की अपेक्षा है।
11. प्रश्न में अत्यन्त कठिन तथा अस्वाभाविक प्रत्यय नहीं होने चाहिएं।
12. प्रश्नों का संबंध पाठ्यक्रम की निर्धारित विषय-वस्तु से होना चाहिए।
13. प्रश्नों का उत्तर देने के लिए निर्देश स्पष्ट होने चाहिएं।
14. प्रश्न-पत्र में विभिन्न प्रकार के प्रश्नों का समायोजन होना चाहिए।

प्रश्न पत्र में अंक विभाजन
(Division of Marks in the Examination)

A. उद्देश्यों के दृष्टि से अंकों का विभाजन
(Division of Marks on the Basis of Objectives)

क्र. सं.	उद्देश्य	अंक	प्रतिशत
1.	ज्ञान	20	40
2.	बोध	15	30
3.	ज्ञानोपयोग	10	20
4.	कौशल	5	10
	योग	50	100

B. प्रश्नों के प्रकार की दृष्टि से अंकों का विभाजन
(Division of Questions on the Basis of Type of Questions)

क्र. सं.	प्रश्नों के प्रकार	प्रश्नों की सं.	अंक	प्रतिशत
1.	निबन्धात्मक (Essay Type)	2(10)	20	40%
2.	लघु उत्तरात्मक (Short Answer)	2(5)	10	20%
3.	अति लघु उत्तरात्मक (Very Short Answer)	5(2)	10	20%
4.	वस्तुनिष्ठ (Objective)	10(1)	10	20%
	कुल	18	50	100%

टैस्टों और परीक्षा-पत्रों में विकल्प प्रश्न
(Optional Questions in Question Papers)

हमारी परीक्षाओं में प्रचलित प्रणाली यह रही है कि छात्रों को प्रश्न-पत्र में दिये गये प्रश्नों में से प्रश्न चुनने की स्वतन्त्रता होती है। साधारणतया प्रश्न-पत्रों में इच्छानुसार प्रश्न देने की अग्रलिखित तीन प्रणालियाँ हैं–

(क) *पूरे प्रश्न-पत्र में से विकल्प प्रश्न*: "दिये गये प्रश्नों में से कोई से पाँच प्रश्न कीजिए" उदाहरण से यह तथ्य स्पष्ट है।

(ख) *प्रश्न-पत्र के विभिन्न भागों में विकल्प प्रश्न:–प्रश्न*-पत्र कई भागों में बाँटा जाता है, उदाहरणार्थ, इतिहास का प्रश्न-पत्र समयानुसार तीन या चार भागों में या विज्ञान प्रश्न-पत्र के विषय के अनुसार या विस्तृत उत्तर और संक्षिप्त उत्तर में बाँटा जाता है।

(ग) *प्रश्न के साथ विकल्प प्राप्त*: इस प्रकार के विकल्प प्रश्नों में प्रश्न के साथ दूसरा प्रश्न दिया जाता है और छात्र को स्वतन्त्रता होती है कि वह उनमें से कोई-सा प्रश्न चुन ले, परन्तु छात्र किसी प्रश्न को छोड़ नहीं सकता है।

8

शिक्षण सहायक साधन/सामग्री/उपकरण/अथवा श्रव्य-दृश्य सहायक साधन (Teaching Aids or Audio-Visual Aids)

शिक्षण सहायक अथवा श्रव्य-दृश्य सहायक साधनों/सामग्री का अर्थ (Meaning of Teaching Aids/Audio-Visual Aids)

शिक्षण सहायक साधन अथवा श्रव्य-दृश्य से तात्पर्य उन पदार्थों, वस्तुओं तथा सामग्रियों से है जिनके माध्यम से अध्यापक शिक्षण-अधिगम प्रक्रिया में ज्ञानेन्द्रियों का प्रयोग करके कक्षा में पढ़ाई जाने वाली विषय-वस्तु को अधिक सरल तथा रोचक ढंग से छात्रों के लिए स्पष्ट करता है तथा शिक्षण तथा अधिगम अधिक प्रभावी बन जाते हैं।

शिक्षण सहायक साधनों की निम्न परिभाषाएँ इनके विभिन्न पक्षों पर प्रकाश डालती हैं:

1. *बर्टन* (*Burton*): "श्रव्य-दृश्य सामग्रियाँ वे इन्द्रिय वस्तुएँ अथवा छवियाँ हैं जो अधिगम को आरम्भ करती हैं, उद्दीपन (Stimulate) करती हैं तथा पुनबर्लन (reinforce) प्रदान करती हैं।" 2. *कार्टर. ए. गुड* (*Carter A. Good*): "कोई भी ऐसी सामग्री जिसके माध्यम से शिक्षण प्रक्रिया को उद्दीपित (Stimulated) किया जा सके अथवा श्रवणोंन्द्रिय संवेदनाओं के द्वारा आगे बढ़ाया जा सके–श्रव्य दृश्य सामग्री कहलाती है।" *3. मैकनॉन तथा रॉबर्ट्स* (*McKnown and Roberts*): "ये सहायक साधन ऐसी अनुपूरक युक्तियाँ हैं जिनके द्वारा अध्यापक एक से अधिक ज्ञान इन्द्रियों के प्रयोग से प्रत्ययों को स्पष्ट करने, उनका सहसम्बन्ध स्थापित करने, व्याख्या करने तथा अर्थपूर्ण बनाने का प्रयास करता है।" 4. डेण्ट (*Dent*): "श्रव्य दृश्य साधन वह सामग्री है जो कक्षा में या अन्य शिक्षण परिस्थितियों में लिखित या बोली गयी पाठ्य सामग्री को समझने में सहायता प्रदान करती है।" 5. *एलविन स्ट्रांग* (*Alvin Strong*): "श्रव्य दृश्य सामग्री के अन्तर्गत उन सभी साधनों को सम्मिलित किया जाता है जिनकी सहायता से छात्रों की पाठ में रुचि बनी रहती है तथा वे उसे सरलतापूर्वक समझते हुए अधिगम के उद्देश्य को प्राप्त करते हैं।"

श्रव्य दृश्य साधनों का अर्थ निम्नांकित चित्र से स्पष्ट किया जा सकता है:

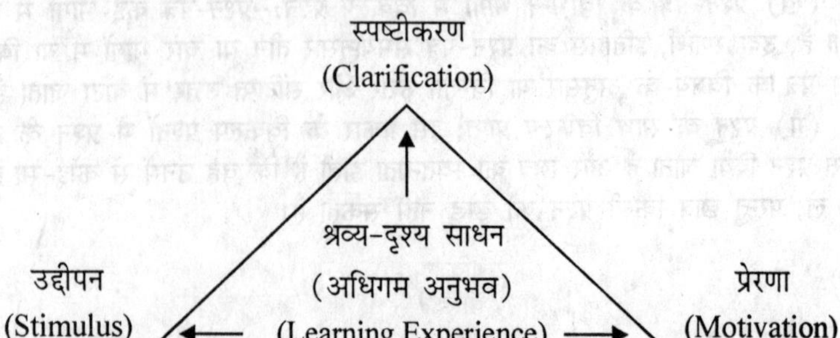

दृश्य-श्रव्य साधनों का वर्गीकरण (Classification of Teaching Aids)

दृश्य-श्रव्य साधनों का वर्गीकरण-I

(1)	(2)	(3)
प्रक्षेपी साधन	अप्रक्षेपी साधन	क्रियात्मक साधन
(Projective Aids)	(Non-Projective Aids)	(Activity Aids)

1. *प्रक्षेपी साधन*: प्रक्षेपी साधनों के अन्तर्गत दृश्य साधन वर्ग की वह सामग्री तथा उपकरण शामिल किये जाते हैं जिन्हें किसी वस्तु या प्रक्रिया को पर्दे पर प्रक्षेपित चित्रों के रूप में दिखाए जाने के लिए प्रयोग में लाया जा सकता है।

2. *अप्रक्षेपी साधन*: अप्रक्षेपी साधन के अन्तर्गत वह सामग्री तथा साधन शामिल किये जाते हैं जो बिना किसी प्रक्षेपण के सीधे ही हमें प्रभावित करते हैं।

3. *क्रियात्मक साधन*—ये वे साधन हैं जिनमें 'देखने-सुनने' के अतिरिक्त 'करके सीखने' के सिद्धांत का भी पालन किया जा सकता है।

शिक्षण सहायक सामग्री का वर्गीकरण-II

(1)	(2)	(3)
श्रव्य सहायक सामग्री	दृश्य सहायक सामग्री	वीडियो: चल तथा स्थिर

शिक्षण सहायक सामग्री का वर्गीकरण-III

प्रक्षेपी शिक्षण साधन (Projective Aids)

1. मूक चलचित्र
2. फिल्म पट्टियाँ
3. एपीडायस्कोप
4. एपीस्कोप
5. मायाद्वीप
6. सूक्ष्म प्रक्षेपी
7. ओपेक प्रोजेक्शन
8. ओवरहेड प्रोजेक्टर

अप्रक्षेपी शिक्षण साधन (Non-Projective Aids)

1. श्रव्य साधन
   (i) रेडियो
   (ii) रिकॉर्डिंग्स
   (iii) दृश्य साधन
   (क) प्रदर्शन बोर्ड
   (i) चाक बोर्ड
   (ii) बुलेटिन बोर्ड
   (iii) फ्लेनल बोर्ड,
   (iv) मैगनेटिक बोर्ड
   (ख) *द्विआयामी साधन* (Two Dimentional Aids)
   (i) चित्र, (ii) मानचित्र, (iii) पोस्टरए (iv) चार्ट, (v) फ्लैश कार्ड, (vi) ग्राफ्स, (vii) कार्टून्स,
   (ग) *त्रिआयामी साधन* (Three Dimentional Aids)
   (i) मॉडल, (ii) नमूने, (iii) मेकअप (iv) कठपुतली, (v) वस्तुएँ
2. दृश्य-श्रव्य साधन
   (i) टेलीविजन, (ii) रेडियो, (iii) टेपरिकॉर्डर, (iv) रेडियोविजन, (v) वीडियो, (vi) शिक्षण मशीन, (vii) कम्प्यूटर

क्रियात्मक साधन (Activity Aids)

(i) अभिनय प्रणाली
(ii) भूमिका
(iii) संग्रहालय
(iv) मेले
(v) प्रदर्शनी
(vi) पर्यटन भ्रमण आदि

शिक्षण सहायक सामग्री का वर्गीकरण-IV

- द्विआयामी साधन (Two Dimensional Aids)
- त्रिआयामी साधन (Three Dimensional Aids)
- प्रक्षेपी साधन (Projective Aids)

शिक्षण सहायक सामग्री का वर्गीकरण-V

- मृदुल अथवा कोमल साधन (Software Aids)
- कठोर साधन (Hardware Aids)

श्रव्य-दृश्य शिक्षण सहायक सामग्री का वर्गीकरण-VI

I दृश्य सामग्री (Visual)

1. प्रतिरूप (Model)
2. चित्र तथा पोस्टर (Pictures and Posters)
3. श्यामपट्ट (Blackboard)
4. मायादीप (Magic Lantern)
5. पत्र-पत्रिकाएँ तथा समाचार-पत्र (Magazines and Newspapers)
6. चित्रदर्शक (Epidiascope)
7. वास्तविक पदार्थ (Real Object)
8. रेखाचित्र तथा खाके (Sketches and Diagrams)
9. अणुवीक्षण यन्त्र (Micro-scope)
10. मानचित्र (Maps)
11. एलबम या स्क्रैपबुक
12. सन्दर्भ पुस्तकें, एटलस आदि
13. ग्लोब
14. चार्ट एवं ग्राफ

II श्रव्य सामग्री (Audio)

1. ग्रामोफोन (Gramophone)
2. आकाशवाणी (Radio)
3. टेपरिकॉर्डर (Tape-recorder)
4. लिंग्वाफोन (Linguaphone)
5. भाषा प्रयोगशाला (Language Lab)
6. स्टीरियो रिकॉर्डर तथा टेप्स
7. टेलीफोन वार्ता (Telephonic Conversation)

III श्रव्य-दृश्य सामग्री (Audio-Visual)

1. दूरदर्शन (T.V.)
2. चलचित्र (Film)
3. क्लोज सर्किट टेलीविजन (Close Circuit T.V.)
4. वीडियो कैसेट्स (Video Cassettes)
5. प्रयोगशालाएँ
6. कार्यशालाएँ
7. प्रदर्शन
8. रोल प्लेयिंग (Role Playing)
9. ड्रामा
10. खेल
11. रेडियो विजन (Radio Vision)

श्रव्य-दृश्य सहायक सामग्री का वर्गीकरण-VI: एडगर का अनुभव त्रिकोण

(विवरण अलग से दिया गया है, पृष्ठ 124)

विभिन्न प्रकार के कठोर उपागम अथवा श्रव्य-दृश्य साधन
(Different Types of Hardware or Audio-Visual Aids)

कठोर उपागम (Hardware)

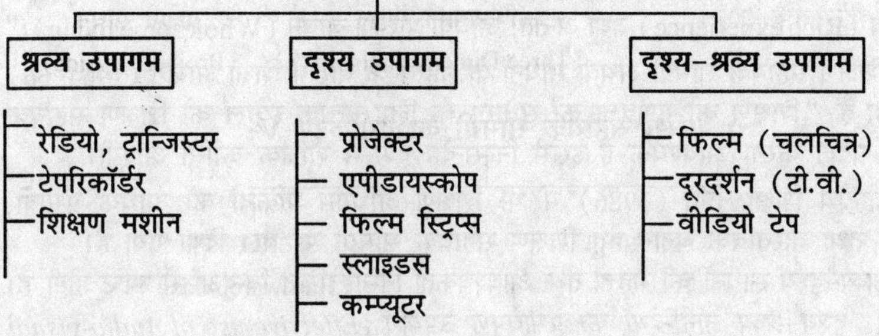

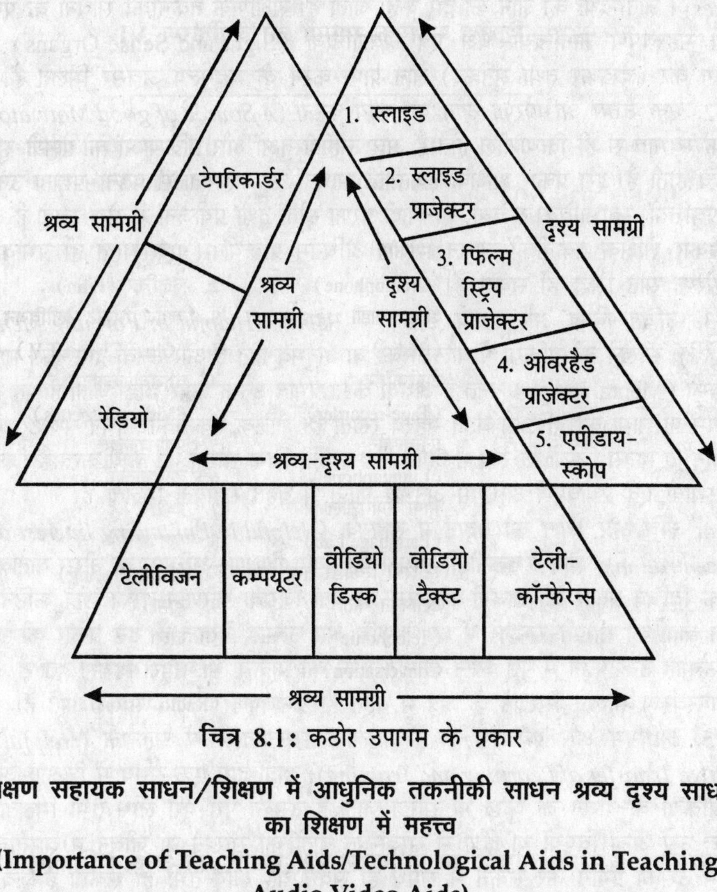

चित्र 8.1 : कठोर उपागम के प्रकार

शिक्षण सहायक साधन/शिक्षण में आधुनिक तकनीकी साधन श्रव्य दृश्य साधनों का शिक्षण में महत्त्व
(Importance of Teaching Aids/Technological Aids in Teaching/ Audio Video Aids)

मैक्नॉन तथा *रॉबर्ट्स* (*McKnown and Roberts*) ने श्रव्य-दृश्य साधनों के महत्त्व को इन विचारों में प्रदर्शित किया है, "बुद्धिमत्तापूर्ण चयन किए गए तथा उपयोग किए गए

श्रव्य-दृश्य साधन छात्रों की रुचि जागृत करते हैं तथा इसका विकास करते हैं। इस प्रकार उनके अधिगम को प्रेरित करते हैं। उपयुक्त अभिप्रेरित अधिगम का अर्थ है–परिष्कृत अभिवृत्तियाँ (Improved attitudes), स्थायी प्रभाव (Permanent Impression), संवृद्ध अनुभव (Rich experience) तथा अन्तत: अधिक परिपूर्ण जीवन (Wholesome living)।"

शिक्षण सहायक सामग्री अथवा साधनों के महत्व के बारे में शिक्षा आयोग (1964-66) ने कहा है, "शिक्षण की गुणवत्ता को सुधारने के लिए प्रत्येक स्कूल को शिक्षण सहायक साधन प्रदान करना आवश्यक है इससे निस्सन्देह देश में शैक्षिक क्रान्ति आएगी।"

राष्ट्रीय शिक्षा नीति (1986) में भी शिक्षण-अधिगम प्रक्रिया को अधिक प्रभावी, स्थायी तथा वास्तविक बनाने हेतु शिक्षण सहायक सामग्री पर बल दिया गया है।

श्रव्य-दृश्य साधनों की महत्ता तथा आवश्यकता निम्नलिखित बिन्दुओं से स्पष्ट होती है।

1. *दृश्य-श्रव्य ज्ञानेन्द्रियों का प्रभावपूर्ण उपयोग (Effective use of Audio-visual Senses)* : ज्ञानेन्द्रियों को ज्ञान का द्वार कहा जाता है। शैक्षणिक तकनीकी साधनों के प्रयोग से दो महत्त्वपूर्ण ज्ञानेन्द्रियों–चक्षु एवं श्रवणेन्द्रियाँ (Sight and Sense Organs) का उपयोग कर (देखकर तथा सुनकर) ज्ञान प्राप्त करने के बहुमूल्य अवसर मिलते हैं।

2. *एक उत्तम अभिप्रेरणा स्रोत का कार्य करना (A Source of good Motivator)*: बालक स्वभाव से ही क्रियाशील होते हैं और उन्हें वस्तुओं और प्रक्रियाओं को देखने-सुनने में रुचि होती है। इस प्रकार शैक्षिक तकनीकी साधनों की सहायता से पढ़ना-पढ़ाना उनकी मूल प्रवृत्तियों, स्वाभाविक रुचियों, बुनियादी प्रेरणा स्रोतों तथा प्रयोजनों से मेल खाता है और इस प्रकार शैक्षिक तकनीकी साधन शिक्षण अधिगम प्रक्रिया में एक बहुत ही प्रभावपूर्ण अभिप्रेरणा स्रोत सिद्ध हो सकते हैं।

3. *उचित बिम्ब और प्रभाव छोड़ने में सहायक (Helpful in Forming Mental Images)*: सीखने की प्रक्रिया में बालकों को जो अनुभव होते हैं और उनके द्वारा कैसे मानस प्रतिबिम्ब (Mental image) बनते हैं अथवा कैसा प्रभाव उनके ऊपर छोड़ा जाता है यह बात अधिगम परिणामों की दृष्टि से बहुत महत्त्व रखती है। शैक्षिक तकनीकी साधन यथेष्ट प्रभाव एवं अनुभूत मानस बिम्बों के रूप में अपने पीछे स्थायी चिन्ह छोड़ने का कार्य करते हैं जिनके द्वारा स्थायी एवं प्रभावपूर्ण अधिगम अनुभव प्राप्ति में बहुत सहायता मिलती है।

4. *रुचि और ध्यान को बढ़ाने में सहायक (Helpful in Enhancing Interest and Concentration):* शैक्षिक तकनीकी साधनों का प्रयोग शिक्षण–अधिगम के नीरस वातावरण में एक विचित्र प्रकार की ताजगी और रस भर देता जिसके परिणामस्वरूप छात्र कठिन से कठिन बातों को सीखने-समझने में पर्याप्त रुचि और उत्साह दिखाते हैं। इस प्रकार की रुचि और उत्साह उन्हें पढ़ने में पूरा ध्यान केन्द्रित करने की प्रक्रिया में भरपूर सहयोग देता है और परिणामस्वरूप सीखने-सिखाने के क्षेत्र में बहुत ही प्रभावपूर्ण परिणाम सामने आते हैं।

5. *अधिगम और प्रशिक्षण के सकारात्मक स्थानान्तरण में सहायक (Helpful in Positive Transfer of Learning and Training)*: छात्रों द्वारा एक समय में शिक्षण-अधिगम प्रक्रिया के दौरान जो कुछ भी सीखा जाता है उसका पूरा-पूरा लाभ तभी मिलता है जब वे उसे अन्य विषयों या क्षेत्रों से सम्बन्धित बातों को सीखने या जीवन में वास्तविक रूप में उसका प्रयोग कर सकने में समर्थ हो सकें। यह कार्य तभी हो सकता है जबकि बालकों में एक परिस्थिति में सीखी हुई बातों को दूसरी परिस्थितियों में स्थानान्तरण करने की क्षमता विकसित हो जाए। शैक्षिक तकनीकी सामग्री का प्रयोग इस क्षमता के उचित विकास में बहुत ही उपयोगी सिद्ध हो सकता है।

6. *अधिगमकर्त्ताओं को पुनर्बलन प्रदान करना (Providing Reinforcement to Learners)*: अधिगम प्रक्रिया में अधिगमकर्त्ता को उचित पुनर्बलन प्रदान करने की दृष्टि से भी शैक्षिक तकनीकी साधनों का विशेष महत्त्व है। स्व-शिक्षा तथा आत्म-अनुदेशन (Auto-instruction) से सम्बन्धित सभी शिक्षण उपकरण तथा सामग्री यही भूमिका निभाते हैं। अभिक्रमित अधिगम सामग्री (Programme Learning Material), शिक्षण मशीन, कम्प्यूटर आदि का प्रयोग अधिगमकर्त्ता को अधिगम प्रक्रिया में यथेष्ट पुनर्बलन प्रदान करने में महत्त्वपूर्ण भूमिका निभाता है। इसी प्रकार बालक जो पुस्तकों में पढ़ता है अथवा अध्यापक द्वारा जो कुछ मौखिक रूप से उसे पढ़ाया जाता है उन्हीं बातों को जब वह विभिन्न शैक्षिक तकनीकी साधनों के माध्यम से देखता है तो जो कुछ उसने पहले सीखा होता है उसके उचित अभ्यास, परीक्षण और उपयोग के रूप में उसे अपने अधिगम अनुभवों के पुनर्बलन के लिए उचित अवसर प्राप्त होते रहते हैं।

7. *प्रत्यक्ष अनुभव प्रदान करने का सर्वोत्तम विकल्प (Best Alternative to Direct Experience)*: अनुभव को सबसे अच्छा शिक्षक माना जाता है। परन्तु बहुत बार न तो प्रत्यक्ष अनुभव प्राप्त करना सम्भव हो पाता है और न ऐसा करना समय, शक्ति और धन की दृष्टि से विवेकपूर्ण ही माना जा सकता है। इस दृष्टि से प्रत्यक्ष अनुभव जैसे ही वैकल्पिक अनुभव देने हेतु शैक्षिक तकनीकी साधन बहुत ही महत्त्वपूर्ण भूमिका निभाते हैं और इस प्रकार शिक्षण और अधिगम को अधिक से अधिक यथार्थ, सार्थक और जीवन्त बनाने का प्रयत्न करते हैं।

8. *विषय-वस्तु की स्पष्टता (Clarity of the Subject-Matter)*: विभिन्न विषयों से सम्बन्धित बहुत से ऐसे संप्रत्ययों (Concepts), विचारों, प्रक्रियाओं आदि को जिन्हें पुस्तकों से पढ़कर समझना अथवा व्याख्यान विधि द्वारा पढ़ाना काफी मुश्किल होता है, शब्दों के माध्यम से उन्हें स्पष्ट रूप से समझना या समझाना विद्यार्थी और अध्यापक दोनों के लिए एक समस्या उत्पन्न कर देता है। इस स्थिति में शैक्षिक तकनीकी साधन सहायक होते हैं। इनके प्रयोग से कठिन से कठिन विषय-वस्तु भी सरल, स्पष्ट और सार्थक बन जाती है। उदाहरण के लिए, जलपम्प, साइकल पम्प, आँख, कान आदि की रचना और कार्य-प्रणाली का अध्ययन करते समय अगर इनके चित्र, मॉडल, फोटोग्राफ या फिल्मस्ट्रिप आदि का प्रयोग किया जाए तो सीखने-सिखाने के कार्य को बहुत ही स्पष्ट एवं सार्थक बनाया जा सकता है।

9. *व्यक्तिगत विभिन्नताओं की संतुष्टि में सहायक (Helpful in Meeting Individual Differences)*: अधिगम अनुभव अर्जित करने की दृष्टि से छात्रों में बहुत अधिक विभिन्नताएँ देखने को मिल सकती हैं। कोई सुनकर ठीक प्रकार सीखता है तो कोई देखकर। किसी को व्यक्तिगत रूप से स्वयं या किसी के निर्देशन में अकेले पढ़ने में सुविधा होती है तो किसी को समूहगत या कक्षा अध्ययन में पढ़ना ठीक लगता है। कोई बहुत धीरे-धीरे सीखता है तो कोई अति शीघ्र। इस प्रकार की वैयक्तिक विभिन्नताओं की अधिगम सम्बन्धी माँग की शैक्षिक तकनीकी सामग्री, साधन और स्वशिक्षण से जुड़े हुए उन्नत उपकरणों जैसे शिक्षण मशीन तथा कम्प्यूटर आदि से अच्छी तरह पूरा किया जा सकता है।

10. *शिक्षण सूत्रों के उपयोग में सहायक (Helpful in the use of Maxims of Teaching)*: शिक्षण के सूत्र जैसे 'सरल से कठिन की ओर', 'स्थूल से सूक्ष्म की ओर', 'ज्ञात से अज्ञात की ओर', 'करो और सीखो' इत्यादि शिक्षण-अधिगम प्रक्रिया को सरल एवं प्रभावशाली बनाने में महत्त्वपूर्ण भूमिका निभाते हैं। एक अध्यापक को अपने शिक्षण में इस प्रकार के शिक्षण-सूत्रों का उपयोग करने में शैक्षिक तकनीकी साधनों के प्रयोग से बहुत सहायता मिलती है। वह कठिन-से-कठिन, सूक्ष्म-से-सूक्ष्म अज्ञात रहस्यों को इन

साधनों के माध्यम से सार्थक एवं सजीव अनुभव प्रदान कर सरल एवं स्वाभाविक ढंग से बालकों के मस्तिष्क में बिठा सकता है।

11. *भाषागत अभिव्यक्ति की कमियों को दूर करना* (*Removing Language Expression Drawbacks*): शिक्षण-अधिगम प्रक्रिया में विचार सम्प्रेषण (Communication of ideas) का विशेष महत्त्व है। इस सम्प्रेषण में मौखिक तथा लिखित रूप में सम्पन्न-भाषागत अभिव्यक्ति बड़ी ही महत्त्वपूर्ण भूमिका निभाती है। परन्तु मात्र शब्दों और संकेतों के माध्यम से सम्पन्न यह अभिव्यक्ति शिक्षण-अधिगम प्रक्रिया में अधिक प्रभावशाली सिद्ध नहीं होती। भाषागत अभिव्यक्ति का यह उपयोग कई बार ऐसी समस्याएँ जैसे पढ़ने-पढ़ाने में अरुचि, बिना अर्थ जाने उसे ज्यों की त्यों प्रस्तुत करने तथा जो कुछ भी पढ़ा जाता है उसे भूल जाने अथवा प्रयोग न कर सकने आदि को जन्म देता है। इन सभी समस्याओं को उत्पन्न न होने देने के लिए शैक्षिक तकनीकी साधनों का उपयोग काफी महत्त्वपूर्ण भूमिका निभा सकता है।

12. *कक्षा में उचित अन्तःसम्बन्ध और शैक्षिक वातावरण बनाने में सहायक* (*Helpful in Developing classroom interaction and creating Educational Environment*): शिक्षण-अधिगम कार्य की सफलता कक्षागत स्वस्थ अन्तःसम्बन्धों और अनुकूल कक्षा वातावरण पर निर्भर करती है। शैक्षिक तकनीकी साधनों के उपयोग से कक्षा के वातावरण सजीव हो उठता है। उसमें निष्क्रियता तथा बोझिलपन नहीं रह पाता। छात्र और अध्यापकों तथा स्वयं छात्रों के परस्पर विचारों के आदान-प्रदान और स्वस्थ अन्तःक्रियाओं के अधिक अनुकूल अवसर प्राप्त होते हैं तथा कक्षा का वातावरण शैक्षिक दृष्टि से अधिक उपयुक्त बन जाता है।

13. *विशिष्ट विद्यार्थियों की आवश्यकता पूर्ति में सहायक* (*Helpful in Meeting the Needs of Exceptional Children*): सामान्य कक्षा शिक्षण द्वारा प्रायः सामान्य बालकों की ही अधिगम सम्बन्धी आवश्यकताओं की पूर्ति होती है, परन्तु शैक्षिक तकनीकी साधनों के प्रयोग द्वारा इस दिशा में अति विशिष्ट बालकों को भी लाभ पहुँचाया जा सकता है। जिन बच्चों को सुनाई नहीं देता उनके लिए दृश्य साधनों पर अधिक जोर दिया जा सकता है और जिन्हें दिखाई नहीं देता उन्हें टेपरिकॉर्डर, रेडियो आदि साधनों के प्रयोग से पर्याप्त अधिगम अनुभव अर्जित कराये जा सकते हैं। मन्द बुद्धि बालकों को आवश्यक बातें समझने में सरल और स्पष्ट शैक्षिक तकनीकी सहायक सामग्री का प्रयोग किया जा सकता है और कुशाग्र बुद्धि वालों को शैक्षिक तकनीकी सामग्री के माध्यम से ऐसे अधिगम अनुभव अर्जित कराये जा सकते हैं जिनसे उनके बौद्धिक स्तर को विकसित करने में सहायता मिल सके।

14. *अनुशासनहीनता की समस्या के समाधान में सहायक* (*Helpful in Meeting the Problem of Indiscipline*): अनुशासनहीनता की समस्या बहुत कुछ सीमा तक परिस्थिति और वातावरणजन्य होती है। बालकों में कार्य करने की अपार शक्ति होती है परन्तु अगर इस शक्ति का सही उपयोग न हो तो उनमें उपद्रव, तोड़फोड़, शैतानी आदि अनुशासनहीनता गलत कार्यों की ओर मुड़ने की सम्भावनाएँ बढ़ जाती हैं। यदि छात्रों को निष्क्रिय रूप से ज्ञान ग्रहण करने के लिए मजबूर किया जाए और ज्ञान प्राप्ति में स्वयं अनुभव करने के लिए कोई भी अवसर न प्रदान किया जाए तो ऐसे नीरस और ऊब भरे वातावरण में उनकी शिक्षण-अधिगम प्रक्रिया के प्रति विद्रोह स्वाभाविक ही है। शैक्षिक तकनीकी साधनों के उपयोग से जहाँ कक्षा का वातावरण सजीव एवं रुचिकर बनता है वहाँ छात्रों को शिक्षण-अगिधम प्रक्रिया में सक्रिय सहयोगी बनकर अपनी शारीरिक और मानसिक शक्तियों के उपयोग के रचनात्मक अवसर प्राप्त होते रहते हैं। परिणामस्वरूप अनुशासनहीनता से सम्बन्धित समस्याओं के पैदा होने की सम्भावनाएँ बहुत कम हो जाती हैं।

15. *मानसिक शक्तियों के विकास में सहायक* (*Helpful in Developing Mental Powers*): कक्षा में अध्यापक द्वारा जब मौखिक रूप से पढ़ाया जाता है अथवा छात्रों द्वारा पुस्तकों की सहायता से पढ़ा जाता है तो इस प्रकार पढ़ने-पढ़ाने से छात्रों की मानसिक योग्यताओं और शक्तियों का उचित विकास नहीं हो पाता। इस प्रकार का शिक्षण बालकों में केवल रटने की प्रवृत्ति को जन्म दे सकता है। शैक्षिक तकनीकी साधनों के प्रयोग से शिक्षण-अधिगम को अधिक सजीव बनकर छात्रों की कल्पना शक्ति, निरीक्षण शक्ति, तर्क-शक्ति, विचार-शक्ति, एकाग्रता आदि को विकसित करने के बहुमूल्य अवसर मिलते हैं। इनके अतिरिक्त छात्रों में मौलिकता, अन्वेषणशीलता, सृजनात्मकता आदि उच्च मानसिक योग्यताओं और क्षमताओं के पोषण और विकास के लिए भी शैक्षिक तकनीकी साधनों के प्रयोग से समुचित अवसर प्राप्त होते हैं।

16. *वैज्ञानिक अभिवृत्ति तथा खोज प्रवृत्ति को बढ़ावा देने में सहायक* (*Helpful in Developing Scientific Tranfer and Research Attitude*): शैक्षिक तकनीकी साधनों का प्रयोग छात्रों में वैज्ञानिक अभिवृत्ति तथा खोज प्रवृत्ति को विकसित करने में पर्याप्त सहयोग दे सकता है।

17. *उन्नत शिक्षण विधियों एवं तकनीक के उपयोग का अवसर प्रदान करना* (*Providing Opportunities for the use of Developed Teaching Methods and Techniques*): अध्ययन-अध्यापन की उन्नत शिक्षण विधियों एवं तकनीकों में वैज्ञानिक ढंग से शिक्षा प्रदान करने तथा बालकों और परिस्थितियों को मनोवैज्ञानिक रूप से समझकर शिक्षण-अधिगम प्रक्रिया को संचालित करने पर बल दिया जाता है। शैक्षिक तकनीकी साधनों का प्रयोग इन दोनों ही कार्यों में यथेष्ट सहयोग प्रदान करता है। छात्रों को वस्तुओं और क्रियाओं का उपयुक्त निरीक्षण, परीक्षण तथा प्रयोग कर स्वयं परिणाम निकालने का अवसर मिल सकता है और उनकी मनोवैज्ञानिक आवश्यकताओं की सन्तुष्टि भी हो सकती है तथा परिणामस्वरूप शैक्षिक तकनीकी साधनों का प्रयोग उन्नत शिक्षण विधियों एवं परिष्कृत शिक्षा तकनीक के लाभकारी उपयोग की सम्भावना को बढ़ाने में सहयोगी सिद्ध हो सकता है।

18. *सक्रियता को प्रोत्साहित करना* (*Encouraging Activity*): दृश्य-श्रव्य साधनों के प्रयोग से छात्रों में सक्रियता तथा सजीवता आती है। छात्र प्रश्न पूछने तथा टिप्पणियाँ करने में स्वतन्त्रता का अनुभव करते हैं।

19. *छात्रों में निर्माण कौशल का विकास* (*Developing Constructive Skill*): अध्यापक द्वारा प्रदर्शित की गई शिक्षण-अधिगम सामग्री का छात्र स्वयं निर्माण करना सीखते हैं। इस प्रकार उनमें स्वयं अधिगम के प्रति प्रेरणा का विकास होता है।

संक्षेप में–सहायक सामग्री की निम्नलिखित उपयोगिता हैं–1. विभिन्न अवधारणाओं तथा विचारों में स्पष्टता। 2. छात्रों का ध्यान आकर्षण। 3. छात्रों की रुचि में बढ़ावा। 4. उचित अभिप्रेरणा (Motivation) की उपलब्धि। 5. ज्ञानेन्द्रियों का अधिकतम उपयोग। 6. छात्रों को पुनर्बलन (Reinforcement) मिलना। 7. सार्थक अनुभव का प्रावधान। 8. पेचीदा प्रयोगों का अवलोकन। 9. शिक्षण सूत्रों पर आधारित। 10. समय की बचत। 11. शक्ति का उपयुक्त उपयोग। 12. कार्यक्रम में भिन्नता। 13. ज्ञान की स्थिरता। 14. ज्ञान का प्रत्यस्मरण होना। 15. छात्रों की वैयक्तिक विभिन्नता के अनुरूप होना। 16. सक्रियता (Activity) को प्रोत्साहन मिलना। 17. कक्षा अनुशासन में सहायक होना। 18. वैज्ञानिक रुचि के विकास में सहायक होना। 19. श्रम की महत्ता पर बल। 20. खोज की प्रवृत्ति में विकास। 21. विभिन्न प्रकरणों

में तालमेल। 22. अधिक के स्थानान्तरण (Transfer of Learning) में सहायक होना। 23. कक्षा अन्तर्क्रिया (Classroom interaction) में योगदान।

एडगर का अनुभव त्रिकोण (Edgar's Cone of Experience)

एडगर त्रिकोण का अर्थ (Meaning of Edgar's Cone)

बहुइन्द्रिय अनुदेशन के लिए एडगर डेल (Edgar Dale) ने दृश्य-श्रव्य साधनों की सहायता से अनुभवों के आधार पर एक विशेष प्रकार का वर्गीकरण प्रस्तुत किया है, जिसे उसने अनुभव का त्रिकोण की संज्ञा दी है (चित्र देखें)

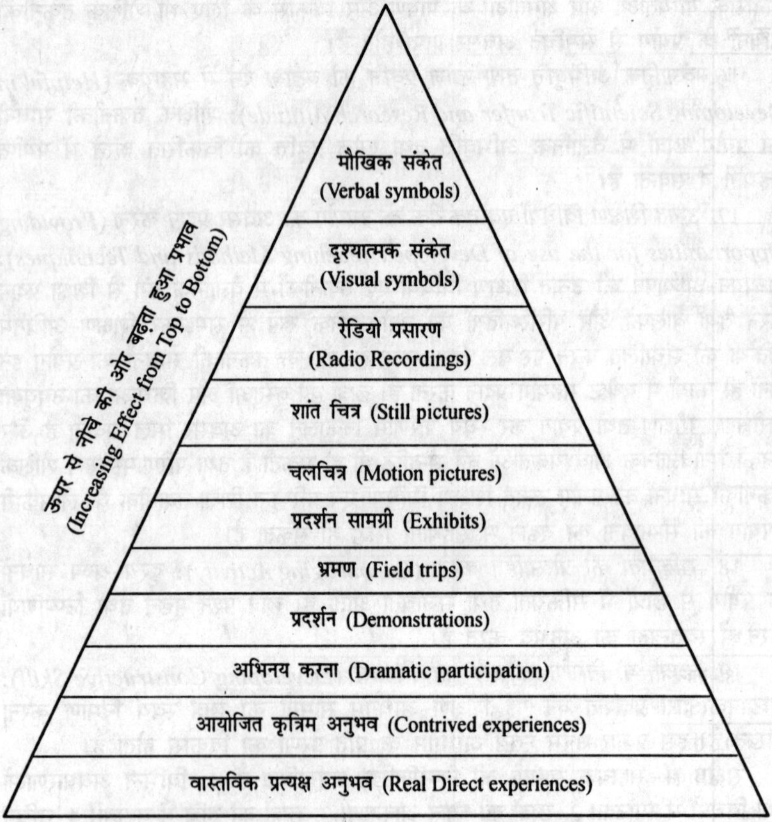

चित्र 8.2: एडगर डेल का अनुभवों का त्रिकोण

यहाँ विभिन्न प्रत्यक्ष वस्तुओं (Direct Experiences) से लेकर अमूर्त चिन्तन (Pure Abstraction) तक जितने भी प्रकार के अनुभव सहायक साधनों द्वारा हो सकते हैं, उन अनुभवों को प्रदान करने में सहायक साधनों को विभिन्न श्रेणियाँ प्रदान करने का प्रयास किया गया है।

एडगर त्रिकोण का विवरण–इस 'कोन' (Cone) में सबसे नीचे प्रत्यक्ष तथा सार्थक अनुभवों को सम्मिलित किया गया है। ये अनुभव सबसे प्रबल माने गये हैं। इन अनुभवों को प्रदान करने वाले दृश्य-श्रव्य साधनों का विवरण दिया गया है।

चित्र में चार प्रकार के दृश्य-श्रव्य साधनों के शिक्षण प्रभावों को भी दर्शाया गया है।

यदि हम चित्र को ध्यान से देखें तो बायीं ओर एक लम्बी रेखा द्वारा ऊपर से नीचे की ओर घटता हुआ प्रभाव दिखाई पड़ता है। दूसरे शब्दों में, मौखिक शब्दों का प्रभाव सबसे कम है तथा प्रत्यक्ष साधनों का सबसे अधिक।

कोन की नोंक अथवा सिरा अथवा अग्र भाग मौखिक सम्प्रेषण को प्रदर्शित करता है। यदि हम कोन के सिरे से नीचे की ओर जायें तो अनुभव प्रभावी होता जाता है। मौखिक संकेतों की अपेक्षा वास्तविक प्रत्यक्ष अनुभव बहुत प्रभावशील होते हैं।

अनुभव कोन का विवरण (Description of Cone of Experience)

क्र. सं.	अनुभव	विवरण	उदाहरण
1.	प्रत्यक्ष तथा वास्तविक अर्थपूर्ण अनुभव (Direct and Purposeful Experience)	बहु-इन्द्रियों द्वारा छात्र का वास्तविक अनुभव करना	1. प्रोजेक्ट कार्य 2. सामाजिक जीवन के किसी पक्ष पर सर्वेक्षण।
2.	आयोजित कृत्रिम अनुभव (Contrived Experience)	वस्तुओं के क्रियात्मक अथवा मौन मॉडल	1. भाप के इंजन का मॉडल 2. भाखड़ा डैम का मॉडल
3.	अभिनय, अनुभव (Dramatised Experience)	छात्रों का अभिनय में भाग लेना	महाराजा अशोक पर नाटक।
4.	प्रदर्शन (Demonstration)	अध्यापक द्वारा छात्रों को किसी वस्तु या सिद्धान्त का प्रयोग करके दिखाना	1. अध्यापक द्वारा हाव-भावों से किसी तथ्य को समझाना। 2. एक्शन। 3. सामाजिक गीत।
5.	भ्रमण यात्रा (Field trip)	छात्रों को विभिन्न स्थानों पर ले जाना।	1. कारखाना देखना। 2. ऐतिहासिक स्थल पर जाना।
6.	प्रदर्शन सामग्री (Exhibits)	वस्तुएँ आदि	प्रदर्शनियाँ लगाना तथा छात्रों को ले जाना।
7.	चलचित्र (Movies)	चित्र देखना आदि	1. यू.जी.सी. (U.G.C.) के प्रोग्राम दिखाना। 2. शैक्षिक चित्र देखना।
8.	शान्त चित्र तथा स्थिर चित्र (Still Pictures)	ऊपर की भाँति	ऊपर जैसा
9.	रेडियो प्रसारण (Radio Broadcast)	रेडियो द्वारा शैक्षिक विषयों पर प्रसारण	1. विभिन्न राज्यों द्वारा प्रसारण 2. यू.जी.सी. (U.G.C.) प्रसारण
10.	दृश्यात्मक संकेत, चाक बोर्ड चित्र आदि (Visual Symbols)	अध्यापक द्वारा चाक बोर्ड पर लिखना तथा छात्रों का पढ़ना	प्रत्येक विषय के शिक्षण में प्रयोग
11.	मौखिक संकेत (Verbal Symbols) भाषण आदि	कक्षा में अध्यापक द्वारा मौखिक शिक्षण करना	प्राय: अध्यापक इस साधन का बहुत उपयोग करते हैं।

कालान्तर में एडगर के कोण में परिवर्तन आया। इसमें कुछ नए शिक्षण जोड़े गए-उदाहरणार्थ टी.वी. इनको चित्र 8.3 में दर्शाया गया है।

पहले वर्ग में चार अत्यन्त प्रभावी शैक्षिक साधन आते हैं

दूसरे में प्रक्षेपी शिक्षण साधन (Projective Teaching Aids) आते हैं। इनका प्रभाव पहले शैक्षिक साधनों में कम होता है। इनके अन्तर्गत मूक चलचित्र, फिल्म पट्टियाँ आदि हैं।

तीसरे वर्ग में अप्रक्षेपी साधन सम्मिलित हैं। इनका प्रभाव प्रथम दो वर्गों से कम है। इनके अन्तर्गत बुलेटिन बोर्ड, चार्ट तथा चित्र आदि आते हैं।

चौथे वर्ग में मौखिक साधन हैं। इनका इन्द्रियों पर शैक्षिक प्रभाव सबसे कम होता है।

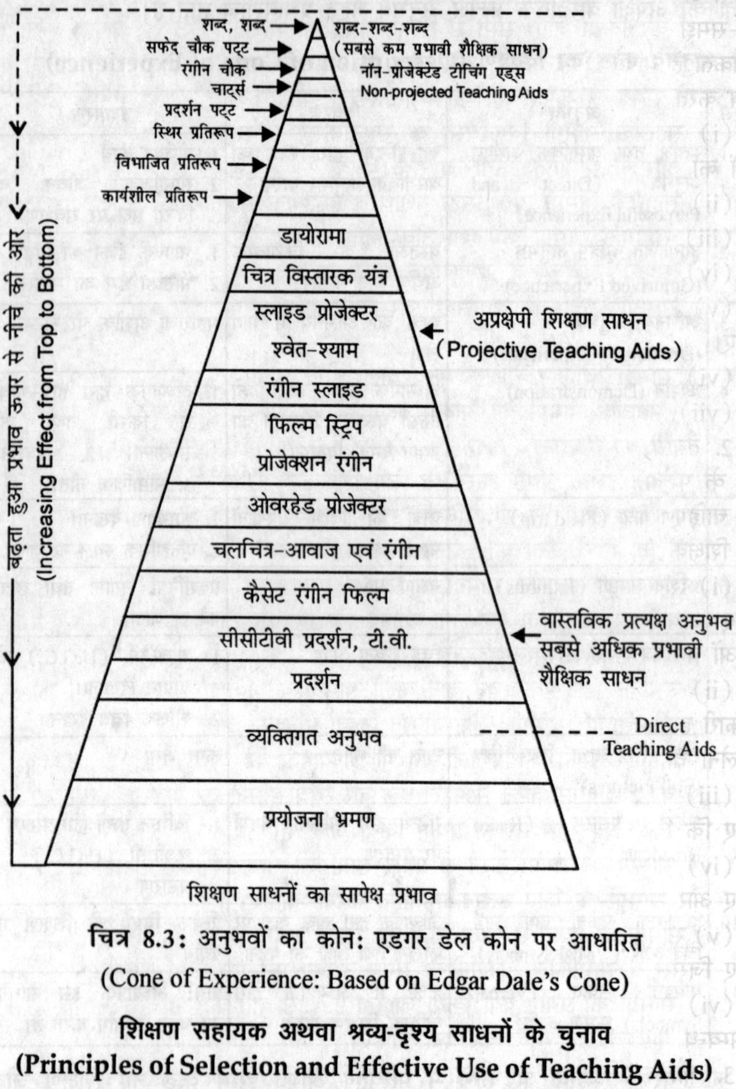

चित्र 8.3: अनुभवों का कोन: एडगर डेल कोन पर आधारित
(Cone of Experience: Based on Edgar Dale's Cone)

शिक्षण सहायक अथवा श्रव्य-दृश्य साधनों के चुनाव (Principles of Selection and Effective Use of Teaching Aids)

दृश्य-श्रव्य साधनों का प्रयोग शिक्षण को सरस, सरल, रोचक व प्रभावशाली बनाता है। परन्तु इसके लिए यह आवश्यक है कि अध्यापक शिक्षण क्रियाओं का नियोजन करते

समय बहुत सोच-समझकर आवश्यकतानुसार उचित साधन का चुनाव करे और उसके प्रयोग में बहुत सावधानी का पालन करे। तभी उसको इनके प्रयोग में पूरी तरह से सफलता मिल सकती है। सामान्यत: एक शिक्षक को दृश्य-श्रव्य साधनों का चयन और प्रयोग करते समय निम्न बातों को ध्यान में रखना चाहिए।

1. *चुनाव का सिद्धान्त* (*Principle of Selection*): सभी शिक्षण साधन शैक्षिक दृष्टि से अपनी-अपनी उपयोगिता रखते हैं। आवश्यकता इस बात की है कि उनका चुनाव सोच-समझ कर किया जाए। सस्ते से सस्ता साधन भी शैक्षिक दृष्टि से अत्यन्त मूल्यवान हो सकता है यदि वह पाठ्यवस्तु और छात्रों के स्तर के अनुरूप है। सहायक सामग्री का चुनाव करते समय अध्यापक को यह ध्यान रखना चाहिए:

(i) सहायक सामग्री विषयवस्तु के स्पष्टीकरण में सहायक हो, जिससे अधिगम लक्ष्यों को आसानी से प्राप्त किया जा सके।

(ii) सहायक सामग्री ठीक, सही यथार्थ व प्रमाणिक सूचना देने वाली होनी चाहिए।

(iii) सहायक सामग्री की दशा ठीक होनी चाहिए। टूटी, फूटी दशा में न हो।

(iv) सामग्री रुचिकर व प्रेरणादायक होनी चाहिए।

(v) सामग्री छात्रों के मानसिक स्तर, रुचि तथा आवश्यकता के अनुकूल होनी चाहिए।

(vi) सामग्री विशिष्ट शैक्षिक मूल्य वाली होनी चाहिए।

(vii) सहायक सामग्री का आकार इतना हो कि सम्पूर्ण कक्षा को दिखाई दे सके।

2. *तैयारी का सिद्धान्त* (*Principle of Preparation*): सहायक सामग्री का चयन करने के पश्चात् उसका प्रयोग करने के लिए शिक्षक व छात्रों को आवश्यक तैयारी कर लेनी चाहिए जिससे वह शिक्षण अधिगम उद्देश्यों की प्राप्ति में सहायक सिद्ध हो। इसके लिए शिक्षक को निम्न बातों को ध्यान में रखना चाहिए:

(i) शिक्षक को सहायक सामग्री के स्वरूप, विषयवस्तु व प्रकृति का पूर्ण ज्ञान होना चाहिए। अर्थात् उसे यह पता कर लेना चाहिए कि यह सामग्री क्या है और इसके किन बिन्दुओं को छात्रों के सम्मुख प्रदर्शित करना है?

(ii) उसे कक्षा में प्रयोग की जाने वाली सामग्री की विधि की भी शिक्षक को पूर्ण जानकारी होनी चाहिए। सामग्री से सम्बन्धित निर्देश पुस्तिका आदि का पूरी तरह अध्ययन कर लेना चाहिए। उसकी कार्यप्रणाली का भी अध्यापक को पूरा ज्ञान होना चाहिए।

(iii) कक्षा में प्रयोग करने से पहले एक बार स्वयं सामग्री का प्रयोग करके देख लेना चाहिए कि किस प्रकार से उसका प्रयोग किया जाना है।

(iv) सामग्री का प्रयोग करने से पहले छात्रों को मानसिक रूप से तैयार कर लेना चाहिए और सामग्री के लिए उत्सुकता जागृत करनी चाहिए।

(v) सामग्री के प्रयोग से पहले छात्रों का उसके प्रयोग के बारे में मार्गदर्शन भी करना चाहिए जिससे वे सामग्री के प्रदर्शन के समय उसका पूरा-पूरा लाभ उठा सकें।

(vi) सामग्री का प्रयोग क्यों किया जा रहा है? इस बात का औचित्य भी विषयवस्तु के सम्बन्ध में छात्रों को स्पष्ट कर देना चाहिए।

3. *भौतिक नियन्त्रण का सिद्धान्त* (*Principle of Physical Control*): भौतिक परिस्थितियों पर नियन्त्रण करने की दृष्टि से दृश्य श्रव्य सामग्री का प्रयोग करने के लिए शिक्षक को निम्न बातों को ध्यान में रखना चाहिए:

शिक्षण सामग्री के सिद्धान्तों का वर्गीकरण (Classification of Principles of Teaching Aids)

(1) चयन का सिद्धान्त (Principle of Selection)

(2) तैयारी का सिद्धान्त (Principle of Preparation)

(3) भौतिक नियन्त्रण का सिद्धान्त (Principle of Physical Control)

(4) प्रस्तुतीकरण का सिद्धान्त (Principle of Presentation)

(5) अनुक्रिया का सिद्धान्त (Principle of Active Response)

(6) मूल्यांकन का सिद्धान्त (Principle of Evaluation)

(7) संरक्षण तथा देखभाल का सिद्धान्त (Principle of Protection and Preservation)

(8) साध्य के साधन का सिद्धान्त (Principle of Means to End)

(9) समाकलन का सिद्धान्त (Principle of Integration)

(i) कक्षा में सामग्री रखने के लिए ऐसे स्थान का चुनाव करना चाहिए जहाँ से कक्षा के सभी विद्यार्थियों को सामग्री पूरी तरह से साफ-साफ दिखाई दे सके। (ii) शिक्षक को इस बात की आवश्यक व्यवस्था कर लेनी चाहिए कि कक्षा के बाहर का भौतिक वातावरण सामग्री के प्रयोग के समय बाधा न डाले। (iii) सामग्री का प्रयोग करने के लिए अन्य भौतिक सुविधाओं की पूरी तरह से व्यवस्था करनी चाहिए। जैसे–चार्ट टाँगने के लिए दीवार में कील, मॉडल का प्रयोग करने के लिए मेज या कोई और ऊँची वस्तु, रेडियो, टेलीविजन आदि के लिए बिजली व अन्य सुविधाएँ आदि। (iv) कोई भी सहायक सामग्री खराब न हो, सभी सामग्री सुरक्षित रहे, इसके लिए आवश्यक सहायक वस्तुओं और पदार्थों की व्यवस्था कर लेनी चाहिए।

4. *प्रस्तुतीकरण का सिद्धान्त* (*Principle of Proper Presentation*): शिक्षण उद्देश्यों की प्राप्ति व शिक्षण प्रक्रिया की सफलता के लिए यह जरूरी है कि दृश्य श्रव्य सहायक सामग्री का प्रस्तुतीकरण ठीक ढंग से हो सके। इसके लिए शिक्षक को निम्न बातों को ध्यान में रखना चाहिए:

(i) सहायक सामग्री ठीक प्रकार से नियोजन करने के पश्चात् ही उसका प्रस्तुतीकरण उचित समय पर करना चाहिए। (ii) ठीक प्रकार से समझी हुई विधि का पालन करते हुए ही सामग्री को प्रस्तुत करना चाहिए। (iii) सामग्री को ठीक स्थान पर रख कर या टाँगकर प्रस्तुत करना चाहिए जिससे कक्षा के हर बच्चे को सामग्री दिखाई दे। (iv) शिक्षक इस बात की पूरी सावधानी रखें कि सामग्री के प्रस्तुतीकरण के समय सभी छात्रों का ध्यान सामग्री की तरफ हो। (v) सामग्री के द्वारा पाठ्यवस्तु का जो भी स्पष्टीकरण किया जाना है, उसके तुरन्त बाद सामग्री को छात्रों के सामने से हटा देना चाहिए। (vi) प्रस्तुतीकरण के समय शिक्षक छात्रों का सक्रिय सहयोग लें। (vii) सामग्री का प्रस्तुतीकरण आवश्यकतानुसार ही हो जिससे उसका प्रभाव बना रहे। अधिक समय तक सामग्री का प्रदर्शन उसके प्रभाव को कम कर देता है।

5. *अनुक्रिया का सिद्धान्त* (*Principle of Active Response*): छात्रों को सक्रिय बनाए रखने और कक्षा अन्त:क्रिया में वृद्धि की दृष्टि से शिक्षक को सक्रिय अनुक्रिया के सिद्धान्त का पालन करना चाहिए। जिस सामग्री का प्रयोग किया गया है उसके प्रति छात्रों को अपनी अनुक्रिया व्यक्त करने का अवसर देना चाहिए। इसके लिए सामग्री का प्रयोग करने के पश्चात् शिक्षक को छात्रों के साथ उससे सम्बन्धित वार्तालाप करना चाहिए और यह जानने का प्रयास भी करना चाहिए कि छात्रों ने सामग्री के प्रस्तुतीकरण के समय पूरा ध्यान दिया है या नहीं।

6. *मूल्यांकन का सिद्धान्त* (*Principle of Evaluation*): प्रत्येक शिक्षण सहायक सामग्री का प्रयोग के पश्चात् मूल्यांकन किया जाना चाहिए। यह देखा जाए कि वह कितनी प्रभावशाली रही है। उसे किस प्रकार और प्रभावी बनाया जा सकता है।

7. *संरक्षण तथा देखभाल का सिद्धान्त* (*Principle of Protection and Preservation*): प्राय: यह देखा गया है कि उपयोग के पश्चात् शिक्षण सहायक सामग्री को संभाल कर नहीं रखा जाता है। इस पक्ष का पूरा ध्यान दिया जाए।

8. *'साध्य के साधन' का सिद्धान्त* (*Principle of Means and Ends*): यह बात सदा ध्यान में रखी जाए कि शिक्षण साधन 'नौकर' हैं, न कि 'मालिक'। अर्थात् उनका उपयोग इसी आधार पर किया जाए। शिक्षण सहायक साधन उद्देश्य की पूर्ति के लिए होते

हैं न कि उद्देश्य। उनका उपयोग केवल 'दिखावा' न हो। यह भी निश्चित किया जाए कि छात्र केवल साधन में ही रुचि न रखें, अपितु शिक्षण-अधिगम के उद्देश्यों को।

9. *समाकलन का सिद्धान्त* (*Principle of Integration*): सभी शिक्षण सहायक साधनों का परस्पर तथा विषय के प्रकरणों से पूरा-पूरा समाकलन किया जाना चाहिए।

शिक्षण सहायक साधनों के प्रयोग की समस्याएँ (Problems and Limitations of the Use of Teaching Aids)

बड़े खेद का विषय है कि व्यावहारिक रूप में शिक्षण सहायक साधनों का प्रयोग बहुत ही कम मात्रा में हो रहा है। इनके प्रयोग में प्राय: निम्नलिखित समस्याएँ विद्यमान रहती हैं:

1. प्रबन्धकों तथा अध्यापकों की शिक्षण सहायक साधनों के प्रयोग के प्रति उदासीनता। 2. आमतौर पर उचित तथा पर्याप्त मात्रा में शिक्षण सहायक सामग्री का स्कूलों में अभाव। 3. स्थानीय आवश्यकताओं के अनुसार शिक्षण सहायक सामग्री का न होना। 4. स्कूलों में अध्यापकों को शिक्षण सहायक सामग्री का सुगमता से न मिलना। 5. शिक्षण सहायक सामग्री का उचित प्रकार से रख-रखाव का न होना। 6. छात्रों द्वारा शिक्षण सहायक सामग्री के प्रयोग में उचित रुचि न लेना। 7. अनेक स्कूलों में बिजली आदि की व्यवस्था का न होना। 8. अध्यापकों के लिए शिक्षण सहायक सामग्री के प्रयोग में प्रशिक्षण का अभाव। 9. शिक्षण सहायक सामग्री का शिक्षण में महत्त्व भली प्रकार न समझा जाना। 10. स्कूलों में वित्तीय कठिनाईयाँ। 11. शिक्षण सहायक साधनों का स्थानीय स्तर पर निर्माण का अभाव।

उपसंहार: बुद्धिमत्तापूर्वक चयन, उपयुक्त प्रस्तुति तथा साधनों का उचित प्रयोग एक अपूर्व सम्पत्ति है। अध्यापक को चाहिए कि इस सम्पत्ति को ग्रहण करे। सहायक सामग्री साधन है और साध्य नहीं और इसका प्रयोग साधन के रूप में होना चाहिए।

पुरानी चीनी कहावत कि 'हजारों शब्दों से एक अकेला चित्र अच्छा है' व्यर्थ नहीं।

दृश्य-श्रव्य सुविधाएँ ऐसे साधन हैं जिनसे शिक्षा में शब्दों के अर्थ को मूर्त रूप से प्रकट किया जाता है। बालकों के ज्ञान में उच्च समीक्षात्मक दृष्टि आती है। इस प्रकार इन से ज्ञान-अर्जन अधिक सार्थक, रुचिकर तथा प्रभावशाली बनता है।

यदि दृश्य-श्रव्य साधनों का समझदारी से चुनाव किया जाए तथा बुद्धिमत्तापूर्वक प्रयोग किया जाए तो इनसे बच्चे की दिलचस्पी बढ़ती है और उसमें शिक्षा-प्राप्ति के लिए प्रेरणा पैदा होती है तथा इस अवस्था में प्राप्त की गयी शिक्षा का अर्थ है दृष्टिकोण में सुधार, ज्ञान का स्थायित्व, समृद्ध अनुभव तथा अन्ततोगत्वा पूर्ण प्रफुल्ल जीवन।

अप्रक्षेपी शिक्षण सहायक साधन (Non Projective Aids)

श्यामपट्ट (Blackboard)

महत्त्व: ब्लैकबोर्ड के बिना शिक्षण अधिगम की कल्पना नहीं की जा सकती। सी. एल. भल्ला ने अपनी पुस्तक '*Audio Visual Aids in Education*' में इसका इस प्रकार महत्त्व बताया है, "श्यामपट्ट शिक्षण संस्था में उतना ही आवश्यक है जितने डेस्क, रजिस्टर, कुर्सियाँ तथा अन्य वस्तुएँ। यह शिक्षा का सबसे सस्ता तथा महत्त्वपूर्ण साधन है। यह शिक्षण का अभिन्न अंग है।"

प्रोफेसर स्ट्रक के विचार में, "अध्यापक और छात्र द्वारा श्यामपट्ट को प्रयुक्त विधा समझना चाहिए; क्योंकि अध्यापक इसकी सहायता से निर्देश देता है और बालक अभिव्यक्ति।"

कभी-कभी कहा जाता है कि श्यामपट्ट अन्धे की लकड़ी की भाँति शिक्षक का शिक्षण में एकमात्र सहारा है।

विद्युत के चमत्कारों के युग में भी श्यामपट्ट का सार्वभौमिक महत्त्व है। यह दृश्य साधनों में एक ऐसा साधन है जो कि समस्या के समाधान के लिए हर प्रकार से प्रयोग में लाया जा सकता है। प्रत्येक अध्यापक अपनी आवश्यकतानुसार इसका अनेक प्रकार से लाभ उठा सकता है। इस पर हर प्रकार के ग्राफ, मानचित्र, चार्ट बन सकते हैं, ड्राइंग की जा सकती है तथा इसका सुलेख के लिए उपयोग किया जा सकता है। सफेद चाक के अतिरिक्त विज्ञान तथा सामाजिक ज्ञान जैसे विषयों में रंगीन चाक का प्रयोग करके प्रभावोत्पादकता को बढ़ाया जा सकता है। यद्यपि यह सस्ता है, इसको बनाये रखना बहुत सरल है इसको अनेक प्रकार से काम में लाया जा सकता है, तथापि अध्यापकों का पूरा ध्यान इसकी प्रभावोत्पादकता की ओर नहीं गया। यदि इसका उचित प्रयोग किया जाये तो यह सब बच्चों के ध्यान का केन्द्र बन सकता है। चाक तथा श्यामपट्ट, अध्यापक के शक्तिशाली तथा प्रभावशाली साधन हैं।

श्यामपट्ट से प्राप्त होने वाले उद्देश्य: कक्षा में श्यामपट्ट निम्नलिखित उद्देश्यों की प्राप्ति कर सकता है:

1. *बच्चों के ध्यान को आकर्षित करता है:* बच्चों के ध्यान को आकर्षित करने में श्यामपट्ट सहायता देता है। अध्यापक पाठ के सभी महत्त्वपूर्ण अंशों को श्यामपट्ट पर लिखता जाता है। बच्चे जो कुछ कान से सुनते हैं उसे श्यामपट्ट पर देखकर ग्रहण करते हैं। 2. *पाठ को दोहराने में सहायता देता है:* पाठ के मुख्य अंश श्यामपट्ट पर लिखने के पश्चात् उसे सफलतापूर्वक दोहराया जा सकता है। श्यामपट्ट से पाठ की पुनरुक्ति भी बहुत सरल हो जाती है क्योंकि पाठ के मुख्य अंश तो पहले ही इस पर लिखे होते हैं। 3. *श्यामपट्ट कठिन अंशों की व्याख्या में भी बहुत सहायक सिद्ध होता है:* पाठ में कई ऐसे शब्द या अंश आ जाते हैं जिन्हें श्यामपट्ट की सहायता से अधिक सरलतापूर्वक तथा अच्छी प्रकार से समझाया जा सकता है। 4. *अध्यापन में विभिन्नता लाता है:* श्यामपट्ट बच्चों को सुनते ही रहने तथा अध्यापक को केवल बोलते ही रहने की नीरस क्रिया से छुटकारा दिलता है। यह अध्यापक को क्रियाशीलता का अवसर देता है। अतः श्यामपट्ट नीरसता दूर करने में सहायक होता है। 5. *यह बच्चों को सुन्दर लेख सीखने में सहायता देता है:* बच्चे अध्यापक के सुन्दर लेख की नकल करके अपने लेख को सुन्दर बनाते हैं। इसी उद्देश्य के लिए श्यामपट्ट का सफलतापूर्वक उपयोग किया जा सकता है।

श्यामपट्ट के लिए उचित स्थान: श्यामपट्ट ऐसे स्थान पर रखा जाये कि प्रत्येक विद्यार्थी इसे आसानी से देख सके। यह कदापि भी खिड़की में नहीं रखना चाहिए। न ही इसका पिछला भाग रोशनी की तरफ होना चाहिए, अन्यथा इसका लिखने का भाग अंधेरे की ओर होगा और उस पर से पढ़ना आँखों के लिए हानिकारक हो सकता है।

ऊँचाई: इसकी ऊँचाई बच्चों की ऊँचाई के अनुसार 27 या 31 इंच के बीच होनी चाहिए। इसकी चौड़ाई चार फुट होनी चाहिए।

रंग: इसका रंग काला अथवा हरा होना चाहिए जिस पर चिकनाई बिल्कुल न हो अन्यथा इसका प्रभाव बच्चों की आँखों पर बहुत बुरा होगा।

श्यामपट्ट की सफाई: श्यामपट्ट को साफ करने के लिए झाड़न नमीदार होना चाहिए अन्यथा इसका चूर्ण सांस द्वारा शरीर में प्रवेश कर जाएगा जिससे कभी-कभी क्षय रोग भी हो सकता है।

श्यामपट्ट का प्रभावपूर्ण प्रयोग करने के कौशलः श्यामपट्ट का प्रयोग करते हुए निम्नलिखित बातों का ध्यान रखना चाहिए:

1. जब नया पाठ आरम्भ किया जाये तो अध्यापक यह देखे कि श्यामपट्ट पर पूर्व पठित पाठ के अंश तो नहीं हैं अन्यथा वे बच्चों के ध्यान को बाँट देंगे। जब पाठ समाप्त हो जाये तो श्यामपट्ट तुरन्त साफ कर देना चाहिए। 2. श्यामपट्ट पर जहाँ तक सम्भव हो सके साफ-साफ तथा मोटा-मोटा लिखा जाए। 3. श्यामपट्ट-लेख इस प्रकार से आयोजित किया जाए कि उसमें पाठ के क्रम को ही अपनाया जाए। अर्थात् पाठ जिस क्रम से बढ़े उसी क्रम से उसके अंश भी श्यामपट्ट पर लिखे जायें। 4. पाठ का सारांश हो तथा उसमें से केवल आवश्यक अंश ही श्यामपट्ट पर लिखे जायें। 5. श्यामपट्ट पर सीधी पंक्तियों में लिखना चाहिए। 6. अध्यापक इस बात का विशेष ध्यान रखें कि उनके लेख में अशुद्धियाँ न हों, क्योंकि इसका बच्चों पर बहुत बुरा असर पड़ता है। 7. श्यामपट्ट पर लिखते समय अध्यापक बच्चों पर भी यदा-कदा दृष्टि रखें और अनुशासन को बिगड़ने न दें। 8. अध्यापक श्यामपट्ट के बिल्कुल निचले हिस्से पर न लिखें। 9. श्यामपट्ट पर लिखते समय अध्यापक एक ओर खड़ा हो ताकि बच्चों को श्यामपट्ट देखने में बाधा न आए। 10. अध्यापक को पर्याप्त ड्राइंग भी आती हो तथा श्यामपट्ट पर इसका प्रयोग किया जाये। 11. श्यामपट्ट को हाथ से साफ नहीं करना चाहिए। 12. जो बच्चे पिछले बैंचों पर बैठे हों वे भी श्यामपट्ट पर लिखे हुए को पढ़ सकें। 13. साधारण सफेद चाक प्रयोग में लाना चाहिए, परन्तु विशेष अंशों पर बल देने के लिए रंगीन चाक भी इस्तेमाल किए जा सकते हैं। 14. कमजोर नजर वाले बच्चों को आगे बिठाया जाए।

उपसंहारः श्यामपट्ट अध्यापक का सच्चा मित्र और सहायक है। यह एक ऐसा साधन है जो पाठ को सजीव बनाता है। श्यामपट्ट के बिना श्रेणी की कल्पना अधूरी है। यह बात निर्विवाद-सी है कि वह अध्यापक कभी सफल नहीं हो सकता जिसे श्यामपट्ट लेखन-कला नहीं आती। शिक्षण में शिक्षक की सफलता का एक बहुत बड़ा रहस्य है 'श्यामपट्ट-लेखन कला में पूर्ण कौशल'।

चार्ट (Chart)

चार्ट का अर्थः चार्ट से अभिप्रायः उस दृश्य माध्यम से है जिससे तथ्यों के प्रदत्तों (विशेषताओं अथवा गुणों) को तुलनात्मक रूप से प्रस्तुत किया जा सकता है। उदाहरण के लिए भारत की जनसंख्या वृद्धि के आँकड़े-प्रतिवर्ष वृद्धि, प्रादेशिक तुलना, विश्व जनसंख्या से तुलना, वनों का क्षेत्र, प्रतिवर्ष वनों की कटाई का प्रतिशत, बंजर भूमि का अनुपात, प्रदूषण का विभिन्न क्षेत्रों में तुलनात्मक प्रभाव, घटती सुविधाओं का अभाव आदि ऐसे अनेक पक्ष हैं जिनके चार्ट बनाए जा सकते हैं।

किसी वस्तु की आन्तरिक रचना तथा कार्यप्रणाली जैसे जल-पम्प की बनावट एवं कार्यविधि, स्कूल के सूक्ष्म भाग की जानकारी, सम्राट अशोक द्वारा निर्मित शिलालेख, राष्ट्रपति के चुनाव की प्रक्रिया, न्यायपालिका का संगठन तथा कार्य, जलवायु को प्रभावित करने वाले तत्त्व आदि अनेक शैक्षिक प्रकरणों का सुनियोजित एवं क्रमबद्ध ज्ञान कराने तथा कौशल बढ़ाने में चार्टों का प्रयोग पर्याप्त लाभकारी सिद्ध हो सकता है।

चार्टों के प्रयोजनः 1. शिक्षण अधिगम को प्रभावी बनाना। 2. अधिगम को रोचक बनाना। 3. अधिगम को सरल बनाना। 4. छात्रों को पाठ में प्रेरित करना। 5. पाठ के विभिन्न प्रकरणों में सह-सम्बन्ध स्थापित करना। 6. तथ्यों को संक्षेप में प्रस्तुत करना। 7. अमूर्त विचारों को मूर्त बनाना। 8. कक्षा में अन्तर्क्रिया सम्प्रेषण को बढ़ावा देना। 9. अनेक प्रकरणों को प्रतीकात्मक रूप में प्रस्तुत करना। 10. शिक्षण अधिगम प्रक्रिया में निरन्तरता रखना।

अच्छे चार्ट की विशेषताएँ: 1. चार्ट का आकार इतना बड़ा होना चाहिए कि सारी कक्षा इसे देख सके। 2. चार्ट में दी गई विषय सामग्री स्पष्ट हो। 3. चार्ट के आँकलन तथा लेखन में स्पष्टता तथा क्रमबद्धता हो। 4. सरल रूप से चार्ट बना हुआ हो। अत्यधिक सूचनाएँ विषय को जटिल बना देती हैं। 5. चार्ट में आकर्षण होना चाहिए। रंगों की मिलावट में सन्तुलन हो। 6. चार्ट में तथ्य ठीक तथा शुद्ध हों। 7. चार्ट के शीर्षक आकर्षक हों।

चार्टों के प्रकार

(1) वृक्ष की आकृति वाला
(2) समय चार्ट
(3) समस्या चार्ट
(4) प्रवाह चार्ट
(5) तालिका चार्ट
(6) चित्रात्मक चार्ट
(7) छात्रों की प्रगति का चार्ट
(8) तुलनात्मक चार्ट

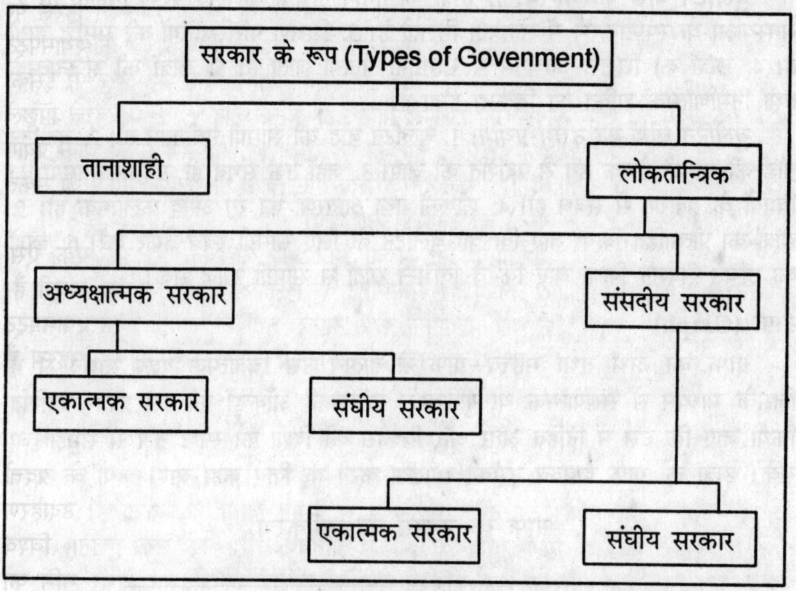

चित्र 8.4: प्रवाह चार्ट (Flow Chart)

चार्टों का प्रभावपूर्ण प्रयोग: 1.चार्ट को इस प्रकार प्रदर्शित किया जाए कि इसका संपूर्ण भाग सभी छात्र देख सकें। 2. एक चार्ट का केवल एक ही उद्देश्य होना चाहिए। 3. कक्षा में जिस समय जिस चार्ट की आवश्यकता हो उसको उसी समय प्रदर्शित किया जाए। 4. चार्ट को उचित समय तक दिखा कर बंद कर देना चाहिए। 5. चार्ट प्रदर्शित करते समय इस बात पर ध्यान दिया जाए कि सभी छात्र इसे देख रहे हैं। 6. जहाँ तक संभव हो, शिक्षक कक्षा में स्वयं चार्ट बनाकर प्रदर्शित करे। 7. चार्ट के निर्माण में छात्रों का सहयोग वांछनीय है।

बुलेटिन बोर्ड या सूचना पट्ट (Bulletin Board)

बुलेटिन बोर्ड का अर्थ: बुलेटिन बोर्ड कक्षा तथा कक्षा से बाहर बरामदों में लगाए गये उन पट्टों या बोर्डों की ओर संकेत करता है जिन पर छात्रों को सूचना या ज्ञान बढ़ाने के लिए विभिन्न प्रकार की लिखित, चित्रात्मक तथा मुद्रित सामग्री को आकर्षक ढंग से प्रदर्शित किया जाता है।

बुलेटिन बोर्ड पर प्रदर्शित करने वाली सामग्री के प्रकार

(1) वास्तविक पदार्थों के नमूने
(2) क्रियाओं के मॉडल
(3) चित्र, चार्ट, कार्टून आदि
(4) समाचार पत्रों से सामग्री अथवा कतरन
(5) विषयों के अध्ययन से संबंधित महत्त्वपूर्ण सामग्री
(6) विषय अध्ययन पाठ्य-क्रियाओं के फोटोग्राफ
(7) स्कूल की महत्त्वपूर्ण घटनाएँ
(8) नयी पुस्तकों के आवरण
(9) छात्रों की क्रियात्मक कृतियाँ

बुलेटिन बोर्ड का महत्त्व: 1. छात्रों को नवीन रुचियों के लिए प्रेरणा मिलती है। 2. समस्याओं के स्पष्टीकरण में सहायता मिलती है। 3. शिक्षण परिस्थितियों की समृद्धि होती है। 4. छात्रों को शिक्षण-अधिगम में सहभागी बनाया जाता है। 5. छात्रों की सृजनात्मक तथा निर्माणात्मक शक्ति का विकास होता है।

बुलेटिन बोर्ड का उत्तम प्रयोग: 1. बुलेटिन बोर्ड की सामग्री नवीनतम हो। 2. बुलेटिन बोर्ड की सामग्री रोचक ढंग से प्रदर्शित की जाए। 3. जहाँ तक संभव हो, प्रदर्शित सामग्री का विषयों के प्रकरण से संबंध हो। 4. शीर्षकों तथा आवरणों का रंग आदि कलात्मक हो। 5. छात्रों को प्रोत्साहित किया जाए कि वह बुलेटिन के लिए सामग्री स्वयं तैयार करें। 6. छात्रों का उचित निर्देशन किया जाए कि वे विभिन्न स्रोतों से सामग्री खोज सकें।

ग्राफ (Graph)

ग्राफ का अर्थ तथा महत्त्व–ग्राफ से तात्पर्य उस चित्रात्मक दृश्य साधन से है जिसके माध्यम से संख्यात्मक या गुणात्मक सांख्यिकी आँकड़ों को इस प्रकार प्रदर्शित किया जाए कि उस में निहित अंतर और विकास की दिशा को स्पष्ट रूप से समझा जा सके। छात्रों को ग्राफ देखकर उसकी व्याख्या करने के लिए कहा जाए।

ग्राफ के प्रकारों का वर्गीकरण

(1) **रेखा ग्राफ** — सरल रेखाओं द्वारा उनकी लम्बाई तथा बनावट का आधार बनाकर पाठ्य-वस्तु के विभिन्न आँकड़ों को प्रस्तुत किया जाता है।

(2) **दण्ड ग्राफ** — दण्ड ग्राफ में सरल रेखा के स्थान पर दण्डों या छड़ों जैसी आकृति बनाकर आँकड़े प्रस्तुत किए जाते हैं।

(3) **वृत्त ग्राफ** — इस प्रकार के ग्राफ में वृत्त चित्र बनाकर आँकड़े प्रस्तुत किए जाते हैं।

(4) **चित्रात्मक ग्राफ** — इस प्रकार के ग्राफ में संख्यात्मक आँकड़ों को चित्रों की सहायता से प्रदर्शित किया जाता है। विभिन्न रंगों द्वारा तुलनात्मक अध्ययन किया जाता है।

अच्छे ग्राफ की विशेषताएँ: 1. ग्राफ शुद्ध हो। इसमें कोई त्रुटि न हो। 2. ग्राफ साफ-सुथरा हो। 3. ग्राफ पर उचित शीर्षक हो। 4. जिन तत्त्वों की तुलना करनी हो, वे स्पष्ट हों।

समय रेखा (Time Line): समय रेखा द्वारा एतिहासिक घअनाओं को दशार्या जाता है। समय रेखा का चित्र जहां पर दिया गया है।

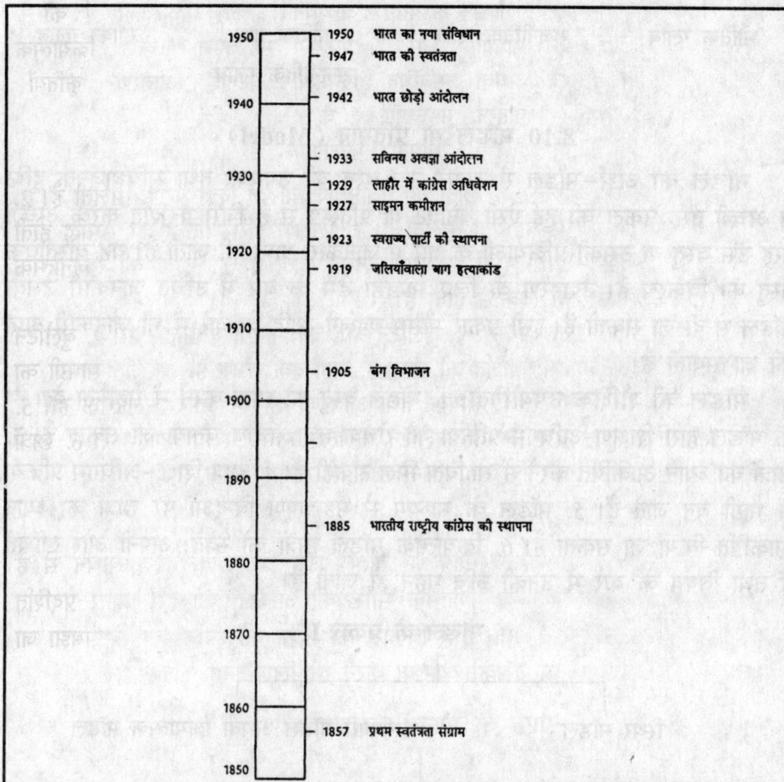

चित्र 8.5: *समय रेखा*: 1857 से 1950 तक भारत में प्रसिद्ध घटनाएँ
(*Time Line*: Important Events in India During 1857-1950)

ग्लोब (Globe)

ग्लोब का अर्थ: ग्लोब को पृथ्वी के ऐसे गोलाकार मॉडल या प्रतिरूप के रूप में परिभाषित किया जा सकता है जिसके माध्यम से पृथ्वी के आकार तथा धरातल आदि को उसके अनुपात में प्रदर्शित किया जा सके।

ग्लोब का महत्त्व: सामाजिक अध्ययन संबंधी विषयों के शिक्षण में ग्लोब एक दृश्य साधन के रूप में बहुत महत्त्वपूर्ण स्थान रखता है। मानचित्र की भाँति ग्लोब भी पृथ्वी और उसके धरातल पर स्थित भौतिक, राजनीतिक, सामाजिक तथा आर्थिक परिस्थितियों का चित्र प्रस्तुत करने का प्रयत्न करता है। परन्तु जहाँ मानचित्रों द्वारा पृथ्वी के सपाट (Flat) रूप का

दिग्दर्शन होता है वहाँ ग्लोब इसकी वास्तविक गोलाकार (Spherical) आकृति को सामने लाता है।

ग्लोब के प्रकार

- भौतिक ग्लोब
- राजनीतिक ग्लोब
- भौतिक तथा राजनीतिक ग्लोब
- खाका ग्लोब

8.10 मॉडल या प्रतिमान (Model)

मॉडल का अर्थ–मॉडल से तात्पर्य उस वस्तु की उपयुक्त तथा सुविधाजनक दृष्टि से अच्छी तरह नकल की हुई ऐसी बनावट या प्रतिरूप से है जिसे प्रदर्शित करके अच्छी तरह उस वस्तु या उसकी प्रक्रियाओं के बारे में जानकारी प्राप्त की जाती है। यह वास्तविक वस्तु का विकल्प है। उदाहरण के लिए भाखड़ा डैम के बारे में उचित जानकारी उसके मॉडल से दी जा सकती है। इसी प्रकार मौसम बदलने आदि के बारे में भी जानकारी प्राप्त की जा सकती है।

मॉडल की शैक्षिक उपयोगिता: 1. मॉडल वस्तु को स्पष्ट करने में सहायता देता है। 2. मॉडल द्वारा शिक्षण-अधिगम प्रक्रिया को रोचक तथा सजीव बनाया जा सकता है। 3. छात्रों का ध्यान आकर्षित करने में सहायता मिल सकती है। 4. छात्र शिक्षा-अधिगम प्रक्रिया में भागी बन जाते हैं। 5. मॉडल के माध्यम से महत्त्वपूर्ण बिन्दुओं पर छात्रों का ध्यान आकर्षित किया जा सकता है। 6. क्रियात्मक मॉडल छात्रों को स्वत: अपनी ओर खींचते हैं तथा विषय के बारे में उनकी रुचि गहन हो जाती है।

मॉडल के प्रकार-I

- स्थिर मॉडल
- कार्यकारी मॉडल अथवा क्रियात्मक मॉडल

मॉडल के प्रकार - II

- त्रिपक्षीय मॉडल
- खण्डीय मॉडल
- एक्सरे मॉडल

मॉडल के प्रकार - III

- बड़े पैमाने वाला मॉडल
- छोटे पैमाने वाला मॉडल

मॉडल के प्रकार - IV

(1) विखंडित मॉडल
(2) एकीकृत इकाई मॉडल

मॉडलों के निर्माण की सामग्री

(1) लकड़ी
(2) प्लास्टिक
(3) थरमोकोल
(4) प्लास्टर ऑफ पेरिस
(5) गत्ता
(6) धातु

मानचित्र या नक्शे (Maps)

मानचित्रों का महत्त्व: सामाजिक अध्ययन तथा पर्यावरण अध्ययन में मानचित्रों का प्रयोग तो बहुत ही महत्त्वपूर्ण है। विभिन्न प्रकार के मानचित्र—राजनीतिक, सांस्कृतिक, ऐतिहासिक, भौगोलिक तथा आर्थिक विषय का ज्ञान बढ़ाने में बहुत सहायक होते हैं।

मानचित्रों के चयन से सम्बन्धित आवश्यक बातें: 1. छात्रों को योग्यता, आयु तथा कक्षा के स्तर को ध्यान में रखकर मानचित्र का चयन किया जाए। 2. मानचित्र का आकार उचित होना चाहिए। 3. मानचित्रों में दर्शाए गये स्थान तथा अन्य तत्त्व शुद्ध हों। 4. मानचित्र में संकेत ठीक प्रकार से दिये जायें। 5. मानचित्र का पैमाना उपयुक्त हो।

मानचित्रों के प्रदर्शन में सावधानियाँ: 1. मानचित्र दिखाते समय संकेतक (Pointer) का प्रयोग किया जाए।

2. मानचित्र कक्षा में इस प्रकार दिखाया जाए कि सभी छात्र मानचित्र के सभी भागों को भली-भाँति देख सकें।

3. जहाँ सम्भव हो मानचित्रों के निर्माण में छात्रों की सहायता ली जाए।

मानचित्रों के प्रकार (विषय की दृष्टि से)

(1) भौगोलिक
(2) ऐतिहासिक
(3) राजनीतिक
(4) सांस्कृतिक
(5) औद्योगिक
(6) आर्थिक
(7) आने-जाने के साधनों के

मानचित्रों के प्रकार (क्षेत्र की दृष्टि से)

(1) स्थानीय
(2) मण्डलीय
(3) राज्यीय
(4) देशीय
(5) विश्वीय

ग्राफ (Graph)

ग्राफ का अर्थ तथा महत्व: ग्राफ से तात्पर्य उस चित्रात्मक दृश्य साधन से है जिसके माध्यम से संख्यात्मक या गुणात्मक सांख्यिकी आँकड़ों को इस प्रकार प्रदर्शित किया जाए कि उसमें निहित अन्तर और विकास की दिशा को स्पष्ट रूप से समझा जा सके। छात्रों को ग्राफ देखकर उसकी व्याख्या करने के लिए कहा जाए।

भारत के आर्थिक तथा शैक्षिक विकास संबंधी कुछ महत्त्वपूर्ण तथ्यों का दृश्य साधनों द्वारा प्रदर्शन
(Representation of Some Significant Facts Regarding India's Economic Development through Visual Aids)

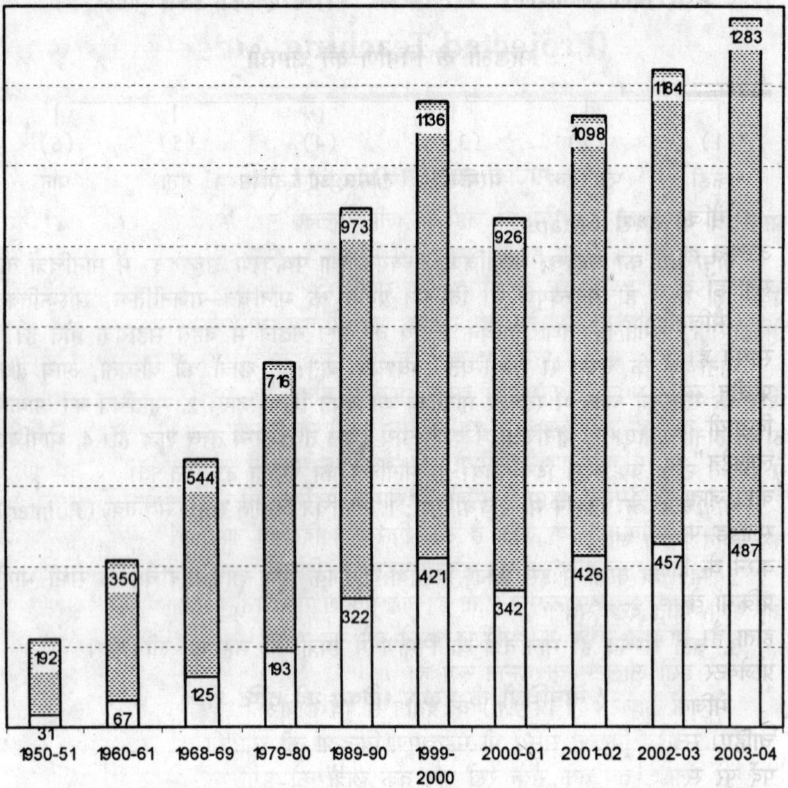

9

प्रक्षेपित शिक्षण सहायक साधन-शिक्षण में हार्डवेयर (Projected Teaching Aids—Hardware)

मैजिक लालटेन (Magic Lantern)

मैजिक लालटेन, गाँवों में जहाँ बिजली उपलब्ध नहीं है, वहाँ शिक्षण के क्षेत्र में अत्यन्त लाभदायक सिद्ध हुई है। स्कूलों में मैजिक लालटेन के माध्यम से अनेक प्रकरण स्लाइडों के प्रोजेक्शन के द्वारा पढ़ाये जा सकते हैं।

मैजिक लालटेन शिक्षण को सजीव, प्रभावी तथा बोधगम्य बनाने का एक अच्छा साधन है। इस यन्त्र को प्रयोग में लाने के लिए स्लाइडों का ही उपयोग किया जाता है। प्राचीन समय में जब आरम्भ में वस्तुएँ प्रोजेक्ट होकर पर्दे पर चित्रित होकर लोगों को दिखायी गयीं तो उन्हें यह जादू-सा महसूस हुआ। फलस्वरूप इस यन्त्र का नाम "जादुई लालटेन" या 'मैजिक लालटेन' दिया गया। वैज्ञानिक भाषा में इसे डायस्कोप (Diascope) कहा जाता है। इसकी सहायता से जो भी सामग्री प्रदर्शित की जाती है, उसे एक पारदर्शक स्लाइड पर अंकित किया जाता है और फिर उसे दिखाया जाता है। स्लाइड को प्रोजेक्ट करने के लिए एक उपकरण की जरूरत पड़ती है, जिसमें प्रकाश पानी और कारबाइट की प्रक्रिया के फलस्वरूप उत्पन्न होता है। यह प्रकाश गैस बत्ती की तुलना में ज्यादा अच्छा होता है। प्रोजेक्ट चित्रों को प्रदर्शित करने की यह पुरानी विधि है। आजकल के दूसरे प्रोजेक्टर इसी लालटेन के उन्नत रूप हैं।

मैजिक लालटेन (चित्र 9.1) के प्रयोग से पूर्व छात्रों को सम्बन्धित बातें बता दी जानी चाहिए। स्लाइड दिखाते समय भी महत्वपूर्ण बिन्दुओं की व्याख्या की जाती रहनी चाहिए। पर्दे पर स्लाइड तब तक रोके रखें जब तक छात्रों को सभी बातें स्पष्ट न हो जायें।

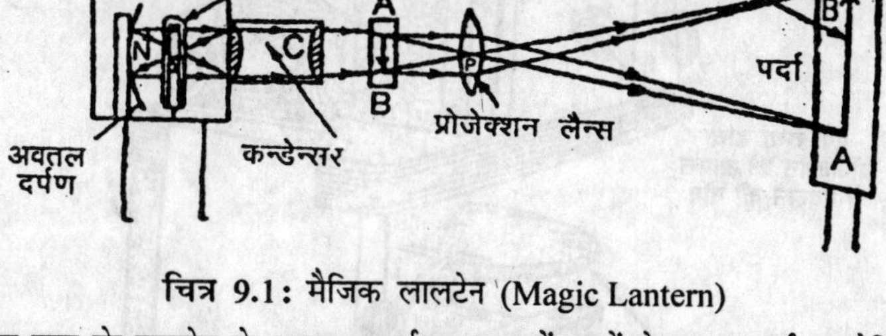

चित्र 9.1: मैजिक लालटेन (Magic Lantern)

इस यन्त्र के उपयोग के पश्चात् वार्तालाप सत्र में छात्रों के साथ चर्चा आयोजित की जानी चाहिए जहाँ छात्रों को शंका-समाधान का अवसर मिल सके। पाठ-पुनरावृत्ति में भी इस उपकरण का उपयोग किया जा सकता है।

मैजिक लालटेन की रचना (Construction): मैजिक लालटेन उपकरण में हल्के वजन का एक धातु का डिब्बा होता है। जिसके अन्दर उचित अन्तर पर बायें से दायें क्रमशः निम्न प्रकार की व्यवस्था की जाती है:

1. *परावर्तक* (*Reflector*): प्रायः इसके लिए अवतल दर्पण (Concave mirror) का प्रयोग किया जाता है।

2. *प्रकाश का शक्तिशाली स्रोत* (*A Strong Source of Light*): इसके लिए प्रायः 100 से लेकर 200 वॉट का चपटे फिलामेण्ट वाला (Flat filament) विद्युत लैम्प प्रयुक्त किया जाता है।

3. कण्डेन्सर (*Condenser*): इसके लिए दो समतल उत्तल लैन्स (Double Plano-convex Lens) काम में लाये जाते हैं।

4. स्लाइड कैरियर (*Slide Carrier*): यह स्लाइड रखने के लिए प्रयुक्त किया जाता है।

एपीडायस्कोप (Epidiascope)

एपीडायस्कोप (चित्र 9.2a) शब्द दो शब्दों से मिलकर बना है–(1) Episcope तथा (2) Discope। एपीस्कोप का अर्थ है अपारदर्शक वस्तु का पर्दे पर बहुत साफ प्रक्षेपण। डायस्कोप से अभिप्राय है स्लाइड का प्रक्षेपण। एपीडायस्कोप के माध्यम से पारदर्शक तथा अपारदर्शक दोनों तरह की वस्तुओं की छवि (Image) पर्दे पर प्रक्षेपित की जाती है। इसके द्वारा जो भी चित्र या विवरण दिखाया जाता है, वह जिस प्रकार का होगा जिस रंग का होगा वह बिल्कुल वैसा ही दिखायी देता है।

इसमें पुस्तक की डायग्राम आदि को बड़ा करके दिखाया जा सकता है तथा चार्ट आदि बनाने में भी इसका प्रयोग किया जाता है।

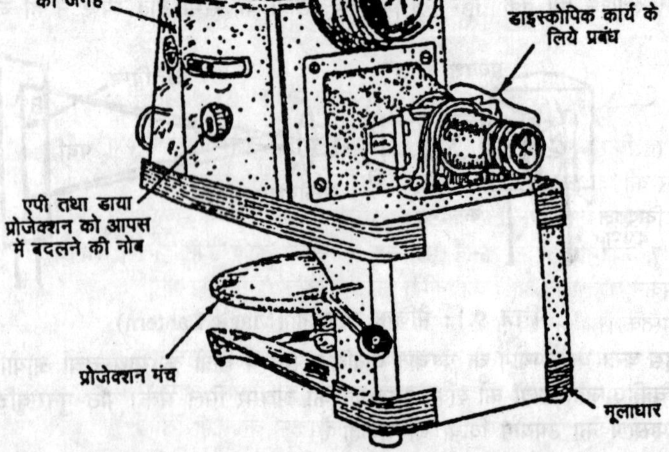

चित्र 9.2(a): एपीडायस्कोप (Epidiascope)

एपीडायस्कोप के प्रयोग के समय निम्न बातों पर शिक्षक को ध्यान देना चाहिए:

1. जिस स्थान पर एपीडायस्कोप का प्रयोग किया जा रहा है, वहाँ पूर्ण अन्धकार होना चाहिए। 2. जिन वस्तुओं का प्रक्षेपण किया जा रहा है, उन्हें अधिक देर तक लैम्प के हैड पर नहीं रखना चाहिए।

एपीडायस्कोप का शैक्षिक उपयोग: कक्षा-शिक्षण की दृष्टि से एपीडायस्कोप एक काफी उपयोगी दृश्य उपकरण है। इसके शैक्षिक उपयोग संक्षेप में निम्न प्रकार है–

1. केवल यही एक ऐसा उपकरण है, जिससे पारदर्शक तथा अपारदर्शक दोनों ही प्रकार की दृश्य सामग्री को पर्दे पर आसानी से प्रक्षेपित किया जा सकता है। 2. आवश्यकतानुसार इसे एपीस्कोप या डायस्कोप किसी भी तरह प्रयोग में लाया जा सकता है। 3. चित्र आदि का प्रक्षेपण पर्दे पर स्थिर होता है। अत: कितने ही समय तक तथा किसी भी समय आवश्यकतानुसार किसी भी चित्रात्मक सामग्री को बड़ा करके पर्दे पर दिखाया जा सकता है। [चित्र 9.2 (b)] 4. सामाजिक अध्ययन, इतिहास, भूगोल, अर्थशास्त्र तथा विज्ञान आदि स्कूल विषयों को पढ़ाने में आवश्यक नमूनों, मॉडल आदि को पर्दे पर आसानी से बड़ा करके दिखाने में भी यह उपकरण काफी उपयोगी सिद्ध होता है। 5. सजीव पदार्थों, जैसे–अमीबा तथा अन्य कीट-पतंगों, जीव-जन्तुओं, पेड़-पौधों आदि के सूक्ष्म भागों आदि को बड़ा करके पर्दे पर दिखाने के कार्य में यह पर्याप्त सहायता करता है।

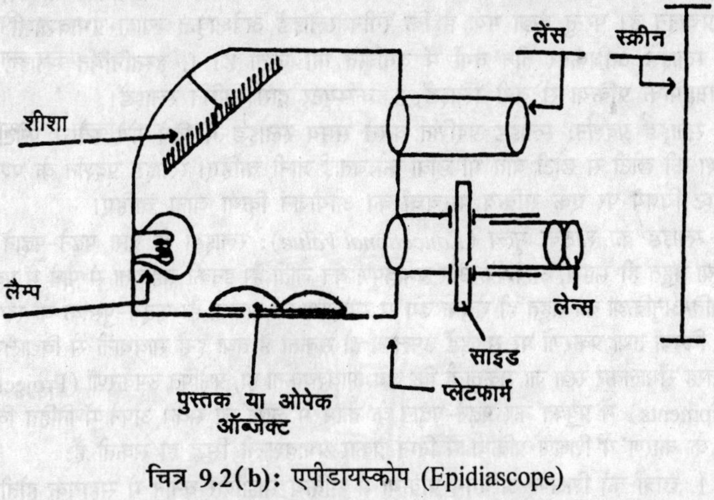

चित्र 9.2(b): एपीडायस्कोप (Epidiascope)

6. किसी भी प्रक्रिया (Process) का क्रमिक विकास, जैसे–मेंढक, तितली, मक्खी, मच्छर की जीवन-लीला, बीजों का अंकुरण आदि को प्रदर्शित करने के लिए एपीडायस्कोप द्वारा दिखाये जाने वाली स्लाइडें महत्त्वपूर्ण भूमिका निभा सकती हैं।

7. ज्यामिति आरेख बनाने, मानचित्रों के खाका आदि तैयार करने तथा आसानी से न खींचे जा सकने वाले चित्र आदि को निर्मित करने में इसका एपीस्कोप भाग पर्याप्त सहायता कर सकता है। पुस्तकों या अन्य मुद्रित सामग्री तथा कलाकारों द्वारा चित्रित सामग्री को सीधे ही (बिना स्लाइड बनाये) पर्दे पर लगी हुई कागज, ड्राइंग पेपर, चार्ट पेपर आदि की शीट पर प्रक्षेपित कर मानचित्र, आरेख, ग्राफ आदि चित्रात्मक सामग्री का निर्माण आसानी से किया जा सकता है।

इस प्रकार एपीडायस्कोप विद्यालय पाठ्यक्रम के सभी विषयों तथा प्रकरणों में निहित

पाठ्य-वस्तु को सहज, सरल, रोचक तथा आकर्षक ढंग से प्रस्तुत करने में बहुत ही प्रभावपूर्ण भूमिका निभा सकने की क्षमता रखता है।

प्रयोग में सावधानियाँ: 1. प्रक्षेपित सामग्री का उचित चयन करना। 2. छात्रों को सामग्री के प्रेक्षपण के पहले तैयार करना। 3. सामग्री प्रक्षेपित करते समय आवश्यकतानुसार छात्रों से अन्तर्क्रिया करना/वार्तालाप करना। 4. प्रेक्षपन के पश्चात् प्रक्षेपित सामग्री के शैक्षिक उपयोग का मूल्यांकन करना।

स्लाइड (Slide)

स्लाइड की परिभाषा की दृष्टि से ऐसी प्रक्षेपित दृश्य सामग्री की संज्ञा दी जा सकती gSt ksfd lhikjn'kZrUb (Transparent surface) जैसे घिसा हुआ शीशा या प्लास्टिक (Etched glass or plastic) सेल्यूलोज ऐसिटेट फिल्म तथा सिल्होइट (Silhouette) आदि का ऐसा भाग है जो एक विशिष्ट आकार वाला होता है और जिस पर तस्वीरें या रेखाचित्र होते हैं और जिन्हें प्रेषित प्रकाश के माध्यम से अच्छी प्रकार देखा जा सकता है तथा प्रोजेक्टर आदि प्रक्षेपित उपकरणों द्वारा पर्दे पर बड़ा करके दिखाया जा सकता है।

अधिकतर स्लाइडें 35 mm वाली, 5 × 5 cms या 3¼″ × 4″ आकार की होती हैं और ये स्लाइड प्रोजेक्टर के माध्यम से प्रदर्शित की जाती हैं।

स्लाइड के प्रकार: आजकल ब्लैक एण्ड व्हाइट तथा रंगीन दोनों प्रकार की स्लाइडों का प्रचलन है। परन्तु देखा गया है कि रंगीन स्लाइडें अपेक्षाकृत ज्यादा प्रभावशाली हैं।

स्लाइडें अधिकतर तीन वर्गों में वर्गीकृत की जाती हैं: 1. हस्तनिर्मित स्लाइडें, 2. फोटोग्राफिक प्रक्रिया से बनी स्लाइडें, 3. कम्प्यूटर द्वारा निर्मित स्लाइडें।

स्लाइड प्रदर्शन: स्लाइड प्रदर्शित करते समय स्लाइड में दिये गये स्कैच फोटो या सन्देश की छोटी से छोटी बातें भी छात्रों को बताई जानी चाहिए। स्लाइड प्रदर्शन के पश्चात् निर्दिष्ट विषय पर एक सक्रिय परिचर्चा का आयोजन किया जाना चाहिए।

स्लाइड का शैक्षिक मूल्य (Educational Value): स्लाइडों के द्वारा पढ़ने-पढ़ाने की प्रक्रिया बहुत ही सहज, आकर्षक और प्रभावपूर्ण बन जाती है। इनकी सहायता से पौधे में प्रकाश के प्रति अनुक्रिया को बहुत ही रोचक ढंग से समझाया जा सकता है। पाठ्य-पुस्तक के लगभग सभी विषयों तथा प्रकरणों पर स्लाइडें उपलब्ध हो सकती हैं तथा इन्हें सावधानी से विद्यालय में इस तरह सँभालकर रखा जा सकता है कि जब आवश्यकता हो, प्रक्षेपित उपकरणों (Projective equipments) में प्रयुक्त कर पढ़ने-पढ़ाने के काम में लाया जा सके। अपने में निहित विशेष गुणों के कारण ये शिक्षण प्रक्रिया में निम्न प्रकार प्रभावशाली सिद्ध हो सकती हैं:

1. छात्रों को शिक्षण-अधिगम प्रक्रिया में सक्रिय साझीदार बनाने में सहायक होती हैं। 2. ध्यान आकर्षित करने में सहायक होती हैं। 3. रुचि उत्पन्न करने तथा बनाये रखने में सहायता देती हैं। 4. नीरसता एवं उचाट को दूर करने तथा रचनात्मक अनुशासन बनाये रखने में योगदान देती हैं। 5. कक्षा के वातावरण को सरल, क्रियाशील तथा पढ़ने-पढ़ाने के अधिक उपयुक्त बनाने में सहयोग देती हैं। 6. पाठ की प्रस्तावना, उसके प्रस्तुतीकरण तथा विकास में सहायक होती हैं। 7. पढ़ाई हुई सामग्री के पुनः प्रस्तुतीकरण, अभ्यास तथा पुनः निरीक्षण में सहायक होती हैं। 8. जो कुछ पढ़ा दिया जाता है उसे कितना कुछ विद्यार्थी समझ पाये हैं, इसकी जाँच में सहायक होती हैं। 9. एक साथ सम्पूर्ण कक्षा के विद्यार्थियों को अधिक से अधिक अच्छी प्रकार ज्ञानार्जन में सहायक होती हैं। 10. ये विषय-वस्तु को सरल, आकर्षक तथा स्पष्ट बनाती हैं।

स्लाइडों के प्राप्ति स्रोत (Sources for Obtaining Slides): साधारण तथा फोटोग्राफिक स्लाइडें (Simple and Photographic Slides) निम्न स्रोतों द्वारा उपलब्ध हो सकती हैं:

(i) व्यावसायिक फर्मों से खरीदी जा सकती हैं। (ii) अध्यापक प्रशिक्षण संस्थानों, विश्वविद्यालय, प्रान्तीय एवं राष्ट्रीय शिक्षा अनुसंधान तथा प्रशिक्षण परिषदों और दृश्य-श्रव्य पुस्तकालयों आदि से उधार ली जा सकती हैं। (iii) अध्यापकों की देखरेख में छात्रों की सहायता से निर्मित की जा सकती हैं।

स्लाइडों का निर्माण: स्लाइडों को निर्माण की दृष्टि से मुख्य रूप से दो भागों में बाँटा जा सकता है–साधारण स्लाइड (Simple Slides) और फोटोग्राफिक स्लाइड (Photographic Slides)।

साधारण स्लाइडों के निर्माण की प्रक्रिया: इनके निर्माण की प्रक्रिया निम्न प्रकार से है:

(i) जिस आधार भूमि (Base) पर स्लाइड बनाई जाती है, पहले उसका चुनाव किया जाता है। इसके लिए साधारण शीशा (Plane glass), घिसा हुआ शीशा अथवा प्लास्टिक (Etched Glass or Etched Plastic), सेलोप्लेन (Celloplane), सिल्हौटी (Silhouette), पारदर्शी सैल्यूलोज एसीटेट फिल्म (Clear Transparent Cellulose Acetate Film) और अर्ध पारदर्शी कागज (Transluscent Paper) आदि में से कोई भी एक हो सकता है।

(ii) स्लाइड के शीशे आदि किसी चयनित आधार भूमि पर कोई चित्र, आरेख तथा लिखावट आदि सीधे ही नहीं बनाई जाती बल्कि इस कार्य के लिए ट्रेसिंग पेपर (Tracing Paper) की सहायता ली जाती है। इसके लिए सबसे पहले ट्रेसिंग पेपर पर स्लाइड के प्रोजेक्शन क्षेत्र (Area of Projection) की सीमा परिधि (Boundary) बना ली जाती है। आधा इंच का हाशिया चारों ओर छोड़कर बीच के क्षेत्र को जिसकी माप लगभग 2″ × 2″ या 3¼″ × 4″ हो सकती है, रेखांकन तथा आकृति निर्माण के लिए रखा जाता है। इसके बाद योजनानुसार स्लाइड पर जो आकृति निर्माण के लिए रखा जाता है। इसके बाद योजनानुसार स्लाइड पर जो भी चित्र, आकृति बनानी हो, बनाई जाती है तथा चिन्ह, संकेत और नाम आदि का यथास्थान उल्लेख कर दिया जाता है।

(iii) अब ट्रेसिंग पेपर पर बनी मूल आकृति चित्र अथवा रेखांकन कार्य को स्लाइड बनाने के लिए चुनी गई पारदर्शी शीशे की शीट पर रख दिया जाता है तथा ड्राइंग पेन अथवा पेन्सिल की सहायता से पारदर्शी शीट पर ट्रेसिंग पेपर पर बनी आकृति आदि की नकल उतारने, कलात्मक कार्य करने अथवा अक्षर और संख्याएँ आदि लिखने का प्रयत्न किया जाता है।

(iv) जब पारदर्शी शीट पर ट्रेसिंग (Tracing) तथा अन्य कलात्मक और लेखन कार्य पूरा हो जाये तो उसे उसी आकार के गत्ते या कार्डबोर्ड के टुकड़े पर रखकर टेप (Tape) की सहायता से चिपका दिया जाता है और इस तरह साधारण स्लाइड के निर्माण कार्य को पूरा कर लिया जाता है।

फोटोग्राफिक स्लाइड का निर्माण: फोटोग्राफिक स्लाइडें कैमरे द्वारा फोटेग्राफी प्रक्रिया के परिणामस्वरूप तैयार की जाती है। काली और सफेद (Black and White) तथा रंगीन (Coloured) दोनों ही प्रकार की फिल्मों पर इन्हें तैयार किया जा सकता है। स्लाइड बनाने की प्रक्रिया कैमरे द्वारा व्यक्तियों, वस्तुओं, घटनाओं तथा प्रक्रियाओं का फोटोग्राफ उतारने से प्रारम्भ हो जाती है। इसके बाद फोटोग्राफी की विभिन्न क्रियाओं डवलपिंग (Developing), फिक्सिंग (Fixing), धोने (Washing) तथा सुखाने (Drying) आदि के द्वारा फोटोग्राफिक फिल्म पर उतरे फोटोग्राफों के नैगेटिव (Negative) विकसित कर लिये जाते हैं। नैगेटिव को फिर अंधेरे कमरे में एक विशेष प्रक्रिया द्वारा पारदर्शी शीशे की प्लेट पर मुद्रित

(Print) करने का प्रयत्न किया जाता है। इसे भी फिर विकास की प्रक्रिया (Developing, Fixing, Washing and Drying) से गुजारकर पोजीटिव बिन्दु (Positive Point) को शीशे से ढक दिया जाता है ताकि प्लेट पर बनी हुई आकृति सुरक्षित रखी जा सके। इसके पश्चात् शीशे के उस तल पर जिस पर आकृति सुरक्षित रखी जा सके। फिर शीशे के उस तल पर जिस पर आकृति सुरक्षित रखी जा सके। तदुपरान्त शीशे के उस तल पर जिस पर आकृति बनी होती है और जो ढकने के लिए काम आता है उन दोनों को टेप से जोड़ दिया जाता है और इस तरह स्लाइड उपयोग के लिए तैयार हो जाती है।

फिल्म स्ट्रिप (Film Strip)

फिल्म स्ट्रिपस का अर्थ–फिल्म स्ट्रिपस (Film strips) से तात्पर्य फिल्म की उन लम्बी पट्टियों (Strips) से है जिन पर एक निश्चित क्रम अथवा लड़ी (Sequence) के रूप में अनेक फोटोग्राफ बने होते हैं। इस आधार पर अलग-अलग स्लाइडों को एक अविच्छिन्न (Continuous) लड़ी के रूप में दिखाने से भी फिल्म स्ट्रिप सम्बन्धी प्रयोजन पूरा हो सकता है। एक फिल्म स्ट्रिप पर जितने भी चित्र या फोटोग्राफ बने होते हैं उन्हें किसी उपयुक्त प्रोजेक्टर की सहायता से क्रमबद्ध रूप में इस प्रकार दिखाया जा सकता है कि सम्बन्धित घटना, प्रक्रिया या विषयवस्तु का सुनियोजित ढंग से क्रमबद्ध विवरण प्राप्त करने में सुविधा हो।

कैमरे की सहायता से हम किसी दृश्य, व्यक्ति या वस्तु का एक फोटोग्राफ फिल्म पर उतार सकते हैं। कैमरे में डाली गई फिल्म में 12 या 24 अलग-अलग फोटोग्राफ लेने की गुजांइश होती है। अधिक फोटोग्राफ लेने के लिए ज्यादा लम्बाई वाली फिल्म की जरूरत पड़ सकती है। जैसे एक प्रक्रिया अथवा दृश्य को उसके अपने स्वाभाविक क्रम में पूरी तरह दिखाने के लिए बहुत सारे क्रमबद्ध फोटोग्राफों की जरूरत पड़ सकती है। इस कार्य को तभी किया जा सकता है जबकि फिल्म की लम्बाई अधिक हो। फिल्म स्ट्रिप या पट्टियाँ (Film strips) इसी जरूरत को पूरा करने के लिए काम में लाई जाती हैं।

फिल्म स्ट्रिप का निर्माण: फिल्म स्ट्रिप पारदर्शक सैलोलाइड की बनी होती है, जिसे रोल करके सरलता से एक स्थान से दूसरे स्थान पर ले जाया जा सकता है। फिल्म स्ट्रिप का चलचित्र (Film) की भाँति नियमित रूप से प्रस्तुत किया जाता है।

पहले मूक फिल्म स्ट्रिप बनाई जाती थीं, अब ऑडियो रिकॉर्डिंग के द्वारा कमेन्ट्री भी इनके साथ-साथ दी जाती है जिससे इनका प्रदर्शन अधिक सजीव और रोचक हो जाता है।

आजकल जो फिल्म स्ट्रिपें उपलब्ध हैं, उनके साथ शिक्षण सामग्री का विवरण भी अलग से एक मुद्रित पुस्तिका के रूप में दिया होता है, जिसे पढ़कर शिक्षक अधिक क्षमता के साथ तथा अधिक आत्म-विश्वास के साथ छात्रों को ज्ञान प्रदान कर सकते हैं।

फिल्म स्ट्रिप का प्रदर्शन: फिल्म स्ट्रिप दिखाने से पूर्व शिक्षक को चाहिए कि वह फिल्म स्ट्रिप के प्रदर्शन तथा अपनी समालोचना (Commentry) का पूर्व अभ्यास अवश्य करे ताकि फिल्म स्ट्रिप का प्रभावशाली प्रदर्शन किया जा सके तथा प्रदर्शन के पश्चात् परिचर्चा का आयोजन भी अवश्य करना चाहिए जिसे Open Session के रूप में छात्रों के समक्ष प्रस्तुत करना चाहिए।

प्रभावशाली प्रदर्शन के लिए यह अत्यन्त आवश्यक है कि फिल्म स्ट्रिप प्रोजेक्टर के संचालन में भी शिक्षक को निपुणता प्राप्त करनी चाहिए।

स्लाइड अथवा फिल्म स्ट्रिप प्रोजेक्टर (Slide or Film Strip Projector)

स्लाइड प्रोजेक्टर, फिल्म स्ट्रिप प्रोजेक्टर का एक उन्नत रूप है। फिल्म स्ट्रिप प्रोजेक्टर में एक फिल्म होती है जिसमें एक ही स्ट्रिप में बहुत से फोटोग्राफ होते हैं जबकि स्लाइड प्रोजेक्टर में सम्बन्धित प्रकरणों पर अलग-अलग आँकड़ों, डायग्राम, स्कैच, फोटोग्राफ तथा सन्देश आदि अलग-अलग स्लाइडों पर अंकित किये जाते हैं। आवश्यकतानुसार इन स्लाइडों को एक-एक करके पर्दे पर प्रक्षेपित किया जाता है तथा सम्बन्धित विषय-वस्तु की व्याख्या की जाती है।

स्लाइड प्रोजेक्टर की संरचना: इसके निम्न मुख्य भाग होते हैं:

(a) विद्युत व्यवस्था, (b) प्रक्षेपी लेन्स, (c) प्रक्षेपी बल्ब, (d) स्लाइड ट्रे एवं (e) प्रक्षेपण पटल।

अब नये स्लाइड प्रोजेक्टर्स में अनेक विशेषताएँ आ रही हैं, उदाहरणार्थ–

1. अब स्लाइड प्रोजेक्टर में एक साथ 120 स्लाइडें आ जाती हैं, जिन्हें हाथों से या स्वयं चालित (Automatic) सुविधा से आगे-पीछे सरलता से किया जा सकता है।

2. इनमें रिमोट कन्ट्रोल (Remote Control) स्विच, फोकस (Focus) करने की तथा जूमिंग (Zooming) की सुविधाएँ भी उपलब्ध हो गयी हैं।

3. इसमें स्लाइड प्रदर्शन के लिए स्वचालित मैकेनिज्म आ गया है, जिससे स्लाइडें अपने आप निश्चित समय पर स्वयं आगे बढ़ जाती हैं।

4. स्लाइड प्रदर्शन के साथ रिकॉर्ड की गयी कमैन्ट्री भी साथ-साथ चलने की सुविधा इनमें आ गयी है।

प्रयोग में सावधानियाँ: (i) स्लाइड तथा फिल्म स्ट्रिप को रखने बदलने तथा घुमाने में सावधानी बरतनी चाहिए। (ii) जो कुछ दिखाया जाए वह सार्थक तथा उद्देश्यपूर्ण होना चाहिए। (iii) दिखाई जाने वाली वस्तु को उसी समय दिखाया जाना चाहिए जब विषय-वस्तु को अधिक स्पष्ट करने या समझाने के लिए उसकी आवश्यकता का अनुभव किया जाए। (iv) कन्डेन्सर लैन्स तथा प्रोजेक्शन लैन्स आदि को सावधानी से निकालकर साफ करते रहना चाहिए। (v) स्विच को खोलने तथा बन्द करने में पर्याप्त सावधानी रखनी चाहिए। (vi) ठण्डा करने वाले पंखे का उपयोग समय पर और सावधानीपूर्वक किया जाना चाहिए।

ओवरहैड प्रोजैक्टर अथवा शिरोपरि प्रोजेक्टर (Overhead Projector–OHP)

जैसा कि नाम से स्पष्ट है, इसमें दर्शायी जाने वाली सामग्री का प्रतिबिम्ब (Image) दिखाने वाले के पीछे तथा उसके सिर के ऊपर से आता है।

ओवरहैड प्रोजेक्टर शिक्षा के क्षेत्र में एक सम्प्रेषण की उत्तम विधि है। इसमें विषय से सम्बन्धित विषय-वस्तु पर विभिन्न ट्रान्सपेरेन्सीज (Transparencies) तैयार की जाती हैं और इन्हें पर्दे पर या दीवार पर प्रक्षेपित किया जाता है। प्रोजेक्टर को कक्षा में प्रदर्शन मेज पर रखा जाता है। शिक्षक छात्रों की ओर उन्मुख होकर प्रोजेक्टर में तैयार ट्रान्सपेरेन्सीज रखता है और प्रोजेक्टर का संचालन करता है।

ओवरहैड प्रोजेक्टर समस्त प्रक्षेपित होने वाले प्रोजेक्टर्स में सबसे सरल प्रक्षेपति होने वाला प्रोजेक्टर है। इसके द्वारा 18 cm × 22.5 cm आकार की तैयारी ट्रान्सपेरेन्सीज को बड़ा करके प्रक्षेपण 1.5 m × 1.5 m आकार में सरलता से लाया जा सकता है। इसमें शिक्षक छात्रों के सामने रहता है। ट्रान्सपेरेन्सीज हाथ से भी बनाई जा सकती है, उन पर सन्देश, डायग्राम तथा स्कैच आदि विवरण अंकित किया जाता है। आवश्यकता पड़ने पर इन्हें टाइप कराकर फोटोकॉपीयर (जीरोक्स मशीन) द्वारा भी तैयार किया जा सकता है।

ओवरहैड प्रोजेक्टर के प्रयोग में ध्यान देने योग्य बातें: आज के युग में ओवरहैड प्रोजेक्टर का प्रयोग विभिन्न सेमीनारों, वर्कशॉप, सम्मेलनों आदि के साथ-साथ कक्षा शिक्षण में भी बहुत उपयोगी पाया गया है।

ओवरहैड प्रोजेक्टर में उपयोग की जाने वाली ट्रान्सपेरेन्सीज में अंकित संदेश/विवरण/चित्र आदि की छवि (Image) साफ, पठन योग्य तथा स्पष्ट होनी चाहिए। इसके लिए निम्न बातों का ध्यान रखना चाहिए:

1. ट्रान्सपेरेन्सीज पर लिखे शब्दों का आकार कम से कम 6 cm अवश्य होना चाहिए। 2. अंकित लाइनें थोड़ी मोटी होनी चाहिए। 3. कक्षा में यदि 1 मीटर का पर्दा लगाया गया है तो कक्षा में छात्रों की अन्तिम लाइन और पर्दे के मध्य 6 मीटर से अधिक दूरी नहीं होनी चाहिए। 4. ट्रान्सपेरेन्सीज पर लिखने के लिए 'मार्कर पैन' का प्रयोग करना चाहिए। साधारण स्कैच पैन इस पर काम नहीं करते, उनसे लिखा हुआ, हाथ लगने पर मिट जाता है। 5. शिक्षक को कक्षा में ओवरहैड प्रोजेक्टर का प्रयोग करने से पूर्व पूर्वाभ्यास (रिहर्सल) करना आवश्यक है। 6. प्रक्षेपण शीशे तथा लैंस की बाहरी सतह को ब्रुश से साफ कर लेना चाहिए। 7. लैंस को हाथ से छूना नहीं चाहिए। 8. वोल्टेज (Voltage) को स्थिर रखने के लिए वोल्टेज स्टेबलाइजर का प्रयोग करना चाहिए। 9. ओवरहैड प्रोजेक्टर का प्रयोग लगातार लम्बे समय तक नहीं करना चाहिए।

ओवरहैड प्रोजेक्टर के निम्न प्रमुख भाग होते हैं:

(1) कैबिनेट, (2) प्रोजेक्शन लैम्प, (3) ठण्डा करने की व्यवस्था तथा (4) फोकस व्यवस्था।

विभिन्न प्रकार के प्रोजेक्टरों के चित्र
(Figures of Different Types of Projectors)

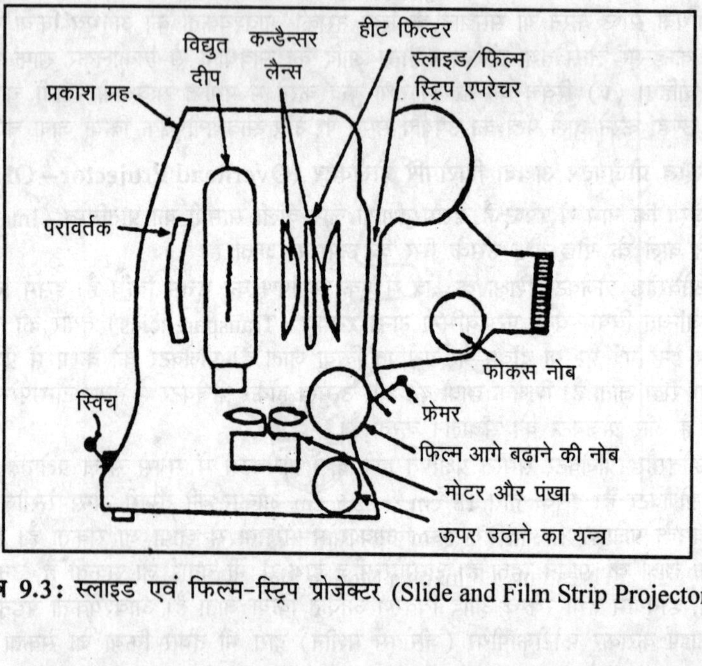

चित्र 9.3: स्लाइड एवं फिल्म-स्ट्रिप प्रोजेक्टर (Slide and Film Strip Projector)

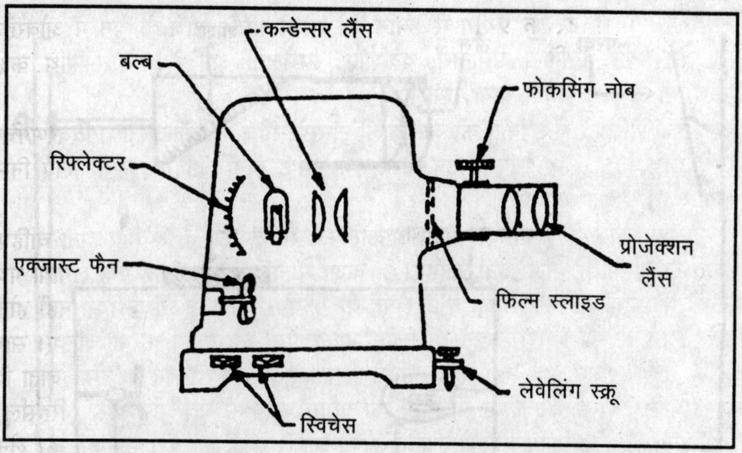

चित्र 9.4: एक सामान्य स्लाइड एवं फिल्म-स्ट्रिप प्रोजेक्टर
(A Common Slide and Film-strip Projector)

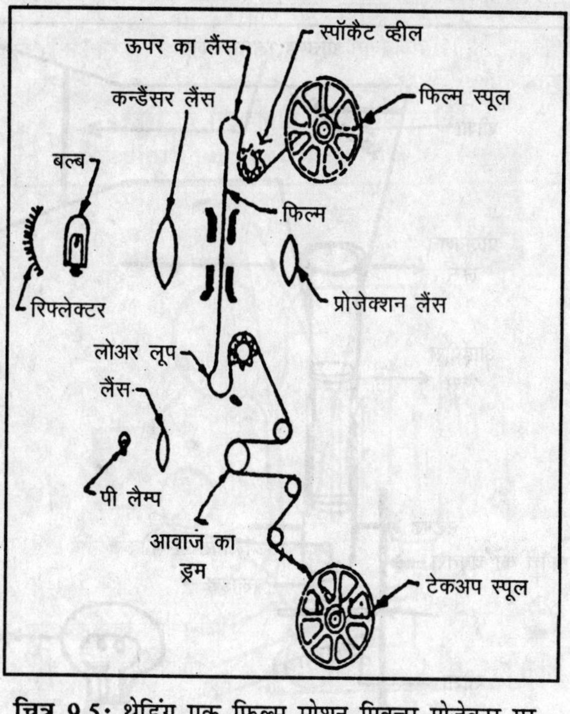

चित्र 9.5: थ्रेडिंग एक फिल्म मोशन पिक्चर प्रोजेक्टर पर
(Threading a Film on a Motion Picture Projector)

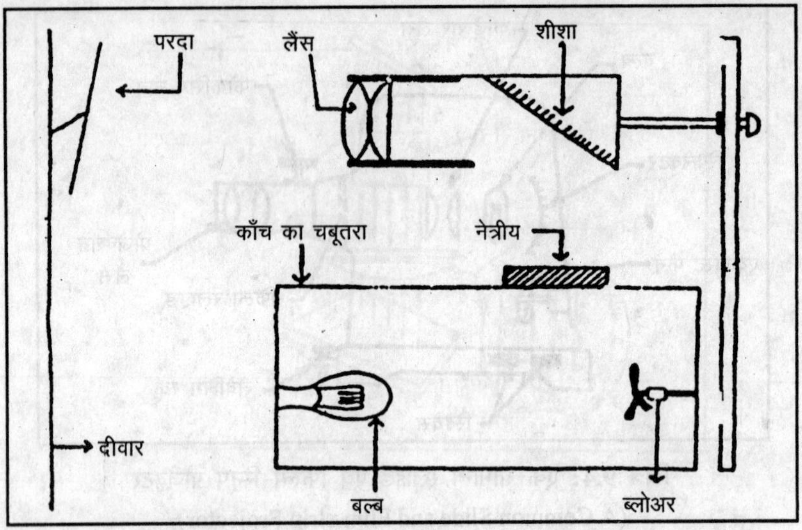

चित्र 9.6: ओवरहैड प्रोजेक्टर (Overhead Projector)

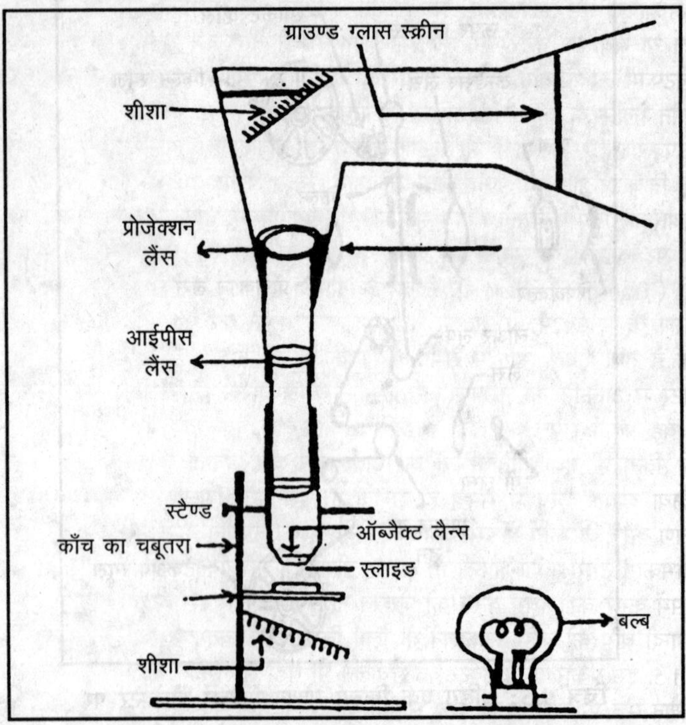

चित्र 9.7: माइक्रो प्रोजेक्टर (Micro Projector)

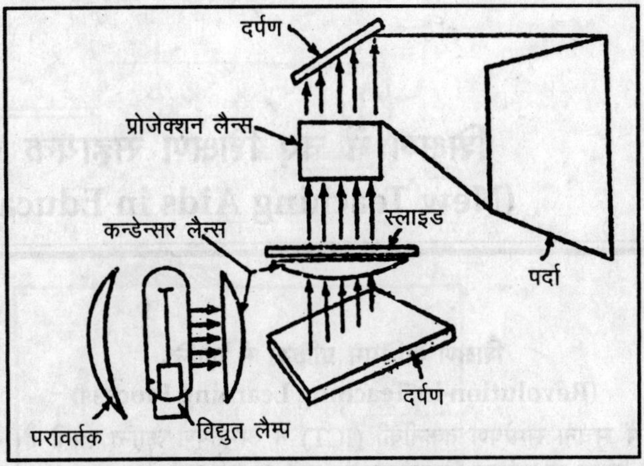

चित्र 9.8: शिरोपरि प्रक्षेपी (Overhead Projector)

शिरोपरि प्रोजेक्टर के लाभ: 1. श्यामपट्ट पर लिखी या चित्रित किसी भी सामग्री के स्पष्टीकरण के लिए अध्यापक को बार-बार उसके निकट जाने की जरूरत पड़ती है, परन्तु यहाँ अध्यापक इस परेशानी से बच सकता है। वह यहाँ प्रक्षेपित सामग्री के ऊपर किसी पेन्सिल या संकेतक का प्रयोग कर यह कार्य अच्छी तरह कर सकता है। 2. इस उपकरण के प्लेटफार्म का उपयोग विभिन्न प्रकार की शिक्षण सामग्री के प्रदर्शन हेतु किया जा सकता है। रंगीन प्लास्टिक के ऊपर विभिन्न चित्रात्मक सामग्री उभारी जा सकती है तथा फिर उसे इस उपकरण द्वारा आसानी से प्रक्षेपित किया जा सकता है। किसी खेल, जैसे–फुटबाल, हॉकी, क्रिकेट आदि की क्रियात्मक जानकारी, किसी संयंत्र या कारखाने में उपकरणों की व्यवस्था और किसी विज्ञान विषय से सम्बन्धित प्रयोगात्मक कार्य आदि बातों को भी आसानी से पर्दे पर दिखाया जा सकना इस प्रकार के प्रोजेक्टर द्वारा पूरी तरह सम्भव है। एक पारदर्शी तश्तरी (Transparent disk) में चित्रात्मक सामग्री ही नहीं बल्कि तरल पदार्थों को भी इस उपकरण के प्लेटफार्म पर रखकर तथा पर्दे पर प्रक्षेपित कर आसानी से प्रदर्शित किया जा सकता है तथा उनके बारे में सभी आवश्यक जानकारी प्रदान की जा सकती है। 3. इस प्रोजेक्टर में आकृति का प्रक्षेपण (Projection) अध्यापक के कन्धे के ऊपर से होता है। अत: वह पढ़ाते समय कक्षा के विद्यार्थियों का स्वाभाविक रूप से सामना कर सकता है, उनकी क्रियाओं तथा गतिविधियों का अवलोकन कर सकता है तथा उनके प्रति अपनी अनुक्रिया व्यक्त करने में समर्थ हो सकता है। इस तरह शिक्षण-अधिगम परिस्थितियों पर नियन्त्रण करने के कार्य में इस प्रकार के प्रोजेक्टर का उपयोग अन्य प्रक्षेपी उपकरणों से अधिक लाभकारी ठहराया जा सकता है। 4. यह प्रोजेक्ट प्रकाशयुक्त कमरे में भी काम कर सकता है। इसमें कमरे को अंधेरा करने की जरूरत नहीं पड़ती और इस कारण स्वच्छ वायु के आने तथा गन्दी वायु को बाहर निकालने के लिए किसी अतिरिक्त व्यवस्था की आवश्यकता नहीं पड़ती। 5. इस प्रकार के प्रोजेक्टर का संचालन भी बड़ा सरल होता है। विद्युत बटन को दबाना, प्रोजेक्शन मंच पर स्लाइड या दृश्य सामग्री को रखना तथा पर्दे पर आकृति को फोकस करना ये तीनों कार्य ही यहाँ सम्पन्न करने होते हैं और इनका संचालन भी आसान ही होता है। 6. स्लाइड कैरियर की व्यवस्था भी इस उपकरण में अच्छी तरह की जाती है। अध्यापक द्वारा स्लाइडों के प्रक्षेपण को पर्दे पर देखा भी इस तरह जा सकता है जैसे कि विद्यार्थी देखते हैं।

10

शिक्षण में नए शिक्षण सहायक साधन
(New Teaching Aids in Education)

शिक्षण अधिगम प्रक्रिया में क्रान्ति
(Revolution in Teaching Learning Process)

शिक्षा में सूचना सम्प्रेषण तकनीकी (ICT) ने अभूर्तपूर्ण क्रान्ति लायी है। आज हम घर बैठे-बैठे संसार के प्रसिद्ध विश्वविद्यालयों की उपलब्धियाँ प्राप्त कर सकते हैं। संसार भर में इण्टरनेट (Internet) द्वारा शैक्षिक रुझान बदल रहे हैं। प्रोद्योगिकी का प्रयोग महत्त्वपूर्ण सुधार कर दिखाने की क्षमता रखता है। इसका प्रभावी प्रयोग तथा उपयोग 'शिक्षक केन्द्रित' प्रथा से हटकर विशेष लचीले 'छात्र केन्द्रित' वातावरण के रूप में प्रोत्साहित करने की अपूर्व क्षमता रखता है।

आज की परिस्थिति में निम्न तकनीकों को नई तकनीकें कहा जाता है:

1. मल्टी मीडिया एप्रोच (Multi Media Approach), (2) पर्सनलाइज्ड सिस्टम ऑफ इन्स्ट्रक्शन (PSI), (3) कम्प्यूटर असिस्टैड इन्स्ट्रक्शन (CAI), (4) सैटेलाइट सम्प्रेषण (Satellite Communication), (5) मौड्यूलर उपागम (Modular Approach), (6) रेडियोविजन (Radiovision), 7. इण्टरनेट (Internet), (8) ई-मेल (E-mail), (9) सीडी-रोम (CD-ROM), (10) सीमुलेटेड शिक्षण (Simulated Teaching), (11) अन्तःक्रिया प्रणाली (Interaction System), (12) सिस्टम्स एप्रोच (Systems Approach), (13) अभिक्रमित अध्ययन (Programmed Instruction), (14) शैक्षिक दूरदर्शन (Educational Television), (15) टेलीकॉनफरेंसिंग (Teleconferencing), 16. इण्ट्रानेट (Intranet), (17) शिक्षण मशीन (Teaching Machine), (18) वीडियो टैक्स (Video Tex), (18) वीडियो डिस्क (Video Disc)

कम्प्यूटर सहायक अनुदेशन (Computer Assisted Instruction)

कम्प्यूटर सहायक अनुदेशन का अर्थः कम्प्यूटर की सहायता से किया जाना अनुदेशन कम्प्यूटर सहायक अनुदेशन कहलाता है। इस का प्रयोग तीव्र गति से प्रतिदिन बढ़ता चला जा रहा है।

लाभः 1. कम्प्यूटर के द्वारा शिक्षण एवं अधिगम के अन्तर्गत विद्यार्थियों में व्याख्यान सुनने के प्रति उत्साह पाये जाने के साथ नये तरीकों की खोज एवं प्रयोग को महत्त्व देते हुए विद्यार्थियों की समझ के अनुरूप नई सरल शिक्षण विधि का सूत्रपात किया जाता है।

2. यन्त्र निर्मित पाठ-योजना न सिर्फ रुचिकर होती है बल्कि सहज रूप से संक्षिप्त एवं परिणाम अभिमुख।

3. छात्रों को उनकी गति तथा समय के अनुसार स्वयं सीखने के अवसर मिलते हैं।

4. छात्रों को वस्तुनिष्ठ तथा विशिष्ट पोषण उनकी अधिगम प्रक्रिया में प्राप्त होता है।

5. यन्त्र के द्वारा भूगोल से सम्बन्धित शीर्षक जीवन्त हो उठता है जो पारम्परिक विधि से सम्भव नहीं। स्पष्ट, रुचिकर तथा जीवन्त उपकरणों की सहायता से विशेषकर कमजोर विद्यार्थियों के अधिगम स्तर को बढ़ाया जा सकता है, साथ ही यन्त्रों की मदद से उनकी अवधारणा को स्पष्ट भी किया जा सकता है।

6. इस तकनीक के प्रयोग से विशेषकर मानचित्रों एवं आकृतियों के रेखांकन में काफी समय की बचत होती है और इस समय का सदुपयोग शीर्षकों से सम्बन्धित और अधिक क्लिप्सों को दिखाकर किया जा सकता है।

7. सांख्यिकी ग्राफों की सहायता से विभिन्न पक्षों के तुलनात्मक अध्ययन के द्वारा अर्थशास्त्र को सरल तथा अधिक ग्राह्य बनाया जा सकता है।

8. सांख्यिकी ग्राफों को देखकर विद्यार्थी अपनी समझ से विभिन्न पक्षों का आंकलन कर सकता है, जो विद्यार्थी के सोचने-विचारने की क्षमता को बढ़ाने में सहायक होगा। 9. उबाऊ भाषण व पठन की तुलना में सी.डी. में उपलब्ध क्लिप/एनिमेशन की मदद से इतिहास शिक्षण के स्तर में अभिवृद्धि की जा सकती है।

10. प्रोजेक्टर में कम्प्यूटर को प्रयोग में लाते हुए विषयों तथा भाषाओं के शिक्षण की एक समृद्ध योजना है।

11. भाषा के शिक्षण से सम्बन्धित विषयों को परिणाम अभिमुख बनाने के लिए ध्वनि, ग्राफिक्स, विषय-वस्तु तथा चित्रों की सहायता से निर्धारित पाठ के लिए मल्टीमीडिया प्रभाव को कार्य में लाया जा सकता है।

12. यह प्रोजेक्ट शिक्षण अधिगम प्रक्रिया के नवाचारों के लिए शिक्षकों को प्रोत्साहित करता है, पाठों के निर्माण में नवीनता का समावेश करने के प्रति शिक्षकों की अभिरुचि में अभिवृद्धि करनी होगी।

13. यह शिक्षक तथा छात्रों के लिए तथ्यों तथा सूचनाओं की प्राप्ति का एक महत्त्वपूर्ण स्रोत है।

14. कम्प्यूटर द्वारा छात्रों को अभ्यास (Drill and Practice) के अवसर प्रदान होते हैं।

15. गणितीय आकृतियों, जैसे–शंकु, बेलन, दीर्घवृत्त, परवलय आदि के चित्रांकन में ब्लैकबोर्ड की बजाय प्रौद्योगिकी के उपयोग से गणित जैसे विषयों के शिक्षण को और अधिक सटीक बनाया जा सकता है। 16. त्रिपरिमाप अवधारणा की मदद से प्रौद्योगिकी का प्रयोग अधिक प्रभावी बनाया जा सकता है। 17. गणितीय अवधारणा जिसे समझने के लिए कल्पना शक्ति की आवश्यकता होती है, के स्तर में वृद्धि की जा सकती है।

18. सहज से कठिन, मूर्त से अमूर्त शिक्षण मॉड्यूलों को कम्प्यूटर की मदद से प्रभावी ढंग से निर्मित किया जा सकता है।

19. अधिगम प्रक्रिया के अधिक प्रभावी होने पर आसानी से निगरानी रखी जा सकती है साथ ही उपचारी उपायों को भी तत्काल उपलब्ध कराया जा सकता है।

20. खेल-खेल में सीखने के निमित्त मॉड्यूलों में कठिन विषयों पर प्रश्नोत्तरी सुविधा शामिल करने से विषयों को अच्छी तरह से समझा जा सकेगा।

21. अंग्रेजी जिसमें विद्यार्थियों का स्तर काफी निराशाजनक है और जिस पर विशेष ध्यान देने की आवश्यकता है, प्रौद्योगिकी के उपयोग से सुधार लाया जा सकता है।

22. समय सारणी बनाने में कम्प्यूटर उपयोगी है।

23. कम्प्यूटर मूल्यांकन प्रक्रिया में सहायक है।

24. स्टाफ के वेतन बिल बनाने में कम्प्यूटर सफलतापूर्वक प्रयोग किया जाता है।

25. कम्प्यूटर विभिन्न शिक्षा संस्थानों में प्रशासनिक समस्याओं के लिए महत्त्वपूर्ण योगदान देता है।

26. विषय की विशालता तथा गम्भीरता तक सुगमता से पहुँचा जा सकता है।

27. संसार भर के छात्रों तथा शिक्षकों के साथ पारस्परिक विचार-विमर्श हो सकता है।

कम्प्यूटर सह-अधिगम की सीमाएँ (Limitations of Computer Assisted Learning): 1. कम्प्यूटर सह-अधिगम बहुत खर्चीला है। 2. कम्प्यूटर में प्रयुक्त मृदु उपागम (Software) बहुत कठिनाई से उपलब्ध होते हैं। 3. हजारों स्कूलों में बिजली नहीं है, अत: कम्प्यूटर का प्रयोग ही नहीं हो सकता। 4. कम्प्यूटरों के जल्दी-जल्दी खराब होने का भय रहता है तथा इनके मरम्मत की समस्या खड़ी हो जाती है। 5. विद्युत उपकरण के रूप में कम्प्यूटर बालकों के लिए खतरनाक भी सिद्ध हो सकता है। 6. कम्प्यूटर द्वारा सम्पन्न अधिगम कार्य में बालक स्वयं ही अधिगम कार्य करते हैं तथा उन्हीं का नियन्त्रण रहता है। इस कारण यह भय बना रहता है कि वे समय को बर्बाद कर सकते हैं और मनमर्जी का आचरण भी कर सकते हैं। 7. कम्प्यूटर द्वारा सम्पन्न अधिगम व्यवस्था एक मशीन के रूप में ही है। 8. कम्प्यूटर अधिगम से बालकों का भावनात्मक तथा संवेगात्मक विकास नहीं हो पाता। मानवीय मूल्य जैसे–प्रेम, सौहार्द्र, सहानुभूति आदि केवल अध्यापक-छात्र के पारस्परिक सम्बन्ध से ही पनपते हैं।

उपसंहार: वर्तमान परिस्थितियों में औपचारिक अधिगम व्यवस्था में कम्प्यूटर सह-अधिगम को लागू करना कठिन प्रतीत होता है। शिक्षण अधिगम प्रक्रिया में कम्प्यूटरों का उपयोग होने वाले शैक्षणिक लाभों की तुलना में बहुत खर्चीला दिखाई देता है।

अध्यापक तथा कम्प्यूटर सह-अधिगम का उपयोग (Role of the Teacher in Computer Assisted Learning): शिक्षण अधिगम प्रक्रिया में कम्प्यूटर की पहुँच वेबसाइट तथा भौतिक पुस्तकालय से आवश्यक सामग्री को ढूँढ़ने में अध्यापक के उत्तरदायित्व को बढ़ाती है। इसके साथ-साथ शिक्षण की गुणवत्ता भी बढ़ाती है। उपलब्ध बहुसंचार माध्यमों की खोज से शिक्षक को अपने पाठ को प्रभावशाली तरीके से पढ़ाने के लिए नये परिवर्तनकारी विचार प्राप्त होते हैं। अभिलेखों का डेटाबेस रखने से अध्यापक सूचना को विभिन्न रूपों में प्रदान कर सकता है। और इससे धीमे सीखने वाले का ध्यान केन्द्रित कराता है।

विज्ञान का कोई पाठ, जैसे हृदय की कार्यप्रणाली, मानव प्रजनन प्रणाली, मानव शरीर की संरचना, जिसके लिए चित्र आवश्यक हैं, को पढ़ाने के लिए चार्ट की सहायता से शिक्षक मानव शरीर की वास्तविक क्रिया को नहीं दर्शा सकता। अत: हम छात्र का निश्चित अधिगम विकसित नहीं कर सकते, किन्तु यह कम्प्यूटर के प्रयोग से शिक्षण अधिगम में सम्भव है।

सी.डी. रोम्स तथा वेबसाइटों से सम्बद्ध सूचना के प्रयोग से सामाजिक विज्ञान का अधिगम अधिक रुचिपूर्ण बनाया जा सकता है। ग्राफिकल प्रस्तुतीकरण तथा फ्लोचार्टों के प्रयोग द्वारा हम गणित तथा अन्य विज्ञान विषयों के प्रति छात्रों की रुचि उत्पन्न कर सकते हैं। शिक्षण अधिगम में कम्प्यूटर के प्रयोग से हम समय की बचत कर सकते हैं और तुरन्त मूल्यांकन सम्भव है क्योंकि शिक्षक विशेष द्वारा तैयार बनी-बनाई सामग्री कम्प्यूटर पर

उपलब्ध है। बहुसूचना माध्यमों के द्वारा सार्वभौमिक अधिगम से परिचय कराने से ग्रामीण बच्चों की शहरी बच्चों का मुकाबला करने की मनोवृत्ति बदल सकती है।

शिक्षण अधिगम प्रक्रिया में कम्प्यूटर सहायता-प्राप्त अधिगम के प्रयोग से धीमे सीखने वाले और उच्च स्थान प्राप्तकर्त्ता के बीच स्वयं अधिगम कौशलों के विकास द्वारा खाई को कम किया जा सकता है। रजिस्टर तथा कार्यालय के काम में कम्प्यूटर के प्रयोग से समयबद्ध परिणाम प्राप्त हो सकते हैं। आँकड़ों के नवीनीकरण में समय बचता है। अभिलेखों का रख-रखाव आसान हो जाता है।

इण्टरनेट (Internet)

इण्टरनेट करोड़ों कम्प्यूटरों का एक अन्तर्राष्ट्रीय नेटवर्क है जो कि सम्मिलित रूप से सूचना बाँटता है।

इण्टरनेट पर निम्न प्रकार की सेवाएँ उपलब्ध हैं:

1. ई-मेल (E-mail),(2) टेलनेट (Telnet), (3) इण्टरनेट फोन (Internet Phone), 4. इण्टरनेट फैक्स (Internet Fax), (5) वर्ड-वाइड वेब (www), (6) न्यूज ग्रुप (News Group), (7) रोजगार सूचना (Employment News), (8) इण्टरनेट चैट (Internet Chat), (9) बुलेटिन बोर्ड सेवाएँ (Bulletin Board Services), (10) इण्टरनेट सर्फिंग (Internet Surfing), (11) ई-कॉमर्स (E-Commerce), (12) शैक्षिक सेवाएँ (Educational Services), (13) मिश्रित सेवाएँ (Miscellaneous Sevices)

वीडियो डिस्क (Video Disc)

वीडियो डिस्क की संरचना: सम्प्रेषण के क्षेत्र में वीडियो डिस्क नवीनतम खोजों में एक है। वीडियो डिस्क एक बड़े रिकॉर्ड की भाँति होता है। इसमें एक मास्टर टेप प्रयोग किया जाता है।

वीडियो डिस्क प्रणाली में वीडियो डिस्क वीडियो प्लेयर और एक टेलीविजन सैट की आवश्यकता होती है। वीडियो डिस्क पर आवाज सहित अथवा बिना आवाज के दृश्य छवियाँ (Visual Images), इलेक्ट्रॉनिक माध्यम अथवा ऑप्टीकली (Optically) रिकॉर्ड की जाती हैं। वीडियो डिस्क प्रणाली में ऑडियो के दो मार्ग होते हैं और एक हल्की प्रकाश रेखा होती है जो संचित विषय-वस्तु को दृश्य-श्रव्य के रूप में पुनरुत्पादित करती है।

वीडियो डिस्क, वीडियो डिस्क प्लेयर पर घूमती है। समस्त सूचनाएँ लेजर प्रकार की सहायता से टेलीविजन पर प्रदर्शित होती हैं और वहीं से ये सूचनाएँ सरलता से पढ़ी जा सकता हैं।

वीडियो प्रणाली के प्रकार (Types of Video System)

1. *केपेसिटेंस वीडियो डिस्क* (*Capacitance Video Disc*): 'केपेसिटेंस' (Capacitance) शब्द का अभिप्राय है-एक विद्युतीय चार्ज जिसे एक प्लेट पर इकट्ठा किया जा सके। इसमें भिन्नता हो सकती है जो कि प्लेटों की दूरी पर निर्भर करती है। इसमें वीडियो एक 'प्लेट' का कार्य करती है तथा 'स्टाइल्स' (Styles) दूसरी प्लेट का। जब स्टाइल्स डिस्क पर रखा जाता है, तब डिस्क और स्टाइल्स में अन्तर घटता-बढ़ता रहता है। इससे केपेसिटेंस (Capacitance) में परिवर्तन होता रहता है। इन परिवर्तनों को दृश्य और श्रव्य संकेतों (Video and Audio Signals) में अनुवादित (Translate) किया जाता है तथा जिन्हें टेलीविजन सैट पर प्रदर्शित किया जाता है।

2. *ऑप्टीकल वीडियो डिस्क* (*Optical Video Disc*): ऑप्टीकल वीडियो डिस्क केपेसिटेंस वीडियो डिस्क से अधिक उपयोगी है। इसमें भण्डार (Store) करने की क्षमता बहुत अधिक होती है अर्थात् 108,000 ट्रैक्स (Tracks) या 54,000 फ्रेम (Frames) एक तरफ। पूरा ब्रिटानिका एनसाइक्लोपीडिया (Encyclopaedia Britannica) एक ही वीडियो डिस्क पर संग्रहित (Store) किया गया है। सूचना के भण्डारण (Store) के साथ-साथ दो श्रव्य चैनल (Two Audible Channels) भी होते हैं। इससे दूसरी भाषा का प्रयोग भी किया जा सकता है। वीडियो डिस्क में तेज और धीमी गति, फारवर्ड और बैकवर्ड करने की व्यवस्था भी होती है। फ्रीज फ्रेम (Freeze Frame) में विशिष्ट सूचना को भी दर्शाया जा सकता है। फ्रीज फ्रेम में ध्वनि (Sound) का प्रयोग नहीं किया जा सकता।

3. *बौद्धिक वीडियो डिस्क* (*Intelligent Video Disc*): यह वीडियो डिस्क कम्प्यूटर से जुड़ी होती है। यह विशेष रूप से शिक्षाशास्त्रियों के लिए अधिक उपयोगी है। इस साधन द्वारा वैयक्तिक अधिगम (Individual Learning) के लिए अन्तःक्रिया अनुदेशन (Interactive Instruction) प्रदान किया जाता है। इसमें वीडियो डिस्क सूचनाओं के मात्र भण्डारण के लिए प्रयोग की जाती है। इस प्रकार इसमें दो प्रकार की तकनीकों अर्थात् कम्प्यूटर और टेलीविजन को इकट्ठा करके प्रयोग किया गया है।

वीडियो डिस्क के लाभ (Advantages of Video Disc): 1. इसमें बहुत बड़ी लाइब्रेरी को छोटी डिस्क पर उतारा जा सकता है। 2. इसे भण्डारण (Store) के लिए कम स्थान चाहिए। 3. जब बहुत अधिक संख्या में बनाई जाएँ तो ये बहुत सस्ती पड़ती है। 4. इस तक पहुँचना सुगम होता है तथा इससे मनपसन्द सूचनाएँ आसानी से मिल जाती हैं। 5. सीखने वाले की उत्पादकता (Productivity) बढ़ाई जा सकती है। 6. विद्यार्थियों की कोर्स की सामग्री के साथ अन्तःक्रिया की व्यवस्था होती है। 7. इसमें प्रतिपुष्टि (Feedback) तत्काल मिलने की व्यवस्था है। 8. स्वचालित (Automatic) फ्रेम स्टॉप की व्यवस्था है।

टेलीकान्प्रेंफसिंग (Teleconferencing)

टेलीकान्फ्रेंसिंग का अर्थ: टेलीकान्फ्रेंसिंग एक ऐसी इलेक्ट्रॉनिक प्रणाली है जिसमें दो या दो से अधिक व्यक्ति दूर बैठे अपने विषय से सम्बन्धित चर्चा तथा परिचर्चा आदि में भाग लेते हैं। अपनी बात कहते हैं। दूसरों की बात सुन सकते हैं और उन पर तुरन्त प्रतिक्रियाएँ/सुझाव या अभिमत प्राप्त कर सकते हैं एवं आवश्यक सूचनाओं का आदान-प्रदान कर सकते हैं।

प्रक्रिया का तकनीकी वर्णन (Procedure or Technical Description): टेलीकॉन्फ्रेंसिंग (Teleconferencing) एक इलेक्ट्रॉनिक साधन (Electronic Means) है जो दो या अधिक स्थितियों में उपस्थित 3 या 4 व्यक्तियों को किसी चर्चा पर बहस करने के लिए या द्विमार्गीय या एकमार्गीय वीडियो के प्रयोग के लिए समीप लाता है।

टेलीकॉन्फ्रेंसिंग के प्रकार: 1. ओडियो कॉन्फ्रेंसिंग (Audio Conferencing), 2. वीडियो कॉन्फ्रेंसिंग (Vedio Conferencing), 3. कम्प्यूटर कांफ्रेंसिंग (Computer Conferencing)

वीडियो कॉन्फ्रेंसिंग में टलीविजन तथा श्रव्य साधनों का प्रयोग करके आमने-सामने बात की जाती है।

ऑडियो कॉन्फ्रेंसिंग तो वास्तव में व्यक्ति तक टेलीफोन का स्वाभाविक प्रसार (Extension) है, जिसमें दो से अधिक लोगों द्वारा चर्चा की जाती है।

कम्प्यूटर कॉन्फ्रेंसिंग में भाग लेने वालों को विषय-वस्तु (Text) तथा ग्राफिक्स (Graphics) का सम्प्रेषण किया जाता है जो टाइपराइटर टर्मीनल के द्वारा नियन्त्रक कम्प्यूटर से जुड़े रहते हैं।

वीडियो कॉन्फ्रेंसिंग से लाभ: 1. यह प्रत्यक्ष शिक्षण जैसा ही लाभकारी साधन है। 2. दूर-दूर तक फैले छात्रों के लिए यह साधन बहुत उपयुक्त है। 3. यह एक लचीली प्रणाली है जिसमें आवश्यकतानुसार संशोधन या परिमार्जन अथवा परिवर्तन किया जा सकता है। 4. इस विधि द्वारा परिसर से बाहर के अध्ययन केन्द्रों से सम्पर्क सरलता से बनाया जा सकता है तथा उन्हें केन्द्र द्वारा नियन्त्रित भी किया जा सकता है। 5. इस प्रणाली में तुरन्त पृष्ठपोषण देना सम्भव होता है। 6. इस प्रणाली के द्वारा अनुदेशन सामग्री के स्तर में सुधार लाया जा सकता है और उसे उच्च कोटि का बनाया जा सकता है। 7. यह विधि दूसरी विधियों से कम खर्चीली है।

इन्दिरा गाँधी नेशनल मुक्त विश्वविद्यालय, नेशनल ओपन स्कूल तथा अन्य मुक्त शिक्षा के क्षेत्र में इस प्रणाली का प्रयोग सफलतापूर्वक किया जा रहा है, यद्यपि प्रयोग की मात्रा व्यापक नहीं है।

विद्यार्थी के सीखने की दृष्टि से सभी ऑडियो टेलीकॉन्फ्रेंसिंग पर अभी कम ही अध्ययन हुए हैं। इन अध्ययनों से यह पता चलता है कि टेलीफोन भी आमने-सामने शिक्षण की तरह ही प्रभावशाली माध्यम है। कैनेडा में राबर्टसन (Robertson, 1986) द्वारा किए गए एक अध्ययन से यह पता चला कि अपर लैवल ग्रेजुएट को टेलीकॉन्फ्रेंसिंग द्वारा सांख्यिकी (Statistics) पढ़ाने पर उन्होंने इतना ही सीखा जितना कि कैंप्स के छात्रों ने। छात्रों में सन्तोष का स्तर बहुत उच्च रिकॉर्ड किया गया।

सन् 1984 में टेलीकॉन्फ्रेंसिंग पर हुए अन्तर्राष्ट्रीय सिम्पोजियम के दौरान शिक्षक ऑडियो टेलीकॉन्फ्रेंसिंग का समर्थन किया गया।

विदेशों में टेलीकॉन्फ्रेंसिंग पर बहुत से प्रयोग हो रहे हैं। भारत में भी ऐसे प्रयोग किए जा रहे हैं। इस दिशा में 'स्पेस एप्लीकेशन सेंटर' (Space Application Centre, Ahmedabad) ने भी कुछ प्रयोग किए हैं। इनमें उपग्रह (Satellite), एकमार्गीय टेलीविजन (One-way T.V.), द्विमार्गीय ऑडियो यंत्रों (Two-way Audio Equipments) आदि का प्रयोग किया गया है।

दूरदर्शन एक शिक्षण साधन के रूप में (T.V. as a Teaching Aid)

दूरदर्शन सम्प्रेषण संचार क्रिया का एक प्रभाव तथा शक्तिशाली माध्यम है। दूरदर्शन के शैक्षिक कार्यक्रमों की लोकप्रियता बढ़ती जा रही है। दूरदर्शन शिक्षण के प्रयोग को दो प्रकार से बाँटा जा सकता है:

शैक्षिक दूरदर्शन का स्थान के आधार पर वर्गीकरण (Classification of Educational T.V. on the Basis of Place): 1. खुला परिपथ दूरदर्शन (Open Circuit Television), 2. बन्द परिपथ दूरदर्शन (Closed Circuit Television)।

खुला परिपथ दूरर्शन: इसका प्रसारण केन्द्र द्वारा वायु के माध्यम से कार्यक्रमों का ग्रहण किया जाता है तथा विभिन्न स्थान को प्रेषित किया जाता है। हमारे देश में सामान्यतया इसी माध्यम से दूरदर्शन का प्रयोग किया जाता है।

बन्द परिपथ दूरदर्शन: बन्द परिपथ दूरदर्शन का प्रयोग उच्च स्तर की शैक्षिक संस्थाओं तक ही सीमित है। यह एक प्रकार से स्थानीय व्यवस्था है जो कि किसी विशेष क्षेत्र में आने वाली एक या अधिक शैक्षिक संस्थाओं तक सीमित है।

शिक्षा के आधार पर शैक्षिक दूरदर्शन प्रसारण का वर्गीकरण (Classification of Educational T.V. on the Basis of Type of Education): 1. अनौपचारिक शैक्षिक प्रसारण, 2. औपचारिक शैक्षिक प्रसारण।

अनौपचारिक शैक्षिक प्रसारण: इन प्रसारणों का सीधा सम्बन्ध तो स्कूली पाठ्यक्रम से नहीं होता है, परन्तु छात्रों का ज्ञानवर्धन करने में ये प्रसारण बहुत सहायक होते हैं। इन प्रसारणों में नृत्य, नाटक, संगीत, बच्चों के लिए कार्यक्रम, महिलाओं के लिए कार्यक्रम, ग्रामीण भाइयों के कार्यक्रम, देश-विदेश की घटनाओं से सम्बन्धित कार्यक्रम, खेल-जगत से सम्बन्धित कार्यक्रम, सामाजिक विषयों पर कार्यक्रम आदि आते हैं।

औपचारिक शैक्षिक प्रसारण: ये प्रसारण प्रत्यक्ष रूप से शैक्षिक संस्थाओं से सम्बन्धित होते हैं। इस प्रकर के कार्यक्रमों में प्रसारित होने वाले पाठों को विषय-विशेषज्ञों द्वारा तैयार कराया जाता है। ये प्रसारण निम्नलिखित वर्गों के लिए हो सकते हैं: (i) ग्रामीण तथा पिछड़े क्षेत्रों में शैक्षिक सुविधाओं के विस्तार के लिए। (ii) स्कूली छात्रों के पाठ्यक्रम से सम्बन्धित विषयों पर। (iii) स्कूली छात्रों के पाठ्यक्रम के पूरक के रूप में। (iv) विश्वविद्यालयों के छात्रों के पाठ्यक्रम से सम्बन्धित विषयों पर। (v) प्रौढ़ शिक्षा के लिए। (vi) अध्यापकों के प्रशिक्षण के लिए।

दूरदर्शन के शैक्षिक लाभ: 1. *विभिन्न इन्द्रियों का प्रयोग*: दूरदर्शन पर प्रसारित होने वाले कार्यक्रमों में छात्रों की श्रवण तथा दृश्य दोनों इन्द्रियों का प्रयोग होता है। इस कारण पाठ मनोरंजक, रुचिकर, आकर्षक तथा आसान हो जाते हैं।

टेलीविजन कार्यक्रम

- सामान्य शैक्षिक कार्यक्रम (General Educational Programme)
  - (a) स्वास्थ्य सम्बन्धी कार्यक्रम
  - (b) जीवन स्तर उन्नयन सांस्कृतिक कार्यक्रम
  - (c) सामान्य ज्ञान संवर्धन कार्यक्रम
- शैक्षणिक अनुदेशात्मक कार्यक्रम (Instructional Programme)
  - (a) पूर्ण दूरदर्शन शिक्षण
  - (b) पूरक दूरदर्शन शिक्षण
  - (c) दूरदर्शन शिक्षण साधन के रूप में
  - (d) दूरदर्शन अधिकांश शिक्षण संसाधन के रूप में
  - (e) अनौपचारिक दूरदर्शन

2. *एकीकरण*: ये कार्यक्रम अधिगम-प्रक्रिया को सुधारने में बहुत सहायक सिद्ध होते हैं क्योंकि दूरदर्शन पर प्रसारित शिक्षा-कार्यक्रमों में दृश्य-श्रव्य सामग्री तथा उपकरणों की पूर्ण योजना, क्रमिक प्रस्तुतीकरण और एकीकरण सम्मिलित होता है।

3. *मितव्ययी*: दूरदर्शन एक ही समय में लाखों विद्यार्थियों को शिक्षा देता है। इस कारण यह एक मितव्ययी साधन है।

4. *विस्तृत जानकारी*: चूँकि दूरदर्शन पर जो भी कार्यक्रम प्रसारित किए जाते हैं वे

विशेषज्ञों द्वारा तैयार किए जाते हैं, इसलिए ये कार्यक्रम छात्रों को विषय की विस्तृत तथा गहन जानकारी प्रदान करने में सहायता करते हैं।

5. *अनेक छात्रों का एक ही समय में अध्ययन*: दूरदर्शन की सहायता से एक ही समय में अधिक से अधिक छात्रों को शिक्षा प्रदान की जा सकती है।

6. *शिक्षा का दूर-दराज क्षेत्रों में प्रसार*: दूरदर्शन-कार्यक्रम दूरदराज क्षेत्रों में भी प्रसारित किए जाते हैं, इस प्रकार इन क्षेत्रों में रहने वाले लोग विस्तृत जानकारी प्राप्त कर सकते हैं।

7. *अध्यापक के कौशलों का विकास*: दूरदर्शन कार्यक्रम को देखकर अध्यापक भी अपने अध्ययन-कौशलों को सुधारने के लिए मार्गदर्शन प्राप्त कर सकते हैं।

8. *विशिष्ट व्यक्तियों से सम्पर्क*: दूरदर्शन पर छात्र उच्च स्तर के कलाकार, संगीतज्ञ, खिलाड़ी, उच्च कोटि के वैज्ञानिक, शिक्षाशास्त्री, समाज-सुधारक तथा अपने-अपने क्षेत्र के विशिष्ट व्यक्तियों के विचार और कार्य को सुन व देख सकते हैं। अतः उनकी यह समीपता छात्रों के लिए मनोवैज्ञानिक तथा शैक्षिक रूप से अत्यन्त लाभदायक सिद्ध होती है।

9. *विभिन्न स्थलों का ज्ञान*: छात्र स्कूल में बैठे-बैठे संसार के विभिन्न स्थलों की सैर कर लेते हैं।

10. *राष्ट्रीय एकता*: छात्र विभिन्न देशों व प्रदेशों का रहन-सहन, वेशभूषा, नृत्य, संगीत तथा भाषा आदि के कार्यक्रमों से समान लाभ प्राप्त कर सकते हैं।

11. *ग्रामीण क्षेत्रों में प्रसार*: साधनहीन दूर स्थित ग्रामीण क्षेत्रों में पढ़ने वाले छात्र दूरदर्शन द्वारा प्रसारित कार्यक्रमों से समान लाभ प्राप्त कर सकते हैं।

12. *शैक्षिक समस्याओं का समाधान*: दूरर्शन के शैक्षिक कार्यक्रमों के माध्यम से शिक्षा की विभिन्न समस्याओं, जैसे—अध्यापकों का अभाव, भवनों की कमी, सामग्री का पर्याप्त मात्रा में उपलब्ध न होना आदि के हल होने में सहायता मिलती है।

13. *समुदाय केन्द्र*: दूरदर्शन स्कूलों को समुदाय की कुछ गतिविधियों का केन्द्र बनाने में भी सहायता कर सकता है।

दूरदर्शन कार्यक्रमों की सीमाएँ (Limitations of T.V. Programmes): 1. बिना सरकारी अनुदान के दूरदर्शन की व्यवस्था करना सामान्यतः शैक्षिक संस्थाओं के लिए कठिन है। 2. दूरदर्शन के खराब हो जाने पर इसकी मरम्मत के लिए किसी विशेषज्ञ की आवश्यकता पड़ती है तथा इस पर काफी व्यय होता है। 3. दूरदर्शन-प्रसारण दिखाने के लिए एक बड़े कमरे या हॉल की आवश्यकता होती है, परन्तु स्थान के अभाव के कारण यह सुविधा अनेक शैक्षिक संस्थानों में उपलब्ध नहीं हो पाती। इस कारण छात्र पास से कार्यक्रम देखते हैं जिससे उनके नेत्रों पर बहुत जोर पड़ता है और दृष्टि-दोष होने का भय बना रहता है। 4. प्रायः शैक्षिक संस्थाओं में दूरदर्शन पर प्रसारित होने वाले कार्यक्रमों को दुहराया नहीं जा सकता। 5. दूरदर्शन एक तरफा (One way) सम्प्रेषण है। छात्र अध्यापक से प्रश्न नहीं पूछ सकते। 6. दूरदर्शन शिक्षण में छात्र प्रायः निष्क्रिय रहते हैं। 7. दूरदर्शन शिक्षण से वर्ष का कोर्स पूरा नहीं हो सकता है।

दूरर्शन का शिक्षण में प्रयोग करने की उचित व्यवस्था (Proper Arrangement for the Use of T.V. in Education): 1. अध्यापक को चाहिए कि दूरदर्शन पर प्रसारित होने वाले कार्यक्रमों की सूची बना ले। 2. दूरदर्शन-प्रसारण दिखाने से पहले अध्यापक अपने-आपको पूर्ण रूप से तैयार कर ले ताकि आवश्यकता पड़ने पर छात्रों की समस्याओं का समाधान किया जा सके। 3. दूरदर्शन-कार्यक्रम दिखाने से पहले अध्यापक द्वारा छात्रों को उचित निर्देश दे दिए जाने चाहिए ताकि छात्र आवश्यकतानुसार महत्त्वपूर्ण बिन्दुओं पर विशेष ध्यान दे सके। 4. दूरदर्शन-कार्यक्रम दिखाने से पूर्व यह निश्चित कर लिया जाए कि दूरदर्शन **सैट** ठीक प्रकार से कार्य कर रहा है।

5. दूरदर्शन-प्रसारण से पहले कमरे अथवा हॉल के भौतिक वातावरण का निरीक्षण कर लेना चाहिए ताकि छात्र प्रसारण-कार्यक्रम से पूरा-पूरा लाभ उठा सकें। 6. दूरदर्शन उपकरण इस प्रकार रखा जाए कि सभी छात्र ठीक प्रकार से देख सकें तथा सुन सकें। 7. दूरदर्शन-प्रसारण के अवसर पर उचित अनुशासन होना चाहिए। 8. छात्रों को उचित दिशा निर्देश दिये जाएं जिससे वे महत्त्वपूर्ण बिन्दु पर नोट ले सकें। 9. अध्यापक स्वयं भी प्रसारण-कार्यक्रम को सावधानी से देखें। 10. प्रसारण-कार्यक्रम होने के पश्चात् कक्षा में अध्यापक के निर्देशन में उस कार्यक्रम पर चर्चा की जानी चाहिए। छात्रों की पाठ सम्बन्धी शंकाओं का समाधान भी अध्यापक को करना चाहिए। 11. प्रसारित कार्यक्रम के गुण-दोषों के बारे में सम्बन्धित वर्गों को सूचित किया जाए ताकि अगले प्रसारण-कार्यक्रमों में सुधार किया जा सके।

शैक्षिक दूरदर्शन तथा अध्यापक (Educational T.V. and the Teacher)

शैक्षिक टेलीविजन के क्षेत्र में शिक्षक की विशेष भूमिका होती है। सर्वप्रथम शिक्षक को विभिन्न पत्र-पत्रिकाओं अथवा दूरदर्शन केन्द्रों से आवश्यक सामग्री प्राप्त करके सभी शैक्षिक कार्यक्रमों की जानकारी प्राप्त करनी चाहिए। यह जानकारी वह अपने छात्रों को दे। तत्पश्चात् मनोवैज्ञानिक रूप से शैक्षिक प्रसारण देखने के लिए छात्रों को प्रेरित करे तथा उनके देखने के लिए छात्रों की आयु, मानसिक स्तर आदि का ध्यान रखे। शिक्षक को कार्यक्रम आने से पूर्व टेलीविजन सैट पहले एक बार चलाकर देखना चाहिए, यदि उसमें कोई खराबी है तो ठीक करा लेनी चाहिए। तभी सैट को कक्षा में लाना चाहिए। छात्रों के बैठने का स्थान भी निर्धारित किया जाना चाहिए। प्रसारण के समय पूर्ण अनुशासन होना चाहिए। कार्यक्रम से सम्बन्धित प्रमुख बिन्दु पहले छात्रों को स्पष्ट करने चाहिए। उसे यह भी देखना चाहिए कि आवश्यकतानुसार छात्र नोट्स लेते रहें। प्रसारण के समय भी छात्रों के अनुशासन पर एक नजर रखनी चाहिए, साथ ही उनके बैठने के ढंग पर भी ध्यान देना चाहिए।

प्रसारण कार्यक्रम के पश्चात् प्रसारण विषय पर छात्रों के साथ विचार-विमर्श किया जाना चाहिए और छात्रों की शंकाओं का समाधान होना चाहिए। शैक्षिक प्रसारण में रह गए तथ्यों को अपनी वार्ता से पूरा करना चाहिए।

शैक्षिक प्रसारण छात्रों के लिए प्रभावशाली तो बन सकता है, परन्तु शिक्षक का स्थान नहीं प्राप्त कर सकता।

तालिका: सभी स्तरों पर शैक्षिक दूरदर्शन तथा अध्यापकों के कार्य
(Educational Television (ETV) at All Stages and the Role of the Teacher)

अध्यापक द्वारा प्रसारण सम्बन्धी तैयारी करना	*प्रस्तुतीकरण की अवस्था में अध्यापक के कार्य*	*प्रसारण सम्बन्धी अनुवर्ती कार्य*
(1)	*(2)*	*(3)*
(i) प्रसारण केन्द्रों से सम्बन्धित सभी मुद्रित सामग्री प्राप्त करना।	(i) दूरदर्शन को ठीक प्रकार से चलाना ताकि आवाज तथा आकृति स्पष्ट हो।	(i) प्रसारण कार्यक्रम के तुरन्त पश्चात् छात्रों को नोट्स अथवा स्कैचों की कमी को पूरा करने के लिए कहना।

(क्रमशः)

अध्यापक द्वारा प्रसारण सम्बन्धी तैयारी करना	प्रस्तुतीकरण की अवस्था में अध्यापक के कार्य	प्रसारण सम्बन्धी अनुवर्ती कार्य
(ii) प्रसारित होने वाले कार्यक्रमों की सूची से अवगत होना।	(ii) कक्षा में प्रसारण समय में अनुशासन बनाए रखना।	(ii) छात्रों के साथ प्रसारण पर विचार-विनिमय करना।
(iii) छात्रों को दूरदर्शन से लाभ प्राप्त करने के लिए शैक्षिक तथा मनोवैज्ञानिक तौर पर भली प्रकार तैयार करना।	(iii) छात्रों को संक्षिप्त रूप में नोट्स लेने अथवा चित्र आदि के लिए कहना।	(iii) प्रत्येक छात्र की शंका का निवारण करना। (iv) छात्रों को प्रसारण कार्यक्रम में देखे गए प्रयोगों के लिए क्रियात्मक कार्य करने का अवसर देना।
(iv) दूरदर्शन कक्ष में भौतिक सुविधाओं तथा साधनों की व्यवस्था करना।		(v) मूल्यांकन करना। (vi) प्रसारण में छूट गई बातों की जानकारी देना।

बन्द परिपथ दूरदर्शन–क्लोज्ड सर्किट टेलीविजन (Closed Circuit Television—CCTV): साधारणत: टेलीविजन प्रसारण में शैक्षिक कार्यक्रम पहले स्टूडियो में रिकॉर्ड किया जाता है, फिर ट्रान्समीटर द्वारा रिले किया जाता है। टी.वी. रिसीवर एण्टीना के द्वारा प्रसारित कार्यक्रमों को प्राप्त कर टेलीविजन पर दिखाया जाता है। क्लोज्ड सर्किट टेलीविजन (बन्द परिपथ दूरदर्शन) में प्रसारण, केवल कक्षाओं/स्कूल भवन तक सीमित रहता है इसीलिए इसे क्लोज्ड सर्किट टेलीविजन कहा जाता है। इसमें प्रसारण रिले के को-एक्सिल केबिल द्वारा टी. वी. सैट या मॉनीटर तक आता है। ये कार्यक्रम या तो सीधे ही प्रसारित होते हैं या पहले से रिकार्ड करके फिर प्रसारित किये जाते हैं। इनका उद्देश्य केवल पूर्ण निश्चित प्रकरणों पर कार्यक्रम प्रसारित करना होता है। इस तरह के प्रसारण में माइक्रोवेव का सीमित प्रयोग किया जाता है, इसीलिए इसका प्रसारण भी किसी विशेष स्थान तथा दर्शकों तक सीमित रहता है।

शिक्षक-प्रशिक्षण के क्षेत्र में छात्राध्यापकों के शिक्षण में सुधार हेतु यह अत्यन्त सक्षम साधन है। मेडिकल कॉलेजों में विशेष ऑपरेशन प्रक्रिया प्रदर्शित करने के लिए यह एक सशक्त उपकरण है।

C.C.T.V. की विशेषताएँ: 1. C.C.T.V. के प्रयोग से अनुदेशन का विस्तार क्षेत्र बढ़ जाता है।

2. शैक्षिक संस्थाओं में जिन वस्तुओं या प्रक्रियाओं का प्रदर्शन सभी छात्र एक साथ नहीं देख पाते, C.C.T.V. के माध्यम से ये प्रदर्शन सभी छात्रों को एक साथ दिखाये जा सकते हैं और उनकी बारीकियों को सरलता से समझाया जा सकता है।

3. C.C.T.V. के माध्यम से शैक्षिक संस्थाएँ अपनी-अपनी सारणी के अनुसार शिक्षण प्रक्रिया समावेशित कर सकती हैं।

4. अच्छे शिक्षकों के पाठ प्रदर्शन C.C.T.V. के माध्यम से कई कक्षाओं तथा अन्य शैक्षिक संस्थाओं तक पहुँचाए जा सकते हैं जिससे शिक्षा व शिक्षण का स्तर ऊँचा किया जा सकता है।

विकसित देशों में तो C.C.T.V. (चित्र 10.1)का शैक्षिक कार्यक्रमों में बहुत प्रयोग किया जाता है, परन्तु भारत जैसे विकासशील देश में इसका बहुत ही कम प्रयोग हो रहा है।

भारत में शैक्षिक दूरदर्शन प्रसारण (E.T.V. in India)

1. रेडियो तथा टेलीविजन लगभग पिछले पाँच दशकों से हमारे देश में शिक्षा-प्रणाली के विकास के लिए काम में लाया जा रहा है।

2. पहली बार 1961 में दिल्ली के स्कूलों में टेलीविज़न का प्रयोग किया गया था। बाद में इस योजना का मुम्बई, चेन्नई और श्रीनगर के दूरदर्शन-केन्द्रों ने अनुकरण किया। ये केन्द्र प्राय: मध्य स्तर और उसके ऊपर के बच्चों के लिए ही प्रसारण करते हैं। लेकिन उनमें से कुछ प्राथमिक स्कूलों के लिए भी काम करते हैं।

3. सुदूर ग्रामीण क्षेत्रों प्राथमिक स्तर के अधिकतम बच्चों तक इन कार्यक्रमों को पहुँचाने के लिए पहली बार 1975-76 में टेलीविजन का बड़े पैमाने पर प्रयोग किया गया। उसके लिए सैटेलाइट प्रशिक्षण टेलीविजन परीक्षण (एस.आई.टी.ई.) के समय एक अमरीकी सैटेलाइट-ए.टी.सी.-6 की सहायता ली गई थी। यह परीक्षण एक वर्ष तक चलता रहा। इससे छ: राज्यों-आन्ध्र प्रदेश, बिहार, कर्नाटक, मध्य प्रदेश, उड़ीसा और राजस्थान के बीस जिलों के 2330 गाँवों के बच्चों को लाभ हुआ। स्कूलों में उन बच्चों द्वारा प्रतिदिन बीस मिनट का कार्यक्रम टेलीविजन पर देखा गया। 1975 में दशहरे की छुट्टियों में बारह दिन तक सैटेलाइट का प्राथमिक स्कूलों के शिक्षकों को विज्ञान में प्रशिक्षित करने के लिए प्रयोग किया गया। उसमें चौबीस हजार से भी अधिक शिक्षकों ने भाग लिया। 1975 की गर्मी की छुट्टियों में वही प्रशिक्षण अन्य शिक्षकों को भी दिया गया।

उक्त परीक्षण के बाद जयपुर, रायपुर और मुजफ्फरपुर में स्थित ग्राउण्ड ट्रांसमीटरों की सहायता से कुछेक स्कूलों के लिए ये कार्यक्रम प्रसारित किये जाते रहे।

4. अप्रैल, 1982 में भारतीय राष्ट्रीय सैटेलाइट (इन्सेट) की स्थापना की गई। उसकी सहायता से प्राथमिक शिक्षा के स्तर को सुधारने के लिए टेलीविजन का बड़े पैमाने पर प्रयोग किया जा रहा है। शैक्षिक टेलीविजन सेवा आन्ध्र प्रदेश और उड़ीसा से आरम्भ की गई थी। बाद में उसका महाराष्ट्र, गुजरात, उत्तर प्रदेश और बिहार में विस्तार किया गया। इन राज्यों के कुछ चुने हुए जिलों के स्कूलों के लिए भारत सरकार ने छ: हजार से अधिक टेलीविजन उपलब्ध कराये हैं।

5. अक्टूबर, 1974 के मध्य से शैक्षिक टेलीविजन कार्यक्रम अधिक शक्तिशाली तथा कम शक्तिशाली प्रेषित्रों की सहायता से उक्त छ: राज्यों तथा हिन्दी-भाषी राजस्थान और मध्य प्रदेश में भी प्रसारित किये जा रहे हैं। इन प्रसारण-क्षेत्रों में आने वाले अन्य स्कूलों के लिए राज्य सरकारें अतिरिक्त सामुदायिक टेलीविजन का प्रबन्ध कर रही हैं। अब देश में लगभग 200 टेलीविजन प्रेषित्र हैं। उनसे सत्तर प्रतिशत जनता इन प्रसारणों को देख सकती है।

6. केन्द्रीय शैक्षिक प्रौद्योगिकी संस्थान, नई दिल्ली तथा राज्य शैक्षिक प्रौद्योगिकी संस्थान अनेक प्रकार के शैक्षिक कार्यक्रम तथा सामग्री का निर्माण कर रहे हैं, जिन्हें विभिन्न भाषाओं में प्रयोग किया जा रहा है।

7. शैक्षिक टेलीविजन योजना के अन्तर्गत प्राथमिक स्कूलों में रंगीन टी.वी. सेट, रेडियो तथा कैसेट प्लेयर बड़े पैमाने पर वितरित किए जा रहे हैं।

8. विश्वविद्यालय अनुदान आयोग (UGC) तथा इन्दिरा गाँधी राष्ट्रीय मुक्तविद्यालय (IGNOU) अनेक प्रकार के दूरदर्शन शैक्षिक कार्यक्रम प्रसारित कर रहे हैं।

पाठों का वर्गीकरण (Classification of Lessons): तीन प्रकार के पाठ: ज्ञान पाठ (Knowledge Lesson), कौशल पाठ (Skill Lesson) तथा रसानुभूति अथवा भावात्मक पाठ (Appreciation Lesson)।

भाषा प्रयोगशाला (Language Laboratory)

भाषा प्रयोगशाला का अर्थ (Meaning of Language Laboratory): *ए.एस. हियास* (*A.S. Hayas*) ने भाषा प्रयोगशाला की परिभाषा इस प्रकार दी है, ''भाषा प्रयोगशाला एक कक्षा-कक्ष (Classroom) है जिसमें विदेशी भाषा के अधिगम को अधिक प्रभावशाली बनाने के लिए विशेष प्रकार के उपकरण जुटाए जाते हैं। सामान्यतया यह कार्य साधारण व्यवस्था में इतना प्रभावशाली नहीं बन सकता।''

रॉबर्ट लेडो (Robert Lado) के विचार में, ''भाषा प्रयोगशाला भाषा शिक्षण का केन्द्र है जिसमें छात्रों को सुनने, बोलने, पढ़ने तथा लिखने आदि के लिए नियन्त्रित वातावरण प्रदान किया जाता है।''

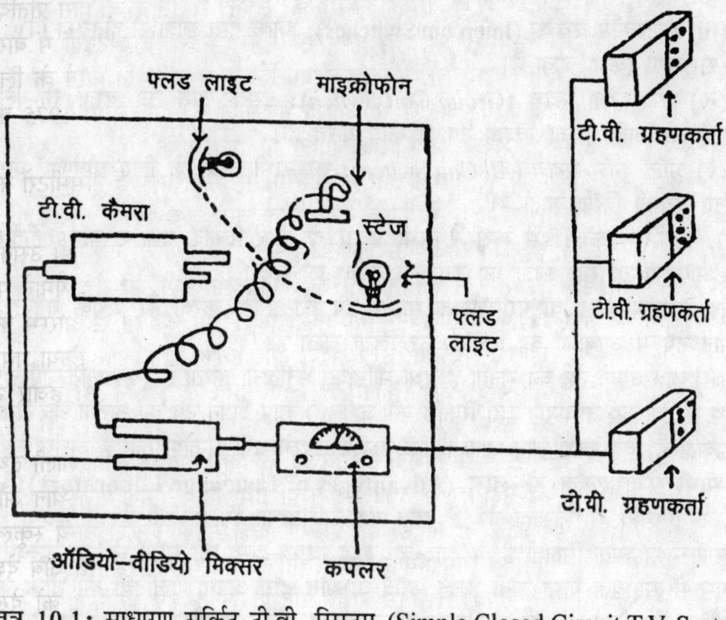

चित्र 10.1: साधारण सर्किट टी.वी. सिस्टम (Simple Closed Circuit T.V. System)

भाषा प्रयोगशाला में उपकरण तथा प्रक्रिया (Equipment and Process of Language Laboratory): भाषा प्रयोगशाला के निम्नलिखित तीन अनुभाग होते हैं: 1. कई श्रवण (सुनना) कोष्ठ-बूथ (Hearing Booths) 2. परामर्शदाता/सलाहकार का कोष्ठ (Advisor or Console's Booth) 3. नियन्त्रण कक्ष (Control Room)

1. *श्रवण कोष्ठ:* प्राय: भाषा प्रयोगशाला में 16 अथवा 20 श्रवण कोष्ठ होते हैं। प्रत्येक कोष्ठ में एक मेज तथा कुर्सी होती है जिस पर बैठकर छात्र कार्य कर सकता है।

कोष्ठ में अन्य सामग्री इस प्रकार होती है– (i) दूरभाष–परामर्शदाता से वार्तालाप के लिए (ii) श्रवणेन्द्रिय दूरभाष–ईयरफोन (Ear Phone) (iii) टेप रिकॉर्डर (Tape Recorder)

ऊपर दर्शाए गए यन्त्रों से छात्रों का नियन्त्रण कक्ष से सम्पर्क स्थापित होता है। अपनी आवाज को रिकॉर्ड करने तथा फिर सुनने का प्रबन्ध होता है, छात्र आवश्यकतानुसार टेप का चुनाव कर लेते हैं।

प्रत्येक कोष्ठ की चार फुट की ऊँची दीवारें अथवा अलग-अलग भाग (Partitions) होते हैं ताकि छात्र बिना किसी बाधा के अपना कार्य कर सकें। छात्र परामर्शदाता से परामर्श ले सकता है।

2. *परामर्शदाता का कोष्ठ*: इस कोष्ठ में कई टेप तथा मास्टर टेप रहते हैं तथा इस प्रकार की व्यवस्था रहती है जिससे परामर्शदाता छात्र से सम्पर्क स्थापित कर सके।

परामर्शदाता के कोष्ठ में निम्नलिखित सामग्री होती है–

(i) *डिस्ट्रीब्यूशन स्विच्स* (Distribution Switches): इनके माध्यम से छात्रों की आवाज आदि को परामर्शदाता सुन सकता है तथा उपयुक्त सुधार कर सकता है।

(ii) *मॉनीटरिंग स्विच्स* (Monitoring Switches): इनके माध्यम से छात्रों की आवाज आदि को परामर्शदाता सुन सकता है तथा उपयुक्त सुधार कर सकता है।

(iii) इण्टरकौम *स्विच्स* (Intercom Switches): इनके द्वारा छात्रों से दोतरफा (Two-way) सम्प्रेषण किया जाता है।

(iv) *ग्रुप कॉल स्विच* (*Group Call Switch*): इसके द्वारा उन छात्रों के लिए घोषणाएँ की जाती हैं जो विशेष टेप से कार्य करते हों।

(v) *ऑल कॉल स्विच* (*All Call Switch*): यह सभी छात्रों के लिए घोषणाएँ करने के लिए प्रयुक्त किया जाता है।

3. *नियन्त्रण कक्ष*: इस कक्ष में सभी प्रकार के टेप, रिकॉर्ड तथा उपकरण होते हैं ताकि आवश्यकतानुसार छात्रों को उपलब्ध कराए जा सकें।

(i) अध्यापक अथवा परामर्शदाता मास्टर टेप का प्रयोग करता है। प्रत्येक कोष्ठ में विद्यमान टेप में आवाजों को रिकॉर्ड कर लिया जाता है।

(ii) छात्र अपने टेप को सुनता है तथा मौखिक अनुक्रिया करता है। ये अनुक्रियाएँ छात्र के बूथ में रखे गए उपकरण द्वारा रिकॉर्ड की जाती हैं। छात्र अपने टेप का अनेक बार प्रयोग कर सकता है। वह स्वयं जान जाता है कि उसकी उपलब्धियाँ सन्तोषजनक हैं अथवा नहीं।

भाषा प्रयोगशाला से लाभ (Advantages of Language Laboratory): 1. छात्र अपनी गति से सीखता है। 2. छात्र को अभिप्रेरणा मिल जाती है। 3. शब्दों के उच्चारण में सहायता मिलती है। 4. बार-बार शुद्ध विषय-वस्तु को सुनने से शुद्ध उच्चारण अधिगम में सहायता प्राप्त होती है। 5. छात्र अभ्यास द्वारा अपनी गलतियों को ठीक कर कता है। 6. छात्र पठ को बार-बार दोहरा सकता है। 7. चूँकि छात्र का उच्चारण किसी दूसरे छात्र को सुनाई नहीं देता, वह बिना हिचकिचाहट के कार्य करता है। 8. साधारण कक्षा अध्ययन में भाषा अभ्यास के लिए जितना समय चाहिए वह नहीं मिलता, परन्तु भाषा प्रयोगशाला में यह सुविधा विद्यमान है। 9. छात्र में क्रियाशीलता बढ़ती है।

भाषा प्रयोगशाला की सीमाएँ (Limitations of a Language Laboratory): 1. भाषा प्रयोगशाला का प्रयोग भाषा पढ़ने तथा लिखने में नहीं हो सकता। 2. 16 तथा 20 से अधिक छात्र एक ही समय में कार्य नहीं कर सकते। 3. विदेशों में जो अन्य भाषाएँ सिखाई जाती हैं, उनके विद्वान मिलना कठिन हो जाता है। 4. यह खर्चीली विधि है।

शिक्षण मशीन (Teaching Machine)

प्रोफेसर एस.एल. प्रेसी (*S.L. Pressey*) को शिक्षण मशीन का प्रवर्तक माना जाता है। यद्यपि प्रारम्भ में बी.एफ. स्किनर (B.F. Skinner) ने अनुदेशन के प्रस्तुतीकरण के लिए एक मशीन का निर्माण किया था। प्रेसी ने यह आविष्कार 1927 में किया।

शिक्षण मशीन का अर्थ: शिक्षण मशीन एक ऐसी यांत्रिक विद्युत-युक्ति है जो शिक्षण प्रकरण को पूर्व निश्चित क्रम से प्रस्तुत करती है। इसमें छात्रों को प्रश्नों के उत्तर देने के अवसर दिए जाते हैं और उसे तुरन्त प्रतिपुष्टि प्रदान की जाती है। इसमें ज्यादातर मशीन का संचालन छात्र के हाथ में रहता है।

शिक्षण मशीन स्वचालित अथवा आंशिक रूप से स्वचालित प्रविधि है जो छात्र को प्रश्न या कोई अन्य उद्दीपन (Stimulus) प्रस्तुत करती है, अनुक्रिया (response) का साधन भी प्रस्तुत करती है। उसके उत्तर देने के तत्काल पश्चात् उसे ठीक उत्तर देने के तत्काल पश्चात् उसे ठीक उत्तर भी बताती हैं।

शिक्षण मशीन की विशेषताएँ: 1. शिक्षण मशीन छात्र के सम्मुख कोई प्रश्न अथवा समस्या प्रस्तुत करती है। 2. छात्र कोई अनुक्रिया करता है। 3. मशीन छात्र को परिणाम का ज्ञान कराती है। 4. मशीन छात्र द्वारा की गई अनुक्रियाओं की गिनती रखती है।

नियम जिन पर शिक्षण मशीन आधारित है:

1. तत्कालिक पुनर्वलन (Reinforcement) का नियम। 2. सीखने के पुनर्वलन का नियम। 3. उद्दीपन प्रदान करने का नियम। 4. उद्दीपन के पोषण को धीरे-धीरे हटाने का नियम। 5. छात्रों को विभेदीकरण (Discrimination) का प्रशिक्षण प्रदान करने का नियम।

शिक्षण मशीन कई प्रकार की होती है। यह कार्ड बोर्ड से लेकर बहुत ही जटिल इलेक्ट्रॉनिक्स मशीनों तक होती है। शिक्षण मशीनों से सीखने की विभिन्न प्रक्रियाओं में विशेष सहायता मिलती है। शिक्षण मशीन विभिन्न आकार व सामग्री की होती हैं। कुछ मशीनों में माइक्रो फिल्म डिवाइस (Micro Film Device) भी लगी होती है।

शिक्षण मशीनों के प्रकार: शिक्षण मशीनें दो प्रकार की होती हैं: 1. रचित उत्तरयुक्त मशीन (Constructed Response Machine) 2. बहुचयन मशीन (Multipurpose Machine)

रचित उत्तरयुक्त मशीन (Constructed Response Machine): सामान्यत: ये चार प्रकार की होती हैं:

(i) *ग्लाइडर (Glider) मशीन*: इसका विकास स्किनर ने किया था। इसमें प्रकरण या प्रश्न प्रस्तुत किए जाते हैं और छात्रों को सही उत्तर देने के लिए ग्लाइडर को संचालित करना होता है।

(ii) *डिस्क मशीन (Disc Machine)*: इसमें एक बड़े पेपर पर Programmed Learning Material छपा हुआ होता है। प्रश्नों के प्रदर्शन हेतु डिस्क को घुमाया जाता है। छात्र अपना उत्तर मशीन के पेपर टेप पर लिखकर देते हैं।

(iii) *टाइपराइटर मशीन (Typewriter-input Computing Machine)*: इस मशीन में कम्प्यूटर से जुड़ा टाइपराइटर होता है, जिसका प्रयोग करके छात्र प्रश्नों के उत्तर देते हैं। कम्प्यूटर दिए गए उत्तर की जाँच करता है और छात्रों को बताता है कि उनका उत्तर सही है या नहीं। इसी प्रकार यह कार्य करता चला जाता है।

(iv) *श्रव्य-दृश्य संयोग मशीन (Audio-Visual Combination Machine)*: इस प्रकार की मशीनों में टेप-रिकॉर्डर तथा टेलीविजन सेट का प्रावधान होता है। ये मशीनें अन्य प्रकार की मशीनों की तुलना में ज्यादा महँगी पर ज्यादा उपयोगी होती हैं।

बहुचयन मशीन ***(Multiple Choice Machine):*** इस प्रकार की मशीनों में प्रत्येक प्रश्न के लिए कई उत्तर दिए होते हैं। छात्रों को सही/सर्वोत्तम उत्तर का चयन करना होता है।

शिक्षण मशीन छात्रों को स्व-अध्ययन करने के अवसर प्रदान करती है। छात्र इसमें अपनी गति के अनुसार ज्ञान प्राप्त करता है। यह व्यक्तिगत तथा सामूहिक, दोनों प्रकार के शिक्षण के लिए उपयोगी है।

शिक्षण मशीन के लाभ: शिक्षण मशीन से प्राप्त शैक्षिक लाभों को संक्षिप्त रूप में निम्न प्रकार व्यक्त किया जा सकता है:

1. *व्यक्तिगत अनुदेशन*: शिक्षण मशीन वैयक्तिक अनुदेशन (Individualized Instruction) तथा स्वशिक्षा (Self-learning) प्रदान करने में बहुमूल्य सहयोग देती है। ट्यूटोरियल प्रणाली (Tutorial System) पर आधारित होने के कारण यह एक सफल ट्यूटर (Tutor) की भूमिका भली प्रकार निभा सकती है।

2. *शिक्षा 3 A's के अनुसार* (*Age, Ability and Aptitude*): छात्रों को अपनी रुचि, योग्यता और आवश्यकताओं के अनुरूप शिक्षण प्रदान किया जा सकता है।

3. *स्वाभाविक गति से अधिगम*: शिक्षण कार्य में छात्र अपनी स्वाभाविक गति से आगे बढ़ सकते हैं। इससे जहाँ कुशाग्र बुद्धि वालों को अन्य के लिए रुकना नहीं पड़ता, वहीं धीमी गति से सीखने वालों को भी व्यर्थ में ही निराश और परेशान नहीं होना पड़ता।

4. *अपूर्व धैर्य से शिक्षण*: शिक्षण मशीन में अपूर्व धैर्य और चुस्ती होती है। इस कार्य में कोई भी सजीव अध्यापक उसकी तुलना नहीं कर सकता। वह जहाँ छात्रों द्वारा दिए गए उत्तरों को तुरन्त सही या गलत बता सकती है तथा उत्तर के गलत होने पर उपयुक्त सुझाव या संकेत प्रदान कर सकती है वहीं छात्रों द्वारा बार-बार गलत उत्तर देने पर भी विचलित नहीं होती बल्कि बड़े धैर्य के साथ उन्हें शिक्षण पथ पर आगे ले जाने के गम्भीर प्रयत्न करती रहती है।

5. *अधिगम की पोषण पुष्टि* (*Feed Back*): छात्रों को अधिगम कार्य में अपनी उत्तरोत्तर सफलता का सही और तुरन्त ज्ञान इनके द्वारा आसानी से कराया जा सकता है।

6. *क्रियाशीलता*: शिक्षण मशीन छात्रों को शिक्षण अधिगम प्रक्रिया में निरन्तर सजग एवं क्रियाशील बनाए रखने में महत्त्वपूर्ण भूमिका निभाती है।

7. *स्वतन्त्रता*: शिक्षण मशीन को अपनी इच्छानुसार चालू या बन्द किया जा सकता है। अत: अपनी सुविधानुसार कभी भी अपना मनचाहा शिक्षण कार्य सम्पन्न करने में शिक्षण मशीन छात्रों की बहुत सहायता कर सकती है।

8. *पुनरावृत्ति में सहायता*: पुनरावृत्ति एवं अभ्यास कार्य के सफल सम्पादन में तथा छात्रों की आवश्यकतानुसार उन्हें उपचारात्मक शिक्षण (Remedial Teaching) प्रदान करने में शिक्षण मशीन द्वारा महत्त्वपूर्ण भूमिका निभायी जा सकती है।

शिक्षण मशीन की सीमाएँ: 1. अधिक व्यय, 2. यांत्रिक वातावरण, 3. स्वास्थ्य के लिए जोखिम, 4. मरम्मत में कठिनाइयाँ, 5. मशीन के खराब होने से शिक्षण प्रक्रिया में बाधा, 6. अध्यापकों की शंकाएँ।

शिक्षण मशीन सम्बन्धी भ्रान्तियाँ तथा अध्यापक का स्थान (Misunderstanding about Teaching Machines and the Role of the Teacher): कक्षा-शिक्षण में मशीन के प्रयोग को लेकर काफी कुछ शंकाओं और दुराग्राहों का निवारण भी आवश्यक है। प्राय: यह सोचा जाता है कि (i) इनके प्रयोग से अध्यापक बेकार हो जाएँगे, (ii) शिक्षण प्रक्रिया में जड़ता (Rigidity), यांत्रिकता या मशीनीपन (Mechanization) आ जाएगा, (iii) शिक्षण मशीनों को

खरीदने तथा उनकी देखरेख करना खर्चीला सिद्ध होगा, तथा (iv) छात्रों में मानवीय गुणों का विकास करने तथा उनके व्यक्तित्व का सर्वांगीण विकास करने में बाधा आएगी।

अगर ध्यान से विश्लेषण किया जाए तो उपर्युक्त शंकाएँ निर्मूल हैं।

शिक्षण मशीन कितनी भी अच्छी तथा शिक्षण अधिगम प्रक्रिया को सरल तथा प्रभावशाली बनाने वाली हो, वह शिक्षक का स्थान कभी भी नहीं ले सकती।

शिक्षण मशीन को प्रभावशाली ढंग से स्वाचालित करने के लिए, उसके लिए शिक्षण सामग्री तथा प्रश्न आदि तैयार करने के लिए अध्यापक की आवश्यकता सदैव रहेगी।

टेपरिकॉर्डर (Tape Recorder)

टेपरिकॉर्डर एक ऐसा शैक्षिक माध्यम है जिससे श्रवणेन्द्रिय के माध्यम से शैक्षिक विचारों तथा तथ्यों को रिकॉर्ड कर लिया जाता है तथा छात्रों तक पहुँचाया जाता है।

टेप रिकॉर्डर की शैक्षिक उपयोगिता (Educational Advantages of Tape Recorder): टेप रिकॉर्डर श्रव्य साधनों में अपना महत्त्वपूर्ण स्थान रखता है। इसकी शैक्षिक उपयोगिता निम्न प्रकार से देखी जा सकती है–

1. इसकी सहायता से वार्तालाप का अभ्यास, सशक्त अभिव्यक्ति का अभ्यास तथा नाटकीयता की प्रभावशाली विधियों का विकास आसानी से किया जा सकता है। इसमें विद्यार्थी अपने पूर्व शिक्षण (Pre-teaching) के स्तर तथा उत्तर शिक्षण व अभ्यास (Post-teaching and Practice) के स्तर की भाषा सुनकर, उसमें आए सुधार का स्वयं मूल्यांकन कर सकते हैं।

2. टेप रिकॉर्डर भाषा सम्बन्धी मौखिक अभिव्यक्ति के गुणों को विकसित करने में अत्यन्त सहायक सिद्ध हो सकता है। छात्र अपनी बोलचाल सम्बन्धी त्रुटियों को दूर करने में इसकी सहायता ले सकते हैं। छात्र अपनी वार्ता को टेप करके, फिर पुनः सुनकर स्वयं अपनी त्रुटियों का पता लगाकर उन्हें सुधारने का प्रयास कर सकते हैं।

3. उच्चारण सम्बन्धी दोषों को दूर करने में तो इसका प्रयोग बहुत ही प्रभावशाली सिद्ध हुआ है। एक शब्द का उच्चारण बार-बार करके छात्रों को उसके शुद्ध उच्चारण का अभ्यास कराया जा सकता है।

4. इसकी सहायता से देश-विदेश के महान व्यक्तियों के भाषणों तथा विचारों को सुरक्षित रखकर, आवश्यकतानुसार समय-समय पर छात्रों को सुनवाया जा सकता है।

5. कुछ विशेष विषय, जैसे–संगीत, नृत्य, अभिनय आदि सीखने में यह विशेष सहायता करता है।

6. इसका प्रयोग विद्यालय की विभिन्न पाठ्यक्रम सहगामी क्रियाओं का संगठन, संचालन एवं मूल्यांकन करने में सहायता कर सकता है।

7. रिकार्डिंग सुविधा के कारण कोई भी अध्यापक अपने शिक्षण कार्य को रिकॉर्ड कर, उसका स्वयं मूल्यांकन कर सकता है।

8. कोई भी वार्ता छात्रों को यदि एक बार सुनकर समझ नहीं आ पाती है तो उसे दुबारा भी सुनवाया जा सकता है।

9. स्कूलों में समय-समय पर आयोजित होने वाले कार्यक्रमों, सम्मेलनों, कार्यशालाओं, विचारगोष्ठियों आदि की कार्यवाही को रिकार्ड करने में इसकी सहायता ली जा सकती है।

10. इसके द्वारा रेडियो तथा दूरदर्शन पर प्रसारित होने वाले कार्यक्रमों को रिकॉर्ड कर सुरक्षित रखा जा सकता है।

11. फिल्म पट्टियों तथा स्लाइडों के लिए व्याख्यात्मक वर्णन (Commentary) तैयार करने में इसकी सहायता ली जा सकती है।

12. सूक्ष्म शिक्षण (Micro-teaching) में टेप रिकॉर्डर सहायता देता है।

13. नाट्यकला सीखने में टेपरिकॉर्डर से बहुत सहायता मिलती है।

14. विदेशी भाषा सीखने में टेपरिकॉर्डर बहुत उपयोगी है।

15. शिक्षण-अधिगम क्रियाओं के गठन एवं मूल्यांकन के लिए टेपरिकॉर्डर का प्रयोग किया जाता है।

16. सेमिनार तथा गोष्ठियों के कार्यक्रमों को रिकॉर्ड करने में सहायता मिलती है।

टेप रिकॉर्डर का उचित प्रयोग कैसे किया जाए? (How to Use a Tape Recorder Effectively?): वैसे तो इसका प्रयोग बहुत सरल है, फिर भी इसका प्रयोग करते समय कुछ विशेष बातों को ध्यान में रखना चाहिए, जो निम्न प्रकार से हैं–

1. टेप रिकॉर्ड में विभिन्न क्रिया निर्देश तथा नियन्त्रण बटन (Control Switches) जैसे चलाओ (Play), रोको (Stop), रिकॉर्ड (Record), आगे बढ़ना (Forward) आदि लगे होते हैं। अध्यापक को इन सभी से पूरी तरह परिचित होना चाहिए।

2. टेप रिकॉर्ड कक्षा में ऐसे स्थान पर रखना चाहिए, जिससे कक्षा के सभी छात्रों को आवाज स्पष्ट सुनाई दे।

3. टेप रिकॉर्ड को हमेशा समतल (Flat) तथा सख्त धरातल (Sturdy Surface) पर उचित स्थिति में रखना चाहिए, जैसे–मेज आदि।

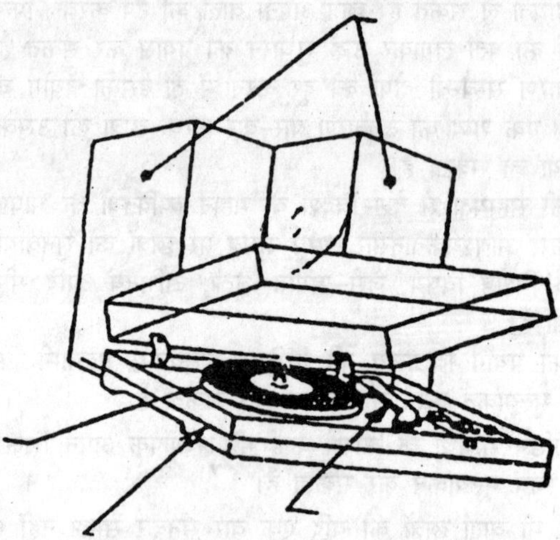

चित्र 10.2: रिकॉर्ड डिस्क प्लेयर (Record Disk Player)

4. जब टेप रिकॉर्ड को चलाया जाए तो शुरू में आवाज धीमी रखें, फिर चलाने वाले बटन (Play Control Switches) की सहायता से आवश्यकतानुसार आवाज को ऊँचा किया जाए। बाद में ध्वनि नियन्त्रण (Tune Control) की सहायता से अनुकूल आवाज को व्यवस्थित किया जा सकता है।

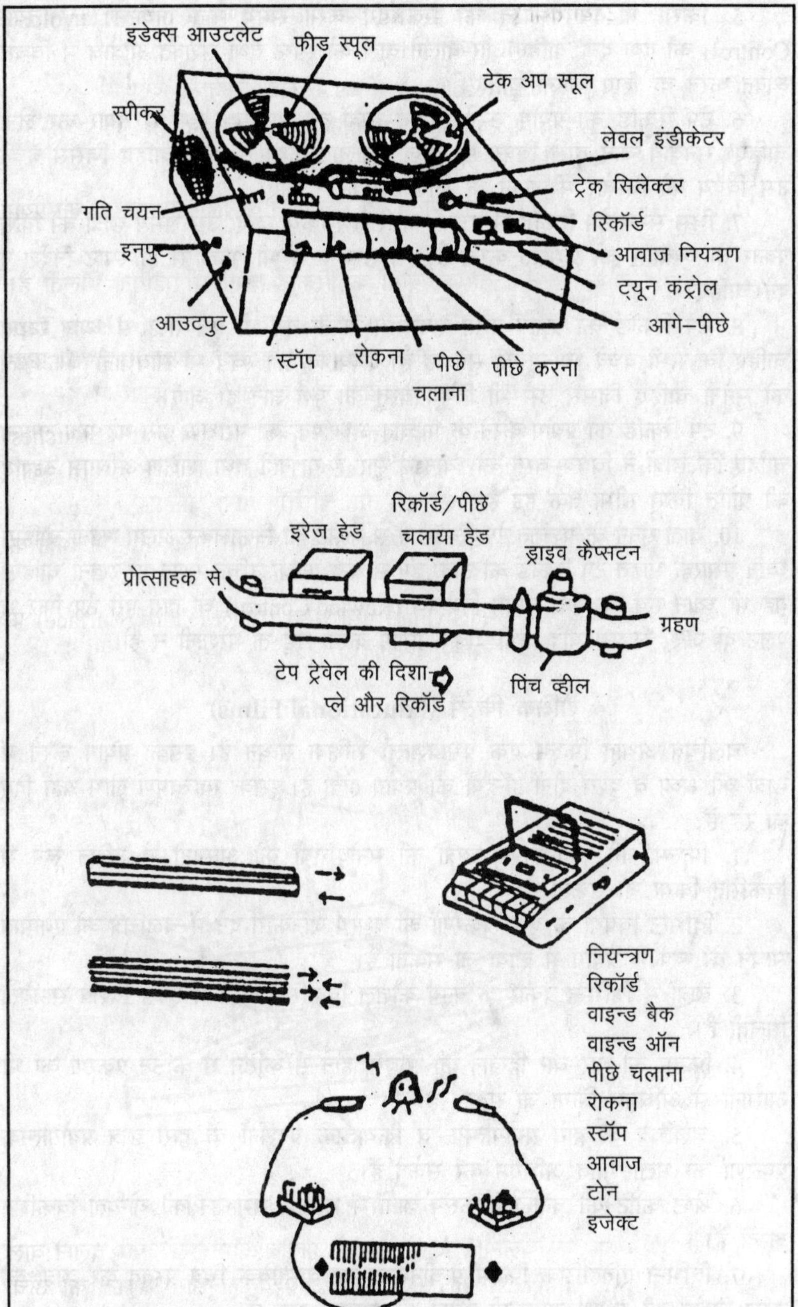

चित्र 10.3: टेप रिकॉर्डर (Tape Recorder)

5. किसी भी विषय-वस्तु की रिकॉर्डिंग करते समय गति नियन्त्रण (Volume Control) को दबा देना चाहिए और बोलने वाले को स्पष्ट तथा सशक्त आवाज में विचार व्यक्त करने के लिए कहना चाहिए।

6. टेप रिकॉर्ड का प्रयोग करने से पूर्व छात्रों को मानसिक रूप से तैयार कर लेना चाहिए। सुनवाये जाने वाले विषय पर कुछ वार्तालाप कक्षा में होना चाहिए जिससे बच्चे उस विषय को विस्तार में जानने के लिए उत्सुक हो जाएँ।

7. जिस समय टेप रिकॉर्ड से बच्चों का शिक्षण किया जाए, उस समय छात्रों को किस प्रकार के व्यवहार को प्रदर्शित करना है, इस सम्बन्ध में भी पहले से ही स्पष्ट निर्देश दे देने चाहिए।

8. टेप रिकॉर्ड का प्रयोग करते समय अध्यापक को भी पूरी तरह से ध्यान रखना चाहिए कि सभी बच्चे ध्यानपूर्वक सुन रहे हैं। अध्यापक को स्वयं भी सावधानीपूर्वक वार्ता को सुनना चाहिए जिससे उसे भी विषय-वस्तु का पूर्ण ज्ञान हो जाए।

9. टेप रिकॉर्ड का प्रयोग करने के पश्चात् अध्यापक को परीक्षण द्वारा यह पता लगाना चाहिए कि छात्रों ने विषय-वस्तु को ध्यान से सुना है या नहीं तथा शिक्षण अधिगम उद्देश्यों की प्राप्ति किस सीमा तक हुई है।

10. वार्ता सुनने के पश्चात् टेप रिकॉर्ड में से कैसेट को निकालकर अलग रखना चाहिए। ध्वनि प्रसारक सहित टेप रिकॉर्ड को ठीक ढंग से बन्द करके उचित स्थान पर रखना चाहिए। यह भी ध्यान रखें कि पुनः घुमाव नियन्त्रण (Rewind Control) के द्वारा पूरी टेप फिर से पलट दी जाए, जिससे यदि कभी दोबारा प्रयोग करना पड़े तो परेशानी न हो।

शैक्षिक फिल्में (Educational Films)

चलचित्र अर्थात् फिल्म एक प्रभावशाली शैक्षिक साधन है। इसका प्रयोग करने में छात्रों की श्रव्य व दृश्य दोनों इन्द्रियों का प्रयोग होता है। इसके महत्त्वपूर्ण लाभ यहाँ दिए जा रहे हैं:

1. फिल्मों की सहायता से छात्रों की मनोवृत्तियों को आसानी से उचित रूप से विकसित किया जा सकता है।

2. विभिन्न विषयों के कुछ प्रकरणों की यथार्थ जानकारी देने में चलचित्र को एकमात्र साधन के रूप में प्रयोग में लाया जा सकता है।

3. छात्रों में विभिन्न प्रकार के कार्य कौशल विकसित करने में इनसे विशेष सहायता मिलती है।

4. फिल्म को बार-बार दिखाने की सुविधा होने से कठिन से कठिन प्रकरण का भी आसानी से अधिगम किया जा सकता है।

5. चलचित्र के द्वारा प्रयोगात्मक व क्रियात्मक प्रदर्शनों के द्वारा छात्र प्रयोगात्मक प्रकरणों को भली-भाँति अधिगम कर सकते हैं।

6. श्रेष्ठ कोटि की बनी हुई फिल्में छात्रों में समस्या समाधान की योग्यता विकसित करती हैं।

7. विभिन्न ऐतिहासिक फिल्में प्राचीनकाल का वास्तविक चित्र प्रस्तुत कर छात्रों को काल विशेष की यथार्थ जानकारी कराने में सहायक होती हैं।

8. विभिन्न प्रकार की सामाजिक कुरीतियों को दूर करने में भी फिल्मों की सहायता ली जा सकती है।

9. महापुरुषों की जीवनगाथा, विभिन्न स्थलों की भौगोलिक स्थिति तथा वैज्ञानिक आविष्कारों आदि से परिचित कराने में फिल्में एक श्रेष्ठ दृश्य-श्रव्य उपकरण का कार्य करती हैं।

10. राष्ट्रीय तथा अन्तर्राष्ट्रीय महत्त्व के विभिन्न विषयों से भी छात्रों को फिल्मों की सहायता से आसानी से परिचित कराया जा सकता है।

फिल्मों की सीमाएँ (Limitations of Films): 1. फिल्मों पर अधिक व्यय होता है। 2. फिल्में लम्बे समय तक पर्दे पर नहीं दिखलाई जा सकतीं। 3. शैक्षिक फिल्में सुगमता से उपलब्ध नहीं होती हैं। 4. अच्छी शैक्षिक फिल्मों का निर्माण बहुत कम मात्रा में हुआ है। 5. फिल्म दिखाते समय अनेक महत्त्वपूर्ण बातों पर उचित ध्यान देना कठिन हो जाता है।

चलचित्रों का उचित उपयोग: चलचित्र का शैक्षिक सहायक साधन के रूप में सफलतापूर्वक प्रयोग करने के लिए निम्न बातों को ध्यान में रखना चाहिए:

1. शिक्षक को चलचित्र के प्रयोग से सम्बन्धी सभी उपकरण व प्रक्रिया की पूर्ण जानकारी होनी चाहिए।

2. शिक्षक को शैक्षिक फिल्मों की प्राप्ति के स्रोत की पूर्ण जानकारी होनी चाहिए जिससे फिल्में खरीदने या उधार लेने में कोई परेशानी न हो।

3. फिल्म छात्रों को दिखाने से पहले अध्यापक को स्वयं उसे एक बार देख लेना चाहिए। इससे अध्यापक को फिल्म की विषय-वस्तु की पूर्ण जानकारी हो जाएगी और इसके आधार पर छात्रों के लिए शिक्षण योजना बनाने में सुविधा रहेगी।

4. फिल्म दिखाने से पहले छात्रों को मानसिक व शैक्षिक रूप से तैयार कर लेना चाहिए।

5. चलचित्र का प्रदर्शन जिस कमरे में किया जाए वहाँ पूरी तरह से अँधेरा कर देना चाहिए परन्तु कमरा खुला, बड़ा व हवादार होना चाहिए।

6. फिल्म दिखाते समय अधिगम परिस्थिति व भौतिक वातावरण पर शिक्षक का पूरा नियन्त्रण होना चाहिए।

7. फिल्म दिखाते समय फिल्म के प्रमुख अंशों की ओर छात्रों का ध्यान आकर्षित करना चाहिए। कभी-कभी फिल्म बीच में रोककर विषय का स्पष्टीकरण करना चाहिए तथा प्रश्न आदि की सहायता से छात्रों को क्रियाशील बनाने का प्रयास करना चाहिए।

8. फिल्म का प्रदर्शन पूरा होते ही छात्रों से महत्त्वपूर्ण अंश लिखने के लिए कहना चाहिए।

9. यदि कोई बात छूट गई हो तो उसे पुनः दिखाकर स्पष्ट करना चाहिए। छात्रों की अधिक जानकारी के लिए व्यक्तिगत सामूहिक रूप से परामर्श देना चाहिए।

10. मौखिक व लिखित परीक्षण के माध्यम से छात्रों के अधिगम व शैक्षणिक उद्देश्यों की पूर्ति का मूल्यांकन करना चाहिए।

शैक्षिक फिल्मों के मुख्य प्रकार (Main Types of Educational Films): 1. अनुदेशात्मक फिल्में अथवा बुनियादी शिक्षण फिल्में (Instructional or Basic Teaching Films) 2. पूरक शिक्षण फिल्में (Supplementary Teaching Films) 3. दस्तावेजी फिल्में (Documentary Films) 4. रूपक फिल्में (Feature Films) 5. समाचार फिल्में (News Reels) 6. नाट्य फिल्में (Dramatic Films) 7. विवरणात्मक फिल्में (Narrative Films) 8. बच्चों की फिल्में (Children's Films) 9. व्यापारिक फिल्में (Commercial Films) 10. अभ्यास फिल्में (Drill Films) 11. लयात्मक फिल्में (Rhythemic Films)

शैक्षिक फिल्मों के स्रोत: 1. मानव शिक्षा विभाग संसाधन मंत्रालय, भारत सरकार, नई दिल्ली। 2. सूचना एवं प्रसारण मंत्रालय, भारत सरकार, नई दिल्ली। 3. चिल्डर्न फिल्म सोसाइटी, नई दिल्ली। 4. संचार तथा सूचना टेक्नोलोजी मंत्रालय, नई दिल्ली। 5. ब्रिटिश कॉन्सल लाइब्रेरी, नई दिल्ली। 6. राज्यों के मार्गदर्शन तथा परामर्श ब्यूरोज।

आकाशवाणी/रेडियो शिक्षण सहायक साधन
(Radio as a Teaching Aid)

दूरदर्शन से पूर्व रेडियो का शिक्षण में विशेष महत्त्व था परन्तु इसका यह अर्थ नहीं है कि अब इसका शिक्षण में कोई महत्त्व नहीं है। दूरदर्शन शिक्षण तथा रेडियो शिक्षण में कोई प्रतिस्पर्धा नहीं है।

रेडियो का आरम्भ में केवल मनोरंजन के रूप में ही प्रयोग किया जाता था परन्तु अब इसके माध्यम से स्कूल तथा समाज का सम्बन्ध भी जोड़ा जाता है। सामाजिक अध्ययन तो समाज का अध्ययन है अतः रेडियो का सामाजिक अध्ययन में बहुत योगदान हो सकता है। रेडियो प्रसारणों द्वारा समाज के विभिन्न पक्षों जैसे आर्थिक, राजनीतिक, सांस्कृतिक, राष्ट्रीय तथा अन्तर्राष्ट्रीय विषयों में छात्रों का दृष्टिकोण विस्तृत किया जा सकता है। इस सन्दर्भ में विद्वान श्री आर.जी. रेनल्ड् ने लिखा है, "रेडियो शिक्षा का बहुत ही महत्त्वपूर्ण साधन है। कक्षा-शिक्षण के पूरक के रूप में इसकी सीमाएँ बहुत बढ़ जाती हैं। इसकी शिक्षण सम्भावनाएँ स्कूल-दिवस के पाँच या छः घण्टे तक ही सीमित नहीं हैं। यह प्रातःकाल से रात तक उपलब्ध रहता है। रेडियो द्वारा प्रदत्त शैक्षिक तथा सांस्कृतिक उपहार दूर स्थित समुदायों के प्रौढ़ों तथा बालकों को संसार के कला और ज्ञान के उत्तम भण्डार से परिचित कराता है। किसी दिन शैक्षिक उपकरण के रूप में इसका प्रयोग इतना सामान्य हो जाएगा जितना कि पाठ्य-पुस्तकों तथा ब्लैकबोर्ड का है।"

रेडियो के शिक्षा तथा शिक्षण में लाभ (Use of Radio in Education and Instruction): रेडियो द्वारा शैक्षिक प्रसारण के मुख्य लाभ नीचे दिए जा रहे हैं:

1. रेडियो-प्रसारण द्वारा गम्भीर से गम्भीर विषयों की ओर छात्रों को आसानी से आकर्षित किया जा सकता है। रेडियो-प्रसारण में वास्तव में शिक्षा का सशक्त साधन सिद्ध होने की क्षमता है क्योंकि ये प्रसारण एक ओर तो शिक्षा को यथार्थ जीवन के अनुभवों से जोड़ते हैं और दूसरी ओर स्वस्थ मनोरंजन का आनन्द प्रदान करते हैं।

2. रेडियो के द्वारा प्रसिद्ध विचारकों, विद्वानों, लेखकों, विषय-विशेषज्ञों, शिक्षाशास्त्रियों के विचार, भाषण, बातचीत, वाद-विवाद आदि को सुनने के अवसर छात्रों को प्राप्त होते हैं। इनसे छात्रों के विचार-भण्डार में वृद्धि और विकास होता है। छात्रों की विचार-शक्ति का भी विकास होता है।

3. स्कूली पाठ्यक्रम में कई पाठ अथवा विषय कठिन होते हैं कि उन्हें आसानी से विद्यार्थियों को समझाया नहीं जा सकता है। इस प्रकार के पाठों को रेडियो प्रसारण से सुगमता से समझाया जा सकता है। छोटा परिवार, सुखी परिवार; दहेज प्रथा, घर की स्वच्छता जैसे विषयों को रेडियो नाटक द्वारा रुचिकर ढंग से प्रस्तुत किया जा सकता है।

4. छात्रों की संख्या दिन-प्रतिदिन बढ़ती जा रही है। शैक्षिक पाठ्यक्रम विस्तृत होते जा रहे हैं। अच्छी पाठ्य-पुस्तकों, सुनियोजित शैक्षिक कार्यक्रमों, उपयुक्त शैक्षिक साधनों तथा अनुभवी तथा योग्य अध्यापकों का अभाव है। ऐसी स्थिति में रेडियो द्वारा प्रसारित किए जाने वाले शैक्षिक कार्यक्रम ही सीखने-सिखाने की प्रक्रिया को प्रभावी बना सकते हैं।

5. रेडियो-प्रसारण कक्षा-शिक्षण के पूरक के रूप में बहुत सहायक है। इससे छात्रों के सामान्य ज्ञान-विज्ञान में वृद्धि होती है।

6. रेडियो-प्रसारण द्वारा छात्रों में पर्यावरण तथा सामाजिक जागरूकता बढ़ती है। छात्रों में प्रजातन्त्र के मूल्यों के प्रति आस्था उत्पन्न करने में रेडियो-प्रसारण सहायक होते हैं।

7. जन-संचार माध्यम के रूप में रेडियो एक कम खर्चीला साधन है। एक ही समय में लाखों छात्र विभिन्न स्कूलों तथा स्थानों पर रहने वाले, इसके द्वारा प्रसारित होने वाले कार्यक्रमों से लाभान्वित हो सकते हैं। नई योजनाएँ जैसे खुला (मुक्त) विश्वविद्यालय, खुला स्कूल, पत्राचार शिक्षा तथा दूरगामी शिक्षा आदि को क्रियान्वित करने के लिए यह एक किफायती, सरल तथा प्रभावशाली साधन सिद्ध हो सकता है। रेडियो-प्रसारण पर होने वाला व्यय इसकी उपयोगिता की तुलना में बहुत ही कम है।

8. प्रौढ़-शिक्षा तथा अनौपचारिक शिक्षा में रेडियो-प्रसारण का भी विशेष महत्त्व है।

9. मानवीय तथा भौतिक सामग्री की कमी के कारण शिक्षा के क्षेत्र में जिन समस्याओं का सामना करना पड़ता है, उनका समाधान करने में रेडियो-प्रसारण पूरी तरह से समर्थ है।

रेडियो प्रसारण के अधिकतम उपयोग के उपाय (Making the Best Use of Radio Broadcasts): वांछित परिणामों को प्राप्त करने के लिए रेडियो प्रसारण के कार्यक्रमों की उचित व्यवस्था करना बहुत आवश्यक है। इस सम्बन्ध में निम्नलिखित बातें काफी सहायक सिद्ध हो सकती हैं:

1. अध्यापकों को विभिन्न आकाशवाणी केन्द्रों द्वारा प्रकाशित होने वाली कार्यक्रम सम्बन्धी पत्रिका तथा अन्य सामग्री से भली-भाँति परिचित होना चाहिए ताकि प्रसारित होने वाले कार्यक्रमों की पूरी जानकारी मिल सके।

2. अध्यापकों को अपने पाठों को रेडियो पाठों से एकीकृत करने के लिए पाठों के प्रसारण से पहले पूरी योजना बना लेनी चाहिए।

3. अध्यापक को स्वयं भी पाठ ध्यान से तथा रुचिपूर्वक सुनना चाहिए ताकि वह प्रसारण के उपरान्त छात्रों की समस्याओं का समाधान कर सके।

4. रेडियो सेट कक्षा में ऐसे स्थान पर रखा जाना चाहिए जिससे सभी छात्रों को उसकी आवाज स्पष्ट सुनाई दे।

5. कमरे की सारी परिस्थितियाँ अनुकूल होनी चाहिए। बाहर से किसी प्रकार का शोर नहीं आना चाहिए।

6. प्रसारण के समय अनुशासन पर ध्यान दिया जाए ताकि छात्र पूरे ध्यान से उसे सुन सकें।

7. प्रसारण से पूर्व रेडियो सेट का ठीक ढंग से परीक्षण कर लिया जाए और यह निश्चित किया जाए कि उसकी ध्वनि स्पष्ट है।

8. सभी छात्रों को प्रसारण के विषय, समय व तिथि की पूर्व-सूचना अवश्य दी जानी चाहिए।

9. पाठ प्रसारित होने से पूर्व छात्रों को मनोवैज्ञानिक व शैक्षिक दोनों रूपों में यथासम्भव तैयार करना चाहिए। प्रसारित होने वाले पाठ से सम्बन्धित पूर्व ज्ञान प्रसारण होने से पहले ही छात्रों को दे दिया जाए ताकि छात्रों में नवीन ज्ञान को प्राप्त करने की उत्सुकता जागृत हो जाए और वे मानसिक रूप से उसे ग्रहण करने के लिए तैयार हों।

9. रेडियो प्रसारण पाठों को प्रभावपूर्ण बनाने में अनुवर्ती कार्यक्रम का अपना महत्त्व है। प्रसारण के उपरान्त छात्रों के साथ पाठ-सम्बन्धी वार्तालाप अवश्य करना चाहिए। रेडियो द्वारा प्रसारित कार्यक्रम का जो अंश छात्रों को स्पष्ट न हो सका हो, अध्यापक द्वारा पुनः उसे समझाया जाए। छात्रों की शंकाओं का उसे निवारण करना चाहिए।

5. कमरे की सारी परिस्थितियाँ अनुकूल होनी चाहिए। बाहर से किसी प्रकार का शोर नहीं आना चाहिए।

6. प्रसारण के समय अनुशासन पर ध्यान दिया जाए ताकि छात्र पूरे ध्यान से उसे सुन सकें।

7. प्रसारण से पूर्व रेडियो सेट का ठीक ढंग से परीक्षण कर लिया जाए और यह निश्चित किया जाए कि उसकी ध्वनि स्पष्ट है।

8. सभी छात्रों को प्रसारण के विषय, समय व तिथि की पूर्व-सूचना अवश्य दी जानी चाहिए।

9. पाठ प्रसारित होने से पूर्व छात्रों को मनोवैज्ञानिक व शैक्षिक दोनों रूपों से यथासम्भव तैयार करना चाहिए। प्रसारित होने वाले पाठ से सम्बन्धित पूर्व ज्ञान प्रसारण पहले ही छात्रों को दे दिया जाए ताकि छात्रों में नवीन ज्ञान को प्राप्त करने की उत्सुकता जागृत हो जाए और वे मानसिक रूप से उसे ग्रहण करने के लिए तैयार हों।

9. रेडियो प्रसारण पाठों को प्रभावपूर्ण बनाने में अनुवर्ती कार्यक्रम का अपना महत्त्व है। प्रसारण के उपरान्त छात्रों के साथ पाठ-सम्बन्धी वार्तालाप अवश्य करना चाहिए। रेडियो द्वारा प्रसारित कार्यक्रम का जो अंश छात्रों को स्पष्ट न हो सका हो, अध्यापक द्वारा पुनः उसे समझाया जाए। छात्रों की शंकाओं का उसे निवारण करना चाहिए।

11

शिक्षण प्रक्रिया तथा पाठ योजना (Teaching Procedure and Lesson Planning)

शिक्षण प्रक्रिया का अर्थ (Meaning of Teaching Process)

शिक्षण प्रक्रिया का अर्थ उस प्रक्रिया से है जिसके द्वारा शिक्षण किया जाता है। अत: शिक्षण प्रक्रिया को समझने के लिए शिक्षण के अर्थ को जानना आवश्यक है। बहुदा शिक्षण तथा शिक्षण प्रक्रिया का एक ही अर्थ लिया जाता है। सन्दर्भ में कुछ विद्वानों के विचार निम्नलिखित हैं:

शिक्षण शब्द 'शिक्ष्' धातु से बना है जिसका अर्थ है सिखाना या सीख देना। इसमें कोई सन्देह नहीं है कि शिक्षा में शिक्षण का विशेष महत्त्व है। शिक्षण एक ऐसी त्रयात्मक (शिक्षक, छात्र तथा विषय-वस्तु) क्रिया प्रणाली है जिसकी व्यवस्था एवं परिचालन विषय-वस्तु के सन्दर्भ में अधिगम को अभिप्रेरित करने के लिए निर्दिष्ट है। शिक्षण प्रक्रिया में छात्रों के व्यवहार में परिवर्तन आता है और उनके ज्ञान में वृद्धि होती है। शिक्षण द्वारा छात्रों में ज्ञान-वृद्धि के लिए प्रेरणा का विकास होता है। वे स्वयं ज्ञान प्राप्त करने की प्रक्रिया सीखते हैं। वास्तव में, सफल शिक्षण का यही आधार है।

शिक्षण की परिभाषा (Definition of Teaching): शिक्षण के अर्थ को स्पष्ट करने के लिए शिक्षण की निम्न परिभाषाओं का अध्ययन करना सहायक हो सकता है–

1. *मौरीसन* (*Morrison*) के शब्दों में, "शिक्षण एक अधिक विकसित व्यक्तित्व और कम विकसित व्यक्तित्व के बीच घनिष्ठ सम्पर्क है जिसकी संरचना कम विकसित व्यक्तित्व की शिक्षा को और आगे बढ़ाने के लिए की जाती है।"

2. *स्मिथ* (*Smith*) ने शिक्षण की परिभाषा कुछ इस प्रकार दी है, "शिक्षण क्रियाओं की वह प्रणाली या पद्धति है जिसका अधिगम उत्पन्न करने का उद्देश्य होता है।"

3. '*Dictionary of Psychological and Psychoanalytical Terms*' में शिक्षण की परिभाषा इस प्रकार दी गई है, "दूसरे को सीखने में सहायता देना तथा इस प्रकार की उपयुक्त परिस्थितियाँ निर्माण करना जिससे अधिगम को सुलभ बनाया जाए।"

4. '*The Word Book Encyclopaedia*' के अनुसार, "शिक्षण ऐसी प्रक्रिया है जिससे एक व्यक्ति दूसरे को ज्ञान, कौशल तथा अभिरुचियों को सीखने या प्राप्त करने में सहायता करता है।

5. *ब्रूबेकर* (*Brubacher*) के अनुसार, "शिक्षण एक ऐसी परिस्थिति का आयोजन और परिचालन है जिसमें कुछ अधूरेपन या अवरोध रहते हैं जिनको पूर्ण करने अथवा पार करने के प्रयास की प्रक्रिया में व्यक्ति सीखेगा।"

6. *गेज* (*Gage*) का विचार है, "शिक्षण एक प्रकार का पारस्परिक प्रभाव है जिसका उद्देश्य है दूसरे व्यक्ति के व्यवहारों में वाँछित परिवर्तन लाना।"

7. *रायन्स* (Ryans) ने कहा है कि "दूसरे को सीखने के लिए दिशा-निर्देश देने तथा अन्य प्रकार से उन्हें निर्देशित करने की प्रक्रिया को शिक्षण कहा जाता है।"

8. *क्लार्क* (*Clarke*) का कहना है, ''शिक्षण वह प्रक्रिया है जिसके प्रारूप तथा संचालन की व्यवस्था इसलिए की जाती है जिससे छात्रों के व्यवहारों में परिवर्तन लाया जा सके।

9. *एडमण्ड एमीडन* (*Edmond Amidon*) के शब्दों में, ''शिक्षण एक अन्तर्क्रिया है जिसमें मुख्यत: कक्षा वार्ता होती है जो शिक्षक व छात्रों के मध्य कुछ परिभाषित की जा सकने वाली क्रियाओं के माध्यम से घटित होती है।''

10. *बर्टन* (*Burton*) ने शिक्षण को अधिगम हेतु उद्दीपन, मार्ग-प्रदर्शन तथा दिशा-बोध कहा है।

11. *बैन* (*Bann*) ने शिक्षण को प्रशिक्षण की संज्ञा दी है।

12. *रायबर्न* (*Ryburn*) ने शिक्षण को ऐसा सम्बन्ध माना है जो छात्रों को उनकी शक्तियों के विकास में सहायता देता है।

शिक्षण की परिभाषाओं का विश्लेषण (Analysis of Definitions of Teaching)

ये सभी परिभाषाएँ शिक्षण के सम्बन्ध में अनेक प्रश्न उत्पन्न करती हैं। इनमें से एक परिभाषा हमें इस दृष्टिकोण से बाँधती है कि व्यक्ति समस्या के समाधान में लगने के कारण ही सीखता है और किसी अनिश्चित परिस्थिति को सुनिश्चित बनाने या सुलझाने की प्रक्रिया के द्वारा उसे अभिप्रेरणा मिलती है। सीखना छात्रों को समस्या-समाधान की ओर उन्मुख करना और उसमें लगाना है। यदि हम इस परिभाषा को स्वीकार करें तो हमें शिक्षण के सम्बन्ध में अनेक मान्यताओं और किसी एक सिद्धान्त से बँध जाना पड़ेगा। एक परिभाषा स्पष्टतया शिक्षण के एक सिद्धान्त के रूप में ही है। शिक्षण को परिपक्व एवं अपरिपक्व व्यक्तित्व का घनिष्ठ सम्बन्ध कहा गया है। इस परिभाषा के लेखक की दृष्टि में शिक्षा अधिगम के द्वारा होने वाला विकास है और अधिगम एक समायोजित करने वाली प्रक्रिया है। इस परिभाषा की व्याख्या हमें पुन: शिक्षा के एक सिद्धान्त से बाँध देती है। *स्मिथ* ने अपनी परिभाषा की विशेषता में लिखा है कि यह परिभाषा शिक्षण के विज्ञान और कला से शिक्षण को भिन्न समझती है और शिक्षण को किसी विशेष सिद्धान्त के साथ नहीं बाँधती, किन्तु इस परिभाषा की भी आलोचना *हाइमैन* (*Hyman*) ने यह कहकर की है कि इसके द्वारा शिक्षण की प्रकृति स्पष्ट नहीं होती और शिक्षण की प्रक्रिया में आने वाला एक महत्त्वपूर्ण तत्त्व अर्थात् अधिगम की विषयवस्तु एकदम छूट गई है। हाइमैन के अनुसार शिक्षण को अवश्य ही एक त्रयात्मक (Triadic) सम्बन्ध समझना चाहिए क्योंकि शिक्षण में कम से कम एक शिक्षक, कम से कम एक छात्र और कम से कम एक विषयवस्तु (जिसे पढ़ाना और सीखना है) का होना आवश्यक है।

इस विचार का प्रतिपादन करते हुए *हाइमैन* ने शिक्षण को इन शब्दों में परिभाषित किया है-''शिक्षण तत्त्वों की एक त्रयी (शिक्षक, छात्र, विषयवस्तु) को अपने में सम्मिलित करता है और यह त्रयी गत्यात्मक गुणधर्मीय है।''

उपसंहार: वास्तव में, शिक्षण का अर्थ स्पष्ट करना इतना आसान नहीं है। शिक्षण एक ऐसी प्रक्रिया है जो प्राचीन काल से चली आ रही है। यह सामाजिक परिस्थिति, सांस्कृतिक परिवेश, दार्शनिक तथा राजनीतिक पृष्ठभूमि के आधार पर अपने स्वरूप को परिवर्तित कर लेती है।

शिक्षण की विशेषताएँ (Characteristics of Teaching)

1. शिक्षण एक सामाजिक प्रक्रिया है।
2. शिक्षण विकास की प्रक्रिया है।

3. शिक्षण व्यवहार को स्वरूप प्रदान करने की प्रक्रिया है।
4. शिक्षण एक भावात्मक प्रक्रिया है।
5. शिक्षण स्मृति-स्तर से विमर्शपूर्ण स्तर (Reflective Level) पर ले जाने की प्रक्रिया है।
6. शिक्षण आमने-सामने होने वाली प्रक्रिया है।
7. शिक्षण क्रियाओं की प्रणाली है जो अधिगम उत्पन्न करती है।
8. शिक्षण एक सोद्देश्य प्रक्रिया है।
9. शिक्षण प्रक्रिया कला एवं विज्ञान दोनों है।
10. शिक्षण एक व्यावसायिक प्रक्रिया है।
11. शिक्षण एक अन्तर्क्रियात्मक प्रक्रिया है।
12. शिक्षण प्रेक्षण योग्य, मापने योग्य और सुधार योग्य प्रक्रिया है।
13. शिक्षण विभिन्न शिक्षण कौशलों से युक्त प्रक्रिया है।
14. शिक्षण प्रशिक्षण से लेकर प्रतिपादन तक सतत् प्रक्रिया है।
15. शिक्षण विभिन्न प्रकार की क्रियाओं की एक व्यवस्था है।
16. शिक्षण एक निर्देशन की प्रक्रिया है।
17. शिक्षण अधिगम स्थितियों के विकास की प्रक्रिया है।
18. शिक्षण ऐसी प्रक्रिया है जिस का अवलोकन तथा विश्लेषण किया जा सकता है।
19. शिक्षण क्रिया विविध रूपों में सम्पन्न हो सकती है।
20. शिक्षण एक प्रभाव निर्देशित प्रक्रिया है।
21. शिक्षण एक परिवर्तनशील प्रक्रिया है।
22. शिक्षण अधिगम को प्रोत्साहित करने की प्रक्रिया है।
23. शिक्षण भाषायी प्रक्रिया है।
24. शिक्षण एक त्रिध्रुवीय प्रक्रिया है।
25. शिक्षण में सांकेतिक, क्रियात्मक तथा शाब्दिक व्यवहार निहित रहते हैं।

शिक्षण प्रक्रिया के कार्य अथवा तत्त्व
(Functions or Elements of the Teaching Process)

(1)	(2)	(3)	(4)	(5)	(6)	(7)	(8)	(9)
कक्षा को संगठित तथा व्यवस्थित करना	विषय-वस्तु तथा कार्य का विश्लेषण करना	छात्रों के अधिगम की समस्याओं का निदान करना	छात्रों की व्यक्तिगत विभिन्नता की जानकारी प्रदान करना तथा शिक्षण प्रक्रिया में उचित	छात्रों के प्रारम्भिक (Entering) व्यवहार को समझना	शिक्षण की योजना युक्तियों तथा प्रविधियों का निर्माण एवं चयन करना।	सुनिश्चित विधियों, युक्तियों के सहारे सुनिश्चित शिक्षण-उद्देश्यों के लिए सुनिश्चित पाठ्यक्रम को प्रस्तुत करना	अभिवृद्धि, विश्वास, सम्प्रत्यय एवं समस्याओं को स्पष्ट करना	मूल्यांकन करना

शिक्षण प्रक्रिया में अनुबन्धन (Conditioning) तथा प्रशिक्षण (Training)

शिक्षण प्रक्रिया तथा अनुबन्धन (Teaching Process and Conditioning): शिक्षण में छात्र के व्यवहार में परिवर्तन लाने के प्रयास किए जाते हैं। जब व्यवहार के इस परिवर्तन को ध्यान में रखकर छात्रों को विभिन्न कौशलों का सर्जन कराने तथा उन्हें विशेष कार्य के लिए कुशल बनाने का प्रयास किया जाता है तब यह स्थिति अनुबन्धन कहलाती है। शिक्षण में बुद्धि की प्रमुखता है, परन्तु अनुबन्धन में धीरे-धीरे कौशल प्राप्त करने में कम बुद्धि का प्रयोग होता है।

शिक्षण का सम्बन्ध उन व्यवहारों से है जिनमें बुद्धि का प्रदर्शन अधिक मात्रा में होता है। प्रशिक्षण में बुद्धि के प्रदर्शन की मात्रा घटती जाती है। यदि बुद्धि के प्रदर्शन की मात्रा धीरे-धीरे कम होती जाए तो हम अनुबन्धन के संप्रत्यय के निकट पहुँचते जाते हैं और प्रशिक्षण के संप्रत्यय से भी दूर होते जाते हैं। हम किसी हाथी अथवा कुत्ते को शिक्षित या प्रशिक्षित करते हैं क्योंकि उसके व्यवहार में हमें बुद्धि की अभिव्यक्ति दिखाई पड़ती है। एक अशिक्षित हाथी अथवा कुत्ते को जब हम कोई गेंद लाने के लिए, उछलने के लिए, कुछ पकड़ने के लिए प्रशिक्षित करते हैं तब वह इन कार्यों को करता है और इनमें हमें बुद्धि की झलक मिलती है। हम उस हाथी अथवा कुत्ते को एक आज्ञाकारी हाथी अथवा कुत्ता कहते हैं, किन्तु जब हम किसी कुत्ते को घंटी की आवाज पर लार टपकाना सिखाते हैं तब इसे शिक्षण या प्रशिक्षण नहीं कहा जा सकता क्योंकि लार टपकाने की प्रक्रिया एक प्राकृतिक सहज क्रिया (Natural Reflex Action) है जिसमें बुद्धि की अभिव्यक्ति नहीं होती। इसलिए हम कुत्ते को गेंद लाने का शिक्षण या प्रशिक्षण देते हैं, किन्तु घण्टी की आवाज पर लार टपकाने का अनुबन्धन करते हैं।

प्रशिक्षण की प्रक्रिया में जैसे-जैसे बुद्धि के प्रयोग या प्रकटीकरण की मात्रा कम होती है वैसे ही वैसे प्रशिक्षण की प्रक्रिया अनुबन्धन का उदाहरण बनती जाती है। ग्रीन महोदय ने शिक्षण, प्रशिक्षण, अनुबन्धन आदि के सम्प्रत्ययों के भेद एवं सम्बन्धों को चित्र 11.1 द्वारा स्पष्ट किया है।

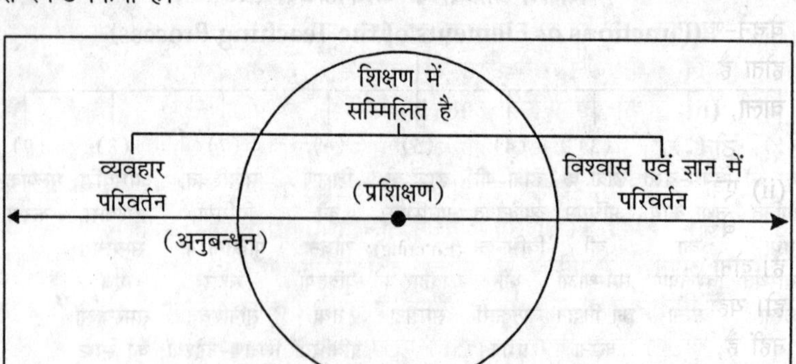

चित्र 11.1: शिक्षण प्रक्रिया में प्रशिक्षण और अनुबन्धन की स्थिति

यदि हम शिक्षण की कल्पना एक वृत्त के रूप में करें तब इसका संप्रत्ययात्मक प्रारूप एक सातत्य (Continuum) होगा जिसमें शिक्षण के विभिन्न तौर-तरीके, विधि या प्रणाली

(Modes) इस प्रकार वितरित होंगे कि कुछ तो इस प्रारूप के केन्द्र बिन्दु पर होंगे और कुछ बाह्य परिधि पर, जैसे कि चित्र 1 में दिखाया गया है।

शिक्षण तथा प्रशिक्षण (Teaching and Training)

छात्रों के व्यवहारों में परिवर्तन, परिमार्जन, परिष्करण तथा सुधार लाना तथा उनके व्यवहारों में सुनिश्चितता लाना शिक्षण का एक महत्त्वपूर्ण उद्देश्य होता है। प्रशिक्षण का मुख्य उद्देश्य प्रशिक्षणार्थियों में परिवर्तन लाकर उनमें वांछित कौशलों तथा दक्षताओं को विकसित करना है।

शिक्षण किसी भी तथ्य अथवा वस्तु के सैद्धान्तिक पक्षों तथा ज्ञान के प्रतिपादन से सम्बन्धित होता है। प्रशिक्षण का सीधा तथा स्पष्ट सम्बन्ध व्यवहार परिवर्तन तथा दक्षता विकास से होता है।

शिक्षण ज्ञान प्रदान करता है तथा प्रशिक्षण उसे आगे मार्ग दर्शाकर कौशल उत्पन्न करने पर ध्यान देता है।

शिक्षण एक प्रकार से पूँजी एकत्रित करने का कार्य करता है और प्रशिक्षण उस पूँजी के प्रभावी निवेश करने में दक्षता एवं कौशल विकसित करता है।

शिक्षण कार्य सम्पन्न करने के लिए आधार प्रदान करता है तथा प्रशिक्षण उस आधार पर ठोस भवन का निर्माण करता है।

शिक्षण प्रशिक्षण के लिए मार्ग प्रशस्त करता है और प्रशिक्षण शिक्षण का प्रभावी उपयोग करता है।

शिक्षण तथा अधिगम का पारस्परिक सम्बन्ध (Inter-relationship Between Teaching and Learning): शिक्षण तथा अधिगम का गहरा सम्बन्ध है। महान शिक्षा शास्त्री किलपैट्रिक (Kilpatrick) ने कहा है, ''जब तक छात्र सीखता नहीं, शिक्षक ने पढ़ाया नहीं।'' यहाँ तक ही नहीं, उन्होंने कहा कि शिक्षण और अधिगम में वही सम्बन्ध है जो कि किसी वस्तु के बेचने और खरीदने में है। ऊपर से देखने पर इस युक्ति में सत्यता की झलक मिलती है, परन्तु गम्भीर चिन्तन के पश्चात् यह कथन पूर्णतया सत्य नहीं है। बेचने-खरीदने और शिक्षण-अधिगम के बीच समानता का विश्लेषण करने पर यह ज्ञात होता है कि बेचने और खरीदने में चार तत्त्व हैं–(i) एक बेचने वाला, (ii) एक खरीदने वाला, (iii) बेचने की प्रक्रिया और (iv) खरीदने की प्रक्रिया।

ठीक उसी प्रकार शिक्षण और अधिगम से सम्बन्धित चार तत्त्व हैं–(i) एक शिक्षण, (ii) एक छात्र, (iii) शिक्षण की प्रक्रिया और (iv) सीखने अथवा अधिगम की प्रक्रिया।

बेचने-खरीदने की प्रक्रिया में बेचने वाले तथा खरीदने वाले के हितों में समानता नहीं है। दोनों अपने लिए अधिक-से-अधिक लाभ उठाना चाहते हैं। भले ही दूसरे पक्ष को हानि हो। यहाँ निजी स्वार्थों की होड़ है, परन्तु शिक्षण-अधिगम प्रक्रिया में इस प्रकार की होड़ नहीं है, बल्कि इसके विपरीत होड़ है। मुख्य लक्ष्य है–अधिगमकर्त्ता की सर्वांगीण उन्नति।

शिक्षण का आयोजन इस प्रकार से करना चाहिए कि शिक्षण उद्देश्यों की पूर्ति अधिक-से-अधिक हो सके। अध्यापक इस प्रकार से शिक्षण क्रियाओं का आयोजन करे जिससे छात्रों का अधिक-से-अधिक अधिगम हो। शिक्षण एवं अधिगम के समन्वय से ही छात्रों के ज्ञान में वृद्धि होती है।

इस प्रकार यह स्पष्ट है कि यद्यपि शिक्षण तथा अधिगम पृथक्-पृथक् संप्रत्यय हैं, परन्तु

एक-दूसरे को अधिक-से-अधिक प्रभावशाली बनाने के लिए दोनों में समन्वय होना आवश्यक है। अध्यापक के कार्य की सफलता छात्रों के सफल अधिगम में है। शिक्षण व अधिगम के अनुपात के तुलनात्मक अध्ययन के आधार पर ही शिक्षण की कमियों का पता लगाकर उसमें सुधार लाया जा सकता है। अन्त में एन.एल. गेज के शब्दों में हम शिक्षण व अधिगम की प्रक्रिया को एक-दूसरे का पूरक मानते हुए स्पष्ट कर सकते हैं कि "शिक्षण और अधिगम की प्रक्रियाओं को एक-दूसरे में विलीन करके एक ऐसी मिश्रित प्रक्रिया का आयोजन किया जाए ताकि उससे अच्छे से अच्छे परिणामों की प्राप्ति हो सके।"

वास्तव में, दोनों को एक ही प्रक्रिया-'शिक्षण-अधिगम' का बराबर का हिस्सेदार मानना चाहिए। दोनों के सह-अस्तित्व में ही बालक का विकास सम्भव है।

शिक्षण अधिगम प्रक्रिया (Teaching Learning Process)

शिक्षण-अधिगम को प्रभावी बनाने के लिए आवश्यक है कि इसके मुख्य तत्त्वों की परस्पर समानता को भली-भाँति जान लिया जाए।

1. उद्देश्य: शिक्षण-अधिगम प्रक्रिया का उद्देश्य है, छात्र की सर्वांगीण उन्नति। अतः शिक्षक, जो शिक्षण करने वाला है तथा छात्र, जो सीखने आता है, एक ही ध्येय की प्राप्ति के लिए प्रयास करते हैं। उन्हें एक-दूसरे को अच्छी तरह जान लेना चाहिए।

2. *विषय-वस्तु तथा क्रियाएँ*: शिक्षक जो विषय-वस्तु पढ़ाते हैं, छात्र उसे अधिगम करते हैं।

3. *स्थान*: शिक्षण-अधिगम क्रिया का स्थान कक्षा है। अध्यापक वहाँ शिक्षण करते हैं तथा छात्र वहाँ सीखते हैं।

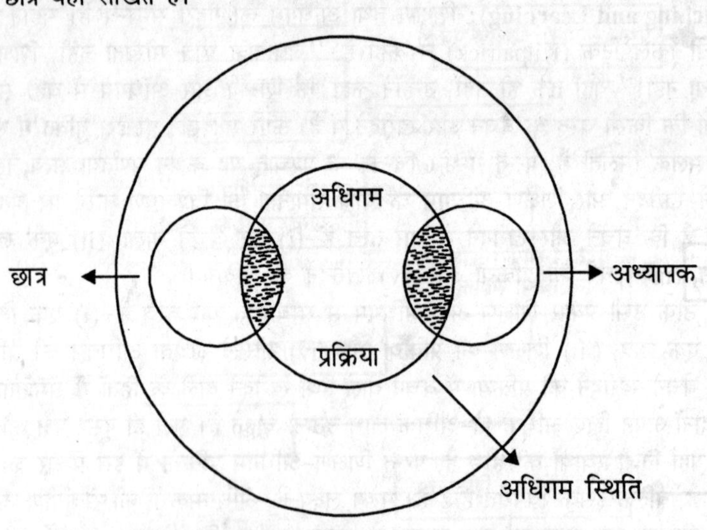

चित्र 11.2: शिक्षण-अधिगम प्रक्रिया

4. *शिक्षण-अधिगम विधियाँ*: अध्यापक इस प्रकार की शिक्षण विधियों को प्रयोग में लाते हैं जो सीखने में सहायक होती हैं। अधिगम तभी प्रभावी होता है यदि अधिगमकर्त्ता उन विधियों की विशेषता के महत्त्व को जाने।

5. *अभिप्रेरणा*: शिक्षण-अधिगम प्रक्रिया की सफलता अध्यापक तथा छात्र की अभिप्रेरणा पर बहुत कुछ निर्भर है।

उपसंहार: अन्त में यह लिखना आवश्यक है कि शिक्षण-अधिगम प्रक्रिया में शिक्षण तथा अधिगम का गहरा सम्बन्ध है। एक के बिना दूसरे की कल्पना भी नहीं की जा सकती। प्रभावी शैक्षिक वातावरण के लिए शिक्षण-अधिगम का परस्पर उत्कृष्ट कोटि का सम्बन्ध होना जरूरी है।

शिक्षण के तीन सोपान अथवा चरण/अवस्थाएँ (Three Stages of Teaching)

शिक्षण-अधिगम की प्रक्रिया भली-भाँति नियोजित एवं कार्यान्वित करने में तीन पदों का अनुसरण किया जाता है। ये पद हैं: (1) शिक्षण-उद्देश्यों का विकास एवं निर्धारण, (2) अनुदेशन का नियोजन एवं कार्यान्वयन और (3) परिणामों का मापन एवं मूल्यांकन।

अधिगम को प्रभावशाली बनाने के लिए ये पद इस प्रकार हैं:

1. शिक्षण का पूर्व सोपान अथवा शिक्षण का पूर्व क्रिया सोपान (Pre-active Stage of Teaching),
2. शिक्षण का अन्त:क्रिया सोपान (Inter-active Stage of Teaching),
3. शिक्षणेतर सोपान अथवा शिक्षण का उत्तर-क्रिया चरण (Post-active Stage of Teaching)।

इन तीनों सोपानों को चित्र 11.3 में दर्शाया गया है।

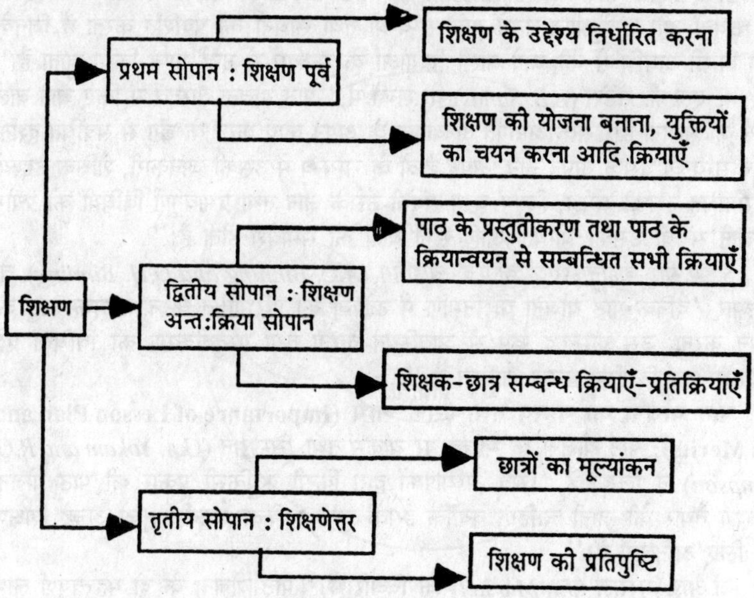

चित्र 11.3: शिक्षण के सोपान अथवा अवस्थाएँ एक दृष्टि में (Overview of the Stages of Teaching)

पाठ योजना (Lesson Planning)

पाठ योजना का अर्थ (Meaning of Lesson Planning): साधारण शब्दों में पाठ-योजना का अर्थ उस योजना से है जो अध्यापक कक्षा में शिक्षण-अधिगम प्रक्रिया से पूर्व पाठ के विभिन्न पक्षों के बारे में सोचकर तैयार करता है जिसके परिणामस्वरूप छात्र पाठ को भली प्रकार ग्रहण कर सकें।

'पाठ योजना' शिक्षण-कार्य आरम्भ करने से पहले शिक्षण-कार्यक्रम को व्यक्त करती है। यह कार्यक्रम बनाते समय अध्यापक को शिक्षा के व्यापक उद्देश्य, पाठ्य-विषय के लक्ष्य, विद्यार्थियों की रुचियों एवं योग्यताओं को सम्मुख रखकर अनुकूल शिक्षण-साधनों तथा शिक्षण-विधियों को निश्चित एवं व्यवस्थित करना होता है।

पाठ योजना के अर्थ को समझने के लिए निम्न परिभाषाएँ बहुत सहायक हैं:

1. *कार्टर वी. गुड* (*Carter V. Good*): "पाठ योजना शिक्षण की वह रूप रेखा है जिसमें पाठ के महत्त्वपूर्ण बिन्दु उस क्रम में गठित किए जाते हैं जिसमें उन्हें प्रस्तुत करना होता है। इसमें उद्देश्यों, बिन्दुओं, पूछे जाने वाले प्रश्नों, सन्दर्भ सामग्री तथा दत्त कार्यों (Assignments) आदि का समावेश होता है।

2. *शिक्षा के अन्तर्राष्ट्रीय शब्दकोष* (*International Dictionary of Education*): ई.डी.जी. टैरी पेज और जे.बी. थॉमस के अनुसार, "पाठ योजना किसी पाठ के महत्त्वपूर्ण बिन्दुओं से संबंधित एक ऐसी रूपरेखा है जिसमें उनको इसी क्रम में व्यवस्थित किया जाता है जिसमें अध्यापक द्वारा छात्रों के सम्मुख रखा जाता है।"

3. *एन.एल. बासिंग* (*N.L. Bossing*): "पाठ योजना एक शीर्षक है जो प्राप्त उद्देश्यों के कथनों और उन्हें प्राप्त करने वाले सम्बन्धों तथा साधनों को प्रदर्शित करता है जिनके द्वारा किसी अवधि में की जाने वाली क्रियाओं के माध्यम से उन्हें प्राप्त किया जाता है।"

4. *एल.बी. सैंड्स* (*L.B. Sands*) के शब्दों में, "पाठ योजना वास्तव में किए जाने वाले कार्य की योजना है। इसके अन्तर्गत अध्यापक के अपने कार्य करने के ढंग से संबंधित दर्शन, दर्शन सम्बन्धी उसके अपने ज्ञान, अपने छात्रों के सम्बन्ध में उसकी जानकारी, शैक्षिक उद्देश्यों से संबंधित उसकी समझ, विषय-वस्तु संबंधी उसके ज्ञान तथा प्रभावपूर्ण विधियों को प्रयोग में लाने संबंधी उसकी योग्यता आदि सभी बातों का समावेश होता है।"

5. *ए.सी. बाइनिंग एवं डी.एच. बाइनिंग* (*A.C. Binning and D.H. Binning*) के अनुसार "दैनिक पाठ योजना के निर्माण में उद्देश्यों को परिभाषित करना, पाठ्य-वस्तु का चयन करना, उसे क्रमबद्ध रूप से व्यवस्थित करना तथा प्रस्तुतीकरण की विधियों एवं क्रियाओं का निर्धारण करना शामिल है।"

पाठ योजना का महत्त्व तथा इसके लाभ (Importance of Lesson Plan and Its Merits): पाठ योजना के महत्त्व पर *योकम* तथा *सिम्पसन* (*G.A. Yokam and R.G. Simpson*) ने लिखा है, "सब अध्यापकों द्वारा किसी न किसी प्रकार की पाठ योजना अवश्य तैयार की जानी चाहिए, क्योंकि इसके कुछ निश्चित कार्य हैं, जो अच्छे शिक्षण के लिए अनिवार्य हैं।"

जे.आई. मुरसल (*J.I. Mursell*) के विचार में, "पाठ योजना के दो महत्त्वपूर्ण लाभ हैं—यह उत्तम शिक्षण में योग देती है और शिक्षक को उत्तम बनाती है।"

बागले (*Bagley*) ने इस प्रकार महत्त्व दर्शाया है, "अध्यापक कितना ही योग्य तथा अनुभवी क्यों न हो, वह प्रारम्भिक तैयारी के बिना सफल नहीं हो सकता।"

पाठ योजना प्रभावशाली शिक्षण-अधिगम की आधारशिला है। इसके निम्नलिखित लाभ हैं:

1. *पाठ योजना को क्रमबद्ध करना:* पाठ योजना अध्यापन-अधिगम को क्रमबद्ध बनाती है।

2. *सह-सम्बन्ध:* पाठ योजना शिक्षण तथा अधिगम से सह-सम्बन्ध स्थापित करती है।

3. *स्पष्ट उद्देश्य:* पाठ योजना उद्देश्यों में स्पष्टता लाती है।

4. *अध्यापक में आत्मविश्वास:* पाठ योजना से अध्यापक में आत्मविश्वास आता है।

5. *छात्र व्यक्तिगत विभिन्नताओं पर ध्यान:* कक्षा में छात्रों की व्यक्तिगत विभिन्नताओं का ध्यान रखकर अध्यापक कक्षा में क्रियाओं की व्यवस्था करने में सक्षम होता है।

6. *शिक्षण विधि के चुनाव में सहायता:* अध्यापक को पाठ्य-वस्तु की प्रकृति के अनुसार शिक्षण विधि का चुनाव करने में सहायता मिलती है।

7. *पाठ सामग्री की उचित व्याख्या:* पाठ योजना पाठ्य सामग्री की उचित ढंग से व्याख्या करने में सहायक है।

8. *कक्षा-कक्ष की स्थितियों का ज्ञान:* कक्षा-कक्ष में आने वाली परिस्थितियों के बारे में अनुमान लगाने में सहायता मिलती है।

9. *पाठ सामग्री के चुनाव में सहायता:* पाठ योजना में शामिल शिक्षण-अधिगम सामग्री का चुनाव करने में पाठ योजना उपयुक्त अवसर शिक्षक को प्रदान करती है।

10. *प्रश्नों पर विचार का अवसर:* अध्यापक को सोचने का अवसर मिलता है कि किस प्रकार से छात्रों से प्रश्न किए जा सकते हैं।

11. *उचित दृश्य-श्रव्य साधनों का प्रयोग:* पाठ योजना अध्यापक को उचित दृश्य-श्रव्य सामग्री के प्रयोग के लिए प्रेरित करती है।

12. *उपयुक्त दृश्य-श्रव्य का संकलन:* अध्यापक कक्षा-कक्ष में जाने से पूर्व दृश्य-श्रव्य इकट्ठी कर सकता है।

13. *समय तथा शक्ति का अधिकतम उपयोग:* पाठ योजना अध्यापक तथा छात्र दोनों के समय व शक्ति की बचत करने में सहायक होती है।

14. *पाठ में ताल-मेल:* पाठ योजना पाठ के विभिन्न भागों में तालमेल स्थापित करती है।

15. *कक्षा-कक्ष में छात्र समस्याओं का समाधान:* पाठ योजना कक्षा-कक्ष में छात्रों की समस्याओं तथा कठिनाइयों को जानने में तथा उनका समाधान निकालने में सहायता करती है।

16. *छात्रों के पूर्व ज्ञान की जानकारी:* पाठ योजना के माध्यम से अध्यापक छात्रों के पूर्व ज्ञान के बारे में जानकारी प्राप्त करता है।

17. *उपयुक्त दृष्टान्त के प्रयोग में सहायक:* पाठ योजना अध्यापक को उपयुक्त दृष्टान्तों के प्रयोग के लिए प्रेरित करती है।

18. *उपयुक्त शिक्षण सूत्रों का चयन:* पाठ योजना अध्यापक को उपयुक्त शिक्षण सूत्रों के बारे में सोचने का अवसर प्रदान करती है।

19. *कक्षा-कक्ष की क्रियाओं में क्रमबद्धता:* पाठ योजना कक्षा-कक्ष में की जाने वाली क्रियाओं को योजनाबद्ध करने में सहायक होती है।

20. *सैद्धान्तिक तथा प्रायोगिक उपागमों का तालमेल:* पाठ योजना तैयार करने से सैद्धान्तिक तथा प्रायोगिक दोनों उपागमों का प्रयोग किया जा सकता है।

21. *गृहकार्य में सहायता:* छात्रों के लिए गृह कार्य देने में सहायता मिलती है।

22. *सन्दर्भ सामग्री की सूचना*: पाठ-सम्बन्धी अन्य पुस्तकों तथा सन्दर्भ पुस्तकों के बारे में छात्रों को सूचित करने में सहायता मिलती है।

23. *पाठ का सार उचित ढंग से*: पाठ का सार प्रस्तुत करने में सहायता मिलती है।

24. *मनोवैज्ञानिक तथा वैज्ञानिक पक्षों का तालमेल*: पाठ योजना से शिक्षण मनोवैज्ञानिक के साथ-साथ वैज्ञानिक बन जाता है।

25. *अनुशासन में सहायता*: पाठ योजना कक्षा-कक्ष की गतिविधियों में व्यवस्था लाकर अनुशासन में सहायक होती है।

26. *मूल्यांकन का अवसर*: पाठ योजना के माध्यम से शिक्षक मूल्यांकन करने का अवसर प्राप्त करता है।

नोट: पाठ योजना को सेवक माना जाए न कि स्वामी। अर्थात् कक्षा-कक्ष के वातावरण तथा परिस्थितियों के अनुसार इसमें परिवर्तन किया जा सकता है।

एक आदर्श पाठ योजना की विशेषताएँ (Characteristics of an Ideal Lesson Plan):

1. *निश्चित उद्देश्यों का होना*: आदर्श पाठ योजना निश्चित उद्देश्यों पर आधारित होती है।

2. *छोटे-छोटे सोपान*: पाठ योजना में प्रकरण को छोटे-छोटे भागों अथवा सोपानों में विभक्त किया जाता है।

3. *उपयुक्त प्रश्न*: पाठ योजना में उपयुक्त प्रश्नों का विवरण रहता है।

4. *सहायक सामग्री*: पाठ योजना में उपयुक्त सहायक सामग्री के सम्बन्ध में निर्णय लिया जाता है।

5. *पूर्व ज्ञान*: पाठ योजना पूर्व ज्ञान पर आधारित रहती है।

6. *सरल भाषा का प्रयोग*: पाठ योजना में सरल भाषा का प्रयोग किया जाता है।

7. *छात्र क्रियाओं का प्रावधान*: पाठ योजना उचित छात्र क्रियाओं का प्रावधान करती है।

8. *विविध गतिविधियों*: पाठ योजना तैयार करते समय अध्यापक विधि नीतियों, विधियों, युक्तियों, प्रविधियों तथा उपकरणों का प्रयोग करता है।

9. *प्रभावी उदाहरण*: पाठ योजना में प्रभावी उदाहरणों का प्रयोग होता है।

10. *प्रभावी तथा चुनौतीपूर्ण प्रश्न*: पाठ योजना में विभिन्न प्रकार के प्रश्नों का समावेश होता है।

11. *चिन्तन स्तर पर बल*: पाठ योजना स्मृति स्तर से चिन्तन स्तर तक छात्रों को पहुँचाती है।

12. *समय का ध्यान*: पाठ योजना समय का ध्यान रखती है।

13. *श्यामपट्ट के प्रयोग की व्यवस्था*: पाठ योजना में श्यामपट्ट के प्रयोग का प्रावधान रहता है।

14. *छात्र सहभागिता*: पाठ योजना छात्र सहभागिता का अवसर प्रदान करती है।

15. *गृहकार्य का प्रावधान*: पाठ योजना गृह कार्य का प्रावधान करती है।

16. *मूल्यांकन व्यवस्था*: पाठ योजना मूल्यांकन की व्यवस्था करती है।

आदर्श पाठ योजना बनाने के सिद्धान्त (Principles of Ideal Lesson Planning)

1. पाठ योजना के लिखने का सिद्धान्त।
2. पाठ योजना के उद्देश्य कथन का सिद्धान्त।
3. पाठ योजना में उचित पाठ्य सामग्री के चयन का सिद्धान्त।

4. पाठ्य सामग्री के क्रमानुसार प्रस्तुत करने का सिद्धान्त।
5. उपयुक्त शिक्षण विधियों के चुनाव का सिद्धान्त।
6. उपयुक्त शिक्षण तकनीकों के चयन का सिद्धान्त।
7. उपयुक्त श्रव्य-दृश्य साधनों के चुनाव का सिद्धान्त।
8. उपयुक्त दृष्टान्त चयन का सिद्धान्त।
9. श्यामपट के उचित प्रयोग का सिद्धान्त।
10. छात्रों की सहभागिता (Participation) का सिद्धान्त।
11. पाठ योजना के लचीलेपन का सिद्धान्त।
12. पाठ को सोपानों में बाँटने का सिद्धान्त।
13. पाठ के पुनरावृत्ति (Recapitulation) का सिद्धान्त।
14. पाठ का सार लिखने का सिद्धान्त।
15. पाठ के मूल्यांकन का सिद्धान्त।
16. दत्तकार्य देने का सिद्धान्त।
17. सन्दर्भ सामग्री का सिद्धान्त।
18. समय अवधि का सिद्धान्त।

पाठों का वर्गीकरण (Classification of Lessons)

पाठ तीन प्रकार के हैं: 1. ज्ञान पाठ (Knowledge Lesson), 2. रसानुभूति पाठ (Appreciation Lesson), 3. कौशल पाठ (Skill Lesson)

मानव जीवन में समायोजन: शिक्षा एक प्रमुख उद्देश्य मानव जीवन में समायोजन है। विभिन्न स्थितियों में मानव अपनी प्रतिक्रियाएँ व्यक्त करता है। अनुभव के आधार पर उसके व्यवहार में सुधार आता रहता है। इसे हम सीखने की प्रक्रिया भी कहते हैं। सीखने के कार्य में ज्ञान, कौशल तथा संवेगात्मक परिवर्तन आते हैं। ये तीनों मानसिक प्रक्रिया के स्तर हैं। इन तीनों प्रक्रियाओं के अनुसार ही तीन प्रकार के प्रमुख पाठ निश्चित किए गए हैं: जैसे–ज्ञान-पाठ, कौशल-पाठ, रसानुभूति अथवा भावात्मक पाठ। ज्ञान के पाठ में छात्र को विषय-सम्बन्धी सूचना प्राप्त होती है। कौशल-पाठ में उसे कुछ साथ में कार्य करना भी होता है; जैसे–लिखना, पढ़ना, कातना, चित्र बनाना, आदि सीखना। तीसरे ढंग से रसानभूति के पाठ से छात्रों की संवेगात्मक शक्तियों का विकास करने में सहायता मिलती है।

पहले शिक्षा का एकमात्र कार्य ज्ञान-सम्बन्धी था। परन्तु अब यह अनुभव किया जाने लगा है कि यदि ज्ञात पूरे व्यवहार को प्रभावित नहीं कर पाता तो उस ज्ञान का कोई महत्त्व नहीं है। मौखिक रूप से याद करने या रटने-मात्र को हम ज्ञान-प्राप्ति नहीं मान सकते; जैसे, इतिहास के तथ्यों को रटना, पहाड़े याद करना, भूगोल में केवल देशों की राजधानियाँ याद कर लेना। केवल इतने कार्य से काम नहीं बनता। ज्ञान जब तक व्यवहारिक रूप से उपयोग नहीं किया जा सकता, तब तक उसकी प्राप्ति अधूरी है। उस अवस्था में ही वह हमारी भावनाओं तथा व्यवहार में उचित परिवर्तन लाने में समर्थ होगा।

यद्यपि शिक्षा का अर्थ है कि नए कार्य या कौशल सीखना, परन्तु विद्यालयों में इनकी कुशलता पर कम ही बल दिया जाता है। पढ़ना, लिखना, चित्र बनाना, मानचित्र खींचना, कृषि, विज्ञान में प्रयोगात्मक कार्य करना कौशल-पाठ के उदाहरण हैं। आधुनिक विधियों में समन्वय पर बहुत अधिक बल दिया जाने लगा है। इनमें गांधीजी ने हस्तकला और डीवी

(Dewey) ने किसी प्रोजेक्ट के कार्य को आधार मानकर शिक्षण देने की प्रणाली पर बल दिया। इस प्रकार से शिक्षा देना पूर्ण रूप से मनोवैज्ञानिक है। छात्र न केवल शिक्षा में रुचि लेता है वरन् इसे उपयोगी भी पाता है। इसमें छात्रों के यांत्रिक रूप से कार्य करने पर ही बल नहीं दिया जाता बल्कि उसके पूर्ण व्यक्तित्व के विकास के लिए प्रयास रहता है। उसमें शारीरिक, आत्मिक तथा बौद्धिक विकास एक-साथ चलते हैं।

रसानुभूति-पाठों के महत्त्व को अभी कुछ समय से ही समझा जाने लगा है। यह भावनाओं और संवेगों को स्थिर करने तथा प्रशिक्षण देने से सम्बन्धित है। यद्यपि यह अत्यावश्यक है परन्तु इनके प्रशिक्षण और प्रभावित करने की समस्या अति कठिन भी है। सौन्दर्य-प्रेम की भावना, सहानुभूति जागृत करना, सृजनात्मक विकास भी इसी प्रकार से पाठ से सम्बन्धित है। इस पाठ में बालक की साहित्य, कला, संगीत आदि का आनंद उठाने के समर्थ करने का उद्देश्य रहता है। कविता-पाठ या चित्रकारी आदि केवल यान्त्रिक कार्य ही नहीं वरन् इनसे मानव में सौन्दर्य-प्रेम की भावना उभरती है। ये व्यक्ति को असीम आत्मिक सुख प्रदान करते हैं। कीट्स कवि के अनुसार–"एक सौन्दर्य की वस्तु सदा के लिए हर्ष-आनन्द की वस्तु है।" [A thing of beauty is a joy for ever.—*Keats*] चरित्र-निर्माण तथा अनुशासन में भावना और संवेगों का बहुत अधिक महत्त्व है। इन पाठों के शिक्षण में शिक्षक महत्त्वपूर्ण भूमिका निभाता है। उसे इन पर विशेष ध्यान रखना चाहिए। छात्रों की कोमल और भावुक भावनाओं को उचित रूप में प्रोत्साहन देना ही अध्यापक का कठिन कार्य है। उसके शिक्षण की योजना पर बहुत कुछ आधारित है। पाठ में रस होने से ही कार्य नहीं चलता, उसके स्वाद लेने और छात्रों को इसके समर्थ बनाकर ही इस पाठ का उद्देश्य पूरा होता है। पहले स्थूल वस्तुओं के सौन्दर्य और रसानुभूति से लेकर धीरे-धीरे सूक्ष्म आदर्शों की ओर अग्रसर होना चाहिए।

इस प्रकार पाठों के तीन मुख्य प्रकार हैं:

1. *ज्ञानात्मक पाठ*: इसमें ज्ञान प्राप्त करना तथा उसका उपयोग आता है। मुख्यतः यह छात्र के बौद्धिक विकास में सहायक है।

2. *कौशल पाठ*: इसमें शारीरिक तथा मानसिक दोनों कार्य आते हैं। इसमें व्यक्ति की किसी कार्य में कुशलता बढ़ाने या सीखने पर बल होता है।

3. *रसानुभूति अथवा भावनात्मक पाठ*: इसमें छात्रों में सौन्दर्य-प्रेम तथा रसानुभूति की भावना जागृत करने का उद्देश्य होता है। यह मस्तिष्क की भावनात्मक स्तर की क्रिया से सम्बन्धित है।

तीनों प्रकार के पाठों का परस्पर सम्बन्ध: जिस प्रकार से मानव-व्यवहार के तीन पक्ष–ज्ञान, कर्म और विचार, एक दूसरे से अलग नहीं किए जा सकते, उसी प्रकार से इन पर आधारित ये तीनों पाठ एक-दूसरे के साथ चलते हैं। इसमें केवल किसी पक्ष पर कुछ बल देने के अनुसार ही उसका विशेष नाम–ज्ञान, कौशल या रसानुभूति होता है। इनमें किसी भी एक को पूर्ण रूप से दूसरे से अलग नहीं किया जा सकता। कौशल-पाठ में बिना उस वस्तु या कार्य के ज्ञान में वह कार्य केवल यान्त्रिक रूप से करने पर-बल नहीं है; न ही वह कार्य इस प्रकार से सफल हो सकता है। किसी कार्य में पूरी कुशलता प्राप्त करने के लिए यह आवश्यक है कि उसकी क्रियाओं को हम ठीक प्रकार से समझ लें।

रसानुभूति-पाठ का असली आनन्द तब तक हम नहीं ले पाएँगे जब तक कि उसे अच्छी तरह से न समझते हों। अच्छे-से-अच्छे साहित्य या कला समझे बिना उसका आनन्द या रस लेना सम्भव नहीं। रसानुभूति-पाठ में बार-बार पढ़ना भी आवश्यक हो सकता है

जिससे उसे ठीक प्रकार से, गति से पढ़कर पूरा आनन्द ले सके। इस प्रकार रसानुभूति-पाठ को कौशल या ज्ञानात्मक पाठ से बिल्कुल अलग नहीं माना जा सकता।

पाठ योजना निर्माण के विविध उपागम (Various Approaches to Lesson Planning): 1. हरबर्ट की पंचपद प्रणाली (Habartian Five-Step Approach) 2. मॉरिसन अथवा इकाई उपागम (Morrison's or Unit Approach) 3. ब्लूम उपागम अथवा मूल्यांकन उपागम (Bloom's or Evaluation Approach) 4. ड्यूवी तथा किलपैट्रिक उपागम (Dewey and Kilpatric Approach) 5. ए.एच.टी. गलोवर पाठ विधि (A.H.T. Glover Lesson Approach) 6. क्षेत्रीय शिक्षा महाविद्यालय मैसूर पाठ योजना (R.C.E. Mysore Lesson Plan)

ज्ञानात्मक पाठः हरबर्ट, जे.एफ. (Herbart, J.F.) की पंच पद प्रणाली (Herbartian Five Steps Approach)

ज्ञानात्मक पाठ का उद्देश्य छात्रों को किसी विषय के नये तथ्यों से अवगत कराना है। यह कार्य व्यवस्थित और सुनियोजित ढंग से होना चाहिए जिससे बालकों को ग्रहण करने में सुविधा रहे। पाठ की योजना बनाने में हरबर्ट महोदय ने पहल की। उन्होंने योजना बनाने के लिए पहले निम्न चार भाग या पद निर्धारित किए:

1. *स्पष्टता* (*Clarity*): पाठ के तथ्यों को स्पष्ट रूप से प्रस्तुत करना ताकि छात्र आसानी से सीख लें।

2. *सम्बन्ध* (*Association*): पूर्व-ज्ञान का नये ज्ञान से सम्बन्ध स्थापित करना ताकि, नए तथ्य अधिक स्थायी हो सकें।

3. *व्यवस्था* (*System*): पाठ्य सामग्री को पूर्व-ज्ञान से मिलाना तथा सुव्यवस्थित करना। ऐसा करने से ही शिक्षक सफलता प्राप्त कर सकता है।

4. *विधि* (*Method*): ज्ञान को विभिन्न परिस्थितियों में प्रयोग करके दिखाना तथा उसे अधिक ग्राह्य बनाना।

इसके बाद हरबर्ट के अनुयायियों ने विशेषकर *जिल्लर* (*Ziller*) तथा रैन (*Rein*), ने इनको नए ढंग से प्रस्तुत करके पाँच अन्य पदों या सोपानों का निर्माण किया। उनको उन्होंने हरबर्ट के पाँच नियमित पदों का ही नाम दिया। आजकल ये ही अधिक प्रसिद्ध तथा प्रचलित हैं। उनका उल्लेख निम्न प्रकार है–

हरबर्ट की पाँच पद-प्रणालियाँ (Herbart's Five Steps): 1. प्रस्तावना (Preparation) 2. प्रस्तुतिकरण (Presentation) 3. तुलना और सम्बन्ध (Comparison and Association) 4. सामान्यीकरण (Generalisation) 5. प्रयोग (Application)

1. *प्रस्तावना:* सबसे पहले अध्यापक बच्चों के पूर्व-ज्ञान की परीक्षा लेता है। पूर्व-ज्ञान के आधार पर यह जानकारी प्राप्त करना आवश्यक है कि छात्र अगले पाठ के लिए उसमें उपयोग होने वाली बातों से परिचित है या नहीं। पिछले पाठों से प्राप्त की गई जानकारी ही उस दिन के पाठ की भूमिका तैयार करती है। पिछले पाठ से कुछ प्रश्न पूर्व-ज्ञान की परीक्षा तथा कुछ प्रश्न नए पाठ का सम्बन्ध बनाने और पढ़ने का वातावरण तैयार करने के लिए पूछे जाते हैं। इससे छात्रों का ध्यान उस दिन के पाठ पर आकर्षित हो जाता है और ये प्रश्न मनोवैज्ञानिक ढंग से उन्हें प्रोत्साहित करने का कार्य करते हैं। प्रस्तावनात्मक प्रश्न मौखिक रूप से, चार्ट से, अन्य सहायक सामग्री प्रस्तुत करके किये जा सकते हैं। इसमें छात्रों को उपयुक्त विषय की ओर अग्रसर करके, अध्यापक अपने उप-विषय अर्थात् पढ़ाई जाने वाली सामग्री पर आता है।

2. *प्रस्तुतीकरण*: जब अध्यापक यह जान लेता है कि छात्र सीखने के लिए उत्सुक हैं, तब उसे अपने विषय की घोषणा करके, पाठ्य-सामग्री प्रस्तुत करनी चाहिए। पाठ को सरल तथा क्रमबद्ध ढंग से छात्रों के सम्मुख प्रस्तुत करना चाहिए ताकि वे ठीक ढंग से उसे ग्रहण कर सकें। पाठ को विभिन्न छोटी-छोटी इकाइयों में बाँट लेना सुविधाजनक रहता है। स्पष्टता, विभाजन और प्रस्तुतीकरण की योजना में चार्ट, मॉडल, चित्रों आदि का प्रयोग पाठ को अधिक सफलता की ओर ले जाते हैं। छात्रों का सहयोग भी अति अनिवार्य है। इससे उनकी रुचि पाठ में बनी रहती है। बच्चों की सहायता से भी प्रयोग किए जा सकते हैं, चित्रों व मॉडलों के बारे में प्रश्न किये जा सकते हैं। बच्चों की आत्मप्रदर्शन और क्रियात्मक रुचि का विशेष उपयोग अध्यापक को पढ़ाने में करना चाहिए, तभी शिक्षण सफल हो सकता है।

3. *तुलना और सम्बन्ध*: पाठ्य-सामग्री के प्रस्तुतीकरण से ही पाठ समाप्त नहीं हो जाता। इसके बाद यह भी आवश्यक है कि उसका तुलनात्मक अध्ययन किया जाए तथा उसी प्रकार के अन्य उप-विषयों से सम्बन्ध भी स्थापित किया जाए। दैनिक जीवन में भी शिक्षण की बातों का उपयोग यहाँ प्रदर्शित किया जा सकता है। इससे विषय में स्पष्टता और ज्ञान में स्थायित्व आता है।

4. *सामान्यीकरण*: जब बच्चे पाठ से सम्बन्धित विशेष उदाहरण और मुख्य बातें समझ जाते हैं तो कुछ विषयों में सामान्य नियम बनाने का उन्हें अवसर मिलना चाहिए। यहाँ पर विशेष से सामान्य की ओर अग्रसर होने के शिक्षण का उपयोग किया जाता है। विशेष उदाहरण छात्रों की समझ बढ़ाते हैं। उनसे सामान्य नियम निकालकर ही अध्यापक उस नियम को अधिक स्पष्ट कर सकता है। यह विधि अधिक मनोवैज्ञानिक है। इसमें छात्रों का सक्रिय सहयोग रहता है। कोई बात उनके ऊपर थोपी नहीं जाती वरन् छात्रों द्वारा स्वयं नियमों की खोज की जाती है। यह पद व्याकरण, विज्ञान और गणित में अधिक उपयोगी और आवश्यक है।

5. *प्रयोग*: इसके अन्तर्गत छात्रों ने जो सीखा है उसे उन्हें प्रयोग करने का अवसर प्रदान किया जाता है। इससे स्पष्टीकरण होता है और ज्ञान अधिक देर तक स्थायी भी रह सकता है। प्रयोग लिखित, मौखिक या प्रयोगात्मक हो सकता है। ज्ञान केवल ज्ञान के लिए न रहकर उसे व्यावहारिक भी होना चाहिए। दैनिक जीवन में यदि ज्ञान का प्रयोग हो सकता है तो वह अधिक स्थायी और स्पष्ट हो सकता है। कक्षा में प्रश्न पूछ भी ज्ञान का उपयोग हो सकता है। छात्रों के लिए यह अभ्यास और पुनरावृत्ति का कार्य भी करता है।

हरबर्ट के पाँच पदों की समीक्षा (Critical Analysis of Herbart's Five Steps): 1. इन पदों का काफी महत्त्व है और हरबर्ट ने ही पहली बार इस दिशा में कार्य किया। ज्ञान के पाठ में योजना बनाने में ये बड़े उपयोगी हैं। परन्तु कौशल और रसानुभूति-पाठ में इनका प्रयोग नहीं किया जा सकता। अतः इनकी उपयोगिता सीमित है।

2. इस योजना के अनुसार, जैसे कि प्रस्तुतीकरण में, अध्यापक ही अधिक सक्रिय माना जाता है, जबकि आधुनिक युग में बच्चों की सक्रियता पर अधिक बल दिया जाता है। प्रस्तुतीकरण में छात्रों की उपेक्षा-सी दिखाई पड़ती है।

3. हरबर्ट के पाँच पदों का उपयोग तभी उचित है जब प्रतिदिन नया पाठ शुरू किया जाए। यदि एक पाठ ही कई दिन चलता रहे तो इस विधि का प्रयोग ठीक प्रतीत नहीं होता।

4. प्रतिदिन विषय की घोषणा या पुरानी भूमिका की आवश्यकता नहीं होती।

5. इस प्रकार की योजना में बड़ी जड़ता है। अध्यापक अपनी योजनानुसार पदों में फेर बदल नहीं कर सकता। वह इन पदों में बँधा रहकर, शिक्षण में स्वतन्त्र अनुभव नहीं करता।

6. तुलना और सम्बन्ध के लिए अलग पद दिया गया है जबकि उनका अलग से कोई महत्त्व नहीं। ये प्रस्तुतीकरण में साथ-साथ चलते हैं और आवश्यकता के अनुसार उचित समय पर इनका उपयोग होता है।

7. इन पदों के अनुसार शिक्षण पर अधिक बल है, जबकि आधुनिक विचारधारा में सीखने की क्रिया को अधिक महत्त्व दिया गया है। छात्रों को प्रेरित करके उन्हें स्वयं सीखने को अग्रसर करना ही अच्छे अध्यापक का कार्य है।

8. इस पाठ योजना में कठोरता (Rigidity) रहती है। समय तथा स्थिति के अनुसार परिवर्तन की गुंजायश कम है।

9. पाठ का 'प्रस्तुतीकरण' यह आभास कराना है कि अध्यापक निष्क्रिय (Passive) है।

10. 'तैयारी' के चरण का अर्थ स्पष्ट नहीं होता है। 'तैयारी' क्या केवल अध्यापक ने करनी है अथवा छात्रों ने भी।

11. पाठ में पूर्व ज्ञान को नए ज्ञान से जोड़ने का प्रयोग करने का अवसर छात्रों को मिलता है।

उपसंहार: यद्यपि हरबर्ट के पश्चात् अनेक शिक्षाविदों ने नई-नई पाठ विधियों के सुझाव दिए हैं परन्तु फिर भी मोटे तौर पर यही पाठ विधि आधार बनी हुई है। हरबर्ट ने इस क्षेत्र में सराहनीय कार्य किया है।

ए.एच.टी ग्लोवर पाठ विधि (A.H.T. Glover Lesson Method)

ग्लोवर (A.H.T. Glover) ने भी ज्ञान के पाठ के चार सोपान निम्न प्रकार से दिए हैं: 1. प्रश्न करना (Questioning) 2. वाद-विवाद (Discussion) 3. अनुसंधान (Investigation) 4. प्रयोग या प्रदर्शन (Expression)

1. *प्रश्न*: अध्यापक को ठीक प्रकार से प्रश्न पूछने का अभ्यास होना चाहिए। प्रारम्भ में प्रश्नों से छात्रों की पूर्व-ज्ञान-परीक्षा तथा पाठ की भूमिका बनाई जा सकती है। इससे छात्रों के मस्तिष्क उचित दिशा में सोचने की ओर लगाये जा सकते हैं। उन्हें सोचने-विचारने की सामग्री और दिशा देने का कार्य ठीक प्रकार के प्रश्न ही कर सकते हैं। उचित ढंग के प्रश्नों से छात्रों का ध्यान समस्या की ओर आकर्षित करके समस्या प्रस्तुत की जा सकती है। प्रश्न छात्र और अध्यापक दोनों करते हैं, इन पर अध्यापक का ही एकाधिकार नहीं। छात्र भी प्रश्न करने को स्वतंत्र हैं।

2. *वाद-विवाद* (Discussion): प्रारम्भिक प्रश्नों से समस्या के बारे में विभिन्न विचार प्रस्तुत होते हैं। इन पर वाद-विवाद के माध्यम से समस्या पर सोचने का अवसर मिलता है। अध्यापक को उचित समय पर अपनी सलाह देकर मार्गदर्शन भी करना चाहिए। छात्रों को यदि स्वयं सोचने-विचारने और निष्कर्ष निकालने के लिए प्रेरित किया जा सके तो अध्यापक को अपनी मेहनत सफल समझनी चाहिए। इस वाद-विवाद से शंकाओं आदि का निवारण हो जाता है और विषय अधिक स्पष्ट हो जाता है। छात्र पूर्णरूप से सक्रिय रहते हैं।

3. *अनुसंधान* (Investigation): इस पद के अनुसार वाद-विवाद के बाद छात्र समस्या पर व्यक्तिगत या सामूहिक रूप से कार्य करके उसको हल करने का प्रयत्न करते हैं। इसमें वे पुस्तकालय, प्रयोगशाला या अन्य साधनों का भी प्रयोग कर सकते हैं।

4. *प्रदर्शन या प्रयोग* (Expression): बिना प्रयोग या प्रदर्शन के न तो ज्ञान ही स्थायी हो सकता है और न ही उसका उपयोग। छात्र भी आत्म-प्रदर्शन से वंचित रह जाते हैं। अतः

ज्ञान का प्रदर्शन लिखित, मौखिक, दृश्य, और स्थूल चिन्हों से हो सकता है। ग्लोवर महोदय के अनुसार इसके चार अंग हैं; जैसे–(i) निष्क्रिय, (ii) सक्रिय, (iii) कलात्मक और मनोरंजक, (iv) संगठनात्मक (Passive, Active, Artistic and Recreational and Organisational)।

ग्लोवर की योजना हरबर्ट की योजना से आधुनिक है। परन्तु हरबर्ट की योजना के पदों का अपना महत्त्वपूर्ण स्थान हैं। उनको शब्दों के अर्थों का अनुकरण न करते हुए उनकी भावना से कार्य करके, उनमें थोड़ा परिवर्तन करके प्रत्येक प्रकार के पाठ के लिए अध्यापक उनसे सहारा लेकर पूर्ण सफलतापूर्वक पढ़ा सकता है।

कौशल पाठ (Skill Lesson)

कौशल पाठों का सम्बन्ध छात्रों में विभिन्न प्रकार के कौशलों के विकास से होता है। कौशल अनेक प्रकार के हो सकते हैं। वैसे इनका सम्बन्ध क्रियाओं से होता है–जैसे: पढ़ना, लिखना, गिनना, बोलना, चलना, दौड़ना, तैरना, आकृतियाँ बनाना, चित्र बनाना, नक्शे बनाना, संगीत कला, बागवानी, बुनना, कातना, सीना आदि।

कौशल पाठ के विभिन्न चरण (Steps of a Skill Lesson Plan)

(1)	(2)	(3)	(4)	(5)	(6)	(7)	(8)
तैयारी अथवा प्रस्तावना (Preparation or Introduction)	उद्देश्य कथन (Statement of the Aim)	प्रस्तुतीकरण (Presentation)	नियमों का कथन (Statement of Rules)	अभ्यास (Practice)	शुद्धिकरण (Correction)	अभ्यास (Drill or Practice)	प्रयोग (Application)

1. *प्रस्तावना* (*Introduction*): किसी भी कार्य को शुरू करने से पहले यह आवश्यक है कि छात्र उसके लिए तैयार हों और अपनी इच्छा उसके लिए व्यक्त करें। अत: इस प्रकार का वातावरण उत्पन्न करना अध्यापक का महत्त्वपूर्ण कार्य है। इसके लिए छात्रों के समक्ष उस शिल्प से सम्बन्धित तैयार वस्तुएँ प्रस्तुत की जा सकती हैं या उनका ध्यान इस ओर आकर्षित किया जा सकता है। उदाहरणत: पढ़ना (Reading) सीखने के लिए अध्यापक स्वयं या किसी अच्छे उच्चारण तथा गति से पढ़ने वाले छात्र से पाठ पढ़वाए, ताकि दूसरे छात्र उस स्तर तक पहुँचने को प्रेरित हों। छात्रों को इस प्रकार के वातावरण में ले जाना चाहिए कि छात्र उस कार्य की महत्ता समझें और इसकी आवश्यकता भी समझें। वे यह अनुभव करें कि यह कार्य उन्हें अवश्य सीखना और करना चाहिए। उनको मनोवैज्ञानिक तथा शारीरिक रूप से सीखने की स्थिति में लाने पर ही सीखने का कार्य सफलता से चल सकेगा।

2. *उद्देश्य-कथन* (*Statement of Aim*): छात्रों को मानसिक व शारीरिक रूप से तैयार करने पर शिक्षक को पाठ का उद्देश्य छात्रों को उचित ढंग से स्पष्ट बतलाना चाहिए। इससे उनका ध्यान इस पर पूरी तरह केन्द्रित रहेगा।

3. *प्रस्तुतीकरण या विषय-प्रवेश* (Presentation): इस सोपान के दो मुख्य भाग किये जाते हैं। प्रथम तो शिल्प-कार्य का प्रदर्शन है। दूसरे भाग में उसके विभिन्न भागों या

पदों को अलग-अलग स्पष्ट करना है। इसमें बोर्ड या चित्रों का भी प्रयोग किया जा सकता है। इससे कार्य को समझने में आसानी होगी। पहले प्रदर्शन और फिर विभिन्न भागों या अंगों के कार्यों के स्पष्टीकरण से ही छात्रों को इसकी सूक्ष्म कार्यप्रणाली को ठीक समझने और कार्य करने का अवसर प्राप्त होगा।

संक्षेप में दो पग इस प्रकार हैं: प्रदर्शन (Demonstration), मौखिक व्याख्या (Verbal Explanation)

4. *कार्यविधि के नियम* (*Statement of Steps or Rules*): कार्य करने के सिद्धान्तों और पदों का बतलाना भी अत्यावश्यक है। सरल कार्यों में ये नियम सरल ही होंगे परन्तु उच्च किस्म की शिल्प या दस्तकारी में यह कम संभव है। नियमों के अनुसार कार्य करने से क्षमता बढ़ती है और समय व शक्ति की बचत होती है। इनका पालन सावधानी से करना चाहिए। यह याद रहे कि इनमें अधिक दृढ़ता या जड़ता कुछ छात्रों की रुचि समाप्त कर देती है। इस प्रकार जड़ता से छात्रों की सृजनात्मक व क्रियाशीलता नष्ट भी होती है। अत: ऐसे नियमों पर अधिक बल देना हानिकारक भी सिद्ध हो सकता है। उपयुक्त स्वतंत्रता से ही छात्रों की प्रतिभा में निखार व चमक आने की अधिक सम्भावना है।

5. *अभ्यास* (*Practice or Drill*): अभ्यास के बिना इस प्रकार के पाठ में कुशलता नहीं आ सकती। अभ्यास से ही कार्य में निपुणता आ सकती है। इससे ही कार्य की आदत (Work habit) बनती है। अभ्यास के साथ अध्यापक का भी कर्त्तव्य है कि वह छात्रों को कार्य पर लगे हुए यह भी देखे कि वे ठीक ढंग से कर रहे हैं अथवा नहीं। त्रुटियों को निकालना और संशोधन अनिवार्य है। अभ्यास से गलत आदतें भी पड़ सकती हैं और बाद में गलतियों का सुधारना बहुत मुश्किल रहता है। अत: गलतियाँ शुरू में ही पकड़ी जानी चाहिए और उनका संशोधन कर देना चाहिए; जैसे, ब्रुश को पकड़ना सिखाना । अभ्यास थकाने वाला नहीं होना चाहिए। कार्य-स्तर तय करना ठीक रहता है। अध्यापक की उपस्थिति प्रोत्साहन और त्रुटि-संशोधन के लिए आवश्यक है। जहाँ पर इस बात पर बल देना आवश्यक है कि अध्यापक कार्य का ठीक नमूना (Specimen) प्रस्तुत करे। छात्र अध्यापक की नकल (Imitation) करते हैं।

6. *शुद्धिकरण* (*Correction*): इस चरण में अध्यापक गलतियाँ व्यक्तिगत तथा सामूहिक रूप में बताता है तथा उन्हें ठीक करने का ढंग सिखाता है।

7. *प्रयोग* (*Application*): कौशल पाठ केवल उस कार्य को करने या सीखने तक ही सीमित नहीं रहता। ज्ञान तथा कौशल में पूर्णता तभी आ सकती है यदि उसका उपयोग भी किया जा सके। वास्तविक दैनिक जीवन में उसका प्रयोग उस कार्य को अधिक वास्तविकता प्रदान करता है।

कौशल पाठ को प्रभावी बनाने के सुझाव (Suggestions for Making Skill Lesson Effective): कौशल या शिल्प-पाठ की सफलता के लिए अध्यापक को इन बातों का ध्यान रखना चाहिए:

1. *उद्देश्य की स्पष्टता*: कौशल-पाठ की उपयोगिता और उद्देश्य छात्र और अध्यापक दोनो को स्पष्ट होनी चाहिए। तभी छात्र उसमें अधिक रुचि ले सकते हैं।

2. *कौशल का स्तर*: कार्य अति सरल या कठिन नहीं होना चाहिए। सरल कार्य छात्रों की आकांक्षाओं को पूरा नहीं करता। अति कठिन कार्य से उनके मन में निराशा और असन्तोष की भावना घर कर सकती है। अत: कार्य छात्रों की योग्यता और आयु के अनुसार ही चुनना चाहिए।

3. *उचित अवधि*: कार्य अधिक लम्बी अवधि तक चलने से छात्रों की रुचि समाप्त होने की आशंका रहती है। अतः यह बहुत देर तक नहीं चलना चाहिए और निश्चित समय में पूरा हो जाना चाहिए।

4. *अभिप्रेरणा*: छात्रों को कार्य के लिए अभिप्रेरित किया जाए।

5. अध्यापक का धैर्य: कौशल निर्माण करने में समय लगता है। अतः अध्यापक धैर्य से काम ले।

6. *आदर्श नमूना (Ideal Specimen)*: अध्यापक इस बात पर ध्यान दे कि वह जिस कौशल का विकास छात्रों में करना चाहता है उसके नमूने का आदर्श स्वयं छात्रों के सम्मुख प्रस्तुत करे। नमूने के प्रत्येक पक्ष पर उचित ध्यान दे। छात्र उसी प्रकार से अनुसरण करते हैं।

7. *व्यक्तिगत शुद्धियाँ*: जहाँ तक सम्भव हो, प्रत्येक छात्र की त्रुटि पर व्यक्तिगत ध्यान देकर उसे शुद्ध कौशल का रूप सिखाए।

8. *आत्माभिव्यक्ति के अवसर (Self Expression)*: छात्रों को कौशलों की आत्माभिव्यक्ति के उचित अवसर प्रदान किए जाएँ।

रसानुभूति अथवा भावात्मक पाठ (Appreciation Lesson)

रसानुभूति पाठ का अर्थ (Meaning of Appreciation Lesson): रसानुभूति-पाठ का सम्बन्ध मानव-व्यवहार में भावनाओं तथा संवेगों से है। इस प्रकार के पाठों को पहले अधिक महत्त्व नहीं दिया जाता था। ज्ञान और कौशल पाठ ही अधिक महत्त्वपूर्ण माने जाते थे। बालकों में सौन्दर्य-प्रेम की भावना उभारना, कविता, चित्रकारी, नाटक, कला आदि का आनन्द लेना या रस प्राप्त करना, इस प्रकार के पाठ का प्रमुख उद्देश्य है। छात्रों की रसानुभुति की कोमल भावना का प्रशिक्षण इस बात पर निर्भर करता है कि अध्यापक किस सीमा तक उनकी सहानुभूति और अनुकरण की भावनाओं को बढ़ावा दे सकता है। अध्यापक का इसमें बहुत ही महत्त्वपूर्ण स्थान है। इसका शिक्षण सबसे कठिन कार्य है। छात्रों के भावों और संवेगों को पूरी सीमा तक उभारने और सौन्दर्य-परिस्थिति से उनका अनुरूप होने पर ही पाठ में पूर्णता आती है।

इस प्रकार के पाठ में उचित वातावरण तथा अध्यापक के संचालन बहुत प्रभाव डालते हैं। अन्य पाठ की अपेक्षा अध्यापक का व्यक्तित्व और उसका ढंग अधिक महत्त्वपूर्ण हैं।

रसानुभूति पाठ के पदः इसके शिक्षण में नियमित पद अधिक सफल नहीं होते। यहाँ छात्र और अध्यापक दोनों अधिक स्वतंत्रता के इच्छुक हैं। पाठ तथा परिस्थिति के अनुसार इसके शिक्षण के पदों में कुछ परिवर्तन किया जा सकता है। निम्न पद रूपरेखा मात्र हैं:

1. *प्रस्तावना (Preparation)*: इस पाठ की सफलता कक्षा में वातावरण पर निर्भर करती है। अतः पाठ के अनुरूप उचित वातावरण तैयार करना अध्यापक का सर्वप्रथम कार्य है। इससे छात्रों को पाठ का संकेत मिलने के साथ-साथ उन्हें मानसिक रूप से भी पाठ ग्रहण करने के लिए प्रेरणा मिलनी चाहिए। मानसिक तैयारी से ही अगला कार्य सफल हो सकेगा। वातावरण शान्त व स्वतंत्र होना चाहिए। बाह्य वातावरण से छात्रों का ध्यान डिगना या बँटना नहीं चाहिए। छात्रों की भावनाओं को उचित ढंग से उभारना और उन्हें एकाग्रचित रखने पर ही पाठ में पूर्ण रस आने की सम्भावना है।

पाठ के विषय का चुनाव परिस्थिति, समय और स्थान के अनुसार होना चाहिए। प्राकृतिक वातावरण के अनुसार पाठ अधिक सफल होगा। जैसे, वर्षा के समय, वर्षा से सम्बन्धित कविता, 'एक बूँद बन गई मोती' आदि। स्थान का चुनाव अत्यावश्यक है। प्राकृतिक सौन्दर्य की बात स्कूल के कमरों की बजाय स्वतंत्र प्रकृति के आँचल में झील,

झरनों या बाग आदि में जाकर अधिक सफल और वास्तविक होगी। छात्रों के पूर्व-अनुभवों और ज्ञान का लाभ भी अध्यापक को उठाना चाहिए।

संक्षेप में निम्न बातों पर विशेष ध्यान दिया जाए: (i) प्रभावी वातावरण का निर्माण (ii) छात्रों को आनन्द के लिए अभिप्रेरित करना। (iii) उचित पाठ्य सामग्री का चुनाव।

2. *प्रस्तुतीकरण या विषय-प्रवेश* (*Presentation*): पाठ का प्रस्तुतीकरण कलात्मक और सुन्दर ढंग से होना चाहिए। अध्यापक को पाठ के लेखक की भावना और उद्देश्य को पूरी तरह जानना आवश्यक है। उसे उसी मुद्रा तथा उन्हीं भावों से उन्हें प्रस्तुत करना चाहिए। अच्छे कलाकार की भाँति अपने-आपको लेखक की परिस्थिति में रखने पर ही अध्यापक पाठ के रस को पूरी तरह कक्षा के समक्ष प्रदर्शित कर सकने में सफल हो सकता है। जिस सीमा तक लेखक के वह अनुरूप हो सकेगा, पाठ का भाव उतना ही स्पष्ट होगा। वास्तविक रूप में यदि शिक्षक पाठ में रस प्राप्त करने में सफल है तो कक्षा के छात्र भी उससे उतने ही प्रभावित हो सकेंगे। अध्यापक के आदर्श पाठ से कक्षा के वातावरण में निश्चित रूप से परिवर्तन आता है। यदि वह इसमें सफल हो जाता है तो अध्यापक का आधा युद्ध जीत लेने के समान है। पाठ के भावों को पूरी तरह समझ लेने पर ही छात्र उसका आनन्द अनुभव कर सकते हैं।

पाठ के संचालन में छात्रों के सहयोग से ही पाठ सफल माना जाता है। अत: पाठ में शिक्षक को ही हावी नहीं होना चाहिए, बल्कि शिक्षण में पाठ छात्र और शिक्षक दोनों के साझे अनुभवों पर आधारित होना चाहिए।

3. *मनन* (*Contemplation*): छात्रों को अपने मन में मनन करने के लिए समय दिया जाता है। इस ध्यानावस्था में छात्र व्यक्तिगत रूप से पाठ का रस लेने के साथ उसके अर्थ का भी स्वयं विश्लेषण करते हैं। छात्र अपनी-अपनी रुचि के अनुसार पाठ के विभिन्न भागों या विचारों को उत्तम मानते हैं। वही भाग उन्हें अधिक अपील करते हैं। इस प्रकार पाठ पर कुछ थोड़े समय के लिए शान्त-रूप में विचार करना आवश्यक है। इससे ज्ञान तथा रस दोनों का प्रभाव इकट्ठा हो जाता है।

4. *अभिव्यक्ति* (*Expression*): छात्रों से कविता, कहानी, नाटक आदि के बारे में प्रश्न पूछे जाते हैं। कोई भाग कुछ छात्रों को अधिक पसंद आता है तो क्यों? इस बात पर उनकी राय जाननी चाहिए। छात्रों को अपनी बात स्वतंत्र रूप से प्रकट करने का अवसर देना चाहिए। बड़ी कक्षाओं में समीक्षा, आलोचनात्मक प्रश्न भी किए जाते हैं। छात्र अपनी भावनाएँ, पसंद-नापसंद की अभिव्यक्ति स्वतंत्र रूप से करके ही पाठ के पूरे रस और ज्ञान को ग्रहण कर सकते हैं।

5. *अभ्यास तथा रचना* (Practice and Creation or Application): पाठ को अच्छी प्रकार हृदयंगम करने के लिए अभ्यास अत्यावश्यक है। पाठ को दुबारा पढ़ने से अधिक स्पष्टता और रस आता है। यदि पूरे पाठ को दुबारा पढ़ाया न जा सके तो महत्त्वपूर्ण भागों को दुबारा पढ़ाया जा सकता है। कविता में छात्र स्वयं पूरे पाठ को लय तथा सुरीले स्वर से पढ़े। इससे विचारों में क्रमबद्धता तथा एकता भी आएगी। पूर्ण इकाई का रस एक समय में लेना ही अभ्यास-कार्य का उद्देश्य है। अध्यापक द्वारा महत्त्वपूर्ण अंशों की पुनरावृत्ति की जा सकती है।

इस पाठ के अंत में यह भी आवश्यक है कि पाठ से सम्बन्धित कविता, संगीत, चित्र, नाटक आदि तैयार करने के लिए बालकों को प्रोत्साहित किया जाए। यह बालकों के स्तर के अनुरूप ही हों। बालकों की इस प्रकार की रचना से उनकी मौलिकता का विकास होता है और उन्हें आत्माभिव्यक्ति का अवसर मिलता है। पाठ से सम्बन्धित चित्र जैसी रचनाएँ पाठ के शिक्षण में अधिक स्पष्टता और सजीवता ला सकता है।

पाठ की सफलता को प्रभावित करने वाले कारक (Factors Making the Lesson Affective): पाठ की सफलता के लिए निम्न बातें ध्यान में रखनी चाहिए:

1. *शिक्षक की रुचि*: यदि अध्यापक की रुचि उस पाठ या उस विषय में नहीं, तो वह पाठ के लेखक की कल्पनाओं को पूरी तरह बालकों तक पहुँचाने में असफल रहेगा। यदि अध्यापक स्वयं उस कल्पना-स्थिति से प्रेरित नहीं हो पाता तो वह छात्रों को अभिप्रेरित नहीं कर सकता।

2. *वातावरण*: रसानुभूति-पाठों में वातावरण का बहुत प्रभाव पड़ता है। अध्यापक को इस योग्य होना चाहिए कि वह सीखने के लिए उचित तथा प्रेरणात्मक वातावरण बना सके। कविता लय व सुर में पढ़ने से ही कक्षा का वातावरण कविता सीखने के अनुरूप होगा। नाटक में हाव-भाव तथा आवाज कार्य के अनुरूप होने चाहियें। चित्रकला में अध्यापक को कक्षा में कागज या श्यामपट्ट पर चित्र-रचना करनी चाहिए।

3. *उपयुक्त सामग्री*: पाठ्य-सामग्री छात्रों के स्तर के अनुसार होनी चाहिए। अधिक कठिन पाठ में छात्रों को पूरा रस नहीं आ सकेगा। वह उनकी समझ में पूरा नहीं आ सकता।

4. *अध्यापक का उत्साह*: अध्यापक को पाठ में उत्साह और सुझाव का पूरा उपयोग करके, छात्रों को पाठ का भाव ग्रहण करने व आनन्द लेने योग्य बनाना चाहिए।

5. *सामाजिक भावनाएँ*: पाठ सामाजिक मूल्यों के अनुरूप होना चाहिए। यह ध्यान रहे कि किसी प्रकार के बुरे भाव पाठ द्वारा प्रदर्शित न हों।

6. *अध्यापक की तैयारी*: अन्य प्रकार के पाठों की भाँति रसानुभूति पाठ में तैयारी का महत्त्व है।

7. *मनन तथा अभ्यास*: छात्रों को मनन् तथा अभ्यास के लिए प्रेरित किया जाए।

एच.सी. मॉरीसन की इकाई पाठ योजना (H.C. Morrison's Lesson Plan)

एच.सी. मॉरीसन शिकागो विश्वविद्यालय के प्रोफेसर थे। उन्होंने इकाई पाठ योजना का प्रतिपादन किया है।

इकाई योजना का अर्थ तथा परिभाषा: इकाई योजना का अर्थ अधिगम अथवा अनुभव प्राप्त कराने का वह एकीकृत रूप है जिसे शिक्षण क्रियाओं द्वारा प्रदान किया जाता है। यह अधिगम अथवा सीखने की क्रिया किसी एक महत्त्वपूर्ण बिन्दु पर केन्द्रित होती है।

परम्परागत शिक्षण विधि में एक-दूसरे प्रसंगों से सीधी संबंधित बातें भी पृथक्-पृथक् विषय-क्षेत्रों में बिखरी रहती हैं और उन्हीं क्षेत्रों के साथ पढ़ाई जाती हैं। इस प्रक्रिया में बिन्दु बिखरे-बिखरे से रहते हैं। परन्तु इकाई में संबंधित बिन्दुओं को एक साथ लिया जाता है तथा उनका नियोजन किया जाता है। उदाहरण के लिए ब्रह्मसमाज, आर्य समाज, वेदान्त समाज, थियोसोफिकल सोसाइटी, अछूत आन्दोलन आदि अपने आप में इतिहास के बिखरे बिन्दु हैं, जिनका अलग-अलग विषय खण्डों में अध्ययन किया जाता है, परन्तु जब इनका अध्ययन 'भारत में धर्म तथा समाज सुधार आन्दोलन' शीर्षक के रूप में अध्ययन एक साथ किया जाए तो संबंधित ज्ञान अधिक अर्थपूर्ण तथा स्पष्ट होता है। इस प्रकार की विधि को 'इकाई विधि' कहा जाता है।

इाकई प्रत्यय की निम्नलिखित परिभाषाएँ हैं:

1. *मॉरीसन* का कथन है, "किसी भी व्यक्तित्व, विज्ञान, कला अथवा आचरण शास्त्र का वह व्यापक एवं महत्त्वपूर्ण पक्ष, जिसका अध्ययन व्यक्तिगत के मार्गदर्शन में सहायक हो, अध्ययन इकाई कहलाता है।"

2. *माईकोलिस* (*Michaelies*) के विचार में, "सामाजिक अध्ययन में इकाई बच्चों की भाँति सावधानी से विकसित वे अनुभव हैं जो एक विशेष प्रकरण से सम्बन्धित होने तथा सामाजिक अध्ययन के उद्देश्यों की प्राप्ति में योगदान देते हैं।"

3. *हैन्ना, हैगमैन तथा पोटर* (*Hanna, Hageman and Potter*), "इकाई सीखने का ऐसा उद्देश्यपूर्ण अनुभव है जो सीखने वाले के व्यवहार पर केन्द्रित है और जो उसे जीवन-परिस्थिति में अधिक कुशलता के साथ अनुकूलन स्थापित करने के योग्य बनाता है।"

4. *रिस्क* (*Risk*) का कथन है, "इकाई किसी समस्या या योजना से सम्बन्धित सीखने वाली क्रियाओं की समानता या एकता को बनाती है।"

5. *वैसले* (*Wesley*) ने लिखा है, "इकाई सामाजिक अनुभवों तथा सूचनाओं के उस संगठन को कहते हैं जो सीखने वालों (छात्रों) के लिए महत्त्वपूर्ण परिणाम उत्पन्न करने में सहायक हो।"

6. *एन.एल. बॉसिंग* (*N.L. Bossing*) के कथनानुसार, "इकाई अर्थपूर्ण परस्पर सम्बन्धित क्रियाओं की वह व्यापक श्रृंखला है जो विकसित होकर बालकों के उद्देश्यों की पूर्ति करती है, जिससे बालक महत्त्वपूर्ण शैक्षिक अनुभव प्राप्त कर सकें और अपने व्यवहार में अपेक्षित परिवर्तन ला सकें।"

7. *सी.वी. गुड* (*C.V. Good*) ने इकाई की विस्तृत परिभाषा दी है। "इकाई शिक्षाक्रम की पाठ्य-पुस्तक अथवा विषय के क्षेत्र का एक मुख्य उपविभाग है। मुख्यत: सामाजिक अध्ययन, व्यावहारिक कलाओं अथवा विज्ञान का, यह विभिन्न प्रकार की क्रियाओं, अनुभवों तथा शिक्षण का एक केन्द्रीय विषय, समस्या अथवा उद्देश्य के गिर्द संगठन है जिसका विकास अध्यापक के नेतृत्व में छात्रों के एक समूह द्वारा सहयोगात्मक ढंग से किया जाता है। इसमें संयोजन, कार्यकलाप तथा परिणामों का मूल्यांकन सम्मिलित है।"

अच्छी इकाई की विशेषताएँ (Characteristics of a Good Unit): 1. इकाई महत्त्वपूर्ण हो। 2. चुनी गई इकाई का सह-सम्बन्ध अन्य पाठों तथा इकाइयों से होना चाहिए। 3. इकाई छात्रों की सूझ-बूझ में वृद्धि करने वाली हो। 4. इकाई की सामग्री का चुनाव छात्रों की प्रकृति, अभिवृत्ति, आयु तथा मानसिक स्तर के अनुसार किया जाए। 5. इकाई के माध्यम से सामाजिक अध्ययन के लक्ष्यों तथा उद्देश्यों की प्राप्ति में सहायता प्रदान की जा सकती हो। 6. इकाई स्वयं में पूर्ण हो। 7. इकाई छात्रों को विभिन्न अनुभव प्रदान करने वाली हो। 8. इकाई स्थानीय परिवेश तथा आवश्यकताओं से सम्बन्धित होनी चाहिए। 9. इकाई में छात्रों के परस्पर सहयोग की सम्भावनाएँ हों। 10. इकाई में पुस्तकों तथा सहायक सामग्री का उपयुक्त प्रयोग किया जा सके। 11. इकाई में सामाजिक गतिशीलता पर बल दिया गया हो। 12. इकाई में मूल्यांकन निहित होना चाहिए।

इकाई पाठ योजना के सोपान (Steps in Unit Lesson Plan)

(1) अन्वेषण (खोज)
(2) प्रस्तुतिकरण (Presentation)
(3) आत्मीकरण (Assimilation)
(4) व्यवस्थापन अथवा संगठन (Organisation)
(5) आवृत्ति अथवा अभिव्यक्तिकरण (Recitation)

प्रत्येक इकाई का विकास निम्नलिखित पाँच पदों में क्रमानुसार किया जाता है:

1. *अन्वेषण* (*Exploration*): इस पद पर सर्वप्रथम शिक्षक यह जानने की चेष्टा करता है कि छात्र इकाई के विषय में पहले से कितना और क्या जानते हैं। यह पद शिक्षक के भावी शिक्षण की दिशाओं को निर्धारित करता है।

इस पद में निम्नलिखित कार्य किए जाते हैं: 1. छात्रों के पूर्व ज्ञान की खोज करना। 2. छात्रों की रुचियों, अभिरुचियों तथा सामान्य योग्यताओं को जानना। 3. इकाई शिक्षण के लिए उपलब्ध वातावरण से संबंधित स्थितियों का ज्ञान प्राप्त करना। 4. इकाई की विषय-वस्तु को मनोवैज्ञानिक ढंग से प्रस्तुत करने के लिए नीतियों, विधियों, युक्तियों आदि का निर्णय लेना।

2. *प्रस्तुतीकरण* (*Presentation*): कक्षा के साथ पारस्परिक विश्वास तथा सौहार्द्र-सम्बन्ध स्थापित करने के पश्चात् शिक्षक नई अधिगम-सामग्री को प्रस्तुत करता है। इस सोपान में वह निम्नलिखित क्रियाएँ करता है: (i) क्रमानुसार विषय-सामग्री को छोटी इकाइयों में प्रस्तुत करता है। (ii) छात्रों की समस्याओं का हल निकालता है। (iii) विषय-वस्तु को उपयुक्त ढंग से दोहराता है।

3. *आत्मीकरण* (*Assimilation*): अध्यापक इस चरण में यह आश्वस्त करता है कि छात्र सीखी गई विषय वस्तु को अपने बौद्धिक स्तर (Intellectual Level) पर आत्मीकरण करते हैं। इसके लिए निम्न गतिविधियों पर बल दिया जाता है:

1. छात्र विषय का गहन अध्ययन करते हैं। वे पुस्तकालय तथा प्रयोगशाला का प्रयोग करते हैं। भ्रमण करते हैं। विषय विशेषज्ञों से मार्गदर्शन प्राप्त करते हैं।
2. अध्ययन का कार्य वैयक्तिक स्तर पर सम्पन्न किया जाता है।
3. प्रत्येक छात्र को निर्देशन-पत्र (Guide-sheet) दिये जाते हैं जिन पर वह अपनी कठिनाइयों, शंकाओं एवं भ्रांतियों को नोट करता है।
4. शिक्षक घूम-घूमकर प्रत्येक छात्र की कठिनाइयों एवं शंकाओं का समाधान करता है।
5. शिक्षक और छात्र के बीच अन्तःक्रिया चलती है। इस अवधि को 'पर्यवेक्षित अध्ययन (Supervised Study) का समय' कहते हैं।
6. अधिगम के स्थानान्तरण पर विशेष बल दिया जाता है।
7. पद के अन्त में भी परीक्षण लिया जाता है किन्तु इस समय परीक्षण का उद्देश्य यह ज्ञात करना नहीं होता कि छात्रों को विषय का कितना ज्ञान या जानकारी है, अपितु यह होता है कि छात्रों ने विषय में दक्षता प्राप्त की है अथवा नहीं? क्या वे सामान्यीकरण कर सकते हैं या नहीं?
8. परीक्षण मे उत्तीर्ण होने वाले छात्रों को अगली इकाई दी जाती है और जो अनुत्तीर्ण हो जाते हैं उन्हें उसी इकाई को पुनः प्रारम्भ करना पड़ता है।
9. जो छात्र शीघ्र ही इकाई की विषयवस्तु में दक्षता प्राप्त कर लेते हैं उन्हें व्यक्तिगत प्रोजेक्ट पर कार्य करने के लिए कहा जाता है।

4. *व्यवस्थापन अथवा संगठन* (*Organization*): इस पद पर शिक्षक यह ज्ञात करना चाहता है कि छात्र इकाई के आवश्यक तत्त्वों को बिना पुस्तक या नोट की सहायता से पुनः कह या लिख सकते हैं या नहीं। यह पद विशेषकर अधिक विस्तार वाले विषयों के लिए बहुत उपयोगी होता है। गणित और व्याकरण ऐसे विषय हैं जिनमें इस पद की आवश्यकता नहीं पड़ती।

5. *आवृत्ति अथवा अभिव्यक्तिकरण* (*Recitation*): अन्तिम पद है इकाई को छात्र द्वारा मौखिक रूप में शिक्षक या सहपाठियों के समक्ष प्रस्तुत करना। यह सोपान परम्परागत मौखिक आवृत्ति के समान नहीं होता अपितु छात्रों को इसमें विषयवस्तु की पूरी समझ और स्थायी

अन्तर्दृष्टि को प्रदर्शित करना पड़ता है। इसके लिए आवश्यकता पड़ने पर वे श्यामपट्ट, प्रयोगशाला तथा अन्य उपकरणों आदि का प्रयोग कर सकते हैं। कई बार शिक्षक इस पद पर भी छात्रों की दक्षता को ज्ञात करने के लिए लिखित परीक्षणों का प्रयोग करते हैं।

इकाई योजना के लाभ (Merits of Unit Plan): 1. *मनोवैज्ञानिक*: यह पाठ योजना मनोवैज्ञानिक सिद्धान्तों पर आधारित है। इसमें पूर्ण (Whole) के स्थान पर अंश (Part) पर ध्यान केन्द्रित किया जाता है। 2. *छोटी इकाईयाँ*: इकाईयों को उप-इकाइयों में बाँटा जाता है जो स्वयं में पूर्ण होती हैं। 3. *छात्र केन्द्रित*: इस इकाई में छात्रों की आवश्यकताओं तथा योग्यताओं पर ध्यान दिया जाता है। 4. *सक्रिय सहभागिता*: इस विधि में इस बात पर विशेष ध्यान दिया जाता है कि पाठ में अध्यापक तथा छात्रों में सन्तुलित भागेदारी बनी रहे। इसमें स्वस्थ अन्तर्क्रिया पर बल दिया जाता है। 5. *स्व-अध्ययन*: इस विधि में छात्रों के स्व-अध्ययन पर जोर दिया जाता है। 6. *रोचकता*: इसमें छात्रों की रुचियों को ध्यान में रखा जाता है। इस कारण पाठ में रोचकता आ जाती है। 7. *बोध (Understanding)*: इसमें विषय-वस्तु के रटने पर बल नहीं दिया जाता, अपितु छात्रों में बोध के विकास पर महत्त्व दिया जाता है। 8. *क्रमानुसार अधिगम*: अधिगम में विषय सामग्री को क्रमानुसार प्रस्तुत किया जाता है।

ब्लूम पाठ योजनाः मूल्यांकन उपागम (Bloom's Lesson Planning: Evaluation Approach)

1960 के दशक में अमेरिका के *प्रो. बी.एस. ब्लूम (B.S. Bloom)* ने मूल्यांकन उपागम का प्रतिपादन किया। इस उपागम ने शिक्षण अधिगम प्रक्रिया तथा परीक्षण में नयी क्रान्ति का सूत्रपात किया। ब्लूम ने शिक्षा को त्रिध्रुवी (Tripolar) प्रक्रिया माना। उन तीन पदों को मूल्यांकन के तीन सोपान अथवा अवस्थाएँ कहते हैं। ये तीन सोपान इस प्रकार हैं:

1. शैक्षिक उद्देश्यों का निर्धारण करना (Formulation or Determination of Educational Objectives)
2. अधिगम के अनुभव प्रदान करना (Providing Learning Experiences)
3. व्यवहार परिवर्तन अथवा अधिगम अनुभवों का मूल्यांकन करना (Evaluating Behavioural or Learning Experiences)

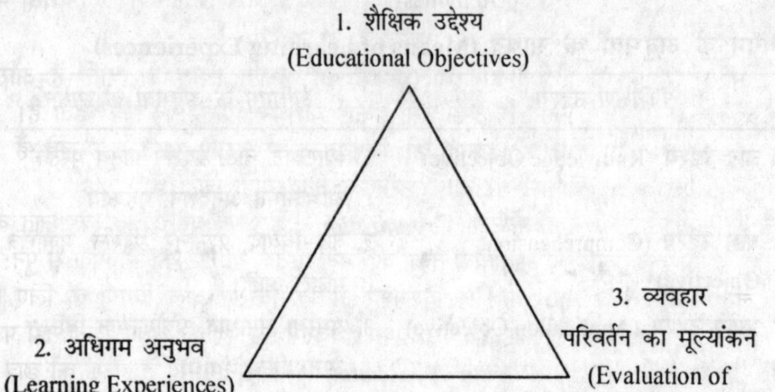

चित्र 11.4: शिक्षा की त्रिध्रुवी प्रक्रिया (Tri-polar Process of Education)

1. *शैक्षिक उद्देश्यों का निर्धारण करना:* इस सोपान में उद्देश्यों को व्यावहारिक रूप में लिखा जाता है।

2. *अधिगम के अनुभव प्रदान करना:* निर्धारित उद्देश्यों की प्राप्ति के लिए छात्रों को अधिगम के अनुभव प्रदान किए जाते हैं।

इसमें निम्नलिखित पक्षों पर ध्यान दिया जाता है:

1. उचित अधिगम सामग्री का चयन तथा गठन करना।
2. उपयुक्त संसाधनों का चयन।
3. शिक्षण अधिगम क्रिया में छात्रों तथा अध्यापकों में अन्तर्क्रिया का आयोजन करना अर्थात् कक्षा में शिक्षण अधिगम क्रियाओं का प्रभावी प्रावधान करना ताकि शिक्षा के उद्देश्यों की पूर्ति हो सके। इस प्रक्रिया में छात्रों को भागीदार बनाना। यह आश्वस्त करना कि छात्र सक्रिय (Active) रहें।

अधिगम परिवर्तनों अथवा व्यवहार परिवर्तन में मूल्यांकन (Evaluation of Change of Behaviour)

इसमें वस्तुनिष्ठ (Objective) तथा निबन्धात्मक (Essay Type) प्रश्न होते हैं।

मूल्यांकन उपागम की पाठ योजना के सोपान (Steps in Evaluation Approach to Lesson Planning)

(1)	(2)	(3)	(4)	(5)	(6)
पाठ्य सामग्री का संक्षेप में विवरण (An Outline of Subject Matter)	व्यवहारात्मक अनुदेशात्म उद्देश्य (Instructional or Behavioural Objectives)	अध्यापक की शिक्षण अधिगम क्रियाएँ (Teacher's Teaching Learning Activities)	छात्र क्रियाएँ (Student Activities)	शिक्षण सहायक साधन (Teaching Aids)	मूल्यांकन (Evaluation)

अधिगम के अनुभवों के साधन (Means of Learning Experiences)

शिक्षण उद्देश्य	*अधिगम के अनुभवों के साधन*
1. ज्ञान उद्देश्य (Knowledge Objective)	1. व्याख्यान चार्ट, प्रदर्शन पाठ्य पुस्तकें, अभिक्रमित अनुदेशन, गृहकार्य
2. बोध उद्देश्य (Comprehension Objective)	2. वाद-विवाद, प्रश्नोत्तर, प्रदर्शन, मानचित्र, मॉडल आदि।
3. प्रयोग उद्देश्य (Application Objective)	3. समस्या समाधान, प्रयोगात्मक विधि, अन्त:प्रक्रिया विधि।
4. सृजनात्मक उद्देश्य (Creativity Objective)	4. व्यक्तिगत प्रयोग, समस्या समाधान

व्यवहार परिवर्तन के मूल्यांकन की प्रविधियाँ (Techniques of Evaluation of Change of Behaviour)

शिक्षण उद्देश्य	*अधिगम के अनुभवों के साधन*
1. ज्ञानात्मक (Cognitive)	1. मौखिक, निरीक्षण, साक्षात्कार, निबन्धात्मक तथा वस्तुनिष्ठ प्रश्न
2. भावात्मक (Affective)	2. अभिरुचि सूची, निरीक्षण, अभिवृत्ति स्केल, परिस्थिति परीक्षण
3. क्रियात्मक (Psychomotor)	3. छात्र प्रदर्शन, साक्षात्कार, प्रयोग, निरीक्षण

ब्लूम पाठ योजना उपागम के गुण (Merits of Bloom's Approach to Lesson Planning)

1. *मनोवैज्ञानिक आधार*: यह उपागम मनोवैज्ञानिक सिद्धान्तों पर आधारित है।

2. *वैज्ञानिक आधार*: मनोवैज्ञानिक सिद्धान्तों के साथ-साथ यह योजना वैज्ञानिक सिद्धान्तों पर उचित ध्यान देती है।

3. *व्यावहारिक शब्दावली में उद्देश्य*: पाठ के उद्देश्यों को व्यवहारिक शब्दों में लिखा जाता है।

4. *विषय-वस्तु का संक्षेप में उल्लेख*: पढ़ाए जाने वाले प्रकरण के मुख्य तथ्यों तथा विचारों को संक्षेप में लिखा जाता है।

5. *अध्यापक क्रियाओं का उल्लेख*: पाठ योजना में अध्यापक ने शिक्षण-अधिगम प्रक्रिया में जिन-जिन क्रियाओं को करना होता है, उनका संक्षेप में विवरण दिया जाता है।

6. *छात्र क्रियाओं का उल्लेख*: शिक्षण-अधिगम प्रक्रिया में छात्र अध्यापक के विचार में जो क्रियाएँ करते हैं, उनका उल्लेख पाठ योजना में किया जाता है।

7. *विशिष्ट विधियों तथा तकनीकों का उल्लेख*: पूर्व निर्धारित उद्देश्यों की प्राप्ति के लिए अध्यापक ने जो तकनीकें तथा विधियाँ अपनानी हैं, उनको पाठ योजना में लिख दिया जाता है।

8. *सहायक साधनों का उल्लेख*: पाठ के विभिन्न प्रकरणों को प्रभावी बनाने के लिए जिन-जिन सहायक साधनों को प्रयोग में लाया जाता है, उन्हें पाठ योजना में लिखा जाता है।

9. *उद्देश्यपूर्ण शिक्षण*: यह पाठ योजना शिक्षण के उद्देश्यों को निश्चित बनाती है।

10. *व्यवहारों का मूल्यांकन*: वांछित व्यवहार परिवर्तनों अथवा अधिगम अनुभवों का मूल्यांकन किया जाता है।

11. *शिक्षण-अधिगम अनुभवों में सुधार*: मूल्यांकन के आधार पर शिक्षण-अधिगम अनुभवों (पाठ्य विषय वस्तु) में सुधार करने की सम्भावना रहती है।

ब्लूम पाठ योजना में उपागम में दोष (Demerits of Bloom's Approach to Lesson Planning)

1. *अपेक्षाकृत अध्यापक अधिपत्य*: चूँकि इस पाठ पाठ योजना की संरचना उच्च स्तरीय (Highly Structured) होती है। इसमें अध्यापक की भूमिका का अधिक अधिपत्य रहता है।

2. *शिक्षण उद्देश्यों का निर्धारण करना*: इस योजना में शिक्षण उद्देश्यों को व्यवहारिक शब्दावली में लिखना होता है। यह कार्य बहुत कठिन माना जाता है।

3. *कठोर एवं यान्त्रिक*: इस पाठ योजना में लचीलेपन की बहुत कम गुंजाइश रहती है।

4. *अधिक उत्तरदायित्व*: इस पाठ योजना की सफलता के लिए आवश्यक है कि अध्यापक तथा छात्र शिक्षण-अधिगम प्रक्रिया में अपूर्व उत्साह प्रदर्शित करें।

क्षेत्रीय शिक्षा कॉलेज मैसूर द्वारा निर्मित पाठ योजना (क्षेत्रीय शिक्षा संस्थान मैसूर) [Regional College of Education Mysore (RCEM) Lesson Plan] Now Regional Institute of Education

इस पाठ योजना पर क्षेत्रीय प्रशिक्षण कॉलज मैसूर ने महत्त्वपूर्ण कार्य किया है। यह पाठ योजना अमेरिका के प्रसिद्ध शिक्षाविद् ब्लूम (Bloom) के मूल्यांकन आधारित पाठ योजना जो शिक्षण को एक उद्देश्य-केन्द्रित प्रक्रिया मानती है, के सन्दर्भ में निर्मित की गई है।

ब्लूम महोदय ने ज्ञानात्मक पक्ष को निम्न छः भागों में विभाजित किया है: 1. ज्ञान (Knowledge), 2. बोध (Understanding), 3. प्रयोग (Application), 4. विश्लेषण (Analysis), 5. संश्लेषण (Synthesis), 6. मूल्यांकन (Evaluation)

क्षेत्रीय प्रशिक्षण कॉलेज मैसूर ने ज्ञानात्मक पक्ष को निम्न चार भागों में बाँटा है: 1. ज्ञान (Knowedge), 2. बोध (Understanding), 3. प्रयोग (Application), 4. सृजनात्मकता (Creativity)

मैसूर के पाठ में सृजनात्मकता ने ब्लूम के तीन पक्ष–विश्लेषण, संश्लेषण तथा मूल्यांकन का स्थान ले लिया है, जो निम्नलिखित तीन पक्ष हैं: 1. अदा (Input), 2. प्रक्रिया (Process), 3. प्रदा (Output)

अदा: अदा के अन्तर्गत अनुदेशात्मक प्रणाली के वांछित व्यावहारिक उद्देश्य आते हैं। इन्हें चार ऊपर लिखित भागों में विभाजित किया गया है। इस प्रणाली में तीन अदा कार्यरत होते हैं। (1) शिक्षक, (2) छात्र तथा (3) शिक्षण-अधिगम सामग्रियाँ।

प्रक्रिया: अनुदेशात्मक प्रक्रिया से हमारा तात्पर्य उस सक्रिय प्रक्रम से है जो शिक्षण और छात्रों के बीच अधिगम-परिस्थितियों में चलती है।

प्रदा: इसका संबंध उद्देश्यों की प्राप्ति से है। इसका अर्थ है छात्र व्यवहारों में परिवर्तन जो शिक्षण-अधिगम प्रक्रिया के परिणामस्वरूप प्राप्त होते हैं। इनका मूल्यांकन अध्यापक विभिन्न मापदण्डों से करता है।

पाठ योजना के निर्माण का सैद्धान्तिक आधार (Theoretical Basis of Lesson Plan)

अदा (Input) वांछित व्यवहार उद्देश्य	*प्रक्रिया (Process) सम्प्रेषण प्रक्रिया (अधिगम अनुभव) (Communication Process)*		*प्रदा (Output)* वास्तविक उद्देश्यों की प्राप्ति के लिए मूल्यांकन *(Evaluation of Learning Outcome)*
	अध्यापक की क्रियाएँ	**छात्र की क्रियाएँ**	
1. ज्ञानात्मक उद्देश्य	(i) व्याख्यान (ii) प्रदर्शन (iii) चार्ट तथा मानचित्र (iv) प्रश्न आदि	(i) सुनना (ii) अवलोकन (iii) नोट लेना (iv) अन्तर्क्रिया	(i) प्रश्न करना (ii) परिभाषित करना (iii) विवरण देना आदि
2. बोधात्मक उद्देश्य	(i) विचार-विमर्श (ii) समस्या समाधान (iii) प्रश्नोत्तर	(i) सामूहिक विचार में भागेदारी (ii) अवलोकन (iii) सुनना	(i) व्याख्या करना (ii) प्रश्न हल करना (iii) भेद करना (iv) समस्या समाधान करना
3. प्रयोग उद्देश्य	(i) समूह वार्ता (ii) प्रयोगशाला कार्य	(i) प्रयोग करना (ii) ज्ञान को प्रयोग में लाना	(i) प्रयोगात्मक परीक्षण
4. सृजनात्मकता उद्देश्य	(i) व्यक्तिगत कार्य (ii) समूह वार्तालाप (iii) समस्या समाधान	(i) विश्लेषण करना (ii) संबंध स्थापित करना (iii) निर्णय लेना	(i) निबन्धात्मक प्रश्न पूछना (ii) मौखिक प्रश्न (iii) समस्या समाधान करना (iv) अवलोकन

पाठ योजना के गुण

1. यह पाठ योजना भारतीय परिस्थिति के संदर्भ में है।
2. यह पाठ योजना अनुदेशात्मक प्रक्रिया पर विशेष बल देती है।
3. इसमें 17 बौद्धिक पक्षों पर ध्यान दिया जाता है।

सीमा/दोष

यह पाठ योजना बौद्धात्मक पाठों के लिए उपयोगी है परन्तु भावनात्मक तथा कौशल पाठों के लिए अपेक्षाकृत उपयोगी नहीं है।

12

कला तथा क्राफ्रट की शिक्षण विधियाँ (Methods of Teaching Arts and Crafts)

शिक्षण विधियों का महत्त्व (Significance of Teaching Methods)

शिक्षण विधियों के महत्व पर प्रकाश डालते हुए माध्यमिक शिक्षा आयोग (1952-53) ने लिखा है कि सर्वश्रेष्ठ पाठ्यक्रम तथा सलेबस बेजानदार रहता है जब तक कि उपयुक्त शिक्षण विधियाँ तथा उपयुक्त अध्यापक उसको सजीव नहीं बनाते। इसमें कोई सन्देह नहीं है कि अध्यापक के लिए जहाँ विषय-वस्तु का ज्ञान आवश्यक है, वहाँ उसे प्रभावी शिक्षण विधियों का ज्ञान होना भी आवश्यक है।

प्रभावी शिक्षण विधियों में अध्यापक के साथ-साथ छात्र भी क्रियाशील रहते हैं। अध्यापक के शिक्षण की प्रभावशीलता छात्रों के शिक्षण में रुचि लेने तथा उसमें क्रियात्मक तथा सर्जनशील भागेदारी पर निर्भर रहती है। उत्तम शिक्षण विधियाँ छात्रों में प्रेरणा जागृत करती हैं। उत्तम शिक्षण विधियाँ छात्रों में चिंतन, मनन तथा खोज की प्रवृत्तियों का विकास करती हैं। उत्तम शिक्षण विधियाँ पाठ के निर्धारित उद्देश्यों को प्राप्त करने में सहायक हैं।

संक्षेप में शिक्षण विधियों का निम्न महत्त्व है:

1. छात्र क्रियाशील रहते हैं। 2. छात्र की रोचकता अधिगम प्रक्रिया में बढ़ती है। 3. छात्रों के लिए प्रयोजन-युक्त कार्य परिस्थितियाँ उत्पन्न होती हैं। 4. पाठ्यवस्तु के विभिन्न पक्षों में सह-सम्बन्ध स्थापित किया जा सकता है। 5. छात्रों में तर्कशक्ति का निर्माण तथा विकास होता है। 6. छात्रों में गहन सोच-शक्ति का विकास होता है। 7. छात्रों को अधिकाधिक ज्ञानेन्द्रियों के प्रयोग के अवसर मिलते हैं। 8. पाठ को दोहराने के अवसर प्रदान किए जाते हैं। 9. निर्धारित उद्देश्यों की पूर्ति में सहायता मिलती है। 10. छात्रों को नए प्रयोग करने की प्रेरणा मिलत है।

शिक्षण विधियों का संक्षिप्त इतिहास (Brief History of Teaching Methods)

1. जे.ए. *कॉमेनियस* (J.A. *Comenius* 1592-1670) ने अपने महान् ग्रन्थ 'ग्रेट डाइडेक्टिक' (*Great Didiactic*) में सम्पूर्ण अनुदेशन को प्राकृतिक रूप में श्रेणीबद्ध एवं व्यक्तिगत करने पर बल दिया।

2. जे.जे. रूसो (*J.J. Rousseau* 1712-1778) ने अपने प्रसिद्ध ग्रन्थ 'एमील' (*Emile*) में क्रियाशीलता या करके सीखने के सिद्धान्त (Learning by Doing), 'प्रयोग द्वारा सीखना' (Learning by Experiment) तथा 'निरीक्षण द्वारा सीखना' (Learning by Observation) पर जोर दिया।

3. *पेस्टालॉजी* (*Pestalozzi* 1746-1827) ने अनुदेशन को मनोवैज्ञानिक का आधार माना तथा नयी शिक्षण विधियों का सूत्रपात किया और नयी अवधारणा आनशांग (*Anschauung*) प्रस्तुत की।

4. हरबर्ट (*Herbart* 1746-1841) ने पाठ योजना के विभिन्न पदों का उल्लेख किया।

5. फ्रोबेल (*Froebel* 1782-1852) ने किण्डरगार्डन पद्धति का निर्माण किया तथा खेल (Play) पर जोर दिया।

6. मैडम मोरया माँटेसरी (*M. Montessori* 1870-1952) ने मॉण्टेसरी पद्धति का निर्माण किया।

7. जॉन ड्यूवी (*John Dewey* (1857-1952) ने 'अनुभव द्वारा सीखना' (Learning by Experience) को शिक्षण पद्धति का आधार बनाया।

8. महात्मा गाँधी (*Mahatma Gandhi* 1869-1948) ने हस्तकला को शिक्षण पद्धति का आधार बनाया।

शिक्षण विधियों का वर्गीकरण (Classification of Teaching Methods)

1. ज्ञानेन्द्रियों पर आधारित शिक्षण विधियाँ (Teaching Methods Based upon Senses): (i) दृश्य (Visual), (ii) श्रव्य, (iii) गत्यात्मक (Motor)

2. सीखने के सिद्धान्तों पर शिक्षण विधियाँ (Teaching Methods Based on Theories of Learning): (i) अभ्यास (Drill), (ii) समस्या समाधान (Problem Solving), (iii) क्रिया (Activity)।

3. अध्यापक-अभिप्राय: पर आधारित शिक्षण विधियाँ (Teaching Methods Based on Teacher Purpose): (i) व्याख्यात्मक (Exploratory), (ii) तर्कात्मक (Reasoning), (iii) नैदानिक (Diagnostic), (iv) विकासात्मक (Developmental)।

4. उपकरणों पर आधारित शिक्षण विधियाँ (Teaching Methods Based on Equipment): (i) पाठ्य-पुस्तक विधि (Text-book based), (ii) पुस्तकालय विधि (Library Method), (iii) प्रयोगशाला विधि (Laboratory Method)।

5. उपागम पर आधारित शिक्षण विधियाँ (Teaching Methods Based on Approach): (i) मौखिक (Verbal), (ii) नमूने (Specimens), (iii) भ्रमण (Excursion)।

6. छात्र-केन्द्रित आधारित शिक्षण विधियाँ (Student-Centred Based Teaching Methods): (i) डाल्टन (Dalton), (ii) प्रोजेक्ट (Project), (iii) किण्डरगार्टन (Kindergarten), (iv) मॉण्टेसरी (Montessori), (v) मुक्त रूप से चयनित कार्य (Freely Chosen Activity)

7. सामाजिक आधार पर शिक्षण विधियाँ (Socialised Methods of Teaching): (i) समाजीकृत अभिव्यक्ति (Socialized Recitation), (ii) सेमिनार (Seminar), (iii) वाद-विवाद (Debate), (iv) परिचर्चा (Discussion), (v) कार्यशाला (Wordshop)।

8. विचार की स्वतन्त्रता पर आधारित शिक्षण विधियाँ (Teaching Methods Based on the Freedom of Speech): (i) अन्वेषण (Heuristic), (ii) प्रयोगिक (Experiment), (iii) खोज/अनुसंधान (Research)।

9. वैयक्तिक शिक्षण विधियाँ (Individualized Teaching Methods): (i) अभिक्रमित अनुदेशन (Programmed Instruction), (ii) खोज अथवा (Research), (iii) डाल्टन योजना (Dalton Plan)

10. खोज विधियाँ (Discovery Methods): (i) प्रयोग (Experiment), (ii) क्षेत्रीय भ्रमण (Field Trip), (iii) भूमिका-निर्वहन (Role Play)।

मोटे तौर पर शिक्षण विधियों की वर्गीकरण
(Broad Classification of Teaching Methods)

(1)	(2)	(3)
परम्परागत शिक्षण विधियाँ (Traditional Teaching Methods)	अध्यापक केन्द्रित विधियाँ (Teacher Centred Methods)	छात्र केन्द्रित विधियाँ (Student Centred Methods)

नोट–शिक्षण विधियों का वर्गीकरण लोचक है।

महत्वपूर्ण शिक्षण विधियाँ (Significant Methods of Teaching)

1. दत्तकार्य/डाल्टन योजना (Assignment Method or Dalton Plan)
2. वाद-विवाद विधि (Debate Method)
3. विचार-विमर्श विधि (Discussion Method)
4. खोज विधि (Enquiry Method)
5. प्रयोगशाला विधि (Laboratory Method)
6. व्याख्यान विधि (Lecture Method)
7. खेल विधि (Playway Method)
8. समस्या समाधान विधि (Problem Solving Method)
9. योजना विधि (Project Method)
10. प्रश्न विधि (Question Method)
11. समाजीकृत अभिव्यक्ति विधि (Socialized Recitation Method)
12. स्रोत विधि (Source Method)
13. परिविदित अध्ययन विधि (Supervised Study Method)
14. सर्वेक्षण विधि (Survey Method)
15. कहानी कथन विधि (Story Telling Method)
16. इकाई विधि (Unit Method)
17. क्रिया द्वारा सीखने की विधि (Learning by Doing or Activity Method of Teaching)
18. प्रदर्शन विधि (Demonstration Method)
19. मुक्त अथवा स्वतन्त्र भाव अभिव्यक्ति (Free Expression Method)
20. वस्तु चित्रण एवं अवलोकन विधि (Object Drawing and Observation)
21. स्मरण चित्रण विधि (Memory Drawing Method)
22. कल्पना विधि (Imagination Method)
23. अलंकरण अथवा प्रसाधन विधि (Decoration Method)
24. प्रतीकात्मक चित्रण (Symbolic Method)
25. प्रदर्शन विधि (Demonstration Method)
26. परिभ्रमण विधि (Field Trip Method)

27. प्रदशर्नीय सामग्री तथा प्रदर्शनी विधि (Display and Exhibition Method)
28. निरीक्षण विधि (Observation Method)
29. सहभागिता अनुभव विधि (Participatory Experience Method)

क्रियाशीलता द्वारा सीखने की विधि (Learning by Doing Method)

प्रकृति ने बच्चों में अद्‌भुत शक्ति तथा सजीवता भर दी है। उनमें प्रसन्नता, तथा सजीवता का अजर स्त्रोत बहता रहता है। उनमें अपने आस-पास की चीजों को जानने की जिज्ञासा हर समय बनी रहती है।

बच्चे का जीवन प्रवाह गंगा नदी के समान है। जीवन की यह गंगा बड़ी शान से आगे ही आगे बढ़ती चली जाती है। परन्तु यदि कोई यह चाहे कि इसके प्रवाह को बिना मोड़ बांध लगाकर रोक दिया जाए तो वह बाँध अवश्य ही टुकड़े-टुकड़े हो जाएगा। इस प्रवाह को किसी अन्य दिशा में प्रवाहित तो किया जा सकता है परन्तु रोका नहीं जा सकता, और यदि कोई असम्भव को सम्भव बनाने की चेष्टा करता है तो मानो अपने नाश का सामान जुटाता है। ठीक इसी प्रकार ही बच्चों की प्रकृति होती है। बच्चों की अदम्य शक्ति तथा उत्सुकता को बहुत देर तक किसी अन्य दिशा में मोड़े बिना दबाकर रखना असम्भव है। साधारण श्रेणी-कक्ष में केवल किताबी ज्ञान ही दिया जाता है। अध्यापक बोलता जाता है और छात्रगण चुपचाप निष्क्रय श्रोतागण के रूप में बैठे अध्यापक के भाषण को सुनते रहते हैं चाहे उनकी समझ में आए या न आए। उनकी शक्तियाँ, मार, झिड़कन इत्यादि के डर से दुबकी रहती हैं। यह सब एकदम अस्वाभाविक और उनकी कौतूहलपूर्ण प्रकृति के प्रतिकूल होता है। इसके विपरीत यदि हम बच्चों को कुछ ऐसा काम करने को दें जिनमें बच्चे स्वयं उत्साहपूर्वक भाग ले सकें तो अनुशासन में रहना उनका स्वभाव बन जाएगा। इस प्रकार हमें चाहिए कि हम बच्चों को कुछ ऐसें कार्य सुझावें जिनमें वे स्वयं खुशी-खुशी भाग लें। वे परीक्षण करें और स्वयं अपने हाथ से कार्य करके सन्तुष्ट तथा प्रसन्न हों।

'क्रियाशीलता द्वारा शिक्षा देने की विधि अथवा सिद्धान्त' को सभी प्रगतिशील शिक्षा-शास्त्रियों ने मान्यता दी है। सभी शिक्षा-शास्त्रियों का मत है कि शिक्षा प्राप्ति के लिए स्वयं कार्य करना एक बहुत बड़ा साधन है। कला शिक्षण में तो इसका विशेष महत्त्व है।

कामिनीयस (*Comenius*) *का मत*: कामिनीयस के अनुसार "अभिव्यक्ति द्वारा ही शिक्षा को स्थायी बनाया जा सकता है और जो कुछ भी हम सीखना चाहते हैं केवल क्रियाशीलता अर्थात् अभिव्यक्ति द्वारा ही सीख सकते हैं।" (Impression must be ensured by expression and what has to be done must be learnt by doing.)

रूसो (*Rousseau*) *का मत*: रूसो ने परम्परागत शिक्षण-पद्धति का बड़े जोरदार शब्दों में खण्डन करते हुए कहा है कि "बच्चे प्रारम्भ में चंचल वृत्ति के होते हैं और बाद में उनमें कौतूहलता आ जाती है। वे अपने आस-पास की चीजों के अस्तित्व तथा उनके कारणों को एक ही बार जान लेना चाहते हैं। इसलिए मैं उन्हें किताबी कीड़ा बनाने की अपेक्षा वर्कशाप में व्यस्त रखूँगा ताकि वे हाथों द्वारा काम करके ज्ञान प्राप्त करें"। (Children are first restless and then curious. Instead of making the child stick to his books, I keep him busy in workshop, his hands will work to the profit of his mind.)

पेस्तालौजी (*Pestalozzi*) का मत: इन्होंने परम्परागत पद्धति को शाब्दिक पद्धति (wordy system) कहकर पुकारा है। वे कहते हैं कि हमारे विद्यालय बच्चों के मनोविज्ञान के विपरीत हैं। वे अनिवार्यत: कृत्रिम अभिकरण हैं जहाँ कि शक्ति तथा अनुभव के द्वारा

निकाले गए परिणामों का सर्वथा दुरुपयोग होता है। (Our unpsychological schools are essentially only artificial stifling machines for destroying all the results of the power and experience)। प्रकृति स्वयं उनके जीवन को आरम्भ करती है और जब वे अपने पूरे पाँच वर्ष प्रकृति की गोद में, उसके अद्भुत दृश्यों में गुजार लेते हैं तो हम उन्हें स्कूल भेजकर उनका नाता प्रकृति से एकदम विछिन्न कर देते हैं। उन्हें भेड़ बकरियों की भाँति बाँध लेते हैं और फिर इसी प्रकार घण्टे, दिन, महीने और वर्ष पर वर्ष बीतते चले जाते हैं और बेचारे उस वर्णमाला के चक्कर में फँसे रहते हैं जो न तो प्राकृतिक ही है और न ही रुचिकर है।

फ्रोबेल (Froebel) का मत: खेल बाल्यकाल तथा शैशव की मुख्य क्रिया है जो कि बच्चे के निर्माण में बहुत महत्त्वपूर्ण कार्य करती है क्योंकि यह अन्तर की आत्माभिव्यक्ति है। इस अवस्था में खेल पवित्रतम तथा आध्यात्मिक क्रिया है। यह हृदय में प्रसन्नता, स्वतन्त्रता तथा सन्तोष उत्पन्न करती है और संसार में शान्तिपूर्वक रहने की प्रेरणा देती है। यह समस्त अच्छाइयों का स्रोत है। परन्तु यदि बच्चों का उपयुक्त मार्गदर्शन न किया जाए तो ये सब खेल व्यर्थ और उद्देश्य रहित हो जाएँगे और बच्चों को अपने जीवन के लिए तैयार नहीं कर सकेंगे। सफलतापूर्वक जीवनयापन करने की योग्यता देना ही इन खेलों का उद्देश्य है।

ड्यूवी (Dewey) का मत: ड्यूवी ने किताबी ज्ञान की अपेक्षा खोज तथा प्रयोग कार्य का बड़े जोरदार शब्दों में समर्थन किया है। उनका कहना है कि स्कूल एक विशिष्ट वातावरण है जहाँ पर कि बच्चों का अपेक्षित निर्माण करने के लिए एक निश्चित प्रकार का जीवन तथा कार्यक्रम जुटाये जाते हैं। अध्यापक तो एक मार्गदर्शक और निर्देशक है जो कि उनकी नौका को ठेल भर देता है परन्तु नौका को खेने की शक्ति तो उन्हीं में है जो कि सीखना चाहते हैं।

माण्टेमरी (Madam Montessori) का मत: माण्टेसरी ने अध्यापन की अपेक्षा स्वयं सीखने पर जोर दिया है। उनका विश्वास है कि स्व-शिक्षा सबसे उत्तम शिक्षा है जिसके द्वारा बच्चा, अपने ढंग से और स्वानुकूल मात्रा में शिक्षा प्राप्त करता है। उन्होंने शिक्षक के लिए निर्देशिका शब्द का प्रयोग किया है।

वेल्टन (James Welton) का मत: शिक्षा के अनजाने देश में बच्चा एक यात्री के समान है और शिक्षक एक मार्गदर्शक के समान। बच्चा यह तो जानता है कि उसने पहुँचना कहाँ है परन्तु न तो उसे रास्ते का ही पता है और न ही उस स्थान की निश्चित कल्पना है जहाँ पर कि उसे पहुँचना है परन्तु जब तक कि यात्री (विद्यार्थी) स्वयं यात्रा आरम्भ नहीं करता, कोई भी कार्य पूरा नहीं हो सकता। बहुत से पाठों में तो ऐसा होता है कि अध्यापक बताता जाता है और बच्चा अपने स्थान से हिले-डुले बिना सुनता रहता है। परन्तु कुछ पाठ ऐसे होते हैं जिनमें मार्ग दर्शक तो बार-बार यात्रा आरम्भ करता है परन्तु यात्री केवल देखता भर ही है और स्वयं कुछ नहीं करता। संक्षेप में, चाहे कोई पाठ अथवा अनुभव कितना ही अच्छी प्रकार योजनाबद्ध क्यों न किया गया हो; परन्तु तक तक वह पाठ अथवा अनुभव वास्तव में सफल नहीं हो सकता जब तक कि बच्चा स्वयं उस मार्ग पर अग्रसर नहीं होता जो कि उसके लिए तैयार किया गया है। वास्तविक शिक्षा वही है जो कि बच्चे में शिक्षा प्राप्त करने के लिए उत्साह तथा प्रेरणा उत्पन्न कर सके।

गांधीजी (Gandhiji) का मत: गाँधीजी ने कहा है कि अब समय आ गया है कि हम बच्चे की शिक्षा क्रियात्मकता पर आधारित करें। क्रियात्मकता बौद्धिक शिक्षण के लिए एक मुख्य साधन है।

इस प्रकार हम देखते हैं कि शिक्षा-शास्त्रियों ने इस बात का समर्थन किया है कि

शिक्षा रचनात्मक कार्यक्रमों द्वारा ही उत्तम ढंग से दी जा सकती है। शिक्षा के लिए ये नए विचार बच्चों के लिए एक नया और आशापूर्ण संदेश देते हैं।

यदि कोई विद्यार्थी अपने व्यक्तित्व का पूर्ण विकास करना चाहता है तो उसे अपनी सारी शक्तियों का प्रयोग करना होगा, उसे हर प्रकार से दक्ष रहना होगा। शिक्षा प्राप्ति के लिए क्रिया आवश्यक है। क्रिया शिक्षा का अभिन्न अंग है। इसके बिना शिक्षा अधूरी है, परन्तु क्रिया उद्देश्य सहित होनी चाहिए।

क्रिया द्वारा शिक्षा के मनोवैज्ञानिक आधार (Psychological Basis of Learning by Doing): 1. *संवेगात्मक प्रवृत्तियाँ*: बच्चे स्वभावतः ही क्रियाशील होते हैं। बच्चों में सृजनात्मक-शक्ति बहुत होती है। बच्चों के हाथ हमेशा कुछ-न-कुछ नई-नई चीजें बनाने में लगे रहते हैं। यदि उन्हें बनाने के लिए कुछ नहीं मिलता तो वे कुछ तोड़ना शुरू कर देते हैं।

अध्यापक को यह चाहिए कि वह बच्चों की इस प्रवृत्ति का सदुपयोग करे और इसे नवनिर्माण में लगाए। बच्चों में कौतुहल होता है। वे अपने आसपास की चीजों को जानना चाहते हैं। वे सैकड़ों प्रश्न पूछना चाहते हैं। इस प्रवृत्ति को संतुष्ट करना अध्यापक का कर्त्तव्य है। बच्चे नई-नई चीजें इकट्ठी करते हैं। उन्हें उनके संग्रहालय के लिए उपयुक्त वस्तुओं को एकत्र करने के लिए प्रेरित करना चाहिए।

2. *मनोवेग वर्द्धन*: मनोवेग वर्द्धन द्वारा शिक्षा-प्राप्ति का कार्य सुगम हो जाता है। इससे बच्चों की रुचियाँ जाग्रत हो जाती हैं और बच्चा रुचि से कार्य करना आरम्भ कर देता है। इसी प्रकार वह शिक्षा प्राप्त करता है।

3. *हेतु-पूर्ण क्रियाशीलता*: बच्चे अमूर्त (Abstract) चीजों को नहीं समझते। मूर्त कार्यक्रमों द्वारा उनकी मानसिक क्रिया को क्रियाशील रखना चाहिए। ऐसा करने से उन्हें यह सन्तोष हो जाएगा कि वे उद्देश्यपूर्ण कार्य कर रहे हैं।

4. *चेतनाओं का प्रयोग*: बच्चों की समस्त चेतनाओं को शिक्षा-प्राप्ति के लिए कार्यरत कर देना चाहिए। वे देखने, अनुभव करने, शिक्षा प्राप्त करने के कार्य में सावधान रहें तभी शिक्षा फलदायक हो सकती है।

5. *शरीर और मस्तिष्क का सम्बन्ध*: क्रिया द्वारा शिक्षा तभी होती है जब कि हमारे हाथ और मस्तिष्क पारस्परिक सहयोग से काम करें।

6. *जीवन से सम्बद्ध करने का सिद्धान्त*: यदि शिक्षा को जीवन और वातावरण से जोड़ दिया जाए तो शिक्षा हमारे स्वभाव का अभिन्न अंग हो जाएगी। बागवानी के पाठ में यदि हम बच्चों को बाग में ले जाकर सम्बन्धित विषय का वर्णन करें तो यह विशेष प्रभावशाली होगा।

7. *थकान का अभाव*: मानसिक कार्य शारीरिक कार्य से अधिक थकावट पैदा करते हैं। यदि बच्चों को केवल मानसिक कार्यों में ही व्यस्त रखा गया तो वे शीघ्र ही मानसिक थकावट अनुभव करेंगे। परन्तु यदि हम मानसिक और शारीरिक कार्यों को सम्बन्धित कर देंगे तो थकावट पर्याप्त मात्रा में कम हो जाएगी।

8. *समष्टिगत निर्माण*: समष्टिगत निर्माण उतना ही आवश्यक है जितना व्यक्तिगत। बच्चे समूह में कार्य करना चाहते हैं। क्रिया द्वारा शिक्षा में वे एक-दूसरे से शिक्षा प्राप्त करते हैं। इस प्रकार उनमें सहयोग की भावना आती है। कभी-कभी बच्चे मिलकर सृजन कार्य करते हैं। वे समाज के लिए चीजें बनाते है। और इस प्रकार अनुभव करते हैं कि वे समाज के ही एक अंग हैं और उन्हें उपयोगी बनना चाहिए।

9. *हीनता की भावना का समाप्त होना*: क्रिया द्वारा शिक्षा में पिछड़े बच्चों को भी सुविधाएँ मिलती हैं ताकि वे भी शिक्षा तथा विभिन्न प्रकार के रचनात्मक एवं सृजनात्मक कार्यक्रमों और शारीरिक कार्यक्रमों में अपने गुणों का प्रदर्शन कर सकें। इससे वे आत्मविश्वास प्राप्त करते हैं जो आगे चलकर उनकी हीन भावनाओं को समाप्त करने में सहायता देता है तथा फिर वे मानसिक कार्यक्रमों में सफल होते हैं।

मुक्त अथवा स्वतन्त्र भाव अभिव्यक्ति विधि (Free Expression Method)

स्वतन्त्र भाव अभिव्यक्ति का अर्थ: स्वतन्त्र भाव अभिव्यक्ति का अर्थ है अपने भावों को किसी भी दबाव के बिना अभिव्यक्त करना। बालक द्वारा बिना किसी नियन्त्रण के बनाए गए चित्रों को मुक्त भाव अभिव्यक्ति चित्र कहते हैं। बालक अपने आस-पास एवं विद्यालय में अनेक वस्तुओं को देखते हैं तथा उनसे सम्बन्धित घटनाओं पर चित्र बनाने का प्रयास करते हैं। उदाहरणार्थ बगीचा, सब्जियाँ, डाकिया, फुटबॉल, सिपाही, फल आदि। स्वतन्त्र भाव अभिव्यक्ति में किसी भी आयु का बालक हो, उसे यह स्वतन्त्रता रहती है कि वह जैसा चाहे, वैसा चित्र बनाए। इसलिए स्वतन्त्र भाव अभिव्यक्ति में बालक अपनी भावनाओं को मुक्तहृदय से व्यक्त कर सकता है।

भाव विकास: छात्रों में भाव स्वत: उत्पन्न होते हैं परन्तु भावों के विकास में वातावरण का बहुत महत्त्व है। किसी भी विषय को पढ़ाते समय प्रसंगों द्वारा भी भाव उत्पन्न किए जा सकते हैं।

सुनने, देखने तथा करने की प्रक्रियाओं द्वारा ज्ञान को स्थायी बनाया जा सकता है। कला द्वारा मस्तिष्क, हृदय तथा हाथों में उत्तम सहयोग उत्पन्न किया जा सकता है।

मुक्तभाव अभिव्यक्ति अथवा प्रकाशन विधि के उद्देश्य (Aims of Free Expression Method): 1. बालकों को अभिव्यक्ति के अवसर प्रदान करना।

2. बालकों में सौन्दर्य भावों की उत्पत्ति तथा विकास करना।
3. बालकों में कला के प्रति रुचि उत्पन्न करना।
4. बालकों में कला के प्रति अनुराग उत्पन्न करना।
5. बालक में विद्यमान स्वतन्त्र अभिव्यक्ति की क्षमता का उपयोग करने की सामर्थ्य उत्पन्न करना।
6. बालकों में हस्त-कौशल उत्पन्न करना तथा विकास करना।
7. बालकों में इस प्रकार की क्षमता उत्पन्न करना जिससे वे हाथ, मस्तिष्क तथा हृदय का समेकित सहयोग प्राप्त कर सकें।
8. बालकों को भाव-अभिव्यक्ति में आत्मनिर्भर बनाना।
9. बालकों में आत्मविश्वास व आत्मनिर्भर होने की शक्ति उत्पन्न करना।
10. बालकों को उत्कृष्ट चित्रकारों की कृतियों से परिचित कराना।

मुक्त भाव अभिव्यक्ति से लाभ (Advantages of Free Expression): मुक्त भाव अभिव्यक्ति से बालकों को निम्नलिखित लाभ प्राप्त होते हैं:

1. कला के प्रति वांछित रुचि तथा लगाव होने के कारण बालक अच्छा चित्रकार बनने का प्रयास करते हैं।

2. बालकों में प्रत्येक स्थिति के अनुसार चित्र बनाने का अभ्यास हो जाता है।

3. बालकों में काल विषय के ज्ञान में बढ़ौतरी होती है।

4. अच्छे चित्र बनाने से छात्रों में अच्छे भाव विकसित होते हैं।
5. बालकों में नागरिकता के गुणों का विकास होता है।
6. छात्रों में चयन शक्ति का विकास होता है।
7. छात्र निर्भय होकर कार्य करते हैं।
8. छात्र मन लगाकर कार्य करते हैं।
9. छात्र अपने मनोभावों को कागज पर स्वतन्त्रतापूर्वक प्रदर्शित करने के अवसर प्राप्त करते हैं।

मुक्त भाव अभिव्यक्ति विधि में ध्यान देने योग्य बातें (Points to be Kept in View in the Use of Free Expression Method): 1. *मुक्त भाव अभिव्यक्ति*: बालकों पर किसी प्रकार का नियन्त्रण नहीं रखना चाहिए। वे अपने भाव व्यक्त करने में स्वतन्त्र हों। बालकों पर कोई भी शैली थोपी न जाए।

2. *स्वतन्त्र वातावरण*: वातावरण स्वतन्त्रतापूर्ण उत्पन्न हो। बालक चाहे पैंसिल से अथवा रंगों से कार्य करे, उसे टोकना नहीं चाहिए।

3. *स्वेच्छा कार्य*: भाव अभिव्यक्ति में छात्र कई शैलियों का उपयोग करते हैं। कोई काटने के काम द्वारा, कोई स्टेंसिल के माध्मम से, कोई मिट्टी के काम से, कोई रेखाचित्र द्वारा आदि शैलियों के माध्यम से भाव-अभिव्यक्ति करते हैं। उनके काम में हस्तक्षेप नहीं किया जाना चाहिए।

4. *रचनात्मक वातावरण*: यथा सम्भव रचनात्मक वातावरण होना चाहिए। इस बात पर ध्यान दिया जाए कि प्रत्येक छात्र अपने भाव को किसी न किसी प्रकार की रचनात्मक क्रिया में व्यक्त करे।

5. *स्नेहपूर्ण वातावरण*: कक्षा का वातावरण सहानुभूतिपूर्ण तथा स्नेहपूर्ण होना चाहिए।

6. *उचित व्यवस्था*: कक्षा में छात्रों के बैठने की उचित व्यवस्था की जाए।

7. *उचित मार्गदर्शन*: मुक्त अभिव्यक्ति विधि का यह अर्थ नहीं है कि अध्यापक छात्रों का मार्गदर्शन भी न करे। छात्रों की त्रुटियों को प्रारम्भ में ही ठीक करना उचित रहता है ताकि छात्र गलत अभ्यास न करते जाएँ।

स्वतन्त्र भाव अभिव्यक्ति के विषय
(Subject Matter of Free Expression)

(1) कहानी चित्रण (2) कविता चित्रण (3) सीनरी चित्रण (4) कार्टून चित्रण (5) पोस्टर चित्रण (6) घटना चित्रण

मुक्त अथवा स्वतन्त्र भाव अभिव्यक्ति में अध्यापक की भूमिका (Role of the Teacher in Free Expression Method): 1. सहानुभूतिपूर्ण तथा स्नेहपूर्ण कक्षा का वातावरण निर्माण करना। 2. छात्रों को कार्य के लिए अधिक से अधिक स्वतन्त्रता प्रदान कराना। 3. बालकों में उचित भाव उत्पन्न करने के लिए सरल, रोचक तथा बालक उपयोगी कथाएँ सुनाना। 4. अध्यापक का स्वयं में मनोरम दृश्यों की क्षमता का विकास करना ताकि कक्षा में वांछित वातावरण उत्पन्न हो सके। 5. कक्षा में बालकों के बैठने की उचित व्यवस्था करना। 6. उचित सामग्री की व्यवस्था करना। 7. छात्रों का प्रभावी मार्गदर्शन करना।

वस्तुचित्रण एवं अवलोकन (निरीक्षण) विधि (Object Drawing and Observation Method)

वस्तु चित्रण का अर्थ: वस्तु चित्रण का अर्थ है किसी वस्तु को सामने रखकर उसे चित्रित करना। इस चित्रण का अभ्यास हाई स्कूल की कक्षाओं से आरम्भ किया जाता है।

वस्तु चित्रण के प्रकार

(1) वस्तु चित्रण एक या अधिक वस्तुओं को एक स्थान पर रखकर प्रकाश एवं छाया के माध्यम से शुद्ध अनुपात, सन्तुलन तथा सादृश्य के साथ चित्रित करना।

(2) प्रकृति चित्रण (Nature Drawing); फूल आदि का चित्रण करना।

(3) छव्यांकन (Portrait Drawing) साक्षात् व्यक्ति अर्थात् स्त्री, पुरुष, बाल अथवा बालक का चित्रण करना।

स्मृति चित्रण विधि (Memory Drawing Method)

स्मृति चित्रण का अर्थ: स्मृति चित्रण वह विधि है जिसमें छात्र उस घटना, दृश्य, विचार या वस्तु का चित्रण करता है जो उसके सम्मुख नहीं होती है।

स्मृति चित्रण विधि के लाभ: 1. इस विधि से छात्रों की दृश्य स्मृति (Visual Memory) का विकास होता है।

2. छात्रों का सामान्य स्मरण शक्ति का विकास होता है।
3. इस विधि के माध्यम से छात्रों की क्रियात्मक शक्तियों का विकास होता है।
4. छात्रों की कल्पना शक्ति का विकास होता है।
5. छात्र को स्वतन्त्र भाव अभिव्यक्ति का अवसर प्राप्त होता है।

स्मरण चित्र विधि का कार्यक्षेत्र (Scope of Memory Drawing Methods)

(1) **प्राथमिक कक्षाएँ**

(i) छात्रों को फल, फूल, पत्तियों, सब्जियों तथा खेल आदि की वस्तुएँ बनाने का अवसर प्रदान करना।

(2) **माध्यमिक कक्षाएँ**

(i) छात्रों को दैनिक उपयोग की वस्तुएँ बनाने का अवसर देना। जैसे–उपकरण, यन्त्र, बर्तन, पशु, पक्षी आदि।

(ii) ऐतिहासिक घटनाओं का चित्रण करना।

(iii) कहानी, कविता, घटना अथवा दृश्य आदि के माध्यम से उनका चित्रण करना।

स्मृति चित्रण विधि के प्रयोग में ध्यान देने हेतु सुझाव (Suggestions for the Use of Memory Drawing Method): 1. प्रभावी वातावरण प्रस्तुत करना। 2. छात्रों

को घटनाओं, दृश्यों तथा वस्तुओं को भली प्रकार अवलोकन के अवसर प्रदान करना। 3. छात्रों को मुक्त शैली में चित्रण करने के अवसर देना। 4. छात्रों का सहानुभूतिपूर्ण मार्गदर्शन किया जाना चाहिए। 5. स्मृति चित्रण प्रारम्भ में केवल रेखाचित्रों के माध्यम से कराया जाए। 6. धीरे-धीरे छात्रों को प्रकाश तथा छाया का उपयोग करना सिखाया जाए।

कल्पना विधि (Imagination Method)

कल्पना का महत्त्व तथा कला कल्पना के विकास का माध्यम: कल्पना का सृजन में विशेष स्थान है। कल्पना शक्ति एक प्रकार से सभी आविष्कारों का स्त्रोत है। परन्तु यह भी आवश्यक है कि कल्पना शक्ति के साथ दृढ़ निश्चय हो अन्यथा कल्पना का कोई विशेष महत्त्व नहीं रह जाता है। छात्रों में कल्पना के विकास का माध्यम कला को बनाया जा सकता है।

कल्पना का आधार: कल्पना का आधार ज्ञान-प्रत्यय (Sense Perception) है। अत: छात्रों में स्पष्ट ज्ञान-प्रत्यय निर्माण करना अति आवश्यक है। इसमें कोई सन्देह नहीं है कि ज्ञान प्रत्ययों के माध्यम से भाव तथा कल्पनाएँ जागृत होती हैं। छात्रों की प्रभावी, क्रियात्मक तथा सृजनशील कल्पना शक्ति के विकास के लिए उन्हें अनुभूतियों तथा अनुभवों के उचित अवसर प्रदान करना जरूरी है। कल्पनाओं के आधार पर कलाशिक्षण को प्रभावी बनाया जा सकता है।

कल्पना विधि से लाभ: 1. छात्रों में कल्पना शक्ति का विकास होता है। 2. छात्रों को मुक्त अभिव्यक्ति के अवसर प्राप्त होते हैं। 3. छात्रों की क्रियात्मकता की प्रवृत्ति की सन्तुष्टि होती है। 4. छात्रों की आत्म-सन्तुष्टि होती है। 5. छात्रों के विभिन्न पक्षों अर्थात् मन, बुद्धि, मस्तिष्क तथा हाथों के सहयोग के माध्यम से उनकी इच्छा शक्ति, अनुभव, भाव तथा क्रिया का मौलिक संगम होता है। परिणाम स्वरूप उनके व्यक्तित्व पनपते हैं तथा पूर्णया की ओर अग्रसर होते हैं।

अलंकरण विधि अथवा प्रसाधन (Decoration Method)

अलंकरण विधि का अर्थ: अलंकरण विधि वह विधि है जिस विधि से छात्रों को साज-सज्जा का प्रशिक्षण दिया जाता है।

अलंकरण विधि की आवश्यकता: मानव आदिकाल से ही अपने शरीर, वस्तुओं, वस्त्रों तथा मकानों को कलाकृत्तियों के माध्यम से सजाने में रुचि रखता आ रहा है। आदि काल का मानव गुफाओं आदि का सजाता रहा है। सिन्धु घाटी की खुदाई में अनेक अवशेष मिले हैं जो इस बात का संकेत देते हैं कि उसकी रुचि सजाने में भी थी।

अलंकरण विधि का कार्यक्षेत्र (Scope of Decoration Method)

(1) विभिन्न प्रकार के आलेखन

(2) रूपकारिता (Designing)

(3) चित्रण के सौन्दर्य के लिए उपयुक्त धरातल

(4) रंगों का मेल

(5) उपयुक्त स्थान का चयन

(6) विभिन्न प्रकार की वस्तुओं की साज-सज्जा का ढंग

अलंकरण विधि का कला शिक्षण में प्रयोगः 1. कढ़ाई-छपाई के छात्रों को अवसर प्रदान करना। 2. कक्षा-कक्ष की सजावट के अवसर छात्रों को प्रदान करना। 3. छात्रों को विभिन्न परिस्थितियों में उपयुक्त रंगों के चुनाव के अवसर देना। 4. कला प्रदर्शनियों का आयोजन करना। 5. महान कलाकारों की प्रदर्शनियों में छात्रों को ले जाना। 6. विभिन्न स्मारकों पर ले जाना तथा उनकी साज-सज्जा का अवलोकन करना।

अलंकरण विधि से लाभः 1. छात्रों की चयन शक्ति का विकास होता है। 2. छात्रों की गुण परख शक्ति का विकास होता है। 3. छात्रों में विधिवत कार्य करने का प्रशिक्षण प्राप्त होता है। 4. छात्रों में मिलकर कार्य करने की भावना का विकास होता है।

प्रतीकात्मक चित्रण विधि अथवा सांकेतिक चित्रण विधि (Symbolic Method of Drawing or Method of Symbolism in Drawing)

प्रतीकात्मक चित्रण विधि का अर्थः प्रतीकात्मक चित्रण विधि से अभिप्रायः उस विधि से है जिसमें अमूर्त अथवा सूक्ष्म (Abstract) भावों को स्थूल अथवा मूर्त रूप प्रदान करने के लिए संकेतों अथवा प्रतीकों का प्रयोग किया जाता है। किसी भवन पर कलश लगाने से उसे मन्दिर मान लिया जाता है। क्रॉस का चिन्ह चर्च अथवा गिरजाघर का प्रतीक मान लिया जाता है। यूनियन जैक को इंग्लैंड प्रशासन का प्रतीक माना जाता है। तिरंगा झण्डा भारत का प्रतीक है। प्रतीकों की सहायता से एक चित्रकार की तूलिका स्थूलता उत्पन्न करती है। उसकी तूलिका विद्या को 'सरस्वती' प्रतीक रूप में प्रकट करती है। वीणा कलाओं की प्रतीक है। मुकुट सम्राट का प्रतीक है। स्त्री के सिर पर सिन्दूर सुहाग का प्रतीक है। उसके मस्तिष्क पर बिन्दी भी सुहाग का प्रतीक है। मूर्ति भगवान की प्रतीक है। पीला रंग त्याग का प्रतीक है। इस प्रकार के प्रतीकों का छात्रों को ज्ञान देना बहुत आवश्यक है।

प्रतीकात्मक चित्रण विधि से लाभः 1. प्रतीकात्मक चित्रण से छात्रों को कला को समझने की शक्ति को बढ़ावा मिलता है। 2. प्रतीकात्मक चित्रण के माध्यम से छात्रों में आध्यात्मक मूल्यों का विकास होता है। 3. प्रतीकात्मक चित्रण के माध्यम से छात्र विभिन्न संस्कृतियों की जानकारी प्राप्त करते हैं। 4. प्रतीकों के आधार पर छात्रों में कला को परखने की शक्ति का विकास होता है। 5. प्रतीकों के माध्यम से छात्रों में वर्णन करने की क्षमता उत्पन्न होती है। 6. प्रतीकों द्वारा छात्रों की सोच शक्ति का विकास होता है।

हिन्दू, जैन एवं सिक्ख चित्र

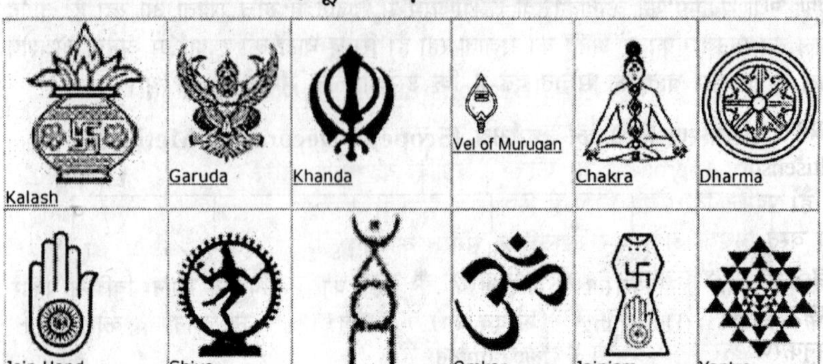

इस्लाम, जुदाइस्म, सूफी तथा बहाई चित्र

अन्य चित्र

प्रतीकात्मक चित्रण विधि का कार्यक्षेत्र

(1) आध्यात्मक चित्रों द्वारा प्रतीकों का ज्ञान कराना

(2) विविध संस्कृतियों तथा धर्मों का ज्ञान प्रतीकों द्वारा कराना

(3) स्थूल भावों को प्रतीकों के सहारे चित्रित करना। नृत्य द्वारा भाव प्रकट करना।

प्रदर्शन विधि (Demonstration Method)

प्रदर्शन विधि का अर्थ: प्रदर्शन विधि को कई शिक्षा शास्त्री बहुसंवेदी शिक्षण उपागम (Multisensory Approach) भी कहते हैं क्योंकि यह विधि छात्रों की इन्द्रियों को सजग करती है। प्रदर्शन विधि वह विधि है जिसके माध्यम से अध्यापक पाठ्य विषय पढ़ाते समय अथवा वस्तु अथवा अनुभव से सम्बन्धित समस्त कार्यप्रणाली का वास्तविक रूप छात्रों के सम्मुख स्वयं प्रदर्शित करता है। कला विषय में तो इस विधि का विशेष महत्त्व है।

छात्र, अध्यापक का अनुकरण (Imitation) करते हैं। छात्रों में अध्यापक की क्रियाओं का अनुकरण करने की प्रवृत्ति स्वाभाविक होती है।

प्रदर्शन विधि के गुण (Merits of Demonstration Technique) : 1. क्रियात्मक क्रियाओं के प्रदर्शन के कारण कक्षा का वातावरण पूरी तरह सक्रिय और सजग रहता है।

2. छात्रों की निरीक्षण शक्ति का विकास होता है।

3. छात्रों की विचार शक्ति तथा तर्क शक्ति का विकास होता है।

4. कला के कठिन से कठिन प्रसंग भी सुगमता से छात्रों को समझाए जा सकते हैं।

5. ज्ञान तथा कौशल स्पष्ट तथा स्थायी हो जाते हैं।

6. अध्यापक तथा छात्र दोनों सजग तथा सक्रिय रहते हैं।

7. छात्रों को प्रत्यक्ष रूप से ज्ञान तथा कौशल मिलता है।

8. यह विधि रोचक है एवं स्वभावतया छात्रों को आकर्षित करती है।

9. यह विधि छात्रों में प्रयोगात्मक प्रवृत्ति का विकास करती है।

10. यह मनोवैज्ञानिक विधि है क्योंकि इसमें स्थूल से सूक्ष्म की ओर चला जाता है।

11. इसमें समय तथा धन की बचत होती है। कम उपकरणों द्वारा ही शिक्षक पूरी कक्षा को प्रयोग करके दिखा देता है। चूँकि शिक्षक स्वयं प्रयोग करता है अत: समय भी कम लगता है।

प्रदर्शन प्रविधि को प्रभावपूर्ण बनाने के सुझाव (Suggestions for Effective Demonstration): 1. प्रदर्शन सामग्री के नमूने पूरी तरह विषय वस्तु से सम्बन्धित हों।

2. प्रदर्शन के दौरान वस्तुओं तथा सामग्री का ठीक उपयोग किया जाए।

3. प्रदर्शन के सभी पक्ष सभी छात्रों को स्पष्ट दिखाई दें।

4. कारण तथा परिणाम स्पष्ट दृष्टिगोचर हो।

5. छात्र संभागिता पर बल दिया जाए।

6. प्रदर्शन के पश्चात् छात्र स्पष्ट परिणाम निकाल सके।

7. प्रदर्शन से पूर्व शिक्षक को प्रयोग का स्वयं अभ्यास कर लेना चाहिए।

8. प्रदर्शित की जाने वाली समस्त सामग्री पहले से एकत्रित कर ली जाए ताकि प्रदर्शन के दौरान सामग्री कक्षा के बाहर से न लानी पड़े।

9. प्रदर्शन में प्रयोग किए जाने वाले उपकरण तथा सामग्री इस आकार की हो कि सारे छात्र सुगमता से उसे देख सकें।

10. प्रदर्शन की गति न बहुत तेज हो और न ही बहुत धीमी।

कला शिक्षण में परिभ्रमण विधि
(Field Trip Method in the Teaching of Art)

शिक्षण प्ररिभ्रमण अथवा यात्रा विधि का अर्थ (Meaning of Field Trip Method): शिक्षण परिभ्रमण विधि का अर्थ उस विधि से है जिसके माध्यम से छात्रों को कक्षा तथा स्कूल से बाहर अधिगम के लिए ले जाया जाता है।

परिभ्रमण विधि का महत्त्व: कक्षा में छात्रों को कला के बारे में सब कुछ नहीं बताया जा सकता। कला के बारे में महत्त्वपूर्ण जानकारी देने के लिए उचित पर्यावरण के प्रति उचित दृष्टिकोण निर्माण के लिए तथा कौशल पोषण के लिए क्षेत्र भ्रमण विधि बहुत महत्त्व रखती है। प्रसिद्ध शिक्षाशास्त्री *रूसो* ने परिभ्रमण के माध्यम से ज्ञान प्राप्त करने पर बल दिया न कि पुस्तकें पढ़कर। इसी प्रकार सभी प्रगतिशील शिक्षाविदों ने परिभ्रमण अध्ययन विधि पर जोर दिया। विद्वान *वॉल्टर* के शब्दों में, "कोई भी स्थान जहाँ पौधा या जानवर पाया जाता है, उतना ही महत्त्व रखता है जितना कि जानवर और पौधे स्वयं रखते हैं।" कला अध्ययन में अनेक ऐसे स्थल हैं जहाँ पर छात्रों को ले जाना अत्यन्त आवश्यक है।

क्षेत्र परिभ्रमण विधि से लाभः 1. वस्तुओं को प्रत्यक्ष देखने से ज्ञान में वास्तविकता का रूप आ जाता है।

2. छात्र सामाजिक वातावरण के सम्पर्क में आते हैं।
3. क्षेत्र परिभ्रमण प्रविधि से जो ज्ञान प्राप्त होता है, वह ठोस होता है।
4. छात्रों में पर्यावरण के प्रति रुचि उत्पन्न होती है।
5. कला शिक्षण को रुचिकर बनाया जा सकता है।
6. इस विधि में छात्र प्रकृति को यथार्थ से देखते हैं।
7. छात्र ज्ञान को क्रमबद्ध तथा सुव्यवस्थित करने में सक्षम हो पाते हैं।
8. छात्रों को स्वावलम्बी बनने का अवसर मिलता है।
9. छात्रों की निरीक्षण शक्ति का विकास होता है।
10. छात्रों में सहयोग की भावना का विकास होता है।
11. इस विधि में छात्र क्रियाशील रहते हैं।
12. जो तथ्य, बातें तथा घटनाएँ छात्र कला की कक्षाओं में नहीं सीख सकते, उन्हें भ्रमण के माध्यम से सम्बन्धित स्थल पर ले जाकर सिखाया जा सकता है।
13. भ्रमण से बच्चों में खोज की प्रवृत्ति बढ़ती है।
14. भ्रमण से छात्रों का दृष्टिकोण विशाल बनता है।
15. भ्रमण से राष्ट्रीय एकता तथा समाकलन की भावना का विकास होता है।
16. प्राकृतिक सौन्दर्य के स्थलों पर जाने से छात्रों में सौन्दर्यात्मक भावना का विकास होता है।
17. अतीत के प्रति सौन्दर्य की भावना बढ़ती है।

क्षेत्र परिभ्रमण विधि में प्रबन्ध के महत्त्वपूर्ण पक्ष (Important Aspects of Organising Field Trips)

क्षेत्र परिभ्रमण प्रविधि को सफल बनाने के लिए महत्त्वपूर्ण पक्ष

- व्यावहारिक पक्ष
- शैक्षिक पक्ष

क्षेत्र परिभ्रमण विधि में ध्यान योग्य व्यावहारिक पक्ष

(1)	(2)	(3)	(4)	(5)	(6)	(7)
परिभ्रमण के लिए प्राचार्य की अनुमति लेना	परिभ्रमण के लिए अभिभावकों की अनुमति लेना	परिभ्रमण स्थल के अधिकारी की अनुमति लेना	आने-जाने के साधनों की व्यवस्था करना	परिभ्रमण पर अवलोकन तथा नमूने के संग्रह के लिए आवश्यक उपकरण लेना	छात्रों के रहने तथा भोजन की व्यवस्था करना	परिभ्रमण स्थान के बारे में आवश्यक जानकारी प्राप्त करना

क्षेत्र परिभ्रमण विधि के सन्दर्भ में ध्यान योग्य शैक्षिक पक्ष (Educational Aspects of Making Field Trips Successful): 1. क्षेत्र परिभ्रमण का उद्देश्य भ्रमण से पूर्व छात्रों को स्पष्ट किया जाए।

2. यदि कुछ पूर्व अध्ययन की आवश्यकता हो, तो उसे भी किया जाए।
3. परिभ्रमण के विषय में छात्रों में पर्याप्त जिज्ञासा उत्पन्न की जाए तथा उसे शान्त किया जाए।
4. छात्रों को उचित निर्देश दिए जाएँ कि परिभ्रमण स्थल के बारे में उन्हें किन-किन बातों पर विशेष ध्यान देना है।
5. परिभ्रमण स्थल का चुनाव छात्रों की आयु, मानसिक स्तर, शैक्षिक उपयोगिता आदि के आधार पर किया जाए।
6. परिभ्रमण स्थल के समय छात्रों को महत्त्वपूर्ण तथ्य लिखने के लिए कहा जाए।
7. जहाँ चित्र लेने की आवश्यकता हो, स्थल के अधिकारियों से अनुमति ली जाए।
8. शैक्षिक उद्देश्य के साथ-साथ मनोरंजन के पक्ष पर भी ध्यान दिया जाए।
9. परिभ्रमण के पश्चात् छात्रों के अवलोकन तथा अनुभव पर चर्चा की जाए।
10. परिभ्रमण के पश्चात् शिक्षक समस्त गतिविधियों का अवलोकन करे कि किस सीमा तक परिभ्रमण के उद्देश्य में सफलता मिल पायी है।

क्षेत्र परिभ्रमण के उदाहरण (Examples of Field Trips): *छोटी कक्षाओं के छात्रों के लिए:* बाग बगीचा, खेत, पशुशाला, चिड़ियाघर, अजायबघर आदि सांस्कृतिक तथा अन्य महत्त्वपूर्ण स्थान।

बड़ी कक्षाओं के छात्रों के लिए: कपड़ा मिल, जूट मिल, बैंक, पंचायत घर, विधानसभा, संसद भवन, टेलीफोन एक्सचेंज, वाटर वर्क्स, ऐतिहासिक तथा अन्य महत्त्वपूर्ण स्थान।

क्षेत्र परिभ्रमण में मोटे तौर पर निम्न प्रकार के भ्रमण आते हैं: 1. कलात्मक प्रदर्शनियों का अध्ययन। 2. स्मारकों का अध्ययन। 3. सांस्कृतिक परिवेश का अध्ययन। 4. ऐतिहासिक परिवेश का अध्ययन। 5. भौगोलिक परिवेश का अध्ययन। 6. आर्थिक परिवेश का अध्ययन। 7. सामाजिक परिवेश का अध्ययन। 8. औद्योगिक परिवेश का अध्ययन। 9. कृषि परिवेश का अध्ययन। 10. धार्मिक परिवेश का अध्ययन।

शिक्षण भ्रमण विधि की सीमाएँ (Limitations of Field Trip): 1. भ्रमण एक महँगी विधि है। 2. भ्रमण के लिए अनेक प्रकार की तैयारी करनी पड़ती है। 3. कभी-कभी शैक्षिक भ्रमण को केवल मनोरंजन के साधन के रूप में ही लिया जाता है। 4. भ्रमण एक जोखिम भरी तथा संकटपूर्ण शिक्षण विधि है। इसमें अत्यन्त सावधानी तथा सतर्कता बरतनी पड़ती है।

प्रदर्शनीय सामग्री तथा प्रदर्शनी विधि (Displays and Exhibition Method)

प्रदर्शनीय सामग्री तथा प्रदर्शनी विधि का अर्थ (Meaning of Exhibits and Exhibition Method): प्रदर्शनीय सामग्री का अर्थ उस सामग्री से है जो किसी प्रदर्शनी में दिखाई जाती है। प्रदर्शनी से तात्पर्य ऐसे सुनियोजित तथा सुव्यवस्थित आयोजन से है जिसमें विभिन्न प्रकार की सामग्री—ऐतिहासिक मॉडल, चित्र, सिक्के तथा उपकरण आदि दर्शायी जाती है। पर्यावरण सम्बन्धी अनेक प्रकार की सामग्री प्रदर्शनी में रखी जा सकती है। इसमें प्रयोगात्मक कार्य भी दिखाया जाता है। सामग्री को इस रूप में प्रदर्शित करने का

प्रयास किया जाता है कि उसके द्वारा देखने वालों को अर्थात् छात्रों, उनके अभिभावकों तथा विषय में रुचि रखने वालों को इनसे संबंधित सैद्धान्तिक ज्ञान और क्रियात्मक कौशल तथा भावात्मक दृष्टिकोण के विकास में सहायता मिल सके।

प्रदर्शनी का महत्त्व (Significance of an Exhibition): प्रदर्शनी वह माध्यम है जो प्रत्यक्ष तथा सरल रूप से जटिल संबंधों, तत्त्वों तथा तथ्यों को प्रत्यक्ष रूप में जन-जन तक पहुँचाता है। प्रदर्शनी एक ऐसा सशक्त माध्यम है जो सम्बन्धित विषय संबंधी जागरूकता का विकास करता है। कलात्मक संबंधी ज्ञान बढ़ाता है, कला तथा क्राफट के प्रति संवेदनशीलता के भावों का विकास करता है तथा कलात्मक धरोहर के संरक्षण के कौशल निर्माण करता है।

प्रदर्शनी का स्थान के अनुसार कार्यक्षेत्र
(Scope of Exhibition According to Area)

(1) स्कूल स्तर पर प्रदर्शनी
(2) विभिन्न स्कूलों द्वारा मिलकर मंडलीय स्तर पर प्रदर्शनी
(3) राज्यीय स्तर पर प्रदर्शनी
(4) राष्ट्रीय स्तर पर प्रदर्शनी
(5) अन्तर्राष्ट्रीय स्तर पर प्रदर्शनी

प्रदर्शनी का प्रकरण के सन्दर्भ में क्षेत्र
(Scope of Exhibition According to Topic or Theme)

(1) भौगोलिक प्रकरण
(2) ऐतिहासिक प्रकरण
(3) नागरिकशास्त्र प्रकरण
(4) समुदाय के विभिन्न प्रकरण
(5) सांस्कृतिक प्रकरण
(6) आर्थिक प्रकरण

प्रदर्शनी आयोजन के उद्देश्य (Objectives of Organising Exhibition): 1. छात्रों में कला संबंधी स्वस्थ दृष्टिकोण का निर्माण करना। 2. विभिन्न प्रकार के कला अध्ययन की उपयोगिता तथा महत्त्व से छात्रों को परिचित कराना। 3. छात्रों को कलात्मक कृतियों की सुरक्षा तथा संरक्षण के उपायों को अपनाने के लिए प्रेरित करना। 4. छात्रों को विभिन्न प्रकार की कला सामग्री तथा साधनों से प्रत्यक्ष रूप से परिचित कराना। 5. छात्रों की सहायता से संगृहीत एवं स्वयं निर्मित सामग्री का प्रदर्शन करके उसके शैक्षिक उपयोगों से उन्हें परिचित कराना। 6. कला अध्ययन से संबंधित प्रकरणों को दृश्य-श्रव्य सामग्री के उपयोग द्वारा स्पष्ट करना। 7. अभिभावकों को स्कूल में किए जाने वाले कलात्मक प्रयत्नों से परिचित कराना। 8. छात्रों को उत्साहवर्धन तथा उनके विचारों को अनुप्रयोग का अवसर प्रदान करना।

प्रदर्शनी का आयोजन तथा संगठन के विभिन्न पक्ष
(Different Aspects of Organising Exhibition)

(1) प्रदर्शनी की योजना बनाना
(2) प्रदर्शनी में कार्य विभाजन करना
(3) प्रदर्शनी का लगाना
(4) प्रदर्शनी में प्रस्तुत प्रतिमानों का मूल्यांकन करना
(5) प्रदर्शनी का समापन

प्रदर्शनी की योजना के मुख्य विचारणीय तत्त्व
(Elements to be Considered in Planning Exhibition)

(1) प्रदर्शनी के उद्देश्य निश्चित करना
(2) प्रदर्शनी का क्षेत्र विस्तार
(3) प्रदर्शनी की प्रक्रिया
(4) प्रदर्शनी की अर्थ-व्यवस्था
(5) स्थान, समय व अवधि
(6) अन्य सुविधाएँ

प्रदर्शनी संबंधी कार्य विभाजन
(Distribution of Work in Planning Exhibition)

(1) सलाहकार समिति
(2) कार्यकारी समिति
(3) रिकॉर्डिंग समिति
(4) स्वागत समिति
(5) सामान्य व्यवस्था संबंधी समिति
(6) प्रचार समिति
(7) अनुशासन समिति

प्रदर्शनी संबंधी ध्यान देने योग्य सामान्य बातें (General Considerations in Planning and Organising Exhibition): 1. प्रदर्शनी से पूर्व प्रस्तुतियाँ (प्रदर्शित वस्तुएँ) भेजने वालों को मूल्यांकन संबंधी उचित जानकारी दी जाए ताकि प्रस्तुतियाँ निर्माण करते समय समय तथा भेजते समय इन बातों पर उचित ध्यान दिया जा सके। 2. प्रदर्शनी में प्रस्तुत प्रत्येक विद्यमान प्रदर्शित वस्तु (Exhibit) जहाँ तक संभव हो अपने आप में समझाने वाला होना चाहिए। 3. प्रदर्शनी का नामांकन ठीक होना चाहिए। 4. जहाँ आवश्यक हो, प्रतिमान संबंधी वर्णन-व्यवस्था कार्ड हो। 5. प्रयोगात्मक प्रस्तुतियों को एक दिन पूर्व प्रयोग करके जाँच कर लेनी चाहिए। 6. प्रदर्शनी का उद्घाटन कला तथा क्राफट से संबंधित किसी प्रमुख व्यक्ति से करवाया जाए। 7. प्रदर्शनी में समुदाय के लोगों को आमंत्रित किया जाए। 8. प्रदर्शनी में प्रस्तुतियों तथा प्रतिमानों की सुरक्षा का उचित प्रबन्ध किया जाए। 9. प्रस्तुतियों के मूल्यांकन के लिए पर्यावरण से संबंध रखने वाले निर्णायक चुने जाएँ।

निरीक्षण/अवलोकन विधि (Observation Method)

अवलोकन का अर्थ: अवलोकन का अर्थ है किसी वस्तु, स्थान चित्र तथा प्रयोग आदि को ध्यानपूर्वक देखना, ध्यान देकर उस पर चिन्तन करना तथा मनन अथवा अभ्यास करना।

छात्रों को विभिन्न प्रकार की कलाकृतियों का तथा नमूनों आदि का अवलोकन कराया जाता है। स्मारकों का अवलोकन कराया जाता है।

अवलोकन के प्रकार (Types of Observation)

- (1) वस्तु चित्रण का अवलोकन
- (2) प्रकृति चित्रण का अवलोकन
- (3) नमूनों का अवलोकन
- (4) स्मारकों का अवलोकन

अवलोकन विधि के लाभ: 1. इस विधि से प्रत्यक्ष रूप में ज्ञान प्राप्त हो जाता है। 2. छात्रों की मनोवैज्ञानिक आवश्यकताओं की संतुष्टि करने में यह विधि सहायक होती है। 3. यह विधि रोचक ढंग से ज्ञान प्राप्ति में सहायता देती है। 4. छात्रों को प्रयोगात्मक तथा व्यावहारिक ज्ञान प्राप्ति का अवसर मिलता है। 5. इस विधि के माध्यम से छात्रों को अपनी इन्द्रियों के माध्यम से सही-सही ज्ञान प्राप्त करने का प्रशिक्षण प्राप्त होता है। 6. छात्रों की मानसिक शक्तियों को विकसित होने का समुचित अवसर मिलता है। 7. छात्र जो ज्ञान स्वयं अवलोकन से प्राप्त करते हैं, वह स्थायी होता है। 8. अवलोकन द्वारा प्राप्त ज्ञान छात्रों के सम्पूर्ण ज्ञान का अंग बन जाता है। 9. अवलोकन द्वारा छात्र वास्तविक पर्यावरण स्थितियों से परिचित होते हैं।

अवलोकन प्रविधि की सीमाएँ: 1. इस विधि से व्यवस्थित तथा सुनियोजित ढंग से ज्ञान प्राप्त नहीं हो सकता। 2. यह विधि बहुत समय लेती है। पाठ्यक्रम समय पर समाप्त नहीं किया जा सकता। 3. यह विधि अपेक्षाकृत खर्चीली है। 4. निरीक्षण प्रविधि में बहुत निपुणता तथा दक्षता की आवश्यकता होती है।

अवलोकन विधि से अधिकतम लाभ उठाने के उपाय (Measures of Making the Best Use of Observation Method): 1. अवलोकन से पूर्व छात्रों को अवलोकन किए जाने वाले तथ्य या वस्तु के बारे में भूमिका के रूप में कुछ दिशा-निर्देश दिए जाएँ।

2. अवलोकन के समय छात्रों को अधिक से अधिक स्वतन्त्रता दी जानी चाहिए।

3. उचित होगा यदि स्थान, वस्तु तथा संस्था के बारे में छात्रों के अवलोकन से पहले अध्यापक स्वयं अवलोकन कर लें।

4. 'ध्यान केन्द्रित करने का प्रशिक्षण' छात्रों को प्रदान किया जाना चाहिए।

5. अपनी इन्द्रियों के द्वारा सही-सही ज्ञान बटोरने के लिए छात्रों को उचित प्रोत्साहन दिया जाना चाहिए।

6. छात्रों की अपनी स्मरण शक्ति को तीव्र बनाने सम्बन्धी अभ्यास भी प्रदान किए जाने चाहिए।

7. दूरी, संख्या, आकार, रंग-रूप और आकृति आदि का अनुमान लगाने, विभिन्न आवाजों को पहचानने, गन्धों को जानने आदि का अभ्यास छात्रों को कराया जाना चाहिए।

8. अवलोकन की हुई क्रियाओं तथा वस्तुओं को सही ढंग से नोट करने की आदत छात्रों में डालनी चाहिए।

9. छात्रों को क्रियाओं और वस्तुओं के अवलोकन के बाद उन पर निष्पक्ष दृष्टिकोण से चिन्तन और मनन कर उचित निष्कर्ष निकालने के लिए प्रेरित किया जाना चाहिए।

10. छात्रों को अवलोकन के अवसर प्रदान करने के लिए प्रयत्न किया जाना चाहिए। इसके लिए भ्रमण के समय, कक्षा में प्रयोग देखते समय, दृश्य-श्रव्य सहायक सामग्री का प्रयोग करते समय तथा दिन-प्रतिदिन के जीवन में विभिन्न वस्तुओं और क्रियाओं का उचित अवलोकन करने की आदत विकसित करने की चेष्टा करनी चाहिए।

11. अवलोकन के पश्चात् जो भी अनुभव छात्रों को हुए हैं तथा वे जिस निष्कर्ष पर पहुँचे हैं, उस पर सामूहिक रूप से विचार-गोष्ठी का आयोजन किया जाना चाहिए।

12. आवश्यकता पड़ने पर अध्यापक को छात्रों की ज्ञान प्राप्ति में जो कमियाँ रह गई हैं उसे अपनी ओर से अधिक ज्ञान प्रदान कर या अन्य अनुभव प्रदान कर दूर करने का प्रयत्न करना चाहिए।

कला शिक्षण में सहभागिता अनुभव
(Participatory Experience in Art Teaching)

सहभागिता अनुभव का अर्थ: सहभागिता अनुभव का अर्थ है शिक्षण-अधिगम प्रक्रिया में शिक्षक तथा छात्र दोनों पक्षों की भागीदारी। एक कहावत है, "पढ़ाया कुछ भी नहीं जा सकता, परन्तु सीखा सब कुछ जा सकता है।" इस प्रक्रिया में सीखना मुख्य है। दूसरे शब्दों में सीखने वाला मुख्य है। अर्थात् छात्र मुख्य तत्त्व है।

शिक्षण-अधिगम प्रक्रिया में छात्रों की भागीदारी का महत्त्व (Important Role of Student's Participation in Teaching Learning Process): प्रकृति ने बच्चों में अद्भुत शक्ति तथा सजीवता भरी हुई है। उनमें शक्ति का अजर स्रोत बहता रहता है।

बच्चे का जीवन प्रवाह गंगा नदी के समान है। उसके जीवन की यह गंगा बढ़ती रहती है। परन्तु यदि कोई यह चाहे कि इसके प्रवाह को बिना मोड़े बाँध बनाकर रोक दिया जाए तो यह बाँध अवश्य ही टूट जाएगा। इस शक्ति को दबाया नहीं जा सकता है। प्रवाह को किसी अन्य दिशा में प्रवाहित तो किया जा सकता है परन्तु रोका नहीं जा सकता। ठीक उसी प्रकार बच्चों की प्रकृति है। वह समय गया जब छात्र सुनता रहता था तथा अध्यापक कक्षा में पढ़ाता रहता था। मनोविज्ञान की खोजों ने सिद्ध कर दिया है कि छात्रों को शिक्षण-अधिगम प्रक्रिया में भागीदार बनाया जाए। छात्र तो शिक्षा के ड्रामें में 'नायक' है।

कॉमिनियस (Comenius), रूसो (Rousseau), पेस्टालॉजी (Pestalozzi), फ्रोबेल (Froebel), ड्यूवी (Dewey), माण्टेसरी (Montessori) आदि ने छात्रों की शिक्षण-अनुदेशन प्रक्रिया में भागेदारी पर विशेष बल दिया है।

श्री अरविन्द घोष ने लिखा है कि अध्यापक न तो सिखाता है और न ही बालक से काम लेने वाला स्वामी है। वह एक सहायक और पथ-प्रदर्शक है। उसका कार्य सुझाव देना है, थोपना नहीं। वह छात्र को बताता है कि ज्ञान स्वयं कैसे अर्जित किया जाता है।

इसमें सन्देह नहीं है कि शिक्षक को भी एक महत्त्वपूर्ण भूमिका निभानी होती है। साथ ही इससे भी इन्कार नहीं किया जा सकता कि शिक्षण का केन्द्रबिन्दु छात्र ही होता है। स्मरण रहे कि छात्र के लिए ही शिक्षण का कार्य किया जाता है। शिक्षण-अधिगम प्रक्रिया में दो प्रमुख पक्ष हैं—शिक्षक तथा छात्र। अतः दोनों का महत्त्वपूर्ण स्थान है। यह प्रक्रिया तभी प्रभावी तथा सफल हो सकती है जब इस प्रक्रिया में छात्र उत्साहपूर्वक भाग लें। छात्र किसी भी शिक्षण-अधिगम अवस्था में एक मूकदर्शक अथवा निष्क्रिय श्रोता बनकर नहीं

रह सकता। वास्तव में वह तो मुख्य पात्र है। प्रक्रिया के अच्छे परिणामों के लिए उसका सक्रिय सहयोग सभी दिशाओं में लिया जाना चाहिए।

छात्रों के लिए संभागिता अनुभव बढ़ाने के आधार (Basis of Promoting Student Participatory Experience): 1. छात्र स्वभाव से क्रियाशील होते हैं। 2. छात्र स्वयं करके अधिक सीखते हैं। 3. छात्रों में सृजनात्मकता होती है। 4. छात्र आत्माभिव्यक्ति के अवसर चाहते हैं। 5. छात्र सहयोग की भावना रखते हैं। 6. छात्र प्रयोग करके सीखना चाहते हैं। 7. छात्र स्थान को देखकर या भ्रमण करके सीखते हैं। 8. छात्र एक-दूसरे से सीखते हैं।

छात्र संभागिता अनुभव बढ़ाने के उपाय (Methods of Promoting Student Participation): छात्रों की भागेदारी बढ़ाने के लिए अध्यापक शाब्दिक तथा अशाब्दिक दोनों ही प्रकार की व्यवहार क्रियाओं का प्रय0ोग कर सकता है। अध्यापक इस संदर्भ में स्वस्थ वातावरण का निर्माण करें।

1. छात्रों के पूर्व अनुभवों का प्रत्येक पाठ में उपयोग किया जाए। 2. प्रत्येक शिक्षण गतिविधि के उद्देश्यों से छात्रों को भली-भाँति परिचित कराया जाए। 3. छात्रों के साथ ज्ञानात्मक और भावात्मक स्तर पर तारतम्य स्थापित किया जाए। 4. अध्यापक प्रशंसा के शब्द, हाव-भाव, सहमति-सूचक आदि का प्रयोग करें।

13

व्यक्तिगत तथा सामूहिक शिक्षण विधियाँ (Individual and Collective Teaching Methods)

डाल्टन योजना (Daltan Plan)

डाल्टन योजन का प्रारम्भः यह योजना वर्ष 1920 में हेलेन पार्कहर्स्ट (Helen Parkhurst) द्वारा अमेरिका के नगर डाल्टन के एक स्कूल में चलाई गई।

डाल्टन योजना की विशेषताएँ तथा स्वरूप (Characteristics and Form of Dalton Plan)

1. *पाठों का अथवा पठन सामग्री का अनुबन्ध* (*Contract of the Lessons*): इस विधि में वर्ष के आरम्भ में ही प्रत्येक विषय का अध्यापक वर्ष-भर में किए जाने वाले कार्यक्रम की रूप-रेखा तैयार कर लेता है। फिर वर्ष भर के कार्य का विभाजन महीनों के आधार पर करके छात्रों को आरम्भ में बता देता है कि उन्होंने कितना कार्य करना है। छात्रों को यह स्वतन्त्रता रहती है कि वे किस गति से किसी भी समय, किसी भी विषय का कार्य करें।

2. *विषय कक्ष अथवा प्रयोगशालाएँ* (Subject Rooms/Laboratories): विषय या विषय की प्रयोगशालाएँ होती हैं। इसमें विषय से सम्बन्धित सम्पूर्ण सामग्री उपलब्ध रहती है। जैसे–विषय सम्बन्धी पुस्तकें, चित्र, रेखाचित्र, पत्रिकाएँ, शब्दकोष आदि तथा उपकरण। इसी कक्ष में अध्यापक द्वारा छात्रों का मार्गदर्शन किया जाता है। छात्र अपनी सुविधानुसार किसी भी कक्ष में जाकर कार्य कर सकते हैं।

3. *विषय-शिक्षक* (*Subject Teachers*): इस पद्धति में शिक्षक का कार्य व्याख्यान देना नहीं, अपितु छात्रों को उचित व आवश्यक सहायता देना है, इसलिए उसका अपने विषय का विशेषज्ञ होना आवश्यक है। वह विषय में निपुणता-प्राप्ति के साथ-साथ यह देखता है कि प्रत्येक छात्र अपने समय का सदुपयोग करे। वह उन्हें कार्य से संबंधित उपकरणों का प्रयोग बताता है तथा उनका मार्गदर्शन करता है।

4. *अभिलेखा* (*Records*): इस पद्धति में प्रत्येक छात्र की प्रत्येक विषय में उन्नति का ब्यौरा प्रगति-कार्डों पर लिख लिया जाता है। यह मासिक प्रगति का लेखा होता है। एक अन्य कार्ड पर सभी विषयों की प्रगति का लेखा भी रखा जाता है। यह प्रगति-कार्ड सदैव छात्रों के पास रहते हैं तथा उन्हें उनके कार्य के प्रति सचेत रखते हैं।

5. *सम्मेलन तथा विमर्श-सभा* (*Conference*): कई बार शिक्षक विचार-विमर्श की आवश्यकता अनुभव करता है, तब वह ऐसे सम्मेलन बुलाता है। इसमें वह सामूहिक निर्देशन देता है। विद्यार्थी भी अपनी कठिनाइयाँ उसके सामने रखते हैं तथा वह उन्हें सुलझाता है। इनमें सामूहिक विचार-विमर्श होता है। ऐसे सम्मेलन प्रायः सप्ताह में चार बार होते हैं, परन्तु ये आवश्यकतानुसार घटाये-बढ़ाये भी जा सकते हैं।

डाल्टन योजना के सिद्धान्त

इस योजना के सिद्धान्त निम्नलिखित हैं: 1. व्यक्तिगत भिन्नता का सिद्धान्त (Principle of Individual Differences) 2. स्वतन्त्रता का सिद्धान्त (Principle of Freedom) 3. स्वयं प्रयत्न का सिद्धान्त (Principle of Self Education) 4. सहयोग का सिद्धान्त (Principle of Cooperation)

शिक्षक के कार्य (Functions of the Teacher): इस पद्धति में शिक्षक मार्गदर्शक होता है। उसे आदेश न देकर निर्देश देने होते हैं तथा समय पर छात्रों की उचित सहायता करनी होती है। इसलिए उसके कुछ विशेष कर्त्तव्य होते हैं; जैसे कि:

1. शिक्षक को अपने विषय का विशेषज्ञ होना चाहिए ताकि वह अपने छात्रों का व्यक्तिगत रूप से मार्ग-दर्शन कर सके।
2. उसे इस पद्धति के अनुसार पढ़ाने का प्रशिक्षण प्राप्त करना चाहिए ताकि वह सफलतापूर्वक शिक्षा दे सके।
3. उसे अपने विषय में प्रत्येक छात्र को विषय से सम्बन्धित उपकरणों का उपयोग, पुस्तकों तथा सहायक पुस्तकों के अध्ययन का उचित ढंग बताना चाहिए।
4. उसे यह ध्यान रखना चाहिए कि आवश्यकता पड़ने पर प्रत्येक छात्र को आवश्यक उपकरण तथा पुस्तकें विषय-कक्ष में उपलब्धा हो सकें।
5. छात्रों के प्रति उसका व्यवहार सहानुभूतिपूर्ण व मित्रतापूर्ण होना चाहिए ताकि आवश्यकता पड़ने पर छात्र उसके पास समस्या समाधान के लिए जाने में संकोच व डर न अनुभव करें।
6. उसे प्रत्येक छात्र की व्यक्तिगत प्रगति की जाँच करनी चाहिए।

डाल्टन-योजना के गुण (Merits of the Dalton Plan)

1. इस योजना में व्यक्तिगत विभिन्नता को मान्यता दी जाती है तथा छात्रों को स्वतन्त्र रूप से अपनी योग्यता, क्षमता, आयु तथा रुचि के अनुसार कार्य करने दिया जाता है। इससे मन्दबुद्धि छात्रों के कारण तीव्र बुद्धि वाले छात्रों की गति में कोई बाधा नहीं पड़ती और वे अधिक ज्ञान ग्रहण कर सकते हैं तथा मन्द-बुद्धि वालों को ठीक प्रकार समझने में सुविधा हो जाती है।
2. इस पद्धति में छात्र स्वयं क्रिया तथा अनुभव से सीखते हैं। समय पर कार्य पूरा करना होता है, जिससे उनमें सक्रियता की भावना, आत्मविश्वास तथा उत्तरदायित्व की भावना आ जाती है।
3. इस पद्धति में बालक अपनी गति से कार्य करते हैं, इसलिए यदि कोई किसी दिन अनुपस्थित हो तो वह ज्ञान से वंचित नहीं रहता, बल्कि अगले दिन उसे कर सकता है।
4. इस योजना में छात्रों को निश्चित समय में ही निश्चित कार्य करना होता है इसलिए वे सक्रिय रहते हैं तथा उनकी कार्यक्षमता बढ़ जाती है।
5. इससे बालकों में उत्तरदायित्व, तथा स्वावलम्बन की भावना आती है।
6. इस पद्धति में बालक स्वेच्छा से कार्य करते हैं तथा स्व-अनुशासन का महत्त्व समझते हैं क्योंकि उन्हें समय पर अपना कार्य पूर्ण करना होता है। इससे स्कूल में अनुशासन की कोई समस्या नहीं आती।
7. इस पद्धति में शिक्षक तथा शिष्य का गहरा संबंध हो जाता है जिससे शिष्य काफी बातें सीख लेते हैं। वे अपनी कठिनाइयों को शिक्षक के सामने रखते हुए संकोच अनुभव नहीं करते जिससे किसी प्रकार का भ्रम नहीं रहता और सब ज्ञान स्पष्ट हो जाता है।

8. बालकों की प्रगति की उचित जाँच की जाती है जिससे वे विकासशील बनते हैं तथा अधिक-से-अधिक ज्ञान ग्रहण करने के लिए उत्सुक रहते हैं।

योजना के दोष (Demerits/Limitations of Dalton Plan): 1. यह योजना उन बालकों के लिए उचित नहीं जो मन्द-बुद्धि वाले हैं या कार्य से जी चुराते हैं। इससे वे पिछड़ जाते हैं तथा ज्ञान ग्रहण नहीं कर सकते।

2. इस योजना में लिखित कार्य पर जोर दिया जाता है तथा बोलने के कम अवसर मिलते हैं। इस प्रकार भाषा-शिक्षण में यह अनुपयोगी है क्योंकि शुद्ध उच्चारण व मौखिक अभ्यास की कमी रह जाती है।

3. इस योजना में विषय कक्ष में उपयुक्त पुस्तकों, चित्रों, मानचित्रों व बहुत-से उपकरणों की आवश्यकता होती है। इन सबके लिए बहुत धन की आवश्यकता है, किन्तु भारत जैसे देश में प्रत्येक विद्यालय के पास इतना धन नहीं हो सकता कि वह साधन जुटा सके, अत: इसकी सफलता अनिश्चित है।

4. इस योजना के अनुसार बहुत-से कमरों वाले भवन की आवश्यकता है परन्तु अधिकतर स्कूलों में जगह तथा कमरों की कमी ही पाई जाती है जिससे यह विधि लागू नहीं की जा सकती।

5. इस पद्धति में प्रशिक्षित तथा विषय-विशेषज्ञों की आवश्यकता है लेकिन आजकल ऐसे शिक्षकों का मिलना कठिन है।

6. इस योजना में ऐसे विषय नहीं पढ़ाए जा सकते जिनमें सामूहिक प्रयास हो; जैसे शारीरिक शिक्षा, संगीत, नृत्य, कवित तथा भाषा आदि।

7. इसमें प्रत्येक विषय पृथक्-पृथक् पढ़ाया जाता है जिससे विभिन्न विषयों में कोई समन्वय नहीं होता। शिक्षक भी अपने ही विषय का ज्ञाता होता है; दूसरे विषयों को कोई महत्त्व नहीं देता।

8. इस पद्धति से व्यक्तिगत कार्य की भावना बढ़ती है तथा सामूहिकता जैसी सामाजिक भावना का विकास नहीं हो पाता।

डाल्टन योजना को भारतीय विद्यालयों में लागू करने के लिए कुछ सुझाव (Some Suggestions for Introducing Dalton Plan in Indian Schools)

इस पद्धति के दोनों पहलुओं को देखकर यही कहा जाता है कि यदि इसमें कुछ सुधार कर दिया जाए तो यह हमारे स्कूलों के लिए काफी उपयोगी सिद्ध हो सकती है। इसे लागू करने के लिए कुछ बातें ध्यान में रखनी चाहिएं; जैसे:–1. इस पद्धति को व्यावहारिक बनाने के लिए सभी छात्रों को उनकी रुचि तथा योग्यता के अनुसार छोटे-छोटे समूहों में विभाजित कर देना चाहिए, ताकि वे कुछ विशेष पाठों का सामूहिक अध्ययन कर सकें और अपनी कठिनाइयों को आपसी सहयोग से दूर कर सकें। इससे व्यक्तिगत शिक्षा के साथ-साथ सामूहिक शिक्षा भी मिल जाती है। इससे उनमें सहयोग तथा आपसी प्रतियोगिता की भावना आती है। 2. भिन्न-भिन्न समूहों का बुद्धि-स्तर भी अलग-अलग होना चाहिए। 3. अध्यापक को यह ध्यान रखना चाहिए कि प्रत्येक बालक सामूहिक कार्य कर रहा है या नहीं। 4. बालकों को सदैव अपनी क्रिया के उद्देश्य से परिचित होना चाहिए। 5. शिक्षक योग्य, अनुभवी तथा परिश्रमी होने चाहिएं। 6. इसका स्वरूप कठोर नहीं बल्कि लचीला होना चाहिए ताकि यह हमारे स्कूलों में सफल हो सके।

प्रयोजन विधि/प्रोजेक्ट विधि (Project Method)

प्रयोजन विधि का अर्थ (Meaning of the Project Method): प्रयोजन विधि शिक्षण की वह विधि है जो छात्रों द्वारा वास्तविक कार्य या क्रिया पर आधारित है। इस विधि में पाठ्यवस्तु सामग्री तथा शिक्षण क्रियाओं का आधार छात्र केन्द्रित दृष्टिकोण होता है। इसका जन्म ड्यूवी के प्रयोजनवाद के दर्शन से हुआ परन्तु इस विधि के प्रवर्त्तक विलियम किलपैट्रिक (William Kilpatrick) थे जो जॉन ड्यूवी के शिष्य थे। उन्होंने सन् 1918 में प्रयोजनवाद के सिद्धान्त को एक निश्चित रूप प्रदान किया।

योजना विधि को विद्वानों ने निम्न प्रकार से परिभाषित किया है।

डॉ. डब्ल्यू. एच. किलपैट्रिक: "योजना (विधि) एक ऐसी सोद्देश्य क्रिया है, जो सामाजिक वातावरण में पूर्ण तन्मयता के साथ सम्पन्न की जाती है।"

जे.ए. स्टीवेन्सन (J.A. Stevenson) के अनुसार, "प्रोजेक्ट एक समस्यामूलक कार्य है जो स्वाभाविक स्थिति में पूरा किया जाता है।"

बैलर्ड (Ballard) का कथन है, "प्रोजेक्ट यथार्थ जीवन का ही एक अंग है जो विद्यालय में प्रदान किया जाता है।"

बर्टन (Burton) का कहना है, "समस्या ही एक प्रोजेक्ट है जिसका परिणाम निकलता है–क्रियाशीलता। परन्तु यह बात स्मरणीय है कि केवल यान्त्रिक तत्त्वों से ही कोई कार्य प्रोजेक्ट नहीं हो जाता, अपितु किसी स्वाभाविक समस्या को कार्यशील रहकर सुलझाने से ही कोई प्रोजेक्ट बनता है।"

सनीडन (Sneeden) के विचार में, "प्रोजेक्ट शिक्षात्मक कार्य की एक कड़ी है जिसका महत्त्वपूर्ण तत्त्व है निश्चित तथा ठोस निष्पत्ति।"

चार्ट्स (Charters) ने कहा है, "प्रचलित शिक्षित प्रणाली में विषय संगठन इस प्रकार होता है कि सिद्धान्त पहले पढ़ाए जाते हैं, परन्तु प्रोजेक्ट व्यूह-रचना में पहले समस्याएँ रखी जाती हैं जिनका समाधान करते हुए विद्यार्थी आवश्यकतानुसार सिद्धान्तों का निर्माण कर लेता है।"

सी.वी. गुड (C.V. Good) का कहना है, "प्रयोजन योजना क्रिया की वह महत्त्वपूर्ण इकाई है जिसका शैक्षिक महत्त्व हो तथा जिसका उद्देश्य एक से अधिक प्रकार का निश्चित ज्ञान देना हो। इसमें समस्या की खोज व पूर्ति सम्मिलित है तथा बहुधा भौतिक सामग्री का प्रयोग करना पड़ता है। यह नियोजित होती है तथा इसकी पूर्ति का प्रयास शिक्षक तथा छात्रों के द्वारा प्राकृतिक जैसी परिस्थितियों में किया जाता है।"

ए.सी. पार्कर (A.C. Parker) के विचार में, "प्रायोजन कार्य की एक इकाई है जिसमें छात्रों को कार्य की योजना और सम्पन्नता के लिए उत्तरदायी बनाया जाता है।"

प्रोजेक्ट की विशेषताएँ (Characteristics of a Project): इस प्रकार, उपरोक्त व्याख्याओं के आधार पर निम्नलिखित बातों पर बल दिया जाता है जो कि प्रोजेक्ट व्यूह-रचना की विशेषताएँ कही जा सकती हैं:

1. समस्यामूलक क्रियाशीलता (Problematic activity)
2. उद्देश्यपूर्ण क्रियाशीलता (Purposeful activity)
3. तन्मयतापूर्ण क्रियाशीलता (Whole-hearted activity)
4. प्राकृतिक वातावरण में क्रियाशीलता (Activity in a natural setting)
5. सामाजिक वातावरण में क्रियाशीलता (Activity in a social environment)

6. स्कूल में वास्तविक जीवन की प्रस्तावना (A bit of real life introduced in school)

7. व्यावहारिक समस्याओं का समाधान (Problems solving of a practical nature)

8. इसकी मुख्य विशेषता है ठोस तथा निश्चित निष्पत्ति (Positive and concrete achievement)

9. एक ऐसी क्रियाशीलता जिसके द्वारा अनेकानेक समस्याओं के हल निकाले जाते हैं (An activity through which solutions of various problems are found out)

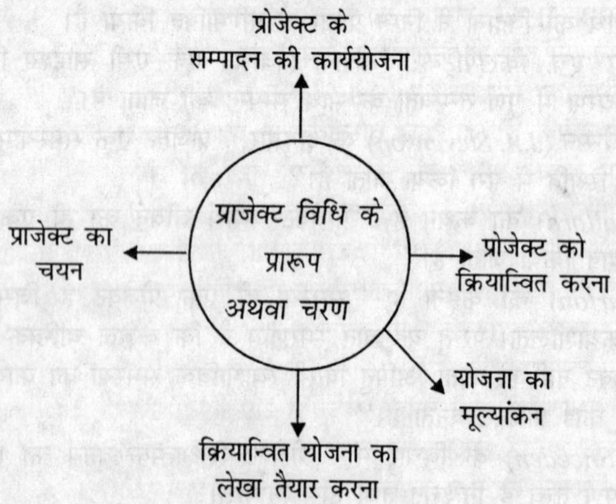

चित्र: प्रोजेक्ट विधि के प्रारूप अथवा चरण

प्रोजेक्ट के प्रकार

(1) अभ्यासात्मक प्रोजेक्ट
(2) समस्यात्मक प्रोजेक्ट
(3) उपभोगात्मक प्रोजेक्ट
(4) रचनात्मक या उत्पादात्मक प्रोजेक्ट

प्रोजेक्ट विधि के प्रारूप अथवा चरण

(1) प्रोजेक्ट का चयन
(2) प्रोजेक्ट के सम्पादन की कार्ययोजना
(3) प्रोजेक्ट को क्रियान्वित करना
(4) प्रोजेक्ट का मूल्यांकन
(5) क्रियान्वित प्रोजेक्ट व लेखा तैयार करना

प्रोजेक्ट व्यूह-रचना के मुख्य सिद्धान्त (Main Principles of Project Method)

1. *उद्देश्य का सिद्धान्त (Principle of Objective)*: उद्देश्य का ज्ञान एक उपयुक्त प्रेरणा है जो बच्चे को उस तक पहुँचने के लिए उत्सुक किए रहता है। बच्चे के मस्तिष्क

में निश्चित कल्पना होनी चाहिए कि वह अमुक कार्य क्यों कर रहा है? उद्देश्य शिक्षा प्राप्ति का उत्प्रेरण है। उद्देश्यरहित तथा निरर्थक कार्यक्रमों से बच्चे की रुचियों को जागृत नहीं किया जा सकता। प्रोजेक्ट में उद्देश्य स्पष्ट रहता है।

2. *क्रियाशीलता का सिद्धान्त* (*Principle of Activity*): बच्चे स्वभाव से क्रियाशील होते हैं। उन्हें कोई न कोई क्रिया करते रहने में ही आनन्द मिलता है। उत्सुकता, सृजन अथवा समूह की वृत्तियाँ उसे क्रियाशील बनाये रखती हैं। अत: बच्चों को ऐसे अवसर जुटाने चाहिए जिनसे वे क्रियाशील रहें और कार्य करते हुए शिक्षा प्राप्त भी करते रहें। शारीरिक तथा मानसिक दोनों प्रकार की क्रियाओं का स्कूलों में आयोजन होना चाहिए ताकि वे कार्य करते हुए शिक्षा प्राप्त करें तथा जीवनयापन की तैयारी करें। प्रायोजन इसी सिद्धान्त पर आधारित है।

3. *अनुभव का सिद्धान्त* (*Principle of Experience*): एक कहावत है कि अनुभव एक श्रेष्ठ अध्यापक है। जो कुछ वास्तविक है वह अनुभव से सिद्ध होना चाहिए। इस व्यूह-रचना में बच्चे अनुभव द्वारा ही नई-नई बातों को सीखते हैं।

4. *सामाजिक अनुभव का सिद्धान्त* (*Principle of Social Experience*): बच्चा भी एक सामाजिक प्राणी है तथा हमें भी उसे सामाजिक जीवन व्यतीत करने के लिए तैयार करना है। बचपन में उसे सहयोग का प्रशिक्षण अवश्य दिया जाए। प्रोजेक्ट व्यूह-रचना में यही होता है–बच्चा समूह में कार्य करता है।

5. *वास्तविकता का सिद्धान्त* (*Principle of Reality*): जीवन यथार्थ है, अत: जीवन की शिक्षा भी यथार्थ ही होनी चाहिए। बच्चे ने अपना सारा जीवन यथार्थताओं में ही व्यतीत करना है, अत: उनका शिक्षण भी उसी के अनुरूप होना चाहिए। प्रोजेक्ट व्यूह-रचना क्योंकि एक शिक्षण-पद्धति है इसलिए यह भी वास्तविक ही होनी चाहिए। शिक्षणालय में भी जीवन की वास्तविक परिस्थितियों के आयोजन का प्रबन्ध होना चाहिए। यह कार्य प्रायोजन द्वारा किया जाता है।

6. *स्वतन्त्रता का सिद्धान्त* (*Principle of Freedom*): कार्य को करने की इच्छा स्वयं होनी चाहिए न कि अध्यापक विद्यार्थियों पर किसी कार्य को ठूँसे। बच्चे पर किसी प्रकार का दबाव तथा प्रतिबन्ध नहीं होना चाहिए ताकि वह अपने आपको स्वतन्त्रतापूर्वक पूर्ण रूप से व्यक्त कर सके। अपनी योग्यता, आवश्यकता तथा रुचि के अनुसार उसे कार्य का स्वतन्त्रतापूर्वक चुनाव करके उसे करने का पूरा अधिकार मिलना चाहिए। प्रोजेक्ट में इस प्रकार के पर्याप्त अवसर मिलते हैं।

7. *उपयोगिता का सिद्धान्त* (*Principle of Utility*): ज्ञान तभी उपयोगी होता है जबकि वह क्रियात्मक तथा व्यावहारिक हो। शिक्षण का परम्परागत सिद्धान्त पुस्तकीय तथा मौखिक शिक्षा को ही महत्त्व देता है जो कि किसी भी रूप में पर्याप्त उपयोगी नहीं है। प्रोजेक्ट व्यूह-रचना द्वारा अर्जित ज्ञान बहुत ही उपयोगी सिद्ध होता है। इस व्यूह-रचना द्वारा छात्रों की विभिन्न रुचियों तथा मूल्यों का निर्माण होता है जो कि व्यावहारिक तथा रचनात्मक दृष्टि से बहुत ही लाभदायक सिद्ध होती है।

प्रायोजन के चरण (Steps in a Project)

1. *स्थिति का आयोजन* (*Providing a Situation*): अनिच्छित (Unwilling) बच्चों पर किसी प्रोजेक्ट को ठूँसना अहितकर है। बच्चों को प्रोजेक्ट चुनने के पर्याप्त अवसर मिलने चाहिए। निस्सन्देह अध्यापक का कार्य है कि वह बच्चों की रुचियों, योग्यताओं तथा स्वभावों का अध्ययन करके इस प्रकार की स्थिति का आयोजन करें जिसमें बच्चे अपनी

आवश्यकताओं के अनुसार स्वयं कार्य करने के लिए प्रेरित होंगे। *स्टीवनसन* (Stevenson) ने बिजली की घण्टी का प्रयोग बच्चों को प्रोजेक्ट व्यूह-रचना द्वारा ही बताया था। स्कूल की घण्टी का प्रयोग बच्चों को प्रोजेक्ट व्यूह-रचना द्वारा ही बताया था। स्कूल की घण्टी की पूरी मरम्मत (Overhaul) करने की आवश्यकता पड़ी और इसी सुअवसर को एक स्थिति के रूप में उपस्थित कर दिया है।

2. *चुनाव तथा उद्देश्य* (*Choosing and Purposing*): उद्देश्य निश्चित करना बहुत आवश्यक है। यही एक केन्द्र-बिन्दु है जिस पर प्रोजेक्ट स्थिर रहता है। जिस प्रोजेक्ट का चुनाव किया जाए वह किसी न किसी आवश्यकता अथवा उद्देश्य को अवश्य पूरा करे। जहाँ तक हो सके, उद्देश्य ऐसा निश्चित किया जाए जिसे श्रेणी के सभी विद्यार्थी स्वीकार करें। क्रियात्मक रूप से यही मूल कार्य है। बच्चों को प्रोजेक्ट स्वयं चुनना चाहिए। अध्यापक को जल्दी-जल्दी अधीर होकर स्वयं प्रोजेक्ट का चुनाव नहीं कर देना चाहिए। बच्चों को बहुत-सी अवस्थाएँ जुटानी चाहिए। इन अवस्थाओं के प्रति विचार-विमर्श किया जाए और अध्यापक उपयोगी राय दे। प्रोजेक्ट का निश्चय प्रजातन्त्रात्मक ढंग से होना चाहिए। अध्यापक केवल मार्गदर्शन करे न कि अपनी राय को बच्चों पर थोप दे। बच्चे यह अनुभव अवश्य करें कि प्रोजेक्ट का चुनाव उनकी इच्छानुसार ही हुआ है।

3. *योजना* (*Planning*): जब प्रोजेक्ट का निश्चय हो जाए तो अगली समस्या है योजना की। अध्यापक प्रोजेक्ट आरम्भ करने से पहले बच्चों का ध्यान योजना की आवश्यकता की ओर आकर्षित अवश्य करे। योजना बनाने का कार्य बहुत कठिन है। अच्छी योजना अच्छे परिणाम का मूल है। प्रत्येक बच्चा अपनी राय दे। अध्यापक बच्चों का ध्यान उनके कार्य तथा शक्ति स्त्रोतों की ओर दिलवाएँ। विभिन्न प्रस्तावों तथा उनकें परिणामों पर विचार किया जाए। समुचित विचार-विमर्श तथा वाद-विवाद के पश्चात् सबसे अच्छी योजना पर सब सहमत हो जाएँ। सबसे पहले मौखिक विचार-विमर्श हो, तत्पश्चात् बच्चों को प्रोजेक्ट अपनी कॉपी में सारी योजना लिखने के लिए प्रेरित किया जाना चाहिए।

यह नितान्त अनिवार्य है कि अध्यापक पहले से ही योजना के सम्बन्ध में कुछ धारणाएँ निश्चित कर ले ताकि वह योजना बनाने में बच्चों की श्रेष्ठतम सम्भव ढंग से सहायता कर सके।

4. *योजना को कार्य रूप में परिणत करना* (*Executing the Plan*): यह चरण सबसे अधिक लम्बा है और इसमें पर्याप्त परिश्रम करना पड़ता है। सभी बच्चे सहयोगात्मक रूप से प्रोजेक्ट को पूरा करने में प्रयत्नशील रहते हैं। प्रोजेक्ट की विभिन्न प्रक्रियाओं को श्रेणी के विद्यार्थियों की विभिन्न रुचियों, योग्यताओं तथा क्षमताओं के अनुसार विभाजित कर देना चाहिए। अध्यापक बच्चों का समुचित मार्गदर्शन करे।

यह एक ऐसी अवस्था है जिसमें बच्चे बहुत से कार्य करते हैं तथा अन्यान्य उपयोगी अनुभव प्राप्त करते हैं। बच्चे अपने आपको सामग्री तथा सूचना एकत्रित करने, विभिन्न भाषाओं में पढ़ना-लिखना सीखने, हिसाब-किताब रखने, कीमतें निकालने, मानचित्र का अध्ययन करने, विभिन्न चीजों के नमूने इकट्ठे करने, लम्बाई-चौड़ाई मापने, मार्किटों में जाने, चिड़ियाघर, खेत, फसलों का सर्वेक्षण करने तथा एक-दूसरे से सहायता लेने के कार्य में व्यस्त रखते हैं।

5. *निर्णय करना अथवा मूल्यांकन* (*Judging and Evaluating*): प्रोजेक्ट जब पूरा हो जाता है तब उसकी समालोचना होती है। प्रोजेक्ट पर कार्य करते हुए जो त्रुटियाँ हुई हैं उनसे शिक्षा ग्रहण की जाती है। बच्चे अपने ही कार्य की आलोचना करना सीखते हैं।

आत्मालोचन प्रशिक्षण का एक बहुमूल्य रूप है। बच्चे अन्त में जान जाते हैं कि उन्होंने प्रोजेक्ट से क्या सीखा।

6. *अभिलेखन* (*Recording*): प्रोजेक्ट से सम्बन्ध रखने वाली सभी क्रियाओं का पूरा रिकॉर्ड रखा जाना चाहिए। प्रोजेक्ट की कॉपी सँभालकर रखी जाए। विभिन्न चरणों में आई सूक्ष्मताओं का पूरा लेखा-जोखा तैयार किया जाए। प्रोजेक्ट की कॉपी ऐसी हो कि वह प्रोजेक्ट का विस्तृत तथा स्पष्ट चित्र प्रस्तुत करे। पुस्तक दर्शाये कि कैसे स्थिति का निर्माण हुआ, कैसे प्रोजेक्ट का चुनाव हुआ, कैसे उत्तरदायित्व लिए गए, प्रोजेक्ट में क्या कठिनाइयाँ आईं तथा कौन-कौन से नए अनुभव प्राप्त किए गए?

अच्छे प्रोजेक्ट की विशेषताएँ (Characteristics of a Good Project)

1. *समयानुकूल* (*Timely*): प्रोजेक्ट बच्चे के खेल तथा व्यवसाय से स्पष्ट सम्बन्धित हो। प्रोजेक्ट बच्चों की मानसिक अवस्थाओं के अनुसार हो। वातावरण तथा ऋतु सम्बन्धी विचार करना भी आवश्यक है।

2. *उपयोगिता* (*Utility*): व्यावहारिक उपयोगिता की अपेक्षा भी नहीं की जा सकती। जो अनुभव प्रोजेक्ट से प्राप्त हों, वे व्यावहारिक जीवन में काम आ सकें।

3. *रुचिकर*: प्रोजेक्ट बच्चों के लिए रुचिकर हो। प्रोजेक्ट बच्चों की संवेगात्मक तृष्णा को सन्तुष्ट करने वाले हों।

4. *चुनौती प्रदत्त* (*Challenging*): प्रोजेक्ट न तो बहुत आसान और न ही बहुत कठिन होने चाहिए। वे बच्चों की शक्तियों को चुनौती देने वाले हों। यह सर्वमान्य तथ्य है कि छात्र उन्हीं कार्यों में बढ़-चढ़कर भाग लेते हैं जो उनकी शक्तियों को चुनौती दे।

5. *अनुभव प्रदान* (*Experience giving*): प्रोजेक्ट में अनेकानेक सामाजिक अनुभव प्रदान किए जाएँ। प्रोजेक्ट का चुनाव ऐसा हो कि वह जीवन की विभिन्न प्रक्रियाओं तथा विषयों का आपस में समन्वय करे।

7. *सहभागिता* (*Participation*): बच्चों को व्यक्तिगत तथा सामाजिक रूप से सोच-विचार करने की सुविधा हो। प्रोजेक्ट इस प्रकार से पूरा किया जाए कि बच्चे मानसिक तथा शारीरिक दृष्टि से चेतन्य रहें।

प्रोजेक्ट विधि के गुण (Merits of the Project Method)

1. *शिक्षा-प्राप्ति के सिद्धान्तों पर आधारित है (Principle of Readiness)*: योजना व्यूह-रचना अथवा प्रोजेक्ट व्यूह-रचना मनोवैज्ञानिक शिक्षा-प्राप्ति के सिद्धान्तों पर निर्भर है।

(क) *तैयारी का सिद्धान्त*: इस सिद्धान्त के अनुसार, हम तभी शिक्षा प्राप्त कर सकते हैं जबकि हम इसके लिए पहले तैयार हों। प्रोजेक्ट व्यूह-रचना स्थिति उपस्थित कर बच्चों को कार्य करने के लिए तैयार करती है।

(ख) *अभ्यास का सिद्धान्त (Principle of Practice)*: अभ्यास द्वारा ही शिक्षा स्थायी और प्रभावपूर्ण होती है। प्रोजेक्ट व्यूह-रचना में बच्चे क्रियाशीलता द्वारा शिक्षा प्राप्त करते हैं, अत: क्रियाशीलता उन्हें समुचित अभ्यास के लिए तैयार करती है।

(ग) *प्रभाव का सिद्धान्त (Principle of Effect)*: इस सिद्धान्त से तात्पर्य यह है कि शिक्षण-अधिगम तभी सफल तथा प्रभावपूर्ण हो सकता है जब इस कार्य में उन्हें

सन्तोष तथा आनन्द मिले। जब बच्चे अपने कार्यों का प्रदर्शन करते हैं तो उन्हें अतीव आनन्द प्राप्त होता है।

2. *जीवन से सम्बन्धित (Linked with Life)*: जब शिक्षा व्यावहारिक रूप धारण करती है तो वह जीवन से गुम्फित हो जाती है। बच्चों को ऐसे कार्यक्रम जुटाए जाते हैं जो उद्देश्य तथा अर्थपूर्ण हैं। बच्चों को वास्तविक जीवन में आने वाली समस्याओं का परिचय प्राप्त होता है। बच्चे पाठ्यक्रम के विषयों की व्यावहारिक उपयोगिता का ज्ञान प्राप्त करते हैं।

3. *विषयों का समन्वय (Correlation of Subjects)* है: प्रोजेक्ट पाठ्यक्रम को एकता प्रदान करता है। विषयों को एक-दूसरे से नितान्त भिन्न न समझकर उन्हें एक-दूसरे के पूरक अथवा सहायक समझा जाता है। उनका शिक्षण उद्देश्यपूर्ण कार्यक्रमों द्वारा किया जाता है।

4. *प्रजातन्त्रात्मक जीवनयापन का प्रशिक्षण (Training in Democratic Values)* है: यह साझे उद्देश्य के लिए मिलकर कार्य करने के अनेक अवसर जुटाती है। सभी निर्णय प्रजातन्त्रात्मक ढंग से होते हैं। बच्चे जो कार्य चुनते हैं या जिन्हें योजनाबद्ध करते अथवा पूर्ण करते हैं, उनके विषय में वे अपना मत देते हैं।

5. *नागरिकता के लिए प्रशिक्षण (Training in Citizanship)* है: यह व्यूह-रचना बच्चों में आवश्यक गुण, जैसे–सहिष्णुता, आत्म-निर्भरता, उदारता इत्यादि उत्पन्न करती है।

6. *श्रम की महत्ता (Significance of Dignity of Work)* है: प्रोजेक्ट व्यूह-रचना श्रम की महत्ता पर बल देती है। विद्यार्थी अपने हाथों से कार्य करते हैं तथा इस प्रकार से हर प्रकार के कार्य करने में अभ्यस्त हो जाते हैं। वे स्वयं कार्य करने में ही गौरव का अनुभव करते हैं।

7. *समस्या–समाधानमूलक (Problem-Solving)*: यह व्यूह-रचना रटन्त तथा बहुत अधिक स्मरण कार्य का विरोध करती है। यह समस्या के समाधान पर बल देती है। इसके द्वारा बच्चों में चिन्तन तथा तर्क-शक्ति का निर्माण होता है।

8. *पिछड़े बच्चों की खुशी का साधन (Source of Joy for Backward Children)*: यह व्यूह-रचना पिछड़े बच्चों के लिए एक वरदान है, क्योंकि यह उन्हें रचनात्मक कार्य करने की सुविधा प्रदान करती है। ऐसे बच्चे अमूर्त परिभाषाओं पर सोच-विचार नहीं कर सकते, अतः वे मूर्त तथा रचनात्मक कार्य में व्यस्त रहते हैं।

9. *मितव्ययी (Economical)*: अपने ही द्वारा निर्वाचित प्रोजेक्ट पर बच्चे बहुत ही उत्साह तथा खुशी से कार्य करते हैं। वातावरण पूर्णतया स्वतन्त्र होता है और बच्चे भिन्न-भिन्न कार्य करते हुए थकते नहीं।

10. *अनुशासन की समस्या का हल (Disciplinary Solution)*: चूँकि बच्चे अपने-अपने कार्य में व्यस्त रहते हैं, अतः उन्हें समाज-विरोधी कार्य करने का समय ही नहीं मिलता।

प्रोजेक्ट विधि की सीमाएँ
(Limitations of the Project Method)

1. *बौद्धिक कार्य की उपेक्षा (Neglect of Intellectual Work)*: कहा जाता है कि प्रोजेक्ट व्यूह-रचना हाथ के कार्यों को बौद्धिक कार्यों से अधिक महत्त्व प्रदान करती है। समालोचक यह तर्क देते हैं कि बच्चों को मॉडल अथवा इसी प्रकार की अन्य चीजें बनाने में ही व्यस्त रखा जाता है।

2. *असम्बन्धित शिक्षण (Un-correlated Teaching)*: प्रोजेक्ट व्यूह-रचना

परीक्षा-सम्बन्धी तत्त्वों पर कम ध्यान देती है। एक ही प्रोजेक्ट में सभी विषयों का अध्ययन नहीं हो सकता। बहुत से विषय ऐसे भी हैं जिनका इस व्यूह-रचना द्वारा शिक्षण नहीं हो सकता। इस कठिनाई का हल यह है कि इस कमी को पूरा करने के लिए कुछ पीरियड खाली रखे जाएँ।

3. *समय-विभाग चक्र की विशृंखलता (Disorderly Time-Table)*: इस व्यूह-रचना में एक ही समय-विभाग चक्र का अनुकरण करना बहुत कठिन है। यह स्कूल के सारे कार्यक्रम को विशृंखल कर सकता है।

4. *अभ्यास* (*Neglect of Drill work*) की उपेक्षा: यह व्यूह-रचना विभिन्न विषयों में निपुणता प्राप्त करने के लिए आवश्यक अभ्यास की उपेक्षा करती है। बच्चों को गणित, अध्ययन, स्पैलिंग तथा ड्राइंग में समुचित अभ्यास करने का पूरा अवसर नहीं मिलता।

5. *उपयुक्त पाठ्य-पुस्तकों की कठिनाई (Lack of Suitable Text books)*: प्रोजेक्ट के लिए उपयुक्त पुस्तकों का निर्माण कोई मामूली कार्य नहीं है। इसके अतिरिक्त प्रोजेक्ट को पूरा करने के लिए आवश्यक सामान बहुत कीमती होता है। यह व्यूह-रचना सामान्य स्कूलों के अनुकूल नहीं है।

6. *अप्राकृतिक समन्वय (Unnatural Correlation)*: कभी-कभी अध्यापक प्रोजेक्ट की सीमा को बहुत बढ़ा देते हैं और इन विषयों को भी उससे सम्बन्धित करने का प्रयत्न करते हैं जिनका कि उससे दूर का भी सम्बन्ध नहीं।

7. *शर्मीले बच्चों के लिए अनुपयुक्त (Unsuitable for Shy Children)*: वे बच्चे जो अपने ऊपर उत्तरदायित्व नहीं लेना चाहते, पीछे रह जाते हैं और प्रोजेक्ट में कोई ठोस काम नहीं करते।

8. *छोटे बच्चों पर अत्यधिक निर्भरता*: बच्चों के चुनाव पर ही निर्भर रहना उचित नहीं होता।

9. *सुयोग्य अध्यापकों की कमी (Lack of Qualified Teachers)*: इस व्यूह-रचना की सफलता के लिए विद्वान योग्य तथा प्रसाधन सम्पन्न अध्यापकों की आवश्यकता है। यह अध्यापकों पर भारी बोझ तथा उत्तरदायित्व लाद देती है।

10. *स्थानान्तरित (Problem of Transferred Students) बच्चों के लिए अनुपयुक्त*: एक बच्चा जो कि सामान्य स्कूल में पढ़ता है वह अपने आपको प्रोजेक्ट व्यूह-रचना पर चलाए गए स्कूल के अनुसार नहीं बना सकता और न ही ऐसे स्कूलों के बच्चों का स्थानान्तरण ही हो सकता है।

प्रोजेक्ट विधि की सीमाएँ
(Limitations of the Project Method)

(1)	(2)	(3)	(4)	(5)	(6)	(7)
खर्चीली विधि	अव्यवस्थित ज्ञान	स्कूल समय-सारिणी में अव्यवस्था	अध्यापक पर अधिक बोझ	उपयुक्त शिक्षण सामग्री का अभाव	अध्यास का अभाव	शर्मीले छात्रों के लिए अनुपयुक्त

उपरोक्त विवेचना के पश्चात् हम इस निर्णय पर पहुँचते हैं कि बहुत से दोष तो अस्वाभाविक तथा बिना महत्त्व के हैं। यह एक रिवाज है कि जब भी कोई नई पद्धति सामने आती है तो अनावश्यक आलोचना या टीका-टिप्पणी की भरमार हो जाती है।

परम्परागत व्यूह-रचनाएँ इस परिवर्तनशील समय में अनुपयुक्त सिद्ध हुई हैं। नये सिद्धान्तों पर कार्य होना चाहिए और यदि वे उपयोगी तथा उपयुक्त हों तो उन्हें स्वीकार कर लेना चाहिए चाहे वे कतिपय अपव्ययी ही क्यों न हों।

प्रायोजन में अध्यापक की भूमिका
(Role of the teacher in the Project Method)

प्रायोजन की सफलता अध्यापक की सूझबूझ तथा कार्यकुशलता पर निर्भर करती है। वह निम्नलिखित ढंग से प्रोजेक्ट को सफल बना सकता है:

स्थिति प्रस्तुत करना: सर्वप्रथम अध्यापक का यह कर्त्तव्य है कि वह ऐसी परिस्थिति उत्पन्न करे जिसमें कि बच्चे अपने आप अपनी समस्याओं को सुलझाने के लिए प्रेरित हों। अध्यापक को चाहिए कि वह बच्चों की रुचियों, योग्यताओं, झुकावों तथा आवश्यकताओं का अध्ययन करता रहे। परिस्थिति प्रस्तुत करने के विभिन्न तरीके हैं। जहाँ तक सम्भव हो, बच्चों के सामने रखी जाने वाली समस्याएँ सामाजिक हों। ऐसी समस्याएँ बच्चों का सामाजिक प्रशिक्षण बहुत उचित ढंग से करती हैं तथा बच्चों की अधिक सन्तुष्टि होती है।

अध्यापक चाहे तो बच्चों के साथ विभिन्न रुचिकर विषयों पर बातचीत कर सकता है। विभिन्न दृश्यों की तस्वीरें बच्चों को दिखाई जाएँ। आस-पास के स्थानों का सर्वेक्षण किया जाए। अध्यापक को चाहिए कि वे सब सूत्रों से सूचना प्राप्त करें। अमेरिकन स्कूल में डाक भेजने के प्रोजेक्ट को चौथी श्रेणी (with Grade) के बच्चों में शुरू किया। छुट्टियों के दिन थे। चिट्ठी-पत्री की दिक्कत दूर करने के लिए यह प्रोजेक्ट शुरू किया गया। दूर-दूर रहने वाले मित्रों को बण्डल इत्यादि भेजे गए। स्टीवनसन (Stevenson) ने बिजली की घण्टी का उपयोग बच्चों को इसी पद्धति द्वारा करवाया था।

बहुत से शिक्षाशास्त्रियों का मत है कि प्रोजेक्ट का चुनाव विद्यार्थियों को स्वयं करना चाहिए। उनका यह कहना है कि इससे विद्यार्थियों का उत्प्रेरण होगा और यदि वे जो कुछ करते हैं उसके निर्धारण में उनका हाथ होगा तो वह कार्य उनके लिए रुचिकर होगा।

कुछ शिक्षाशास्त्रियों का विचार है कि प्रोजेक्ट का चुनाव अध्यापक करें, उनका यह मत है कि विद्यार्थी इस प्रकार केवल वही कार्य करते हैं जो कि उनकी पहुँच में हो। विद्यार्थी अपरिपक्व बुद्धि के होते हैं और प्रोजेक्ट में उनका मार्गदर्शन बहुत आवश्यक है।

फिर भी मध्यम मार्ग सबसे उत्तम है। इस योजना के अनुसार, 'उद्देश्य', 'योजना' तथा 'कार्य करना' ये सब अध्यापक की देख-रेख में होना चाहिए। प्रोजेक्ट के चुनाव में कोई कड़े नियम नहीं हैं।

सामान्य श्रेणी शिक्षण की अपेक्षा प्रोजेक्ट व्यूह-रचना में विद्यार्थी तथा अध्यापकों के सम्बन्ध अधिक घनिष्ठ हो जाते हैं। अध्यापक एक मित्र अथवा बड़ा भाई है जो कि छात्रों के साथ मिलकर कार्य करता है और उनको समृद्ध अनुभव ग्रहण करने में सहायता करता है। उसको चाहिए कि वह शर्मीले बच्चों को अधिक से अधिक कार्य करने के लिए प्रेरित करे। वह बच्चों को आत्म-निर्भर बनाए। प्रयास यह किया जाए कि प्रोजेक्ट प्रजातन्त्रात्मक व्यूह-रचना द्वारा पूर्ण हो।

प्रोजेक्ट विधि का उदाहरण: महात्मा बुद्ध की झाँकी
(Example of Project Method: Pageant of Mahatma Buddha)

इस प्रोजेक्ट में कला के विभिन्न पक्षों सम्बन्धी कलाकृतियाँ बनाई जा सकती हैं। उदाहरणार्थ: महात्मा बुद्ध के प्रारम्भिक जीवन के चार दृश्य दर्शाए जा सकते हैं। प्रोजेक्ट में कला के अतिरिक्त अन्य विषयों सम्बन्धी ज्ञान, कौशल तथा भावों का विकास किया जा सकता है। उनमें तालमेल स्थापित किया जा सकता है। छात्रों की क्रियात्मक, विवेकात्मक, बौद्धिक, सौन्दर्यात्मक तथा आध्यात्मिक शक्तियों का विकास होता है।